工业和信息化普通高等教育“十二五”规划教材立项项目
普通高等学校计算机教育“十二五”规划教材

办公自动化案例教程

Office Automation Case Course

肖辉军 胡美新 戴振华 主编
陈泽顺 文海英 王凤梅 李艳芳 李中文 邓海良 副主编

人民邮电出版社
北京

图书在版编目（CIP）数据

办公自动化案例教程 / 肖辉军，胡美新，戴振华主编. -- 北京 : 人民邮电出版社，2017.1（2021.8重印）
普通高等学校计算机教育“十二五”规划教材
ISBN 978-7-115-44505-6

Ⅰ. ①办… Ⅱ. ①肖… ②胡… ③戴… Ⅲ. ①办公自动化—高等学校—教材 Ⅳ. ①C931.4

中国版本图书馆CIP数据核字(2016)第320537号

内 容 提 要

本书以 Windows 系统平台为基础，系统地讲解了常用办公自动化软件的基础知识、基本操作方法和技巧。全书共分 8 章，分别介绍 Word 2010 固定版式长文档编排、Word 2010 统一版式及自由版式文档编排、Excel 2010 数据处理与分析、Excel 2010 综合案例、PowerPoint 2010 演示文稿设计、网页设计基础、静态网页的设计与制作、动态网页的设计与制作等内容。

全书共有 36 个案例，每个案例按照案例分析提出问题及要求，并结合知识点介绍案例完成的方法，引导学生在“学中做”“做中学”，把基础知识的学习和基本技能的掌握有机地结合在一起，在具体的操作实践中培养自己的应用能力。

本书将理论与实践相结合，层次分明，图文并茂，步骤清晰，语言通俗易懂，知识全面，实用性强，且每章后都附有习题，有助于读者理解并掌握相应的基础知识和实践操作，可满足不同教学计划要求。本书既可作为高校非计算机专业的“大学计算机基础”后续课程的教材，也可作为计算机爱好者的参考用书。

◆ 主　　编　肖辉军　胡美新　戴振华
副 主 编　陈泽顺　文海英　王凤梅　李艳芳
李中文　邓海良
责任编辑　邹文波
责任印制　沈　蓉　彭志环

◆ 人民邮电出版社出版发行　　北京市丰台区成寿寺路 11 号
邮编　100164　　电子邮件　315@ptpress.com.cn
网址　http://www.ptpress.com.cn
北京七彩京通数码快印有限公司印刷

◆ 开本：787×1092　1/16
印张：19.25　　2017 年 1 月第 1 版
字数：511 千字　　2021 年 8 月北京第 9 次印刷

定价：49.80 元

读者服务热线：(010)81055256　印装质量热线：(010)81055316
反盗版热线：(010)81055315

前 言

随着信息技术、网络技术的发展，办公自动化的概念已远远超出了办公室事务及文档处理的范围。办公自动化软件从独立用户扩展到以Internet/Intranet为支撑平台，经历了以数据为核心、以工作流和知识为核心的转变，可以说，办公自动化的产生和发展是适应社会信息化、管理科学化和决策现代化需求的必然结果。因此，社会各行各业对提高工作人员基本知识素养的要求也越来越迫切。于是，众多高等院校、高职高专等学校把“办公自动化”作为通识课程安排在非计算机专业的教学计划中，以强化学生技能训练，提高学生计算机综合应用水平，为快速培养优秀的技能型人才添砖加瓦。

本书正是结合当前职业需求，从现代办公自动化技术的应用及发展需要出发，充分考虑该门课程的综合性、时效性和实用性等特点，在系统地介绍办公应用软件的同时，侧重于实用案例的应用和技能的训练。书中的案例巧妙地将各知识点与操作技能有机地串联起来。要完成书中的教学案例，必须正确运用其包含的知识点与技能。

1. 本书特色

（1）知识全面。本书涵盖了 Word 2010、Excel 2010、PowerPoint 2010 及网页设计（Dreamweaver CS6、HTML、JavaScript）众多的知识点。知识点的设计以“必需、够用”为度，强调“实用”，可以帮助读者由浅入深地掌握 Word、Excel、PowerPoint 及网页设计（Dreamweaver CS6、HTML、JavaScript）方面的技能。

（2）结构合理。本书结构设计注重整体贯通、互相联系，将案例分析、知识储备和案例实现相结合。教学的主线是案例，实训的主线是技能。

（3）图文并茂。本书在介绍案例的过程中，每一个操作均有对应的插图。这种图文结合的方式使读者在学习过程中能够直观、清晰地看到操作的过程及效果，便于更快地理解和掌握。

（4）易学易用。本书的教学目标是循序渐进地帮助读者掌握 Word 2010、Excel 2010、PowerPoint 2010 及网页设计软件的相关知识，掌握这些软件的操作方法，在内容处理上，力图做到“由浅入深”。

（5）案例丰富。全书有36个案例，每个案例按照案例分析提出问题及要求，并结合知识点介绍案例完成的方法，引导读者在“学中做”“做中学”，把基础知识的学习和基本技能的掌握有机地结合在一起，在具体的操作实践中培养自己的应用能力。

2. 适用对象

本书不仅适合作为普通高等院校非计算机专业相关课程的教材，还可以作为初中级水平计算机爱好者的参考手册，学习本书大约需要56学时。书中大量的示例模拟了真实的办公学习设计案例，对读者具有现实的借鉴意义。

3. 作者团队

本书由湖南科技学院的肖辉军、胡美新、戴振华、陈泽顺等人编著，其中肖辉军、胡美新、戴振华担任主编，陈泽顺、文海英、王凤梅、李艳芳、李中文、邓海良担任副主编。书中，第1、2章由王凤梅、李艳芳编写，第3、4章由胡美新、李中文编写，第5章由文海英编写，第6章由肖辉军、戴振华编写，第7章由肖辉军、陈泽顺编写，第8章由肖辉军、邓海良编写。其间，肖辉军、文海英还负责本书的总体策划、统稿、定稿与组织工作。在本书的编写过程中，编者的同事给予了许多帮助和支持，特别是宋梅、唐鹏飞、刘倩兰、胡丽霞对全书的编写工作提出了许多宝贵的意见，与此同时还得到了黄文教授、潘庆红副教授、李文副教授的大力支持与帮助，在此由衷地向他们表示感谢！此外，在编写过程中，编者参考了大量的文献资料，在此也向这些文献资料的作者表示感谢。

由于作者水平和经验有限，书中难免有不足之处，恳请读者不吝赐教，以便我们在教学中改进。读者如果遇到问题，敬请与我们联系，电子邮箱：sdjingzhou2011@163.com，我们将全力提供帮助。

编　者

2017年1月

目 录

第1章 Word 2010 固定版式长文档编排

Word 2010 是 Microsoft 公司开发的 Office 2010 办公组件之一，Word 提供了许多易于使用的文档创建工具，同时也提供了丰富的功能集供创建复杂的文档时使用。在日常学习和工作中，我们经常需要写学习报告、出通知、写论文、编书稿、写邀请函、写项目企划书等文档，利用 Word 强大的编辑排版功能，可以帮助我们高效地制作出各类精美的文档。

根据文档操作要求不同，可将文档分为固定版式文档、统一版式文档和自由版式文档。固定版式文档是指对排版布局有格式限制和约束，即有严格的格式标准的文档，如法律文件、政府公文、毕业论文。统一版式文档是指内容框架固定、排版布局完全相同的文档，如通过邮件合并功能批量生成的文档，比如邀请函、成绩通知书、准考证。自由版式文档是指排版布局不受格式限制，或受有限的格式限制的文档，如宣传单、板报，用户可以根据个人喜好与审美，将各种元素在页面上自由布局。

根据文档长短可将文档分为长文档与短文档两种类型。长文档一般指页数较多的文档，一般有封面、摘要、目录、正文、附录、参考文献等几部分，如书籍、毕业论文。短文档内容相对较少，如通告、邀请函。

本章以毕业论文、书籍、公文编辑排版为例，按文档的实际编排流程，循序渐进地介绍 Word 相关的高级应用技巧。通过本章的学习，读者可以掌握如模板、域、样式、分节、交叉引用、自动目录等文档编排的高级应用技术。

1.1 毕业论文结构模板固定框架制作

毕业论文要求繁多，格式复杂，排版费时，提交的电子文档要包含所有需要打印的内容，若能将其固定框架制作成模板，将省时省力不少。

1.1.1 案例分析

小李当助教期间担任了毕业论文答辩秘书一职，他当年也排版过毕业论文，深知其中的麻烦。比如，正文前放置的一堆表格，格式要求有很多，打印后还一次又一次被指出错误，正文里的格式也一样，看着不难，真正做起来却很费时。而且在担任该职务期间，小李还要检查学生的论文格式，做完后小李就在想：这种重复的工作实在不适合像我这样的高级知识分子，当年学 Word 时记得有模板制作的，干脆花点时间制作一个结构模板，学生们只需对正文部分进行排版就行，公共模块只需套用模板，不需要花费太多时间，至少前置表格只需填入内容即可，不用再检查格式，还有正文的字体、段落这种简单格式，也不需要再检查，既省时又省力。小李准备认真阅读完论文撰写规范的要求后，着手制作模版。

论文装订及要求如下。

毕业论文（设计）包括前置部分、主体部分、附录部分。前置与主体部分所包含的内容较多，一般构成如下。

前置表格：
- 封面
- 毕业论文（设计）诚信声明（签名必须手写）
- 毕业论文（设计）任务书
- 毕业论文（设计）开题报告书
- 毕业论文（设计）中期检查表
- 毕业论文（设计）评审表
- 指导教师评定成绩表
- 评阅教师评定成绩
- 毕业论文（设计）答辩记录表

主体部分：
- 封面
- 目录
- 插图索引（必要时）
- 附表索引（必要时）
- 中文题目
- 中文摘要
- 关键词（中文）
- 英文题目
- 英文摘要
- 关键词（英文）
- 绪论
- 正文
- 结论
- 参考文献
- 致谢

论文封面由学校名称（图片）、题目、姓名、学号、年级专业、院（系）、指导老师、完成日期组成。封面填写时字号统一为小三号、加粗，中文一律采用楷体，西文一律采用新罗马字体（Times New Roman）。论文封面如图 1-1 所示。

任务书封面同样由校名、题目、姓名等必填项组成。填写时字号统一为小三号、加粗，中文一律采用楷体，西文一律采用新罗马字体（Times New Roman）。填写内容中，若姓名为单名的，需在两字中间加一个中文空格，指导老师一栏先填写导师姓名，空格后再填导师职称。任务书封面如图 1-2 所示。

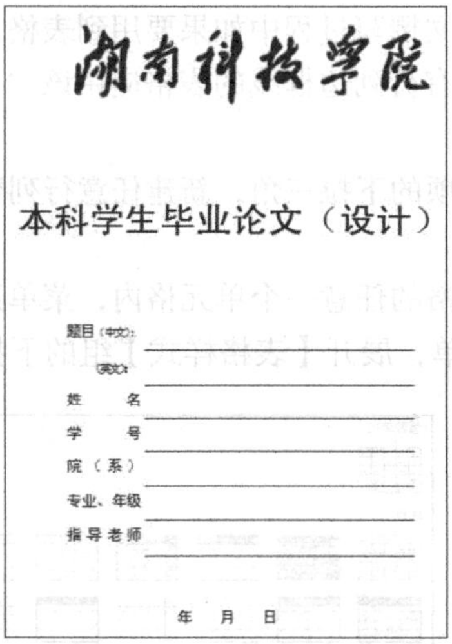
湖南科技学院

本科学生毕业论文（设计）

题目（中文）

（英文）

姓 名

学 号

院（系）

专业、年级

指导老师

年 月 日

图 1-1 论文封面

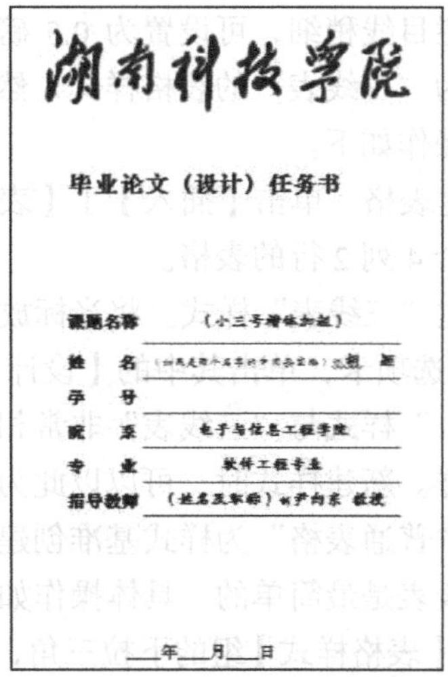
湖南科技学院

毕业论文（设计）任务书

课题名称 （小三号楷体加粗）

姓 名

学 号

院 系 电子与信息工程学院

专 业 软件工程专业

指导教师 （姓名及职称）

年 月 日

图 1-2 任务书封面

开题报告书填写要求：格式统一为宋体五号，行距为 1.25 倍行距；内容按表中提示填写，内容充实、条理清晰。开题报告书如图 1-3 所示。

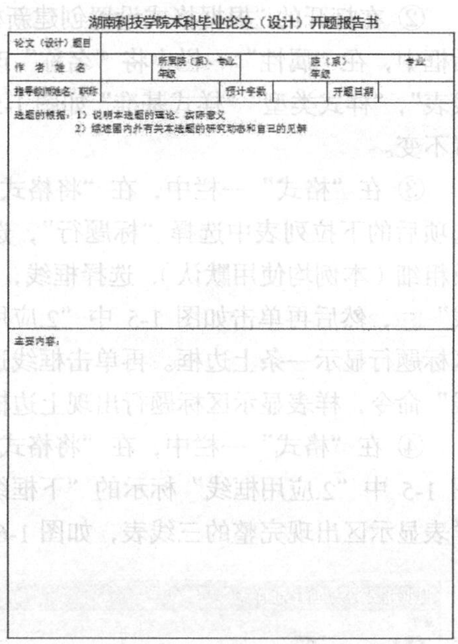
湖南科技学院本科毕业论文（设计）开题报告书

论文（设计）题目				
作 者 姓 名	所属院（系）、专业、年级			
指导教师姓名、职称		预计字数		开题日期

选题的根据：1）说明本选题的理论、实际意义

2）综述国内外有关本选题的研究动态和自己的见解

主要内容：

图 1-3 开题报告书

前置表格中其他表格的具体要求在此不一一列举。主体部分内容书写要求及格式限定较多，在此只列出标题、摘要的书写要求及格式限制。

论文题目应该简短、明确、有概括性，通过题目，读者能大致了解论文内容、专业特点和学科范畴，但字数要适当，一般不宜超过 20 字，英文题名一般不宜超过 10 个实词。论文应不设副标题。题名应避免使用不常见的缩略词、字符、代号和公式等。

摘要应概括反映出毕业论文（设计）的前提、目的和任务所涉及的主题范围，主要内容与方法，成果和结论。语句通顺，文字流畅。摘要中不宜使用公式、图表，以及不标注引用文献编号。中文摘要以 300~500 字为宜，英文摘要应与中文摘要一致，文字表达自然流畅，无语法错误。

1.1.2 知识储备

1. Word 表格

Word 表格由水平行与垂直列交叉形成的单元格组成，在单元格中可输入文字、数字，也可扦入图形图像。表格能够将数据清晰而直观地组织起来，并进行比较、运算和分析。这种简明扼要的文字与数据表达方式，使它的应用在 Word 中占据重要位置。

在科技论文、毕业论文或一些书稿的正式文档中，表格的边框一般被要求设置成“三线表”。所谓“三线表”通常只有三条线，即顶线、底线和栏目线，没有竖线，顶线和底线稍粗，可设置为 1.5 磅，栏目线稍细，可设置为 0.5 磅。在毕业论文撰写过程中如果要用到表格，用户可以自定义一个名为“三线表”的表格样式，然后对包含所有行列边框线的表格应用该“三线表”样式即可。具体操作如下。

（1）新建表格。单击【插入】|【表格】菜单选项的下拉三角，新建任意行列数的表格。本例中新建一个 4 列 2 行的表格。

（2）新建“三线表”样式。将光标放置于新建表格的任意一个单元格内，菜单选项卡中出现【表格工具】选项卡，单击其中的【设计】选项卡菜单，展开【表格样式】组的下拉三角，会发现“简明型 1”样式与“三线表”非常相似，但又不完全一样。新建样式时，可以以此为样式基准，当然以“普通表格”为样式基准创建毕业论文中所需三线表是最简单的。具体操作如下。

① 单击【表格样式】组的下拉三角，单击展开的“样式列表”的“新建表格样式”按钮，如图 1-4 所示。

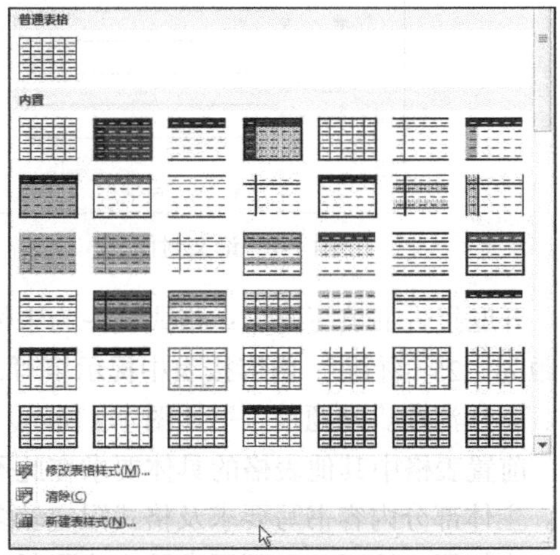

图 1-4　表格样式列表

② 在打开的“根据格式设置创建新样式”对话框中，在“属性”一栏中将“名称”改为“三线表”，“样式类型”“样式基准”如图 1-5 所示设置不变。

③ 在“格式”一栏中，在“将格式应用于”选项后的下拉列表中选择“标题行”，选择线条及粗细（本例均使用默认），选择框线，单击图 1-5 中“1.选择框线”标示的小三角，选择“上框线”，然后再单击如图 1-5 中“2.应用框线”标示的“上框线”命令，此时该对话框样表显示区标题行显示一条上边框。再单击框线选择的小三角号，选择“下框线”，并再次单击“下框线”命令，样表显示区标题行出现上边框和下边框。

④ 在“格式”一栏中，在“将格式应用于”选项后的下拉列表中选择“汇总行”，直接单击图 1-5 中“2.应用框线”标示的“下框线”命令（“下框线”命令刚刚使用过，没有切换），此时样表显示区出现完整的三线表，如图 1-6 所示。

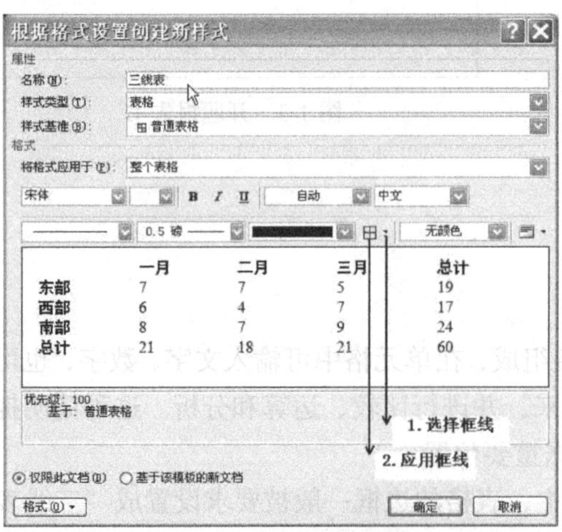

图 1-5　创建表格新样式

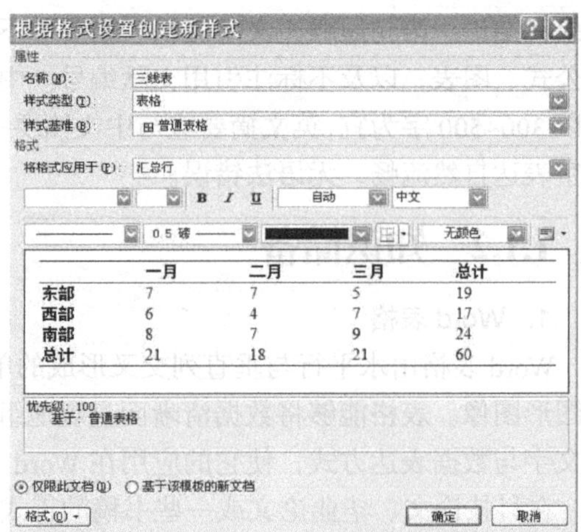

图 1-6　三线表样式

（3）应用“三线表”样式。将光标放置于新建表格中，单击【表格工具】|【设计】|【表格样式】组的下拉三角，样式列表中会出现“自定义”栏，该栏内就有步骤（2）创建的“三线表”样式。单击该样式，则新建的表就应用了该样式。

（4）查看表格网格线。如果习惯看到线条的表格，则可显示表格的网格线，这些线条以虚线形式显现，只是为了便于查看，非真实打印框线。该命令位于【表格工具】|【布局】|【表】组中，命令名为“查看网格线”。

2. 域

在 Word 中使用域，主要是因为它可以在无需人工干预的条件下自动完成任务。比如自动编页码，自动编图表的题注、脚注、尾注的号码；自动编制目录、关键词索引、图表目录；实现邮件的自动合并与打印；执行加、减及其他数学运算；创建数学公式等。

域是 Word 中一种特殊命令，它由花括号、域名（域代码）及选项开关构成。域代码类似于公式，域选项开关是特殊指令，在域中可触发特定的操作。

（1）Word 域的一般格式：{ 域名[域参数][域开关] }，其中域参数和域开关是可选项。它与 Excel 中的公式相似，域代码类似于公式，而域结果类似于公式产生的值，域结果与 Excel 公式产生的值一样，也会根据文档的变动或相关因素的变化自动更新。

（2）插入域的方法有以下三种。

① 自动插入。比如插入页码、在文档中引用自动目录，在文档看到的是域结果。如果需要看域代码，将光标定位于域所在位置，按【Shift+F9】组合键可在其域结果和域代码之间进行切换显示，按【Alt+F9】组合键可在文档中所有域的域结果和域代码之间进行切换显示。

② 选择域代码。单击【插入】菜单选项卡【文本】组中“文档部件”的下拉命令，选择“域”命令，即可打开“域”对话框。在该对话框内可查看 Word 提供的所有域名和域功能，如图 1-7 所示。

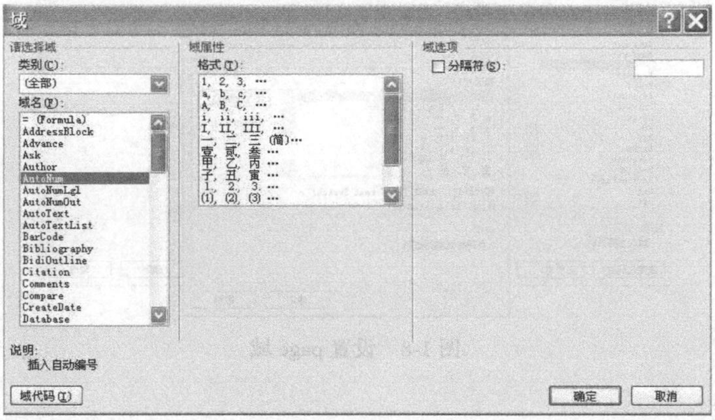

图 1-7　“域”对话框

③ 手动输入域代码。此方法只适合对域代码十分熟悉的用户进行操作。将光标定位于要插入域代码的位置，按【Ctrl+F9】组合键，即出现域特征字符“{ }”，在其中直接输入或编辑域代码。

（3）更新域是域最突出的优点。例如，当插入自动目录域后，在正文目录修改后，光标定位于目录域，按【F9】功能键即可更新目录；或者右击域，在弹出的快捷菜单中选择需要更新的域选项。再例如，在表格中某一单元格的计算应用了公式域“=sum(left)”，该公式域是可以复制的，其后若均用该公式，则直接复制粘贴后，在域为选中状态下，按【F9】功能键，其域结果即可立即被更新。

（4）域的锁定与解除链接。域的自动更新功能虽然给文档编辑带来很多方便，但有些时候，我们并不希望它再更新，只想要当前结果，并希望它能变成普通文本，可以进行复制。单击某个域，按【Ctrl+F11】组合键可锁定该域，从而禁止这个域被自动更新；若要解除锁定，按【Ctrl+Shift+F11】组合键即可；若想域结果变成普通文本，需要解除域的链接，按【Ctrl+Shift+F9】组合键即可，一旦解除链接，则域结果成为普通文本，域代码被删除，不再更新，且该解除操作是不可逆的。

（5）常用域举例

① Page 域

语法：{ PAGE [* Format Switch] }

用途：在 Page 域所在处插入页码。

选项开关说明：*FormatSwitch 可选开关，该开关可替代在“页码格式”对话框的“数字格式”框中选择的数字样式。要改变页码的字符格式，可修改“编号格式”框中的字符样式。

例如：在当前位置插入当前页的页码。

操作：光标定位于当前需要插入本页页码处，单击菜单选项命令【插入】|【文本】|【文档部件】|“域”，在打开的“域”对话框中找到“page”域名，然后单击该对话框左下角处的“域代码”按钮，会显示出图 1-8 所示的该域“高级域属性”对话框，再单击该对话框左下角“选项”按钮，选择页码格式。“域选项”与在页眉页脚处插入页码时“设置页码格式”中的“编号格式”一致。

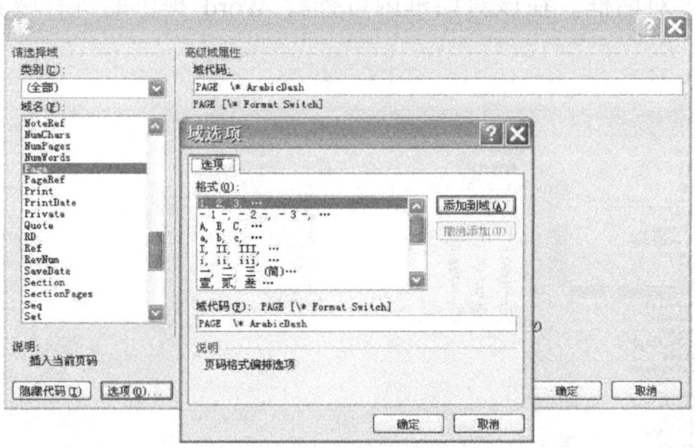

图 1-8　设置 page 域

② PageRef 域

语法：{ PAGEREF Bookmark [* Format Switch] }

用途：插入书签的页码，作为交叉引用。

选项开关说明：* Format Switch 可选开关，该开关可替代在“页码格式”对话框的“编号格式”框中选择的数字样式。

\h 创建指向用书签标记的段落的超链接。

\p 使域显示其相对于源书签的位置。当 PageRef 域不在当前页时使用字符串“on page #”。当 PageRef 域在当前页时，省略“on page #”并且只返回“见上方”或“见下方”。

例如：在书籍或其他文档编写过程中，需要提到前面写过的内容“请参考**页提到的**内容”。

操作：选择“**内容”，单击【插入】|【链接】|【书签】命令，在打开的“书签”对话框中，为该书签命名。然后回到当前文档编辑处，单击【插入】|【文本】|【文档部件】|“域”，在打开的“域”对话框中找到“PageRef”域名，然后选择刚才定义的书签名。这样做，当文档进行增删后，“**内容”即使更换了页码，当前页提到的“**页”也会自动更新。

③ Index 域

语法：{ INDEX [Switches] }

用途：建立并插入一个索引。

选项开关说明：

\b 书签为文档中由指定书签标记的部分建立索引。

\c 列在一页上建立多于一栏的索引。

\d "分隔符" 与\s 开关连用时，指定序列号与页码之间的分隔符（最多为五个字符）。

\e "分隔符" 指定索引项和页码之间的分隔符（最多为五个字符）。

\f "标识符" 只用于指定类型的索引项建立索引。

\g "分隔符" 指定表示页面范围时所用的分隔符（最多为五个字符）。

\h "标题" 在索引中按字母顺序排列的各组索引项之间插入具有“索引标题”样式的文本。

\l "分隔符" 指定多页引用间的分隔符。

\p "范围" 根据指定的字母生成索引。

\r 把次索引项与主索引项放在同一行中。

\s 其后跟有序列名时，将序列号添加到页码中。

④ NumChars 域

语法：{ NUMCHARS }

用途：插入文档包含的字符数，该数字来自“文件”菜单的“属性”对话框中的“统计信息”选项卡。

⑤ NumWords 域

语法：{ NUMWORDS }

用途：插入文档的总字数，该数字来自“文件”菜单的“属性”对话框中的“统计信息”选项卡。

⑥ CreateDate 域

语法：{ CREATEDATE [\@ "Date-Time Picture"] }

用途：插入第一次以当前名称保存文档时的日期和时间。

选项说明：

\@" Date-Time Picture" 指定替代默认格式的日期和时间格式。

⑦ Date 域

语法：{ DATE [\@ "Date-Time Picture"] [Switches] }

用途：插入当前日期。

选项开关说明：

\l 使用“插入”选项卡的“日期和时间”命令，以上次所选的格式插入日期。

⑧ If 域

语法：{ IF Expression1 Operator Expression2 TrueText FalseText }

用途：比较二值，根据比较结果插入相应的文字。如果用于邮件合并主文档，则 If 域可以检查合并数据记录中的信息，如邮政编码或账号等。

选项指令意义：

Expression1、Expression2　要进行比较的值或表达式（可以是书签名、字符串、数字、返回一个值的嵌入域或数学公式）。

Operator　比较操作符= 、<>、>、<、>= 、<= （其前后必须各插入一个空格）。

TrueText、FalseText　比较结果为真时得到 TrueText，为假时得到 FalseText。

⑨ MacroButton 域

语法：{ MACROBUTTON MacroName DisplayText }

用途：插入宏命令。

选项指令意义：

MacroName　双击域结果时运行的宏名。活动文档模板或通用模板中必须有要运行的宏。

DisplayText　显示为“按钮”的文字或图形。可使用结果为文字或图形的域，如 BOOKMARK 或 INCLUDEPICTURE。在域结果中，文字或图形必须在一行内，否则会出错。

3. 模板

模板是提高工作效率的一种重要途径，对于有规律的、重复性的文档，制作一个具有统一规范的模板，然后直接“拿来”使用，稍做修改即可完成任务。这种利用模板快速完成工作的方法，不管从效率上还是质量上都是让人满意的。

每个模板都提供了一个样式集合，除了样式之外，模板还包含其他元素，比如域、宏、自动图文集、自定义的工具栏等。因此我们可以把模板形象地理解成一个容器，它包含上面提到的各种元素。不同功能的模板包含的元素当然也不尽相同，而一个模板中的这些元素，在我们处理同一类型的文档时是可以重复使用的，由此我们可以体会到模板在避免重复劳动过程中的重要意义。

在 Word 2010 中创建模板的方法一般有以下 3 种。

（1）使用现有模板修改创建。现有模板包含“样本模板”和“office.com 模板”。使用现有模板创建文档的一个前提条件是，用户要对现有模板的特性和功能比较了解，否则，如果选择了不恰当的模板，那么制作完成的文档外观，可能会非常别扭，也可能更加费时。

（2）使用文档原型法。这种方法是指用常规方法完成了一篇文档的制作，同时，修饰这篇文档的各种样式也已经修改或创建好。并且这种类型的文档若经常被使用，则可将该文档保存为模板类型。使用文档原型法是最为常用的创建模板的方法。

（3）自定义模板。单击【文件】菜单选项卡中【新建】命令，在“可用模板”中选择“我的模板”按钮，打开图 1-9 所示的新建个人模板对话框，在该对话框的“个人模板”中选择“空白文档”，在“新建”一栏中选择“模板”，单击【确定】按钮，则该文件即为模板文档。用户可在该文档中设计所需要的样式、域、宏、图片、文字等信息，进行保存。

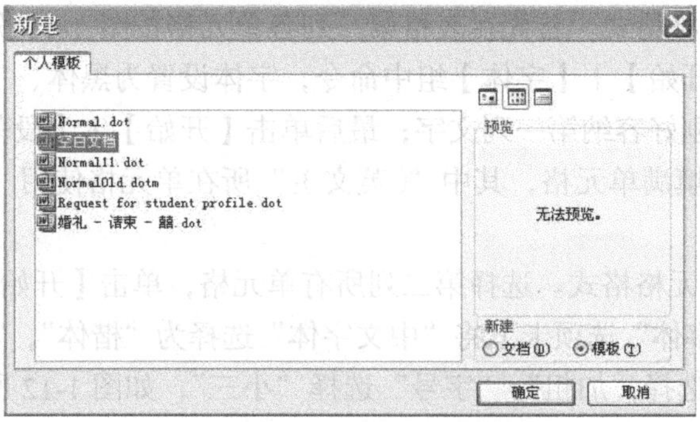

图 1-9　新建个人模板

1.1.3　案例实现

1. 创建模板文件

单击桌面左下角【开始】菜单，打开【Microsoft Word 2010】应用程序，在打开的 Word 2010 文档的菜单选项卡上，单击【文件】|【另存为】命令，弹出图 1-10 所示的“另存为”对话框，将文件名改为“论文模板”，保存类型选择“Word 模板（*.dotx）”。单击【确定】按钮后，先前该文档名为“文档 1”，此时已经变成“论文模板”。

说明：方法不止此一种，也可以使用 1.1.2 节中“3.模板”小节里提到的另外两种方法。

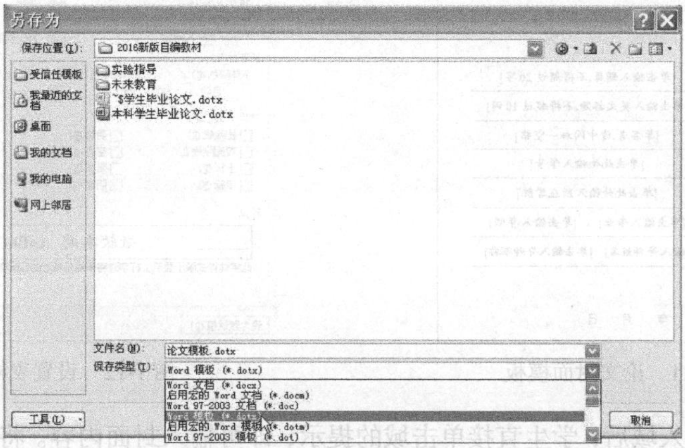

图 1-10　保存模板文件

2. 制作前置表格部分

封面模板最终效果如图 1-11 所示。

（1）复制校名及封面名称。封面样式已经存在，直接将前两项复制后，粘贴到“论文模板.dotx”文件第一页顶端。用户若要自已动手重新设置，则校名为图片，插入图片后，输入三个正文段落的回车号后，输入文字“本科学生毕业论文（设计）”，格式为黑体、小初。

（2）设计表格。鉴于封面中标题、姓名等需要输入的文字均有下划线，且排列整齐，使用表格来制作是最简单方便的。其操作步骤如下。

① 新建表格。光标定位于“本科学生毕业论文（设计）”后的第六行，单击【插入】|【表格】组中“下拉三角”命令，选择“2 × 7 表格”。

② 设置第一列单元格格式。首先在表格第一列各单元格按图 1-11 分别输入文字，并选择第一列各单元格，单击【开始】|【字体】组中命令，字体设置为黑体、三号；然后使用鼠标拖动方式，调整第一列宽度刚好容纳第一列文字；最后单击【开始】|【段落】组中“分散对齐”命令，使单元格内文字填满单元格，其中“(英文):”所在单元格使用“右对齐”命令，使之与中文题目对齐。

③ 设置第二列各单元格格式。选择第二列所有单元格，单击【开始】|【字体】组右下角，打开字体对话框，在“字体”选项卡下将“中文字体”选择为“楷体”，“西文字体”选择“Times New Roman”，“字形”选择“加粗”，“字号”选择“小三”，如图 1-12 所示。并在【段落】组中单击“居中对齐”命令。

④ 修改表格边框线。首先选择表格的第一列，单击【表格工具】|【设计】|【表格样式】组中边框命令下拉三角，选择“无框线”命令 无框线(N)；然后选择表格第二列，选择“上框线”命令 上框线(P)，取消第二列的上边框线，继续选择“右框线”命令 右框线(R)，取消第二列右边框线显示，只剩下各单元格下框线，作为需填内容的下画线。

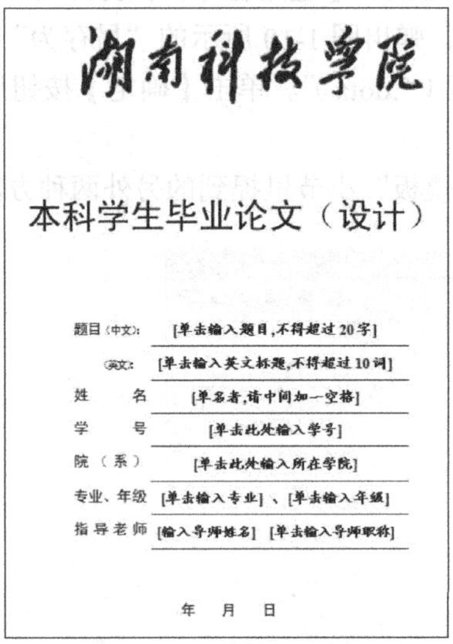

图 1-11 论文封面模板

图 1-12 设置表格字体

(3) 插入域。插入域后，学生直接单击域的提示，即可输入封面内容。将光标置于“题目(中文)”后的单元格，单击【插入】|【文本】|【文档部件】的下拉三角，选择“域”命令 域(F)...，在打开的“域”对话框的“类别”中选择“文档自动化”，“域名”选择“MacroButton”，“宏名”选择第一个“AcceptAllChangesInDoc”，“显示文字”输入“【单击输入题目,不得超过 20 字】”，也可输入其他提示，方便学生正确填写。第二列其他单元格均可按图 1-13 所示进行设置，只要修改“显示文字”内容即可。

(4) 任务书封面制作。任务书封面制作的操作过程和制作效果和封面相似，效果如图 1-14 所示，不再缀述。其中“毕业论文(设计)任务书”文字格式为：华文中宋、二号、加粗、居中对齐；表格第一列文字格式为：华文中宋、三号、加粗、两端对齐；表格第二列文字格式为：楷体、小三号、加粗、居中对齐。

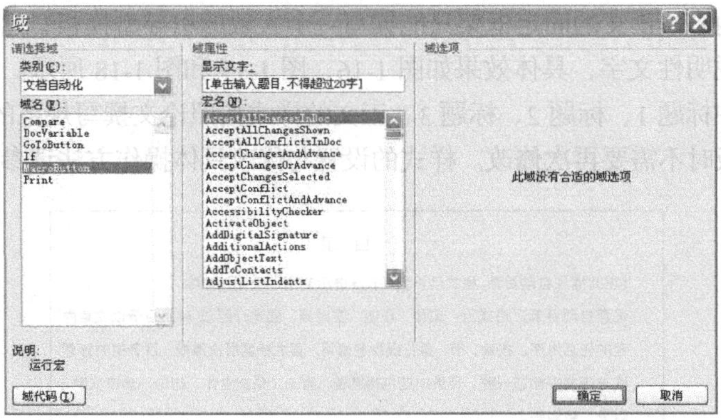

图 1-13　插入自动文档域

（5）开题报告书及其他表格制作。开题报告等表格可从历届论文样本中原样复制粘贴，选择表格中待填写的提示信息。如“【单击此处添加论文标题】”，格式设置均为：中文为宋体、西文为 Times New Roman、字号为五号，段落行距为 1.25 倍。表格内各部分内容填写要求以任务书表格为例，效果如图 1-15 所示，将需要填写的内容、填写方法及要求用“/*……*/”引用起来存放，并将该填写要求的提示部分设置好格式，以便学生在填写时，将“/*……*/”部分删除后即可直接输入。

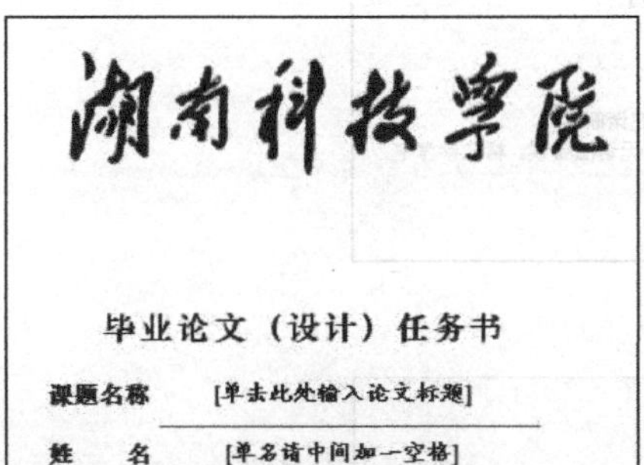

图 1-14　任务书封面模板

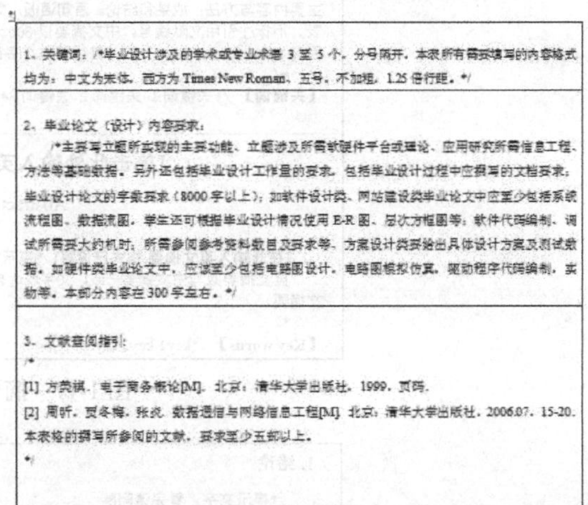

图 1-15　任务书内容要求填写模板

3. 制作主体部分

主体部分包括目录、中英文摘要、绪论、正文、结论、参考文献、致谢 7 个部分。由于正文的内容错综复杂，在制作固定框架时没有对其进行很详细的设置，因此正文部分具体排版请参考 1.2

节毕业论文排版的内容。正文的固定框架只能编写一个大致的引导型模板，比如设置一定的字体段落格式，插入一些说明性文字，具体效果如图 1-16、图 1-17 和图 1-18 所示。除此之外，还应该将该文档的样式列表中标题 1、标题 2、标题 3、正文的样式按照论文撰写规范的格式要求先修改好，这样学生使用该模板时不需要再次修改。样式的设置与修改具体操作方法请参考 1.2 节。

目 录

[在此插入自动目录, 格式已设置好] /*提示文字，看完请删除

设置自动目录，格式为：宋体、小四、左对齐、固定行距 25 磅。目录以文章内容的先后为序，按章、节、条三级标题编写，要求标题层次清晰。目录中的标题要与正文中标题一致，目录中应包括摘要、绪论、论文主体、结论、参考文献、附录、致谢等。

*/

图 1-16　目录模板

[单击此处输入论文题目]

摘 要

[在此插入自动目录, 格式已设置好] /*提示文字，看完请删除
摘要应概括反映出毕业论文（设计）的前提、目的和任务所涉及的主题范围；主要内容与方法；成果和结论。语句通顺，文字流畅。摘要中不宜使用公式、图表、不标注引用文献编号。中文摘要以 300～500 字为宜。格式为：中文宋体、西文 Times New Roman、小四、首行缩进 2 字符、单倍行距。
*/

【关键词】 /*关键词 1 关键词 2 关键词 3*/

[单击此处输入英文题目]

Abstract

[在此输入英文摘要,格式已设置] /*提示文字，看完请删除
英文摘要应与中文摘要一致，文字表达自然流畅，无语法错误。格式参考中文摘要。
*/

【Key words】 /*key1 key2 key3*/

图 1-17　摘要模板

1. 绪论

/*提示文字，看完请删除
绪论一般作为第一章。绪论应包括：本研究课题的学术背景及理论与实际意义；国内外文献综述或研究现状；本研究课题的来源及主要研究内容。
*/

2. 关键技术

3. 概要设计

4. 详细设计与测试

结论

/*提示文字，看完请删除
结论是对整个论文主要成果的总结。在结论中应明确指出本研究内容的创造性成果或创新性理论（含新见解、新观点），对其应用前景和社会、经济价值等加以预测和评价，并指出今后进一步在本研究方向进行研究工作的展望与设想。
*/

参考文献

/*提示文字，看完请删除
凡有引用他人成果之处，均应按引文出现的先后顺序列于参考文献中。参考文献不得小于 10 篇。
*/

图 1-18　正文引导型模板

1.2　毕业论文排版

毕业论文的设计与排版一般由毕业生亲手制作，每位毕业生所面临的设计方面的问题、困难或许不同，但在使用 Word 排版与格式设置过程中所面临的困难就大同小异了。本节主要介绍毕业论文这种长文档在规定了格式要求情况下的排版。

1.2.1　案例分析

小王大四了，面对毕业论文，他胸有成竹，当看到导师所发的毕业论文撰写规范，仍觉得很简单。但当他把写好的论文按要求设置格式时，发现问题来了：①正文中一级、二级、三级标题及项目编号均手动设置，花了很多时间；②目录也是手动录入并设置格式的，后来正文中又加入了一些内容，结果这一页之后的页码全部变了，目录中的页码又要重新输入；③正文中有些章节标题改动了，目录中又忘记改……总而言之，小王给论文设置格式的时间快赶上写论文的时间了。后来导师又对他的论文给出很多修改意见：①某章节应该再增加内容或删除内容；②某章节应加入图片或表格；③参考文献再加几篇；④目录请用自动方式；⑤将论文前置部分如封面、开题报告书、中期检查、摘要等全部放一个文档中，以便统一管理……

根据导师的建议，小王先修改内容，当插入新图片时，该图片后的其他图片的标号及文中引用提到的标号需全部修改，增加参考文献后，参考文献标号又需修改，还有奇数页页眉和偶数页页眉要求不一样，论文前置部分与正文部分页码不能一样，这么多问题的出现，小王对自己的 Word 应用能力捉襟见肘。但小王是个爱动脑的人，他想，如果使用 Word 排版这样费时的话，它也不可能如此受欢迎，并且该软件还有一些功能选项卡中的命令没用过，小王决定按毕业论文格式规范中提到的要求一点点学习。

小王所在学校毕业论文书写格式规范与要求如下。

（1）学位论文必须由学生本人在计算机上输入、编排与打印。论文需用 A4 纸印刷，论文每页 30 行，每行 36 字，（Word 中“页面设置”的 A4 纸纵向为“页边距：上、左边距 2.5 厘米、下、右边距 2 厘米”，左侧预留 1 厘米装订线）双面打印，页码在边线之下隔行放置；论文摘要之前的前置表格不设置页眉页脚。

（2）目录、摘要、各章、参考文献、致谢等分别另起一页。

（3）章节标题样式及层次如下。

一级标题（章）：黑体、小二号、不加粗；段前段后各 1 行，行距最小值 12 磅，居中；

二级标题（节）：黑体、小三号、不加粗；段前段后各 0.5 行，行距最小值 15 磅，顶格；

三级标题（节）：黑体、小四号、不加粗；段前 12 磅，段后 6 磅，行距最小值 12 磅，顶格；

条、款、项、正文：宋体、小四、首行缩进 2 字符、行距最小值 20 磅、两端对齐；“条”直接顶格，无特殊格式。

（4）论文中表格与图片序号按章编号（不加节号），分别在表格上方和图片下方添加形如“表 1.1，表 1.2，表 1.*n*”“图 1-1，图 1-2，图 1-*n*”的题注，各章节图和表分别连续编号，所有表格必须为三线表。表题、图题：黑体、小五号、居中。表格内文字：宋体、五号。

章	第一章　绪论（一级标题）	居中排，章编号用中文数字
节	1.1 □□---□（二级标题） 1.1.1 □□---□（三级标题）	顶格，第一个数字为章号，用阿拉伯数字 不接排（指内容另起一行） 不接排
条	1.1.1.1 □□---□□□□□□□□□□□---	顶格，接排
款	1. □□---□□□□□□□□□□□□---	接排
项	(1) □□---□□□□□□□□□□□□---	接排

（5）页眉与页脚要求如下。

学位论文各页均加页眉，在版心上边线隔一行加粗、细双线（粗线在上，1.5 磅），其上居中打印页眉；

奇数页眉：所在章题序及标题（如第 1 章绪论）；

偶数页眉：湖南**大学学士学位论文。

目录、摘要页码使用大写罗马数字居中显示；正文页码使用阿拉伯数字连续编码到最后论文结束，奇数页页码显示在页脚右侧，偶数页页码显示在页脚左侧；字体均为 Times New Roman、小五号。

……

1.2.2 知识储备

1. 页面设置

通常情况下，用 Word 制作的文档都需要纸质稿呈现，即使以电子稿形式呈现，为了视觉上的效果也会对页面做要求。所以，在进行具体的文档编排前必须先进行页面设置：页边距（包括装订线、纸张方向、多页设置）、纸张（包括打印选项）、版式（包括页眉与页脚、行号、页面边框）、文档网格（包括文字排列方向、栏数、每页行数、每行字数）。如果在编排之前没有定好页面设置，而是在编排之后再进行页面的设置或改变页面设置，则很可能会引起版面各种错乱，导致排版困难。

单击【页面布局】|【页面设置】组右下角命令，打开“页面设置”对话框，对于页面设置中的四个选项卡（如图 1-19 所示）中一些不常使用的高级设置将以选项卡为标题进行简要说明。

（1）“页边距”选项卡

装订线：如果为 0 厘米，则不需要装订线，一般针对装订无要求的文件。

装订线位置：只有左、上两个，即只能在页面左边和上边进行装订。

多页：①对称页边距指的是左、右页边距标记会修改为“内侧”“外侧”边距，同时“预览”框中会显示双页，且设定第 1 页从右页开始。一般而言，需要双面打印的文件，并且左、右页边距可不相等或设置装订线要求的，应该使用对称页边距。②拼页是指将两张小幅面的编排内容拼在一张大幅面纸张上，适用于按照小幅面内容编排，用大幅面纸张

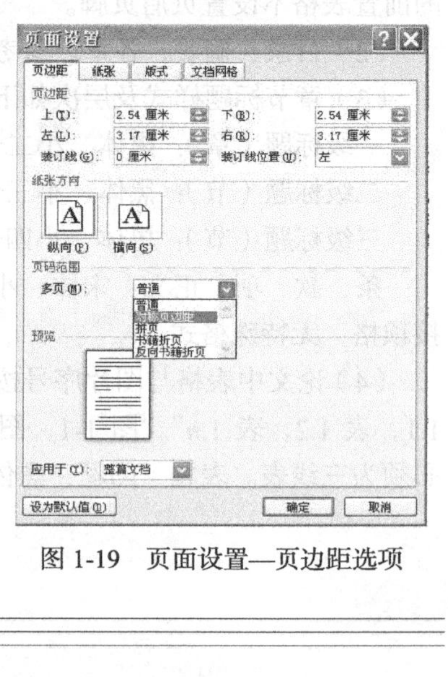

图 1-19　页面设置—页边距选项

打印的情况，如试卷在 A4 纸上进行编辑排版，打印时使用 A3 纸。③书籍折页是指将纸张一分为二，中间是折叠线，打印效果类似于请柬等开合式文档。请柬打开为正面，正面的左面为第 2 页，右面为第 3 页，请柬背面的左面为第 4 页，右面为第 1 页，再合并后，页码为正序 1、2、3、4。④反向书籍折页与书籍折页相似，不同之处是折页方向相反，如古装书籍一般采用反向书籍折页。

应用于：如果文档没有分节，当前也没有选择文字，则该选项只有两个内容：整篇文档、插入点之后。如果该文档分了节，并且当前选择了文字后才进行该页面设置的，则该选项就会多两个内容：本节、所选文字。需要提醒的是，页面设置的四个选项卡中最后一个命令都是“应用于”选项，默认选择为“整篇文档”。①应用于“所选文字”指仅应用于当前所选定的文字。Word 将自动在所选文字的前后各插入一个“下一页”分节符，使当前所选文字单独存在于一页中。②应用于“插入点之后”是指在当前插入点位置插入一个“下一页”分页符，使其后的文字从下一页开始，并且其后到下一节开始之间的文字使用当前页面设置。③应用于“整篇文档”和应用于“本节”请按字面意思理解。

（2）“纸张”选项卡

该选项卡主要针对打印纸及打印项进行选择，页面设置—纸张选项卡、打印选项如图 1-20、图 1-21 所示。纸张大小中应用最多的是 A4 纸，它属于设计印刷的标准尺寸，其他纸张大小如表 1-1 所示。

表 1-1 纸张大小尺码表

纸张类型	宽度（厘米）	高度（厘米）
Letter	21.59	27.94
Legal	21.59	35.56
Executive	18.41	26.67
A3	42	29.7
A4	21	29.7
A5	14.8	21
10 号信封	10.48	24.13
DL 信封	11	22
C5 信封	16.2	22.9
B5 信封	17.6	25
Momarch 信封	9.84	19.05
B5（JIS）	18.2	25.7
B5(ISO)	17.6	25
A6	10.5	14.8
双面明信片	14.8	20
明信片	10	14.8
8.5 × 13	21.59	33.02
16K	19.69	27.31

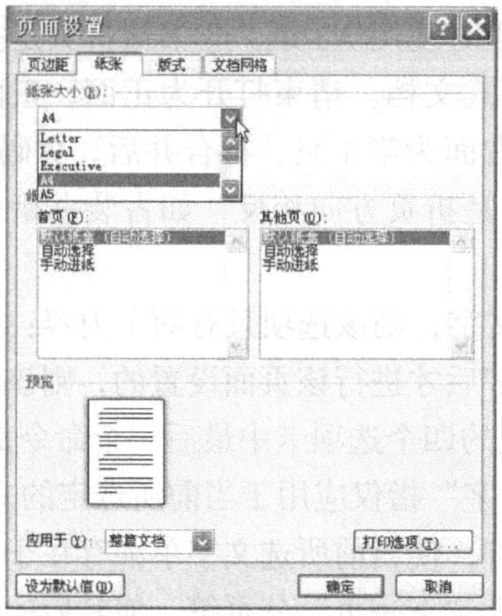

图 1-20　页面设置—纸张选项卡

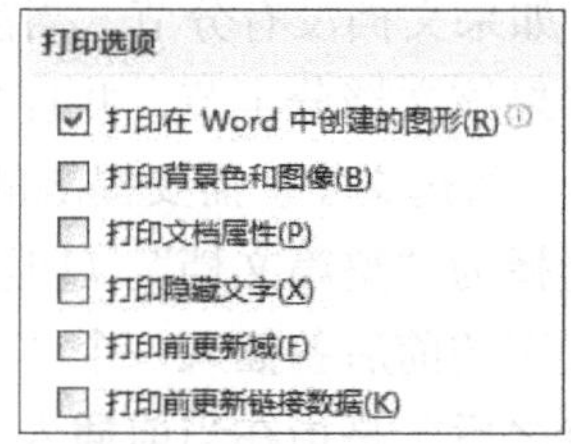

图 1-21　打印选项

（3）“版式”选项卡

节的起始位置：有 5 种可选项，如图 1-23 所示。在设计文档时，如果使用【页面布局】|【页面设置】|【分隔符】中“分节符”命令插入了一种分节符后，又想要更改此种分节符性质，则可选择该节（选择节时，可切换到草稿视图）后，在“节的起始位置”处重新设置。比如，先前在设计文档时插入了一个“连续”分节符，后面因排版原因想将该节分到下一页，则可切换到草稿视图，将光标定位于该节所在任意位置，进入页面设置的“版式”选项卡（图 1-22 所示），在“节的起始位置”处选择“新建页”，并将“应用于”选项选择“本节”，则在草稿视图中可看到 “分节符（连续）”变成“分节符（下一页）”。

奇偶页不同：指文档在双面打印时，在奇数页和偶数页使用不同的页眉或页脚，以体现不同页面的页眉或页脚特色。首页不同：指在文档首页使用不同的页眉或页脚，以区别文档首页与其他页面的不同。

垂直对齐方式：设置文本内容，调整文字的垂直间距，使段落或者文章中的文字沿垂直方向对齐。垂直对齐方式决定段落相对于上或下页边距的位置，它包含 4 种方式：顶端对齐（默认）、居中、两端对齐、底端对齐。当一页中文字未排满时，这 4 种对齐方式排版的效果就非常明显。在图 1-24 中，四个页面原始文字与段落一模一样，但对每一页分别设置了顶端对齐、居中、两端对齐、底端对齐后，效果就非常明显。

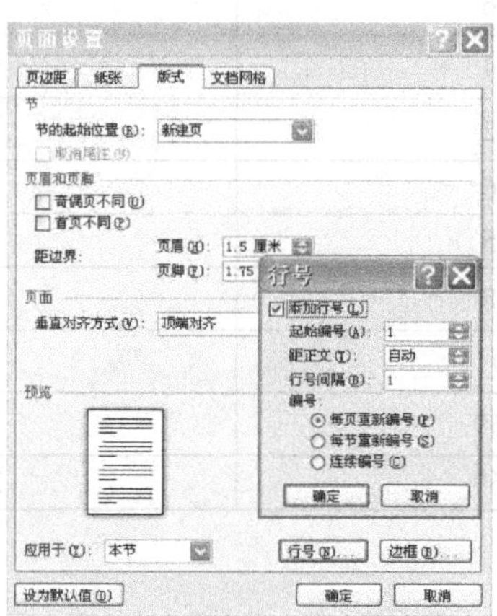

图 1-22　页面设置—版式选项卡

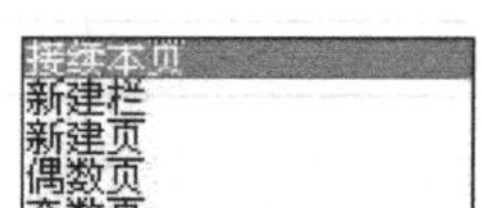

图 1-23　节的起始位置

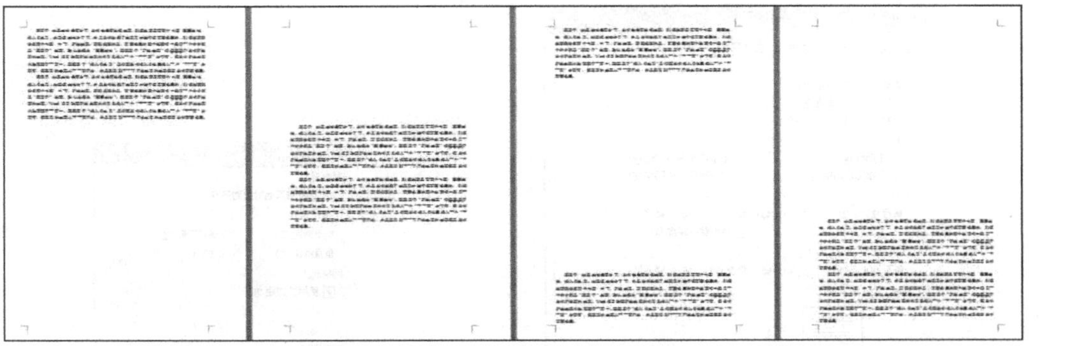

图 1-24　不同垂直对齐方式效果图

行号：适用于在阅读过程中需要标记某内容所在行数的情况，如名人手稿、法律文书等。在图 1-22 中，单击“行号”按钮打开“行号”对话框，勾选“添加行号”后，该对话框中所有灰色区变成可选项，用户按需求选择即可。此外，【页面布局】菜单选项卡中【页面设置】组中也有“行号”命令，如果需要，使用此命令更加快捷。

（4）“文档网格”选项

该选项卡（页面设置—文档网格选项如图 1-25 所示，绘图网格如图 1-26 所示）设置的是页面版心内容，即页面视图中页面的四个直角中间的区域。“网格”栏中各选项含义如下。

无网格：采用默认的字符网格，包括每行字符数、字符跨度、每页行数和行跨度等。

只指定行网格：采用默认的每行字符数和字符跨度，允许设定每页行数（1~48）或行跨度，改变其中之一，则另一个数值将随之改变。

指定行和字符网格：允许设定每行字符数、字符跨度、每页行数、行跨度。改变了字符数（或行数），跨度会随之改变；反之，改变跨度，字符数（或行数）也会随之改变。

文字对齐字符网格：可以设定每行字符数和每页行数，但不允许更改字符跨度和行跨度。

“绘图网格”按钮则是为了方便调整图形位置与尺寸而设置的。当文档中图形对象较多时为了使各图形能较快地调整到理想状态，“绘图网格”将会起到重要作用。打开“绘图网格”对话框（图 1-26），勾选并设置相应选项。“绘图网格”各选项含义如下。

对象对齐：该选项被选中时，拖动对象会使对象与其他对象的垂直和水平边缘的网格线对齐。

网格设置：设置网格线的垂直与水平间距。

网格起点：勾选“使用页边距”选项，则使用左、上页边距作为网格起点；若不勾选，则自己设置水平与垂直起点。

显示网格：勾选“在屏幕上显示网格线”选项，则会在屏幕上按所设定的“垂直间隔”和“水平间隔”显示网络线。

网格线未显示时对象与网格对齐：如果勾选此项，则拖动对象时对象会自动吸附到最近的网格线上，否则，对象不会自动吸附到最近的网络线上。

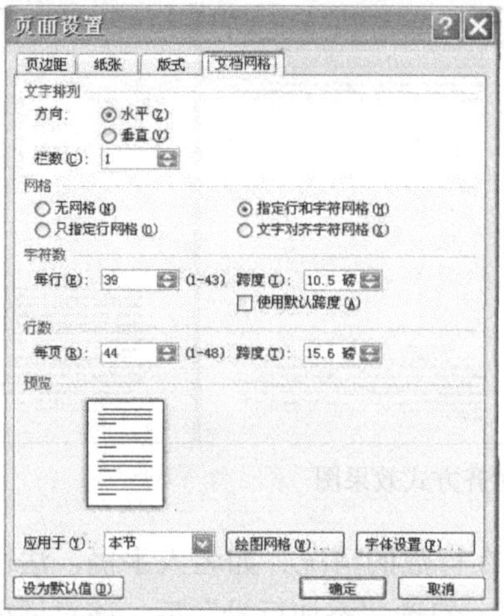

图 1-25　页面设置—文档网格选项

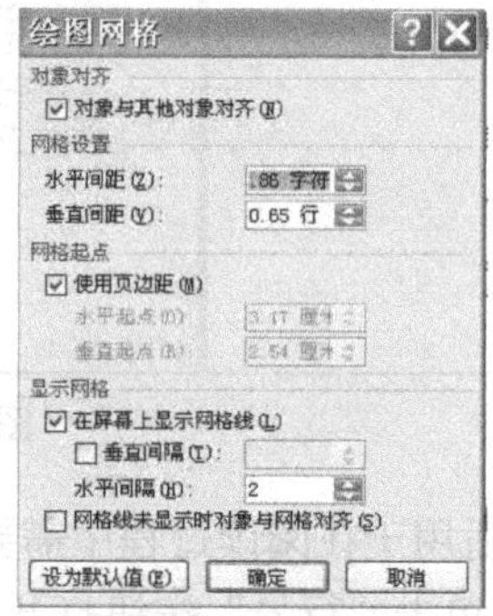

图 1-26　绘图网格

2. 分节符与分页符

节是一段连续的文档块，同节的页面拥有同样的边距、纸型或方向、打印机纸张来源、页面边框、垂直对齐方式、页眉和页脚、分栏、页码编排、行号、脚注和尾注。如果没有插入分节符，Word 默认一个文档只有一个节，所有页面都属于这个节。若想对页面设置不同的页眉页脚，必须将文档分为多个节。论文或者书籍里同一章的页面采用章标题作为页眉，不同章的页面页眉不同，这可以通过每一章作为一个节，每节独立设置页眉页脚的方法来实现。

要将文档分成几个子部分，只需在分隔处插入分节符。插入分节符的操作步骤：先将光标定位于需要插入分节的位置，然后单击菜单选项功能【页面布局】|【页面设置】的"分隔符"命令 分隔符 的下拉三角符号，打开如图 1-27 所示的两栏分隔符选项，上一栏是分页符选项，下一栏是分节符选项。分节符共 4 种类型可选，可以按需要选择分节符类型，每一种类型对应的功能均已在类型名称下方显示出来，比如【分节符】|【下一页】指的是插入分节符并在下一页上开始新节，其他类型功能请直接参看图 1-27，并按字面意思理解。

比如，要设置第 1 章和第 2 章的页眉不同，则可将光标定位于第 1 章末尾，然后单击如图 1-27 所示的"分节符"栏的"下一页"命令，则第 2 章另起一页，与第 1 章不同节。

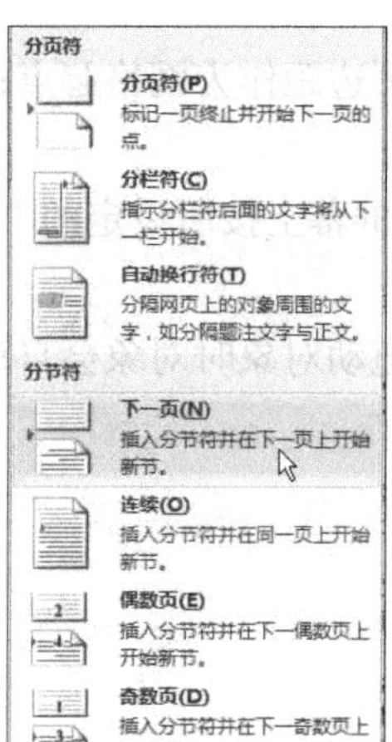

图 1-27　分隔符

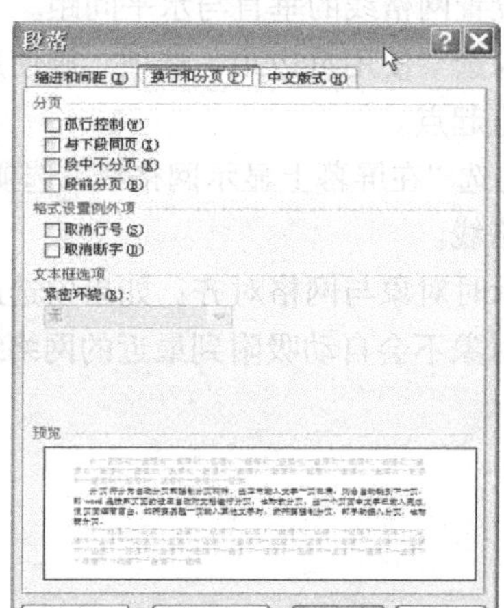

图 1-28　段落自动分页选项

分页符分为自动分页和强制分页两种。当正常输入文字一页已满，则会自动跳到下一页，即 Word 是按照页面的设置自动对文档进行分页，也称软分页；当一个页面中文字已输入完成，但页面还有留白，却需要另起一页输入其他文字时，就需要强制分页，即手动插入分页，也称硬分页。

对于自动分页，在“段落”对话框中还为用户提供了 4 种用于调整段落自动分页的属性选项（如图 1-28 所示）：“孤行控制”——防止该段的第一行出现在页尾，或最后一行出现在页首，否则该段整体移到下一页；“与下段同页”——用于控制该段与下段同页，如表格的标题；“段中不分页”——防止该段从中间分页，否则该段整体移到下一页；“段前分页”——用于控制该段必须重新开始一页。

插入硬分页的方法与插入分节符相同，即在图 1-27 中的“分页符”栏选择“分页符”命令。也可以通过按【Ctrl+Enter】组合键实现快速硬分页。

3. 样式

样式是一组格式集合，它集字体、段落、编号与项目符号、多级列表格式于一体。利用样式可以使文档格式随样式同步自动更新，以达到快速改变文字格式，高效统一文档格式的目的。另外，标题使用样式，是生成自动目录的前提。Word 样式分为内置样式和自定义样式。

（1）内置样式及应用

单击【开始】菜单选项卡【样式】组下拉列表，打开如图 1-29 样式列表与样式窗格左侧所示的样式列表；如果要应用标题 3、标题 4、标题 5 等未在该列表中显示出来的样式，则可单击样式组命令右下角 命令，打开如图 1-29 右侧所示的样式窗格，再单击该图鼠标箭头指示的“选项”按钮，在“样式窗格选项”对话框（图 1-30）“选择要显示的样式”一栏中选择“所有样式”，其中共有 9 级标题样式可供选择。所有这 9 级标题与大纲视图下的大纲级别中 1~9 级对应，并且内置样式中的“标题”也对应 1 级大纲级别。如果某段文字需要使用样式，则将光标定位于该段，单击图 1-29 中相应样式名即可。

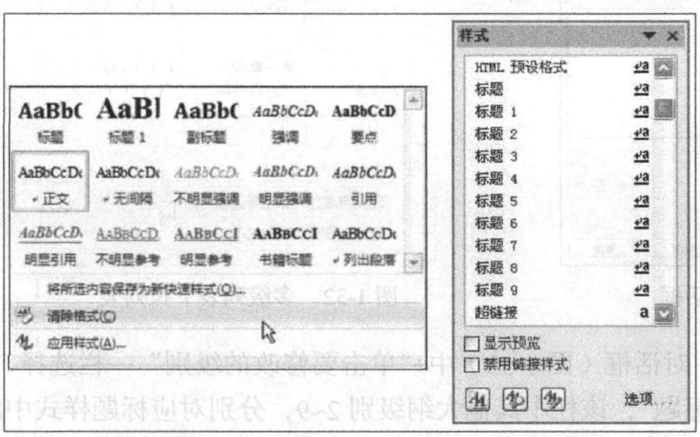

图 1-29　样式列表与样式窗格

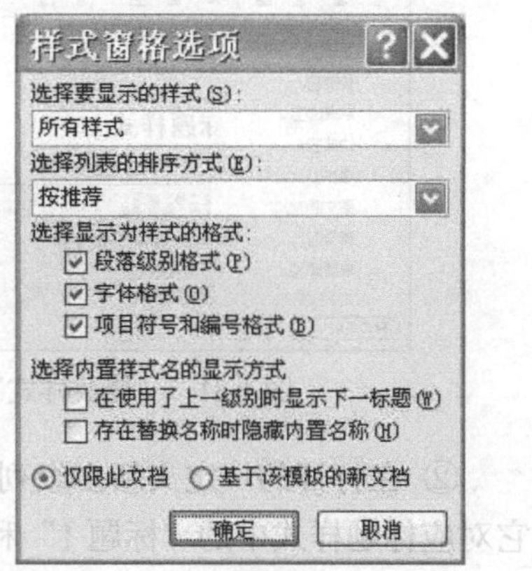

图 1-30　“样式窗格选项”对话框

（2）修改标题样式

考虑到内置样式所定义的字体、段落等格式与论文、实际文档等所要求的样式有一定差距，所以，需要先进行标题样式的修改，再应用。比如要修改标题 1 样式，方法如下。

① 右击如图 1-29 所示的样式列表或样式窗格中“标题 1”样式，在打开的快捷命令中选择“修改”命令，弹出如图 1-31 所示的“修改样式”对话框。并输入一个新的样式名称，如“一级标题”。

② 在该对话框左下角单击"格式"按钮，选择"字体"命令，即可打开"字体"对话框进行字体格式设置，或者选择"段落"命令，打开"段落"对话框进行段落格式设置。

③ 当"格式"设置完成后，返回到"修改样式"对话框，勾选"自动更新"选项，则当前文档中，所有应用了该样式的文本会自动更新到刚才修改后的格式，同时生成一个新的样式名。如果修改样式是为了以后使用，则可不选"自动更新"，也就是说，当前文档还没有任何文字应用修改前的该样式。

④ 样式修改完成，单击"确定"按钮，则原来的"标题 1"样式修改为"标题 1，一级标题"。

（3）定义多级列表

标题的输入除了样式应用外，还需要在标题前附上章节等编号，如 1.1、1.2、1.1.1、1.2.1，如果不用多级列表而是采用手工输入的话，在后期增加或者调整章节、修改内容时会比较麻烦，往往改动一个序号，后面的序号都要重新调整，效率低、易出错。若要在标题的前面自动生成章节号，则需要对标题进行多级列表设置。定义新的多级列表的步骤如下。

① 单击【开始】|【段落】组中"多级列表"命令下拉三角，在展开的下拉列表（图 1-32）中单击"定义新的多级列表"。

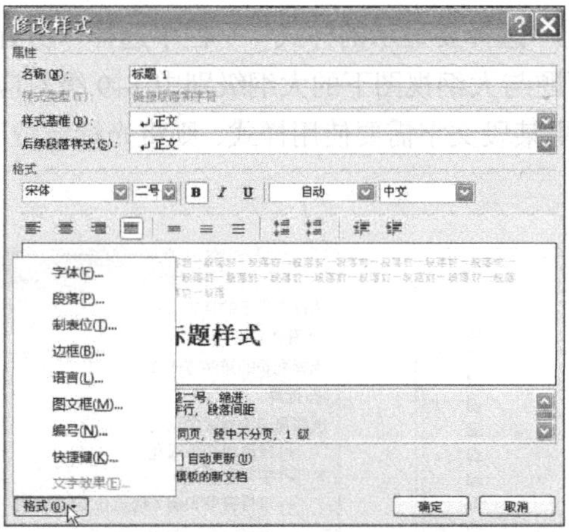

图 1-31 "修改样式"对话框

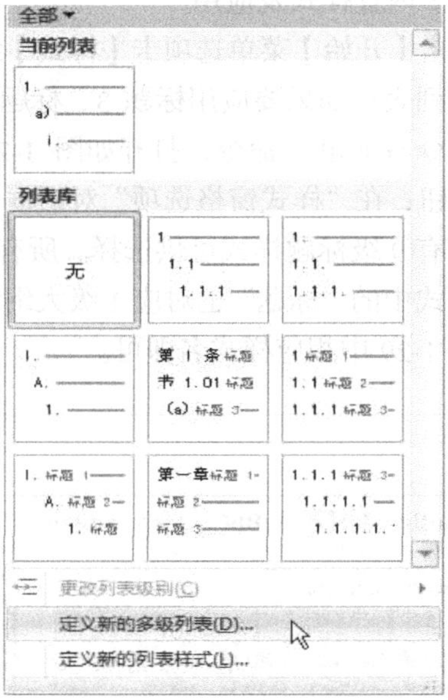

图 1-32 多级列表下拉列表

② 在打开的"定义新多级列表"对话框（图 1-33）中"单击要修改的级别"一栏选择"1"，它对应标题样式中的"标题 1"和"标题"，该栏中其他大纲级别 2~9，分别对应标题样式中的标题 2~标题 9。如果要查看某标题样式与大纲级别的对应情况，可在样式窗格中，将鼠标指向该标题样式，会列出如图 1-34 所示的详细格式。

③ 在"将级别链接到样式"中选择"标题 1"，"在库中显示的级别"选择"级别 1"，"起始编号"选择"1"。

④ "此级别的编号样式"按文档要求选择，比如论文要求为简体中文，可选择"一，二，三（简）…"选项，然后"输入编号的格式"则按论文要求，在编号"一"的左右两边分别输入"第"和"章"，效果如图 1-35 所示。

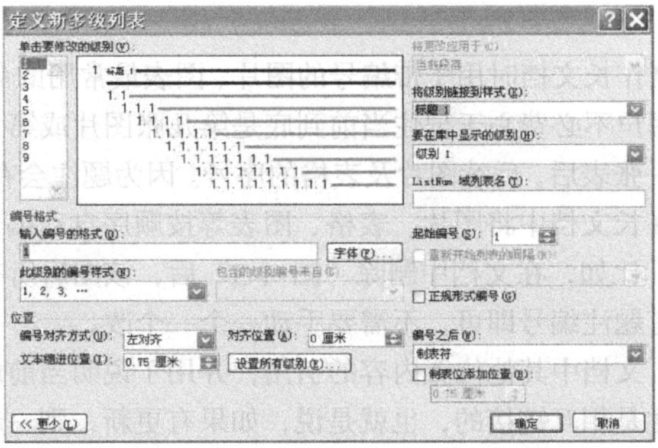

图 1-33　“定义新多级列表”对话框

⑤ 设置 2 级、3 级大纲样式，与设置 1 级步骤一样，只是当 1 级“编号样式”改成中文简体后，2 级大纲中“输入编号的格式”不是“一、1”而是“1.1”时，要勾选图 1-35 中的“正规形式编号”选项。

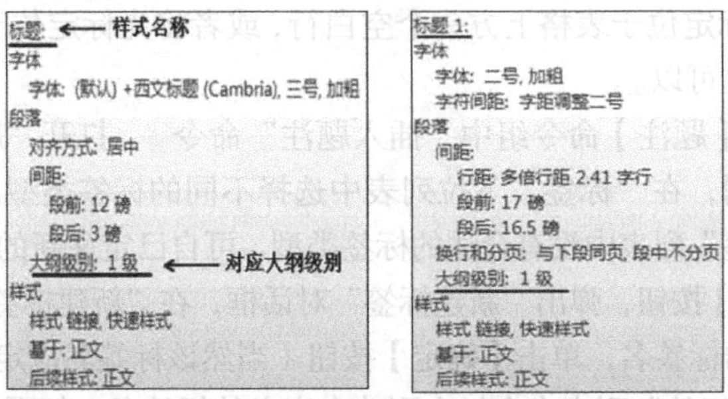

图 1-34　标题模式与大纲级别

⑥ 如果在设置 2 级大纲编号时，将“输入编号的格式”文本框中自动出现的“1.1”删除了，不能手动在该文本框中输入“1.1”，而是需要先选择“包含的级别编号来自”下拉列表中的“级别 1”。此时“输入编号的格式”文本框中自动生成编号“1”，在“1”后面输入“.”，单击“此级别的编号样式”列表，选择“1，2，3…”样式，这样系统会自动在“.”分隔符后添加表示 2 级标题的编号数字“1”。

⑦ 直到将所需要设置的多级都设置完成后，单击图 1-35 中的【确定】按钮。

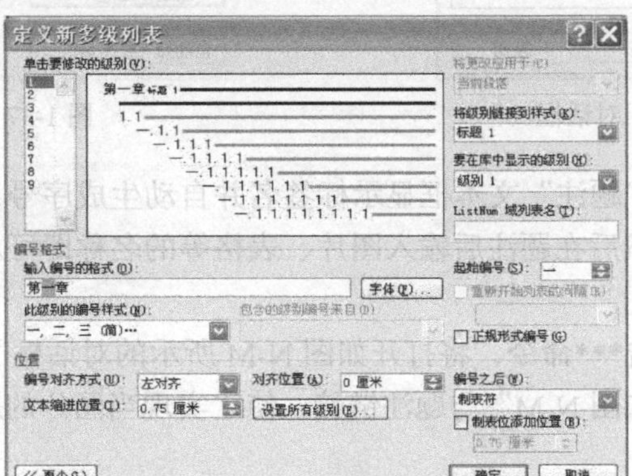

图 1-35　定义多级列表编号格式

4. 题注与交叉引用

题注与交叉引用是制作长文档时用于带编号的图片、图表最常用的命令，它是域的自动引用。

题注的出现可以使用户不必费心于记住当前到底是第几张图片或第几十张表格，也不必费心于在中间插入一张图或一张表后，后续图片及表格的序号。因为题注会在用户单击【引用】|【插入题注】命令时，保证在长文档中将图片、表格、图表等按顺序自动编号，这对文档后期修改和完善提供了很大的便利。比如，在文档中删除“图 1-3”后，该图后所有序号均要提前一个，此时只需要一次性更新所有题注编号即可，不需要手动一个一个改。

交叉引用是对 Word 文档中其他位置内容的引用，并用于说明当前内容。引用说明文字与被引用的图片或表格的题注是相互链接的，也就是说，如果有更新，则一起更新。比如，在文档中写到“请参考图 1-4”，而“图 1-4”因为之前删除了一张图后，变成了“图 1-3”，则文档中写到的“请参考图 1-4”与会自动更新为“请参考图 1-3”。

（1）插入题注

一般来说，长文档中需要插入题注的对象为表格或者图片、公式等，表格的题注一般在表格上方，图片的题注一般在图片的下方，但插入题注的方法却大同小异。操作方法如下。

① 在文档中，将光标定位于表格上方一个空白行，或者将光标定位于图片下方空白行；当然，直接选中表格或者图片也可以。

② 单击【引用】|【题注】命令组中“插入题注”命令，打开“题注”对话框（图 1-36），根据添加题注的对象不同，在“标签”下拉列表中选择不同的标签类型。

③ 如果默认的“标签”列表中没有合适的标签类型，可自己定义新的标签。单击图 1-36 中“题注”对话框的【新建标签】按钮，弹出“新建标签”对话框，在“新建标签”对话框中输入类似“表 1.”“图 1-”“公式 1.”的标签名，单击【确定】按钮（当然该标签名应定义为编辑文档时要求的格式）。“题注”对话框的“标签”列表中会加入刚才自定义的标签名。如图 1-37 所示是为第 1 章中的图片插入题注所新建的题注标签；如果为第 2 章的图片插入题注，则要重新定义新标签，如“图 2-”。

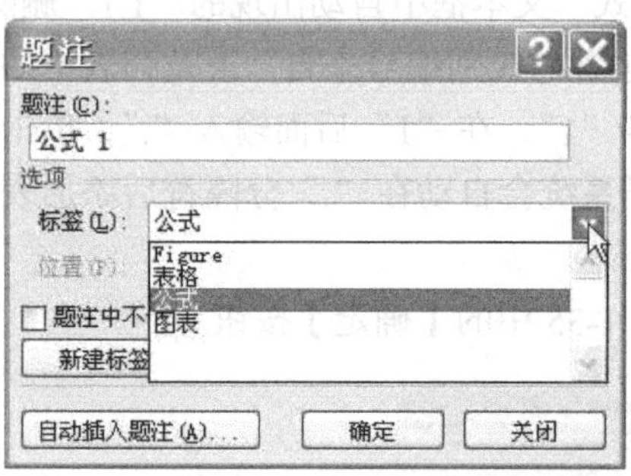

图 1-36 “题注”对话框

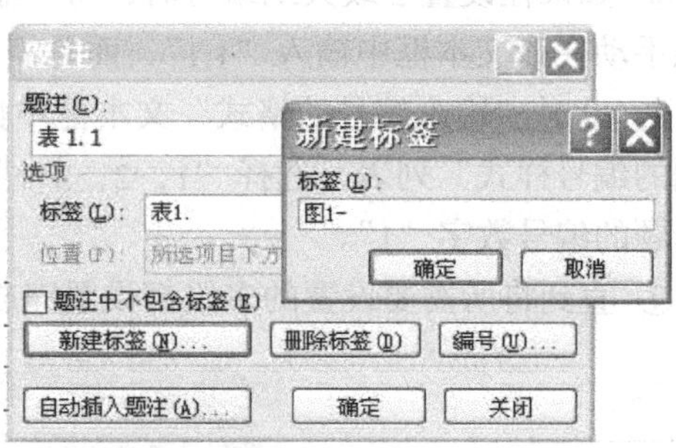

图 1-37 新建题注标签

④ 选定“标签”后，“题注”文本框显示标签名并自动生成序号，设置完成，单击【确定】按钮，则题注自动生成，然后在题注后输入图片、表格等的名称即可。

（2）设置交叉引用

如果正文中写到“单击***命令，将打开如图 N-M 所示的对话框”，其中“图 N-M”为题注，为让正文中的引用文字“如图 N-M”与题注链接，使之实现当图片的题注更改时能产生更新。操作方法如下。

① 将光标置于正文中写到“单击***命令，将打开如图 N-M 所示的对话框”的“如”字之后。

② 单击【引用】|【题注】命令组中“交叉引用”命令。

③ 在打开的“交叉引用”对话框（如图 1-38）中，“引用类型“选择“图 N-”，“引用内容”选择“只有标签和编号”，并勾选“插入为超链接”，在“引用哪一个题注”列表框中选择“图 N-1……”。

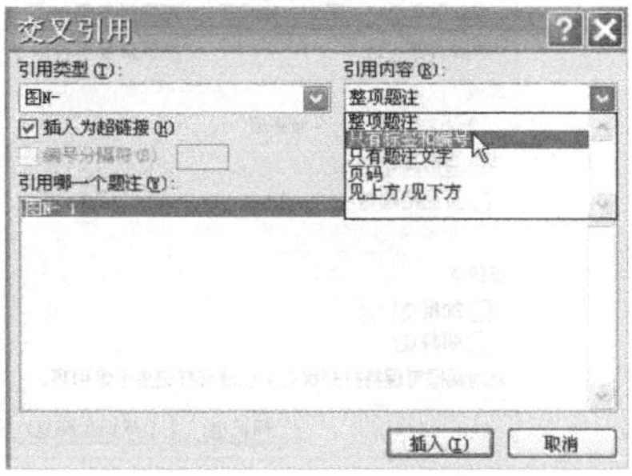

图 1-38　交叉引用设置

④ 单击【插入】按钮，指定的引用内容将自动插入到光标处。因为交叉引用为链接形式，所以，按【Ctrl】键后，单击交叉引用的内容，则可直接定位于该题注。

当然，如果交叉引用的对象，如对图片、表格、公式等进行了插入或删除等修改操作后，题注的序号并不会自动重新编号，而需要全部更新文档（即全选文档后），按【Ctrl+F9】组合键更新域，此时题注部分将重新按顺序编号，并且设置交叉引用的引用内容也会随着相应对象的变化而变化。

5. 索引与目录

在编辑长文档时，为了方便浏览，或便于打印后能快速找到指定内容，需要为整个文档设置目录或索引。

目录通常是长文档中不可缺少的一项内容，它列出了文档中的各级标题及其所在页码，方便读者快速查找所需内容。此处所说的目录绝非原始的手工一条一条输入的目录编辑方式，而是根据已经设置了大纲级别的各级标题自动生成目录。这种方式可以实现快速更新目录。

索引与目录相似，它可以把文档中的主要概念或各种名词标明页码，并按次序排列，以供用户查阅。如论文编写要求中，有图或表的索引项，如有必要都可以插入。操作方法如下。

（1）插入索引

在插入索引前，首先要对需要索引的项进行标记，如特定的单词、名词、符号、图、表、公式等。索引项是用于标记索引中特定文字的域代码“XE”。比如，在论文目录之后创建一个插图索引，操作方式如下。

① 在论文中选择需要标志成索引的图片序号及图名。

② 单击【引用】|【索引】命令组中“标记索引项”命令，打开“标记索引项”对话框（图 1-39），单击【标记】按钮。

③“标记索引项”对话框可保持打开状态，然后选择下一个需要标记成索引的对象，如图 2-2***；选择下一个对象后，再单击该对话框，并单击【标记】按钮。按此方法将所有需要索引的图片标记为索引项。

④ 标记为索引项的图片名后，会自动多出“{ XE“标记索引项时选择的文字”}”，除此外，全文会出现很多默认已经隐藏的格式标记，如空格号、回车号、制表符号等。如果要取消这些默认隐藏的格式标记，可单击【开始】|【段落】命令组中“显示/隐藏编辑标记”命令，隐藏编辑标记。

⑤ 单击【引用】|【索引】命令组中“插入索引”命令，打开“索引”对话框（图 1-40）。

⑥ 在该对话框中对索引目录按论文或编文要求设置索引格式。其中“类型”中“缩进式”指当有次索引时，次索引相对于主索引项缩进排列，“接排式”指有次索引时，主索引与次索引排在一行中。“制表符前导符”“格式”与自动目录设置项一样，若索引项是一项一页，可选择“正式”，若一个索引项在多个页面出现，也可选择“默认”格式。

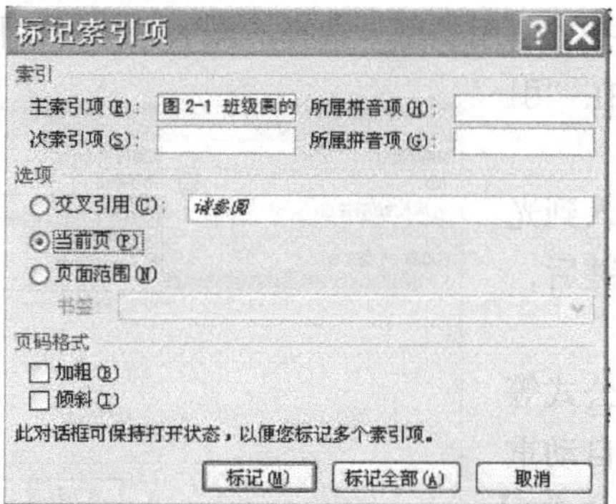

图 1-39 “标记索引项”对话框

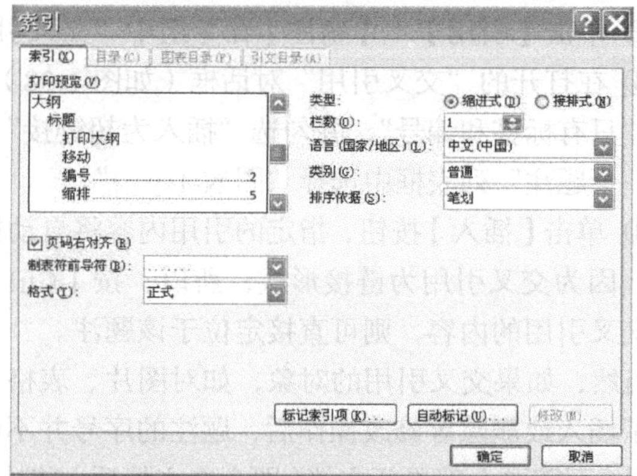

图 1-40 “索引”对话框

⑦ 设置完成后，单击【确定】按钮，则创建的索引会出现在光标当前所在处。图 1-41 所示为论文插入设置的索引。

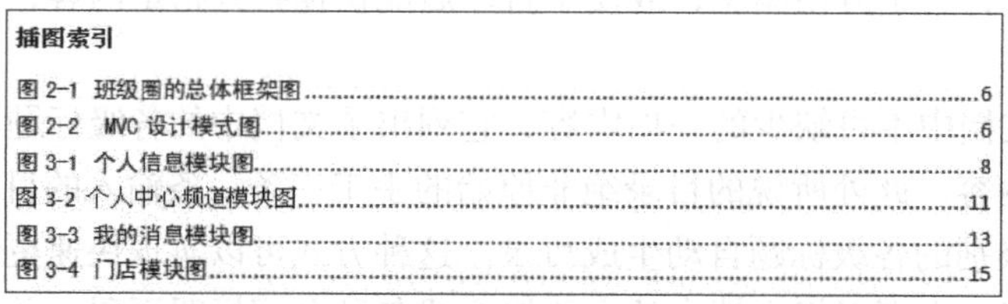

插图索引

图 1-41 索引样本

（2）自动目录

一般而言，目录在正文之前（若是论文有可能要求在摘要之前）为了便于设置页码，可以将光标置于目录插入处，插入两个分节符，让其自成一节。插入目录的方法如下。

① 光标置于目录插入处。

② 单击【引用】|【目录】命令组“目录”下拉三角，在展开的内置“目录库”中选择“自动目录 1”或者“自动目录 2”，则目录自动生成，如图 1-42 所示。在论文“绪论”之前插入分节符后，将生成自动目录样式。

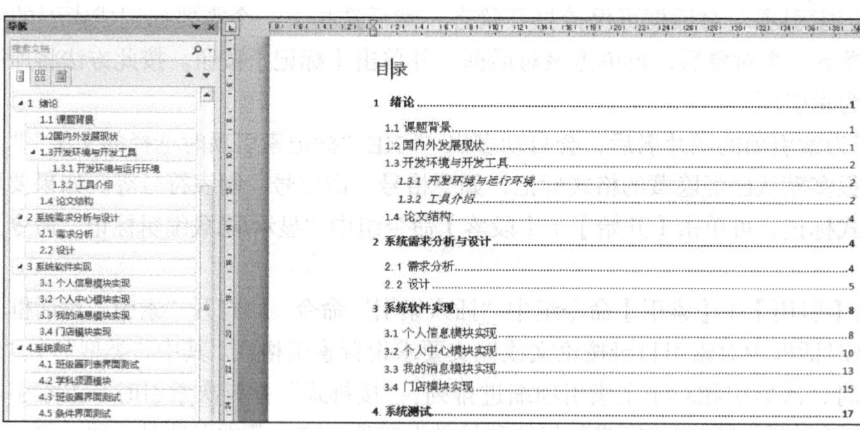

图 1-42 自动目录效果

③ 为自动生成的目录按论文或编文要求设置字体或段落格式。

④ 如果在“目录库”中没有找到合适的目录样式，可以自己定义。单击“目录”下拉三角中的“插入目录”命令，打开“目录”对话框（图 1-43）。

⑤ 在“目录”对话框中，按编辑要求勾选“显示页码”或“页码右对齐”选项，以及“制表符前导符”。

⑥ 在“目录”对话框的“常规”一栏中，“格式”选择为“来自模板”时，右边的【修改】按钮为可用状态。若选择其他“格式”选项时，此【修改】按钮为不可用状态。“显示级别”可选择“1~9”。例如，目录格式为：宋体、小四，固定 20 磅行距，下级标题缩进 1 字符。则“格式”选项可选择“来自模板”，然后单击【修改】按钮。打开“样式”对话框，选择“目录 1”，并单击“预览”一栏的【修改】按钮，打开“样式修改”对话框（图 1-44）。

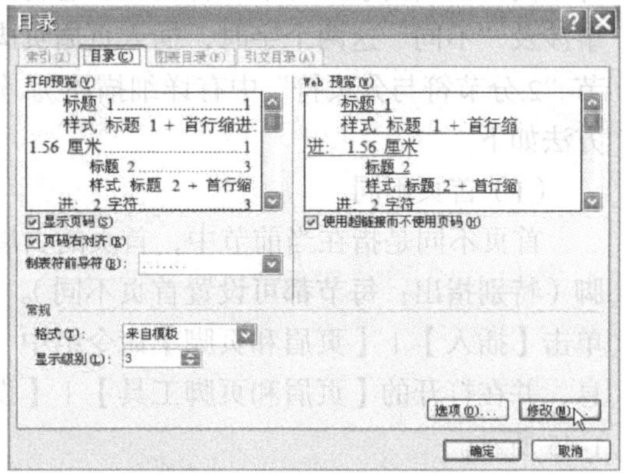

图 1-43　“目录”对话框

⑦ 在“修改样式”对话框中设置好字体等格式，单击【格式】按钮中的“段落”命令，对段落按要求进行设置（包括缩进、段前段后间距、行距、对齐等）；设置完成后，单击【确定】按钮，返回“样式”对话框，准备修改“目录 2”格式、“目录 3”格式。

⑧ 目录中需要显示的目录 N 格式修改后，返回到“目录”对话框，单击【确定】按钮，完成自定义目录设置。

使用⑥⑦⑧操作步骤完成目录自定义格式的修改有一个好处：当正文中标题有异动时，可以选择更新整个目录，而格式不会发生变化。若在第⑥步选择的是其他内置“格式”，“目录”对话框提供的【修改】按钮为不可用状态，即不能修改目录格式，所以当在正文中修改标题产生异动后，需要更新整个目录时，还要重新将目录选定，再次进行字体、段落的设置。

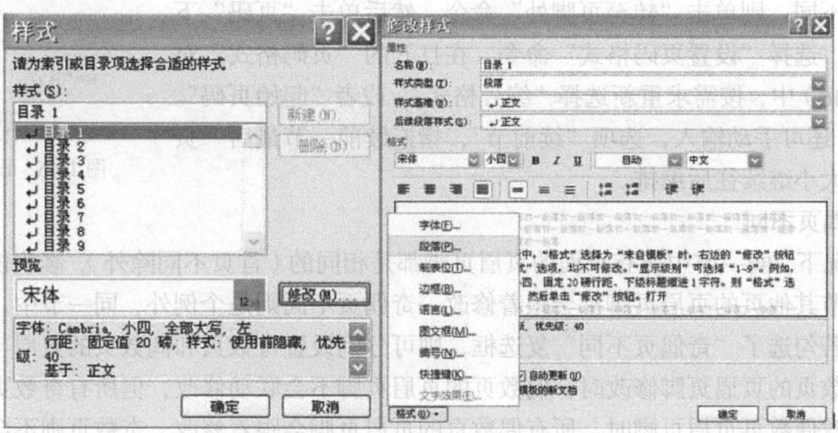

图 1-44　目录样式修改

6. 页眉与页脚

页眉与页脚分布于一页的顶部与底部的非版心处，用于显示文档的附加信息，如公司徽标、章节标题、单位名称、日期时间、页码等。在同一个文档中，不同的页面要求添加的页眉页脚或许不同，但其要求无外乎三种情况：①首页不同；②各小节页眉页脚不同；③奇偶页不同。而凡事涉及“不同”这两个字时，插入页眉页脚之前则需要对不同之处做分节处理（分节方法在本小节“2.分节符与分页符”中有详细描述）。分节后，对页眉页脚不同的情况就可以轻松完成。操作方法如下。

（1）首页不同

首页不同是指在当前节中，首页的页眉页脚和其他页不同，通常首页为封面时不设置页眉页脚（特别指出：每节都可设置首页不同）。比如，设计一张简历，需要封面，而方法也非常简单。单击【插入】|【页眉和页脚】命令组中“页眉”或“页脚”命令，然后在页眉或页脚处输入信息，并在打开的【页眉和页脚工具】|【设计】|【选项】组中勾选“首页不同”复选框，如图1-45所示。

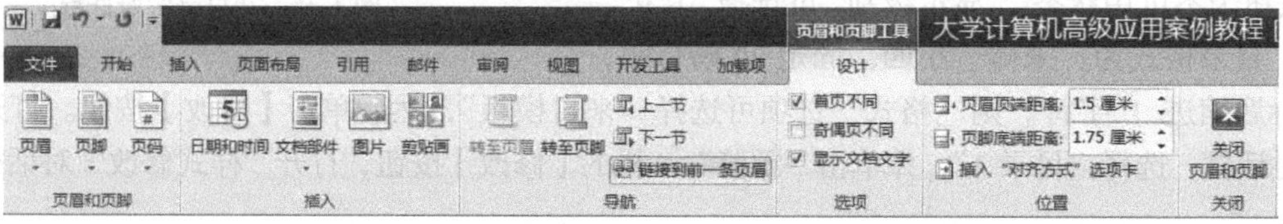

图1-45　页眉和页脚工具—“首页不同”选项

打开页眉和页脚工具的方法不止一种，也可用最简单的方式：双击该页面页眉所在处（即页面顶端两个垂直符号中间），即可打开页眉和页脚工具。

（2）各小节页眉页脚不同

当文档分成多节时，默认情况下，设置完当前节页眉页脚后，单击图1-45所示的“下一节”命令设置下一节页眉页脚时，该节页眉会自动与上一节相同，即【页眉和页脚工具】|【设计】|【导航】命令组中“链接到前一条页眉”呈高亮显示。若该小节与前一节设置不同页眉，则单击“链接到前一条页眉”取消高亮显示，并在该节页眉处输入新页眉；若页码与前一节页码也要不同，则单击“转至页脚处”命令，然后单击“页码”下拉三角命令，选择“设置页码格式”命令，在打开的“页码格式”对话框（图1-46）中，按需求重新选择“编号格式”，或者“起始页码”。“起始页码”还可手动输入，选项“续前节”，指连续前一节最后一页页码序号的大小继续往后编排。

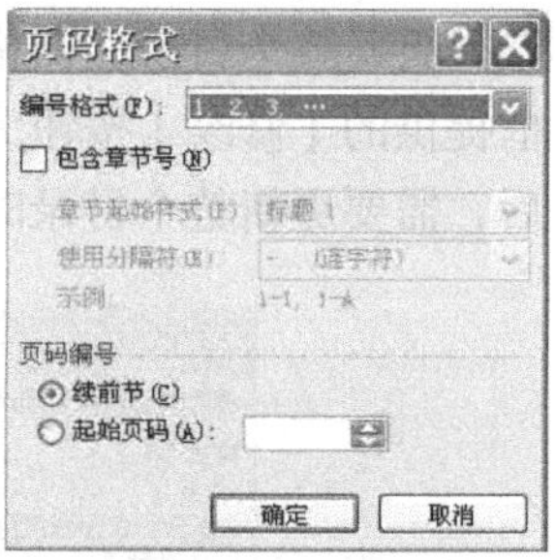

图1-46　设置页码格式

（3）奇偶页不同

默认情况下，同一节中所有页面的页眉页脚都是相同的（首页不同除外），修改任意一页的页眉页脚，本节其他页的页眉页脚都会跟着修改。奇偶页不同则是个例外，同一节中，在设置页眉和页脚时，若勾选了“奇偶页不同”复选框，则可分别设置奇数页和偶数页的页眉与页脚。也就是说，当奇数页的页眉页脚修改时，偶数页的页眉页脚不会联动修改，但所有奇数页会联动跟着修改；在修改偶数页页眉页脚时，所有偶数页的页眉页脚会跟着修改，奇数页则不会修改（首页不同除外）。

7. 文档审阅

文档审阅提供了修订、批注等功能，用以对文档进行修改时留下修改痕迹，便于被审阅者阅读与修正。当然，文档编写者还可以利用审阅功能对文档进行字数统计、简体与繁体字转换（繁体转简体时可能出现误识别，转换完成后需要作者再次检查）、限制编辑等操作。

（1）修订

在 Word 文档编辑过程中，进入修订状态后，文档将保留标记后对文档所做的所有修改，如插入、删除、格式更改等。如果在确定修改后，想要不留痕迹，并保持文档完美外观，可通过“接受”或“拒绝”修订。退出修改状态后，再对文档所做的修改将不会留下任何痕迹，之前留下的痕迹如果没有做“接受”或者“拒绝”操作，也不会消失。

① 打开或关闭修订状态

单击【审阅】|【修订】命令组“修订”命令，启动修订状态，此时该命令呈高亮显示，再次单击该命令，即可关闭修订状态。

在修订状态下，不同的修改操作，其默认显示结果会根据修订作者不同以不同的颜色和形式标记，其修改内容（除了插入和删除）会在页面右侧空白的灰色区域显示出来，如图 1-47 所示。

② 多用户修订同一文档

如果有多个用户用同一台计算机对同一个文档进行了修订，文档在默认情况下会通过不同的颜色来区分不同用户的修订内容，并且会在相应修订标记上显示该修订用户的名称，从而避免由多人参与文档修订而造成混乱。为了区别不同用户，修订者应在审阅文档打开后修订之前，单击【文件】|【选项】命令，在“常规”选项卡下设置修订者，如图 1-48 所示；修订者也可以在进入修订状态后，单击“修订”命令的下拉三角，从列表中选择“更改用户名”命令，更改修订用户，如图 1-49 所示。

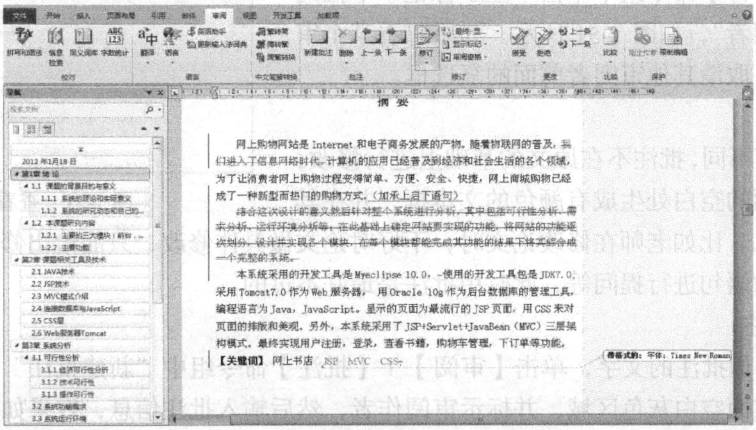

图 1-47　修订状态下的修订效果

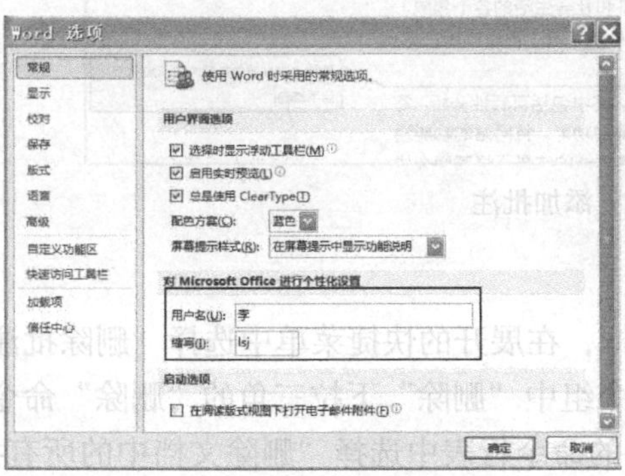

图 1-48　修改修订用户

图 1-49　修订下拉列表

③ 修订标记颜色调整

如果修订者不喜欢默认的修订颜色，可以通过修订选项进行调整。单击“修订”命令的下拉三角，在展开的下拉列表中选择“修订选项”，在打开的“修订选项”对话框中选择各标记内容的颜色，默认是按作者标记不同颜色。

④ 接受或拒绝修订

修订完成后，原作者还需要对文档的修订情况进行最终确认，比如接受或者拒绝。原作者在打开被修订过的文件后，可以单击【审阅】|【更改】命令组中“接受”或“拒绝”命令的下拉三角，将光标置于被修订处，按图 1-50 所示的字面意思选择确认。

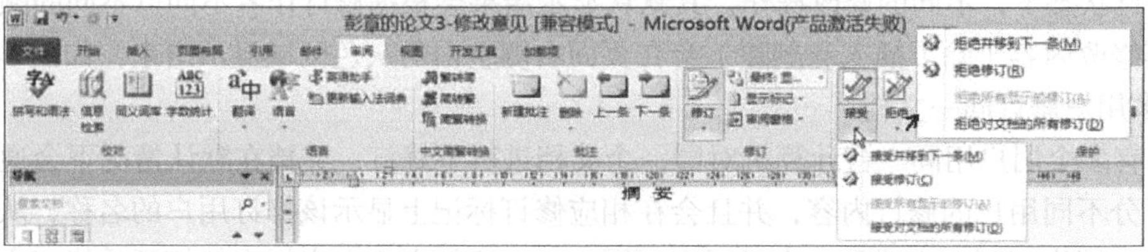

图 1-50　接受或拒绝修订

⑤ 查看审阅者

修订文档被返回原作者后，如果该文档是被多人修订的，可从【修订】命令组中单击“显示标记”下拉列表，展开“审阅者”，如图 1-51 所示。如果只看某个审阅者的修订，可取消其他审阅者前面的复选框。

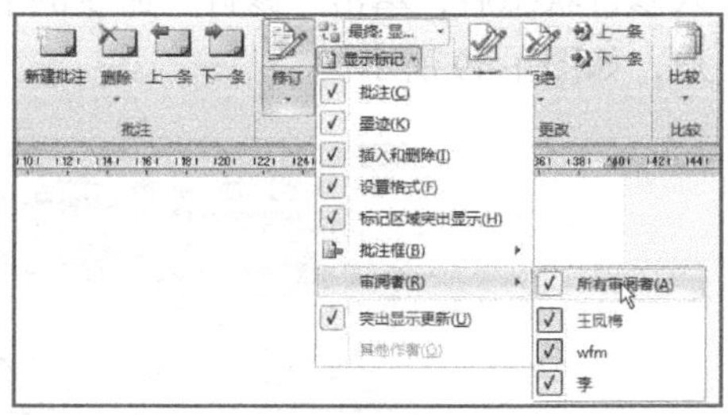

图 1-51　查看审阅者

（2）批注

批注与修订不同，批注不在原文的基础上进行修改，而是在文档页面的空白处生成有颜色的文本框，并在其中添加批注信息。比如老师在修改论文时，不好对论文做具体修改，只能给出修改意见，或者对论文中不明白的语句进行提问等，此时用批注是最好不过的。

① 添加批注

选择需要添加批注的文字，单击【审阅】|【批注】命令组中“新建批注”命令，批注文本框显示在文档右面空白灰色区域，并标示审阅作者，然后输入批注信息，效果如图 1-52 所示。

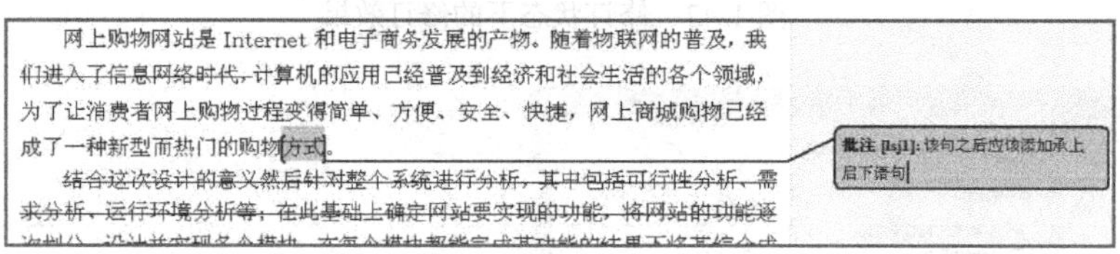

图 1-52　添加批注

② 删除批注

若要删除某批注，可直接右击该批注文本框，在展开的快捷菜单中选择“删除批注”命令；也可单击菜单选项卡中【审阅】|【批注】命令组中“删除”下拉三角的“删除”命令。如果要删除文档中所有批注，可在“删除”下拉三角的命令行表中选择“删除文档中的所有批注”，如图 1-53 所示。

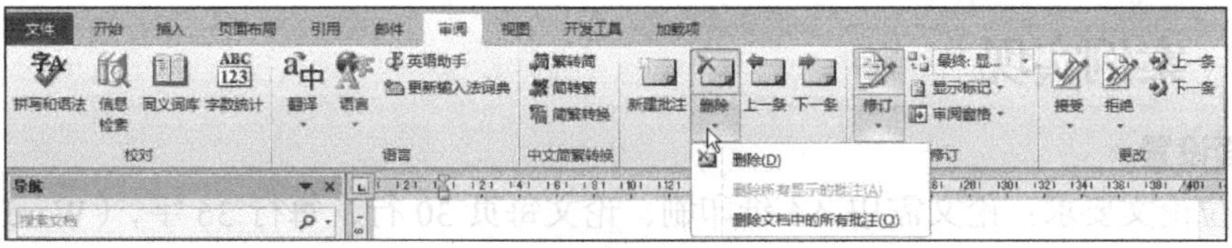

图 1-53　删除批注命令

8. 打印设置

当文档编辑完成，需要打印之前，应先进行打印预览，将所有页面缩放到一定程度来查看。操作方法：按下【Ctrl】键的同时向下滚动鼠标滑轮，缩放至如图 1-54 所示大小。若发现没有页面设置上的问题后，设置打印选项。如果打印出来是为了检查，可以设置缩放打印，操作方法：单击【文件】|【打印】，将“设置”栏最后一个选项“每版打印 1 页”展开，进行缩放打印选择，如图 1-55 所示。

图 1-54　打印预览

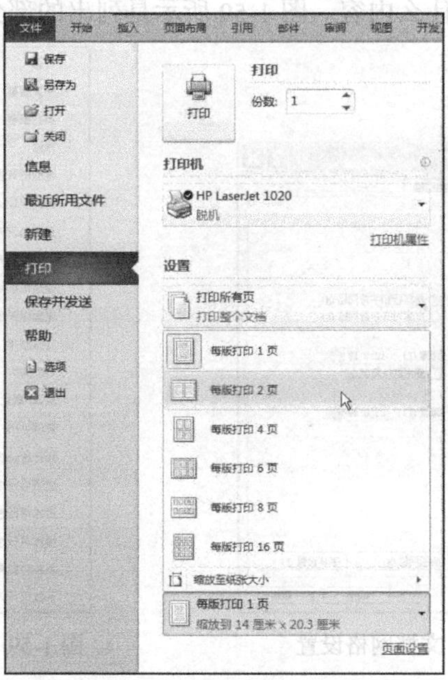

图 1-55　缩放打印

1.2.3 案例实现

1. 页面设置

根据学位论文要求：论文需用 A4 纸印刷，论文每页 30 行，每行 36 字，（Word 中的“页面设置”A4 纸纵向“页边距：上、内侧边距 2.5 厘米、下、外侧边距 2 厘米”，左侧预留 1 厘米装订线）双面打印。

（1）新建 Word 文档。

（2）在打开的新文档中单击【页面布局】|【页面设置】组右下角“页面设置”对话框，在打开的对话框中，按图 1-56~图 1-58 所示进行设置，纸张选择 A4。

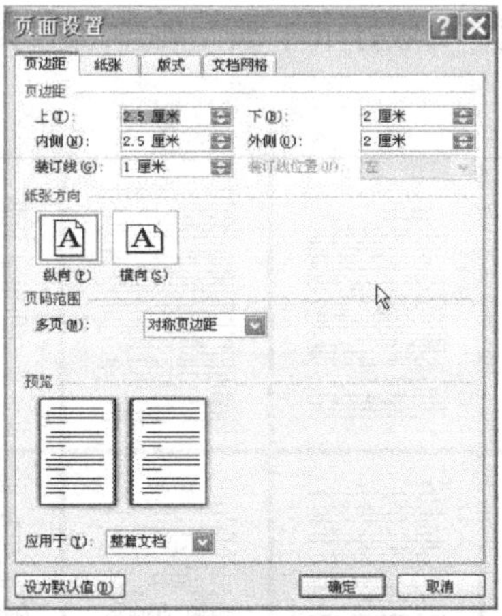

图 1-56　页边距设置

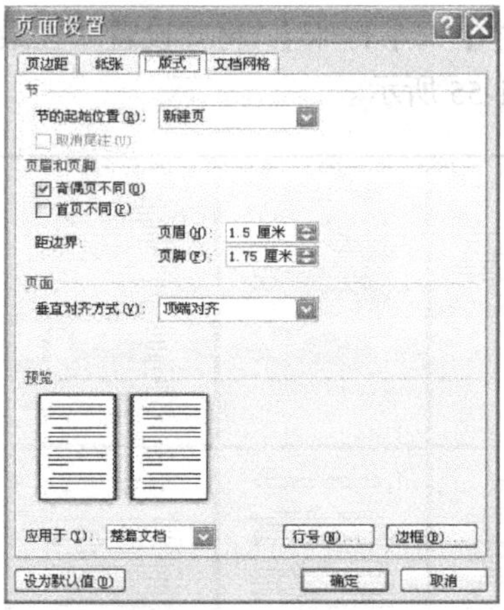

图 1-57　版式设置

2. 编辑论文列提纲

当论文页面版式定好后，通过一定思考，学生可以开始编辑论文提纲，即章节的大标题与小标题，大致确定各章节应该写什么内容。图 1-59 所示是列出的部分论文提纲。

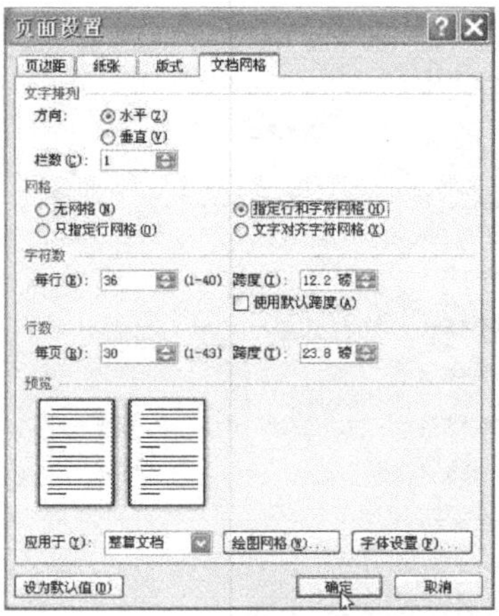

图 1-58　文档网格设置

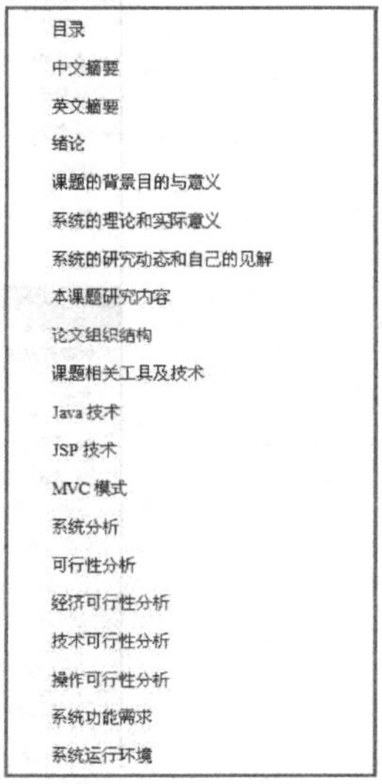

图 1-59　输入论文提纲

3. 修改并定义样式

提纲设计好后，即可为论文复杂的格式设计样式，以便直接应用。论文格式如下。

摘要（标题为小二号黑体），然后隔行书写摘要的文字部分（宋体小四号字）。摘要文字之后隔一行，顶格（齐版心左边线）印有：关键词（小四号黑体）词 1；词 2；……词 5（关键词 3～5 个，宋体小四号字）。

一级标题（章）：黑体、小二号、不加粗；段前段后各 1 行，行距最小值 12 磅，居中；

二级标题（节）：黑体、小三号、不加粗；段前段后各 0.5 行，行距最小值 15 磅，顶格；

三级标题（节）：黑体、小四号、不加粗；段前 12 磅，段后 6 磅，行距最小值 12 磅，顶格；

条、款、项、正文：宋体、小四、首行缩进 2 字符、行距最小值 20 磅、两端对齐；“条”直接顶格（无特殊格式）。

（1）修改“标题”样式，将其应用于“摘要”的标题。①鼠标右击【开始】|【样式】列表中“标题”样式，在展开的列表命令中选择“修改”；②在打开的“修改样式”对话框中，单击【格式】按钮，选择“字体”命令，在打开的“字体”对话框中将“中文字体”改为“黑体”、西文字体改为“Times New Roman”、小二号、不加粗；③单击【格式】按钮，选择“段落”命令，将其段前段后距离设置为 0 磅、单倍行距。

（2）修改“标题 1”到“标题 4”样式，以适应目录中要求列出的 3 级标题。①如果各级标题样式没有全部出现在样式列表中，则单击“样式”命令组右下三角，打开“样式窗格”，在“样式窗格”右下角，单击【选项】按钮，在打开的“样式窗格选项”对话框的“选择要显示的样式”列表框中选择“所有样式”；②在“样式窗格”中右击“标题 1”样式，选择“修改”命令；③在“修改样式”对话框中，将“名称”改为“一级标题”，如图 1-60 所示；④分别打开“字体”“段落”格式，按论文格式要求修改；⑤将“标题 2”名称改为“二级标题”，将“标题 3”名称改为“三级标题”，将“标题 4”名称改为“条”，其他的“字体”“段落”格式按论文格式要求一一改好；⑥用相同的方法修改“样式窗格”中“正文”样式。

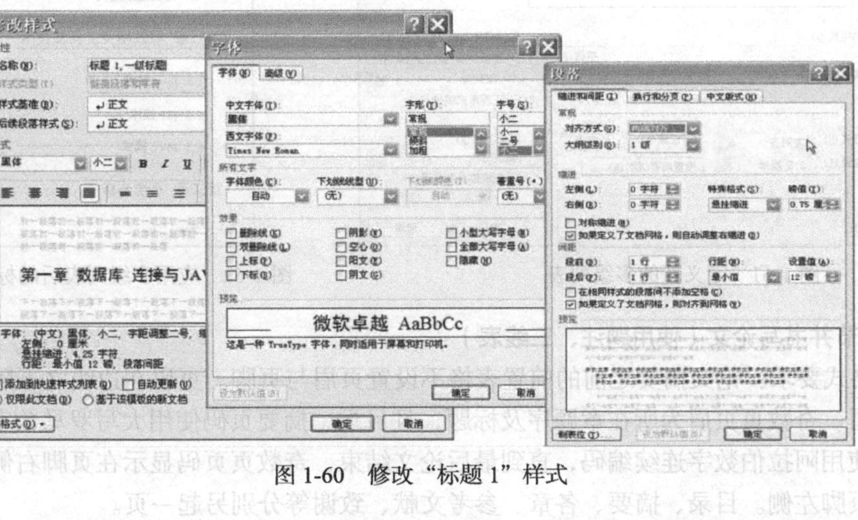

图 1-60　修改“标题 1”样式

（3）定义新的多级列表，使其为各级标题自动编号。①单击【开始】|【段落】组中“多级列表”下拉三角，选择“定义新的多级列表”；②在打开的“定义新多级列表”对话框中单击【更多】按钮，展开该对话框；③“单击要修改的级别”项选择“1”，“将级别链接到样式”选择“标题 1”，“要在库中显示的级别”选择“级别 1”，“此级别的编号样式”选择“一，二，三”，“输

入的编号格式”文本框中，在“一”左右分别输入“第”“章”，“起始编号”选“1”；④“单击要修改的级别”项选择“2”，“将级别链接到样式”选择“标题 2”，“要在库中显示的级别”选择“级别 2”，“此级别的编号样式”选择“1，2，3”，“起始编号”选“1”，勾选“重新开始列表的间隔”，并选择“级别 1”，勾选“正规形式编号”；⑤“单击要修改的级别”项选择“3”，“将级别链接到样式”选择“标题 3”，“要在库中显示的级别”选择“级别 3”，“此级别的编号样式”选择“1，2，3”，“起始编号”选“1”，勾选“重新开始列表的间隔”，并选择“级别 2”，勾选“正规形式编号”，如图 1-61 所示；⑥“单击要修改的级别”项选择“4”，“将级别链接到样式”选择“标题 4”，“要在库中显示的级别”选择“级别 4”，“此级别的编号样式”选择“1，2，3”，“起始编号”选“1”，勾选“重新开始列表的间隔”，并选择“级别 3”，勾选“正规形式编号”；⑦当 4 级列表都定义好后，单击【确定】按钮；⑧按【Ctrl】键，首先用鼠标选择要定义成一级标题的题目，如绪论、课题相关工具及技术、系统分析、系统设计……然后单击“样式窗格”中“标题 1，一级标题”样式，进行应用；用同样的方法，选择将要成为二级标题的文字，单击“样式窗格”中“标题 2，二级标题”，进行应用；三级标题同样如此设置，效果如图 1-62 所示。

论文中“总结”“参考文献”“致谢”这 3 个一级标题，在应用了“标题 1，一级标题”后，也会显示“第 N 章”的编号，而正常情况下是不需要对这 3 个一级标题进行编号的，所以，需要取消其前面的编号。操作方法：将这 3 章大标题应用“标题 1，一级标题”后，保持选中状态，右击鼠标，在打开的快捷菜单中选择“编号”命令，在打开的“编号库”列表中选择“无”，则此 3 章前面的“第 N 章”的编号就取消了。

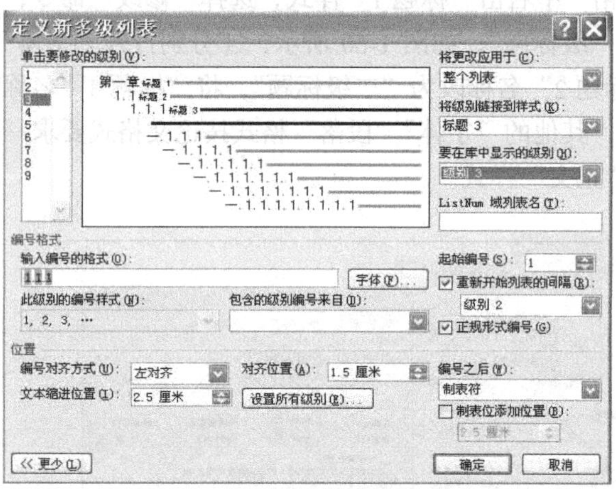

图 1-61　定义新的多级列表

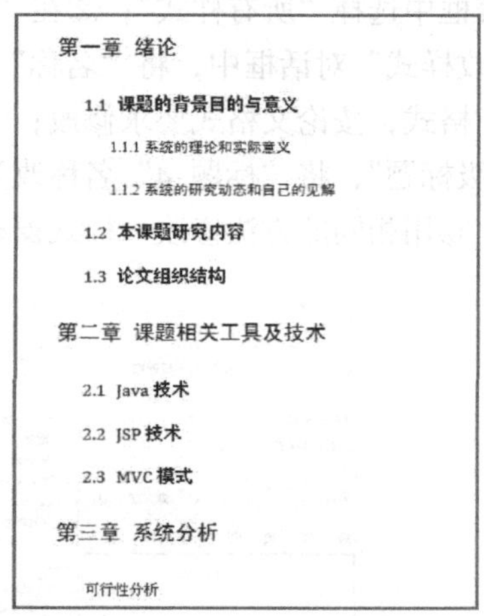

图 1-62　应用多级列表后的标题样式应用

4. 分节并书写论文（使用题注、三线表）

论文格式要求：论文摘要之前的前置表格不设置页眉与页脚。页码在边线之下隔行放置，各页均加页眉。奇数页页眉为所在章题序及标题，且目录、摘要页码使用大写罗马数字居中显示。正文页码使用阿拉伯数字连续编码，直到最后论文结束，奇数页页码显示在页脚右侧，偶数页页码显示在页脚左侧。目录、摘要、各章、参考文献、致谢等分别另起一页。

根据 1.2.2 节“2.分节符与分页符”知识，不同的页眉与页脚设置时，需要分节。由此则需要将目录与摘要作为一节，各章各自为一节，并且还要分页。

（1）目录与摘要之间分节并分页

如果只是单纯地分页，可以将光标定位于“中文摘要”的“中”字之前，按组合键【Ctrl+Enter】即可直接分页；或者使用菜单命令，单击【插入】|【页】|“分页”命令。使用同样的方法，将光标定位于“英文摘要”文字最前面，按组合键【Ctrl+Enter】。但此处是分节并分页，所以要按照下面步骤（2）进行。

（2）各章分节

将光标定位于“绪论”二字之前，单击【页面布局】|【页面设置】|“分隔号”下拉列表中的“分节符”栏中“下一页”命令。用同样的方法，使光标定位于各章标题文字之前，通过使用“下一页”的方式进行分节。分节后，将当前“页面视图”切换到“草稿视图”（视图切换可直接单击当前 Word 窗口的状态栏视图选项）查看分节的效果，如图 1-63 所示。在“目录”之前再插入一个分节符，用以放置前置表格。

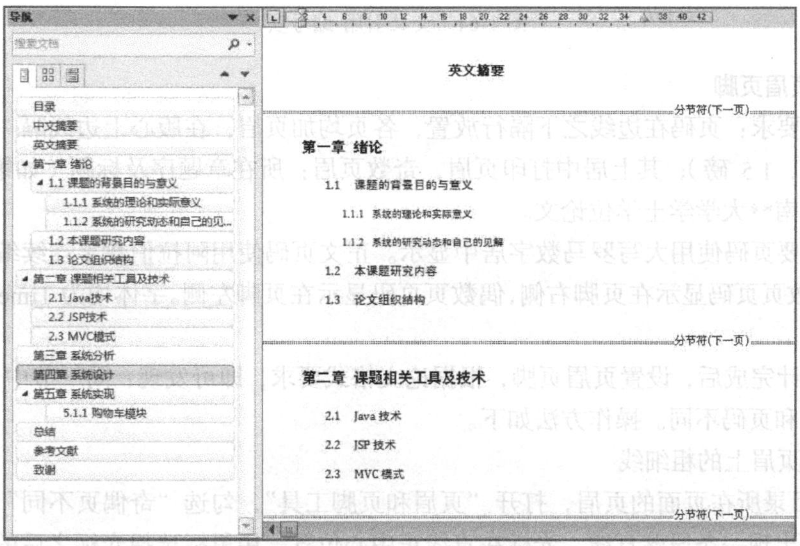

图 1-63　各章分节（草稿视图）

（3）在相应小节中输入论文内容

① 在论文设计过程中会插入图片或表格，并在正文中对图片或表格进行引用，此时应该用“插入题注”与“交叉引用”的方式进行，以便图片或者表格即使经过修改，序号有变时，引用内容也会自动更新。插入题注与交叉引用的方法请参考 1.2.2 节“4.题注与交叉引用”中的内容。

② 论文中所出现的表格均要求使用三线表，请参考第 1.1.2 节“1.Word 表格”三线表样式制作。

③ 论文中还会涉及“参考文献”中列出的所有文献编号均在正文中有引用标志，且用上标的形式在正文中按顺序显示“参考文献”中列的编号。此处也应该使用“交叉引用”，以便在论文修改过程中，引用的编号没按顺序排列时，调整编号后能产生联动反应，无需手动更新。

操作方法：首先，在“参考文献”章节中分段列出每一条参考文献；然后，选择各条参考文献，单击【开始】|【段落】|“编号”命令，选择“【1】【2】【3】”类型对各条文献自动编号，并通过“标尺”快速调整编号后的文字缩进方式；接着，将光标定位于正文中某引用文字之后，单击【插入】|【链接】|“交叉引用”命令，在打开的“交叉引用”对话框中，“引用类型”选择“编号项”，“引用内容”选择“段落编号”，勾选“插入为超链接”，在“引用哪一个编号项”列表框中选择一条参考文献编号，单击【插入】按钮，如图 1-64（a）所示；最后，该文

献编号出现在光标所在处，选择该编号（编号“【1】”呈现出灰色底纹），单击【开始】|【字体】|“上标”命令 x^2，将其设置为上标显示，效果如图 1-64（b）所示。

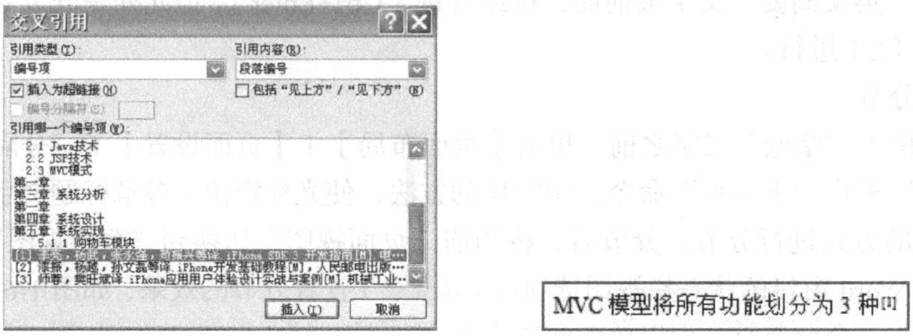

（a）　　（b）

图 1-64　交叉引用-编号项

5. 设置页眉页脚

页眉页脚要求：页码在边线之下隔行放置，各页均加页眉，在版心上边线隔一行加粗、细双线（粗线在上，1.5 磅）；其上居中打印页眉，奇数页眉：所在章题序及标题（如第 1 章绪论）；偶数页眉：湖南**大学学士学位论文。

目录、摘要页码使用大写罗马数字居中显示。正文页码使用阿拉伯数字连续编码，直到最后论文结束，奇数页页码显示在页脚右侧，偶数页页码显示在页脚左侧。字体均为 Times New Roman、小五号。

在论文设计完成后，设置页眉页脚，根据论文格式要求，即可发现：同一节中，奇偶页不同；不同节中页眉和页码不同。操作方法如下。

（1）设计页眉上的粗细线

① 单击目录所在页面的页眉，打开“页眉和页脚工具”，勾选“奇偶页不同”复选框。此时页眉处会自动出现一条段落直线，光标在直线正中心位置，用鼠标选择光标之后的空格（即选择该段），单击【开始】|【段落】|“框线”的下拉列表，选择“下框线”，将默认出现的段落直接取消。

② 按【Enter】键后，将光标上移一行（论文要求版心上边线隔一行设置页眉），然后选择光标后该行的空格，单击【开始】|【段落】|“框线”的下拉列表，选择“边框和底纹”命令，在打开的“边框和底纹”对话框中进行图 1-65 所示的设置。首先选择“样式”为“粗细线”，接着选择“宽度”为“1.5 磅”，然后在“应用于”下拉列表中选择“段落”，最后在预览区域用鼠标分别单击上、下、左、右框线，将所有框线取消后，再单击一次下框线，以便让其变成粗细线而非细粗线。当然，如果选择的“样式”是“细粗线”，则在预览区域，只需要取消上、左、右框线，留下下框线即可。

③ 粗细线设计完成后，所有奇数页页眉上都有一条 1.5 磅的粗细线。滚动鼠标滑轮，移到目录的偶数页，用同样的方法，将偶数页页眉上也设置好一条 1.5 磅的粗细线。

（2）设计各页页眉上文字

① 将光标定位于目录页奇数页所在页眉，输入“目录”二字，并设置其字体为“宋体、小五号”，然后滚动鼠标滑轮到目录偶数页，在共页眉上输入“湖南**大学学士学位论文”字样，设置其字体为“宋体、小五号”。

② 单击【页眉和页脚工具】上“下一节”命令，切换到“摘要”节。光标所在处若是奇数页，就单击“链接到前一条”命令，取消该命令的使用，输入“摘要”；若是偶数页，就不取消“链接到前一条”命令的使用，让其使用上一节中页眉文字“湖南**大学学士学位论文”。注意：一定要先决定“链接到前一条”的使用后，再输入页眉文字，否则就需要返回上一节中重新修改。

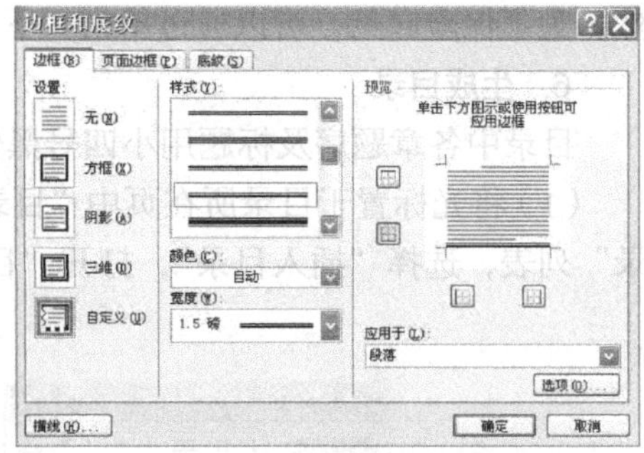

图 1-65　设置段落下边框

③ 切换到下一节，按②中提到的方法，光标所在处若是奇数页，取消“链接到前一条”命令的使用，再输入页眉信息；然后单击“下一节”进入偶数页页眉，应用“链接到前一条”命令，不修改页眉信息。直到所有页眉均设计完成后，关闭“页眉和页脚”。缩放文档页面，浏览一下设置是否有误。效果如图 1-66 所示。

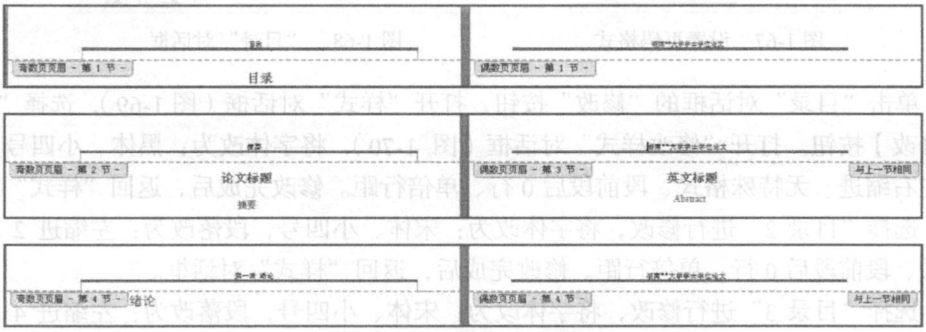

图 1-66　各节奇数页不同页眉样本

（3）设置页码

① 双击“目录”页页脚所在处，打开【页眉和页脚工具】，单击“页码”命令的下拉三角，在展开的命令中选择“页面底端”中“普通数字 2”页码类型，居中显示页码。

② 光标仍在页脚处，再单击“页码”命令的下拉三角，在展开的命令中选择“设置页码格式”，在打开的“页码格式”对话框中，“编号格式”选择“Ⅰ，Ⅱ，Ⅲ…”，“页码编号”选择“起始页码”的“Ⅰ”，如图 1-67 所示。

③ 单击“下一节”命令，切换到偶数页页码处，依然是居中显示在页面底端，设置的“编码格式”依然是大写罗马字，并设置“续前节”页码。

④ 使用与③同样的方法设置“中英文摘要”的页码。

⑤ 单击“下一节”命令，切换到正文所在页脚时，取消“链接到前一条”命令的应用，因为正文页码编号格式为阿拉伯数字，而之前的页码是罗马数字。如果切换到的当前页为奇数页，则单击“页码”命令的下拉三角，在展开的命令中选择“页面底端”中“普通数字 3”页码类型，右对齐显示页码；若切换到的当前页为偶数页，则选择“普通数字 1”页码类型，左对齐显示页码。

⑥ 将光标置于正文第 1 页页脚处，单击“页码”命令的下拉三角，在展开的命令中选择“设置页码格式”，在打开的“页码格式”对话框中，“编号格式”选择“1，2，3…”，“页码编号”

选择“起始页码”的“1”。完成之后，会发现该页后的所有页码均为连续的阿拉伯数字页码。当然，为了保险起见，可以通过单击“下一节”命令，一处一处查看是否有需要修改的页码。

6. 生成目录

目录中各章题序及标题用小四号黑体，其余用小四号宋体，单倍行距。操作方法如下。

（1）将光标置于目录所在页中“目录”二字的下一行，单击【引用】|【目录】命令组中“目录”列表，选择“插入目录”，打开“目录”对话框，如图1-68所示。

图1-67　设置页码格式

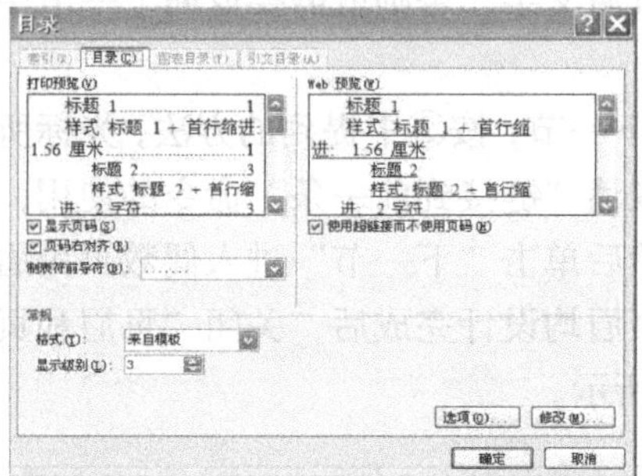

图1-68　“目录”对话框

（2）单击“目录”对话框的“修改”按钮，打开“样式”对话框（图1-69），选择“目录1”，单击【修改】按钮。打开“修改样式”对话框（图 1-70），将字体改为：黑体、小四号，段落改为：无左右缩进、无特殊格式、段前段后0行、单倍行距。修改完成后，返回“样式”对话框。

（3）选择“目录2”进行修改，将字体改为：宋体、小四号，段落改为：左缩进2厘米，无特殊格式、段前段后0行、单倍行距。修改完成后，返回“样式”对话框。

（4）选择“目录3”进行修改，将字体改为：宋体、小四号，段落改为：左缩进4厘米，无特殊格式、段前段后0行、单倍行距。修改完成后，返回“样式”对话框。单击【确定】按钮，返回“目录”对话框；单击【确定】按钮，完成目录格式定义。

（5）所有设置了一级、二级、三级标题样式的文字内容均出现在目录中，若目录中出现不需要的标题，可以直接删除。效果如图1-71所示。

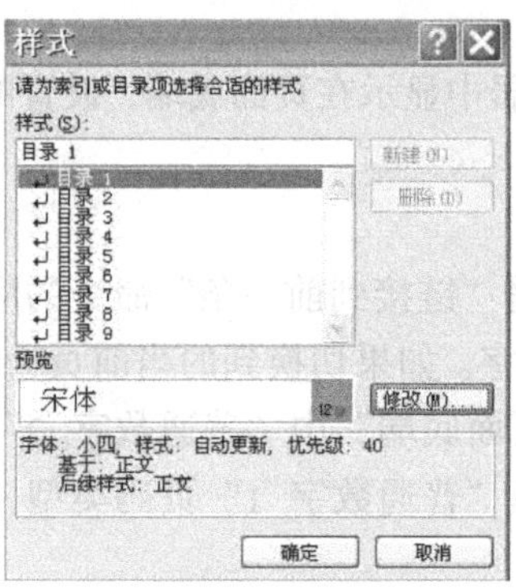

图1-69　样式对话框

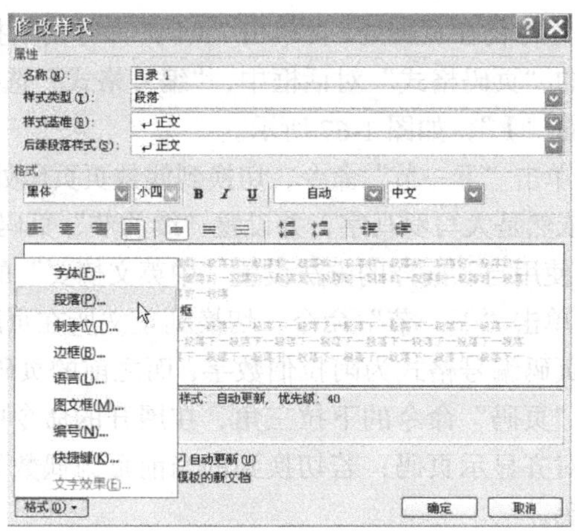

图1-70　修改样式对话框

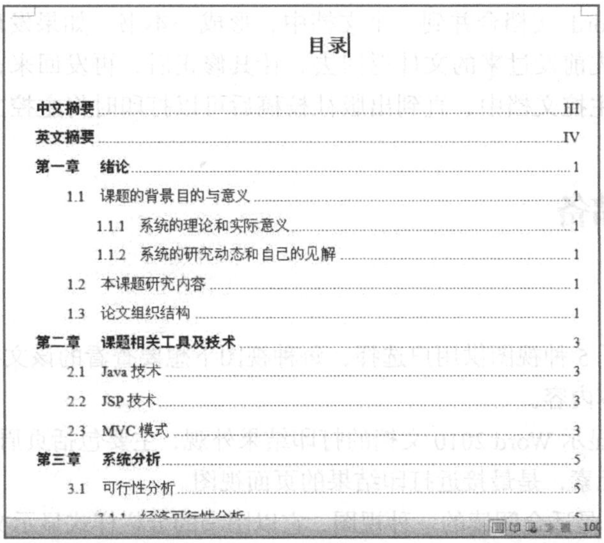

目录

图 1-71　目录样本

1.3 书籍编稿控制

在 Word 的使用过程中，书籍作为另一种长文档，其编辑工作是很苦很累的。并且书籍编写者很可能不止一个，如果将所有的内容都放在一个文档中，那么工作起来会非常慢，因为文档太大，会占用大量的资源。如果将文档的各个部分分别作为独立的文档，又无法对整篇文章做统一处理，而且文档过多也容易引起混乱。

使用 Word 的主控文档，是制作长文档最合适的方法。主控文档包含几个独立的子文档，可以用主控文档控制整篇文章或整本书，而把书的各个章节作为主控文档的子文档。这样，在主控文档中，所有的子文档可以当作一个整体，用户可以对其进行查看、重新组织、设置格式、校对、打印和创建目录等操作。对于每一个子文档，用户又可以对其进行独立的操作。此外，用户还可以在网络地址上建立主控文档，与别人同时在各自的子文档上进行工作。

1.3.1 案例分析

小宇在一所高校任教，所用的教材每年都换，但未能找到令自己满意的教材。所以，在学校领导以及他自己联系的几位教授同一门课程同事的支持下，小宇决定，与几位同事共同编写一本适用于自己学校该门课程的教材。

小宇与几位同事共同商量教材内容，各章节写什么、怎么写都已经清楚明白。到最后几位同事把各自编写的 Word 文档都提交到他手里后，他不知如何将多个 Word 文档合成一个文档送交出版社。更何况，每位同事若有后期修改，也不可能让他们在合并的稿件中修改，万一将其他章节改乱了那就更加麻烦，所以各自修改各自编写的文档，还能体现在合成的主文档中那是最好不过的事情。想要达成这个目标，Word 提供了一个好帮手，那就是主控文档与子文档。

使用大纲视图提供的主控文档与子文档功能可以将文档通过网络共享的方式共同编辑。几位同事已经将各自编辑好的章节用 Word 文档提交给小宇，每个 Word 文档按章号及标题命名，然后小宇将这些不同的 Word 文档合并到一个文档中，形成一本书。如果发现某章内容有问题或者需要修改，再将他们先前发过来的文件返回去，让其修正后，再发回来；这发回来的修正内容会自动合并到最后的主控文档中，直到出版社校稿后可以打印时将主控文档转换成普通文档进行打印。

1.3.2 知识储备

1. 大纲视图

（1）5 种视图简介

Word 2010 提供了 5 种视图供用户选择，每种视图下想要查看的该文档的效果是不一样的，但都不会改变文档原本内容。

“页面视图”可以显示 Word 2010 文档的打印结果外观，主要包括页眉、页脚、图形对象、分栏设置、页面边距等元素，是最接近打印结果的页面视图。

“阅读版式视图”，是适合阅读的一种视图，它以图书的分栏样式显示文档，“文件”等菜单选项功能区窗口元素被隐藏起来。在阅读版式视图中，用户还可以单击【工具】按钮选择各种阅读工具。

“Web 版式视图”以网页的形式显示文档，Web 版式视图适用于发送电子邮件和创建网页。

“大纲视图”主要用于文档的设置和显示标题的层级结构，并可以方便地折叠和展开各种层级的文档。大纲视图广泛用于 Word 2010 长文档的快速浏览和编辑设置中。

“草稿视图”取消了页面边距、分栏、页眉页脚和图片等元素，仅显示标题和正文，是最节省计算机系统硬件资源的视图方式。在草稿视图中还可以清楚地看到“分节符”。

（2）大纲视图的主要作用

大纲视图便于组织长文档，单击标题前的标志，可以折叠或者展开该标题下低级别的文档，便于进行大块文本的移动、生成标题目录等操作。

大纲视图还便于文档层次的变更，比如原本的小节标题要升级为节标题，可以将鼠标定位于该小节所在段落任意位置，单击大纲工具上的【升级】按钮（图 1-72），则光标所在段落所有文字均跟着上升一个标题样式级别（注意：在大纲级别中，只按段落升级或降级，不按选中的文字进行升级或降级，但在页面视图中，可以对选定的文字设置标题样式，但即使设置了标题样式，在大纲视图中依然以正文文本对待）。反之，可以对某段文字进行降级。

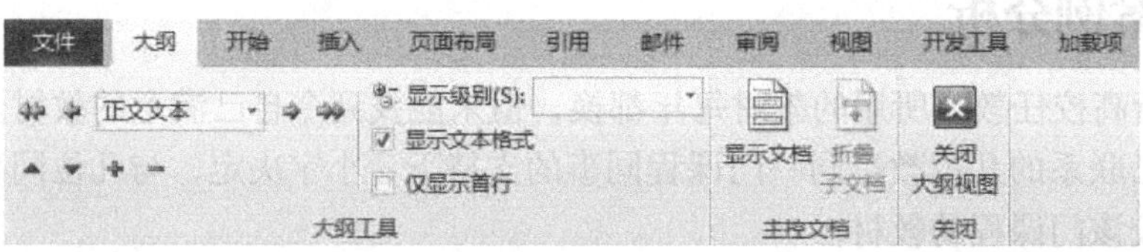

图 1-72 大纲视图工具栏

大纲视图方便移动标题到文档的不同位置。将光标置于标题任意位置，单击大纲工具上的 ▲ ▼按钮，可以轻松将光标所在行的标题上移或者下移。

大纲视图配合导航窗格可以轻松地将文档内容按大纲级别的标题显示或隐藏，即用鼠标单击导航窗格某标题，然后单击大纲工具上的 + −按钮，可以按要求将内容展开或者隐藏，以方便浏览或编辑固定章节内容。

2. 主控文档与子文档

大纲视图工具栏上会显示一个主控文档的命令组按钮。其实，主控文档就是一组单独文件的容器，这一组单独文件又称为子文档，而主控文档便是这些相关子文档关联的链接。使用主控文档，用户可以将长文档分成较小的、更易于管理的子文档，从而便于组织和维护。在工作组中，用户可以将主控文档保存在网络上，并将文档划分为独立的子文档，从而共享文档的所有权。

创建主控文档，要从大纲视图开始，在其中创建或者插入子文档。此处介绍两种创建主控文档的方法。不管是插入还是创建的方式，都应将主控文档与子文档放在同一文件夹中。

（1）由主控文档生成子文档

① 为主控文档确定一个目录文件夹，如“D:\新版教材编写”。

② 在该文件夹新建一个 Word 文档，并为其命名，如“大学计算机基础教程”。

③ 打开该文档，切换到“大纲视图”。

④ 在大纲视图中输入书籍各章标题，并确定“大纲级别”文本框中显示的是“1 级”，各章标题各自成独立段落。如图 1-73 所示，单击【显示文档】按钮，将主控文档命令组中所有命令全部显示出来。而刚才所输入的标题也将成为各子文档的文件名一起保存于主控文档所在文件夹。

⑤ 选择所有输入的各章标题后，单击【大纲】|【主控文档】|“创建”命令，并单击【保存】按钮，则主控文档与主控文档所在文件夹均发生变化，主控文档变化如图 1-74 所示。其所在文件夹则生成多个子文档，效果如图 1-75 所示。

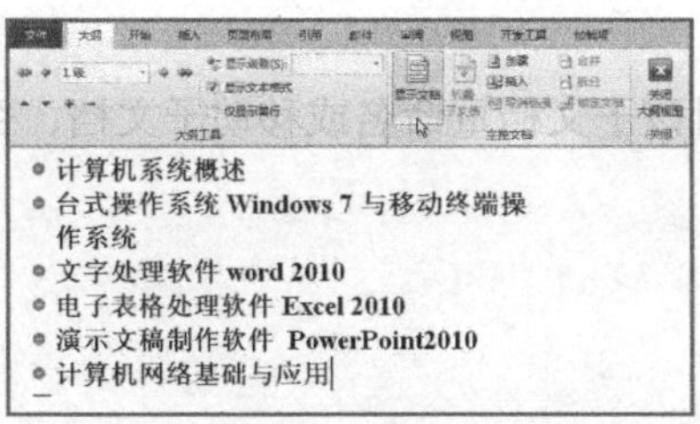

图 1-73 创建子文档文件标题

图 1-74 创建子文档并保存

⑥ 在图 1-74 中，“折叠子文档”按钮高亮显示，即子文档处于折叠状态。此时主控文档将显示各子文档的文件地址，如图 1-76 所示，按【Ctrl】键并单击各项，可直接打开子文档进行编辑。编辑完成后关闭子文档，并单击“展开子文档”命令，则刚才编辑的内容直接在主控文档中显示。

⑦ 不管主控文档的文件名如何，每个子文档指定的文件名不会受到影响，因为它只是根据主控文档标题行文本自动命名的。如果文件夹中有相同文件名，它们会自动在后面加上“1，2，…”来区别。

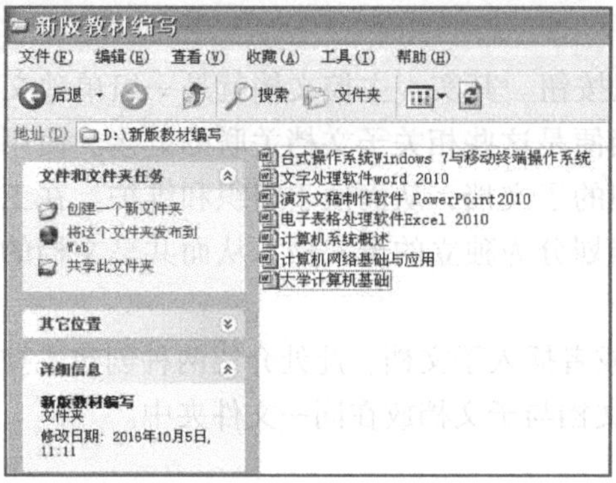

图 1-75　在同一目录下生成子文档

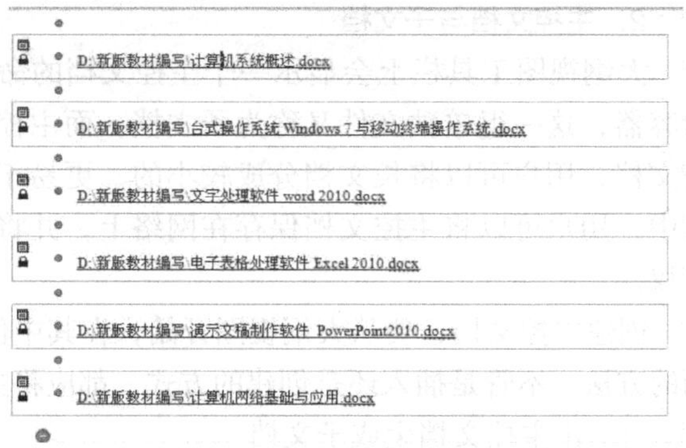

图 1-76　展开子文档超链接

（2）在主控文档中插入子文档

主控文档可以是一个新建的 Word 文档，也可以是一个已经编辑过的 Word 文档；子文档可以由主控文档来创建，也可以直接新建完成后，插入到主控文档中去。而子文档在主控文档中是以超链接的方式存在，当然一旦文档最终确定，可以将子文档全部展开在主控文档中，并取消超链接，形成主文档。

① 确定一个目录文件夹，其中存放了可以作为主控文档的 Word 文件，以及作为子文档的 Word 文件。

② 打开作为主控文档的 Word 文件，并切换到“大纲视图”。

③ 在当前打开的 Word 文档中文字的最后按【Enter】键，换一行后单击【大纲】|【主控文档】|“显示文档”命令，在展开的主控文档命令中选择“插入”命令。

④ 在打开的插入对话框中，找到作为子文档的文件目录，并选择子文档，确定插入。

⑤ 子文件的所有内容显示在主控文档中，可以切换到“页面视图”进行查看与调整。

⑥ 可以将其他子文档按③④⑤步骤一个一个插入到主控文档中。

⑦ 当所有子文档插入完成后，单击【保存】按钮，保存主控文档与子文档之间的超链接关系。

（3）重命名子文档

不能用【资源管理器】等程序或 DOS 命令来对该子文档重命名或移动子文档，否则，将找不到主控文档，并重新组织子文档。

可以按如下步骤对子文档进行重命名。

① 打开主控文档，并切换到主控文档显示状态。

② 单击“折叠子文档”命令折叠子文档。

③ 单击要重新命名的子文档的超级链接，打开该子文档。

④ 单击【文件】选项卡【另存为】选项，打开“另存为”对话框。

⑤ 选择主控文档所在目录输入子文档的新文件名，单击【保存】按钮，即可保存。

关闭该子文档并返回主控文档，此时会发现在主控文档中原子文档的文件名已经发生改变，而且主控文档也可以保持对子文档的控制。注意：保存该主控文档即可完成对子文档的重命名。

在重新命名子文档后，原来子文档的文件仍然以原来的名字保留在原来的位置，并没有改变原来的文件名和路径。Word 只是将子文档文件以新的名字或位置复制了一份，并将主控文档的控制转移到新命名后的文档上。原版本的子文档文件仍保留在原来的位置，用户可以对原来的文件进行自由处理，删除或者移动都不影响主控文档。

（4）合并与拆分子文档

合并子文档就是将几个子文档合并为一个子文档。合并子文档的操作步骤如下。

① 在主控文档中移动子文档，将要合并的子文档移动到一块，使它们两两相邻。

② 单击子文档图标，选定第一个要合并的子文档。

③ 按住【Shift】键不放，单击下一个子文档图标，选定整个子文档。

④ 如果有多个要合并在一起的子文档，重复步骤③。

⑤ 单击【大纲】|【主控文档】|“合并”命令，即可将它们合并为一个子文档。在保存主文档时，合并后的子文档将以第一个子文档的文件名保存。

如果要把一个子文档拆分为两个子文档，具体步骤如下。

① 主控文档中展开子文档。

② 如果文档处于折叠状态，需要展开；如果处于锁定状态，需要解除锁定状态。

③ 在要拆分的子文档中选定要拆分出去的文档，也可以为其创建一个标题后再选定。

④ 单击【大纲】|【主控文档】|“拆分”命令，被选定的部分将作为一个新的子文档从原来的子文档中分离出来。

该子文档将被拆分为两个子文档，子文档的文件名由 Word 自动生成。用户如果没有为拆分的子文档设置标题，可以在拆分后再设定新标题。

（5）锁定主控文档和子文档

在多用户协调工作时，主控文档可以建立在本级硬盘上，也可以建立在网络盘上。合作可以共享一台计算机，也可以通过网络连接起来。如果某个用户正在某个子文档上工作，那么该文档应该对其他用户锁定，防止引起管理上的混乱，避免出现意外损失。这时其他用户可以（也只能）以只读方式打开该子文档，其他用户只可以对其进行查看，修改后不能以原来的文件名保存，直到解除锁定后才可以。

锁定或解除主控文档的步骤如下。

① 打开主控文档。

② 将光标移到主控文档中

③ 单击【大纲】|【主控文档】|“锁定文档”命令。

此时主控文档自动设为只读，用户将不能对主控文档进行编辑，但可以对没有锁定的子文档进行编辑并保存。如果要解除主控文档的锁定，只需再将光标移到主控文档中，单击“锁定文档”命令按钮即可。

要锁定子文档，同样要把光标移到该子文档中，单击【大纲】工具栏中的“锁定文档”命令按钮即可锁定该子文档。锁定的子文档同样不可编辑，即对键盘和鼠标的操作不反应，锁定后的子文档以图标标识，锁定后的主文档在文档中没有标识，但在标题栏中用【只读】两个字来标识。

解除子文档的锁定与解除主控文档的锁定方法相同。

（6）删除子文档

在主控文档中删除某子文档，其实就是删除该子文档在主控文档中的超链接地址。只需要单击【大纲】|【主控文档】|“显示文档”命令，不要启动“展开子文档”命令，即让子文档以图 1-76 所示的形式显示。然后单击需要删除的子文档图标▤，并按【Delete】键进行删除。从主控文档删除的子文档，并没有真的在硬盘上删除，只是从主控文档中删除了这种主从关系，该子文档仍保存在原来的磁盘位置上。

（7）将子文档转换为主控文档的一部分

当在主控文档创建或插入了子文档之后，每个子文档都被保存在一个独立的文件中。如果想把某个子文档转换成主控文档的一部分，只需要在子文档展开时，将光标定位于该子文档内容的任意位置，单击【大纲】|【主控文档】|“取消链接”命令，则此时该子文档的外围虚线框和左上角的子文档图标消失，该子文档就变成主控文档的一部分。特别注意“取消链接”后，若要再恢复链接，也可以通过撤销操作 来实现。

这种“将子文档转换为主控文档的一部分”的操作，与常规的将两个文件合并为一个文件相似，只是操作方法略有不同，常规的将“文件2”合并到“文件1”中只需如下两个过程：①打开“文件1”；②单击【插入】|【文本】|“对象”下拉三角，选择“文件中的文字”（图1-77）。

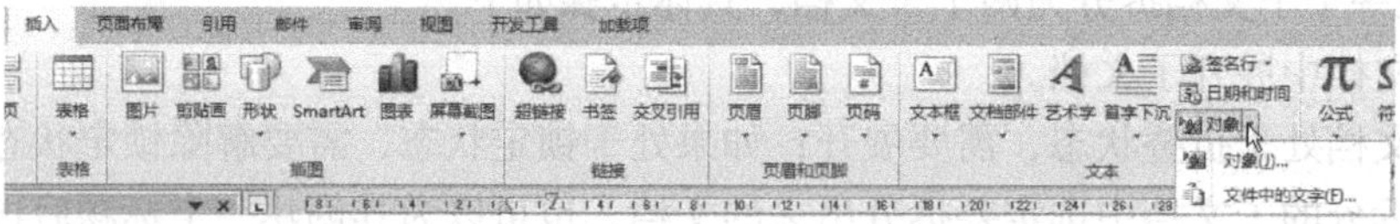

图1-77 文件合并命令

3. 导航窗格

“导航窗格”主要用于显示Word 2010文档的标题大纲，用户可以通过单击“文档结构图”中的标题来展开或收缩下一级标题，可以通过单击标题名称快速定位到标题对应的正文内容，还可以显示Word 2010文档的缩略图。

单击【视图】|【显示】|“导航窗格”命令复选框可以显示或隐藏导航窗格，显示导航窗格对编辑长文档非常有帮助。

1.3.3 案例实现

小宇和五位同事经过商议，已经确定各自要编写的章节内容，并且约定只用Word提供的标题样式对各级标题进行应用，以便小宇统稿后，对所有格式或样式进行规范。

1. 编辑子文档

小宇及其几位同事在规定的时间内完成了新版教材所有章节的编写，每位同事编写的内容单独成一个Word文档，并且在编辑过程中直接使用Word提供的标题样式来设置章节标题，编写过程中只需要大致应用题注与交叉引用即可，其他的页面设置、页眉与页脚、目录等均在最后合并成书后进行设置。

当小宇和几位同事完成子文档的编写后，几位同事通过QQ将子文档发到小宇计算机上。小宇特地新建了一个文件夹用来管理，其效果如图1-78所示，其中“第1章”为小宇自己编写的。

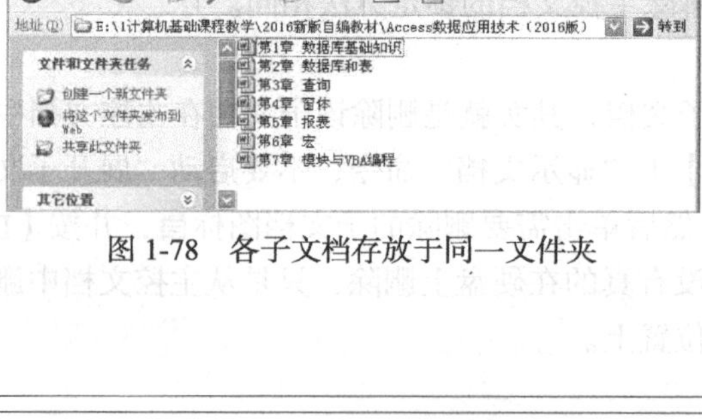

图1-78 各子文档存放于同一文件夹

2. 创建主控文档

小宇原打算将自己写作的“第 1 章”作为主控文档，后来觉得为了避免后期修改发生错乱，还是应该新建一个文档作为主控文档。

（1）在当前文件夹新建一个空白的 Word 文档，命名为：Access 数据库应用技术。

（2）打开“Access 数据库应用技术.docx”文档，单击 Word 状态栏右下角的“大纲视图”，切换到“大纲视图”页面。

（3）单击【大纲】|【主控文档】|“显示文档”命令，在展开的命令中，单击“插入”命令，打开如图 1-79 所示的对话框，在该对话框中找到子文档存放的地址，然后选择一个 Word 文档。

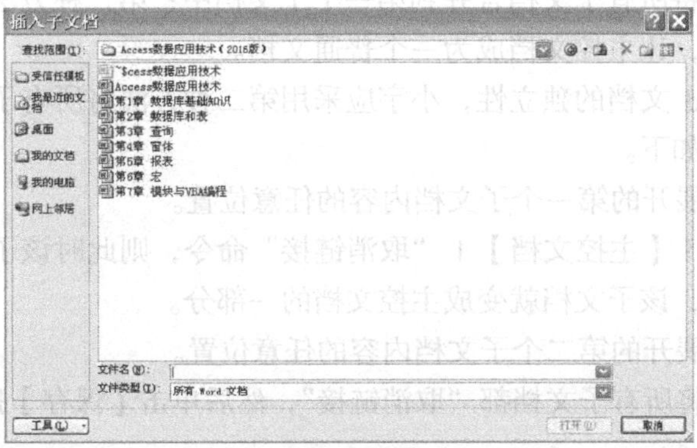

图 1-79　选择插入的子文档

（4）按（3）的方法继续在主控文档中插入其他子文档，只能一个一个插入，并且只能在“展开子文档”的状态下进行插入，子文档内容插入处即是主控文档中光标所在处。

（5）所有 7 个子文档插入完成后，单击“折叠子文档”命令，会发现每一个子文档各自成为一节。

（6）展开子文档，单击 Word 状态栏下“页面视图”页面，并单击勾选【视图】|【显示】命令组中“导航窗格”选项，用导航窗格浏览。图 1-80 所示是在页面视图下，浏览所有展开的子文档形成的主控文档。

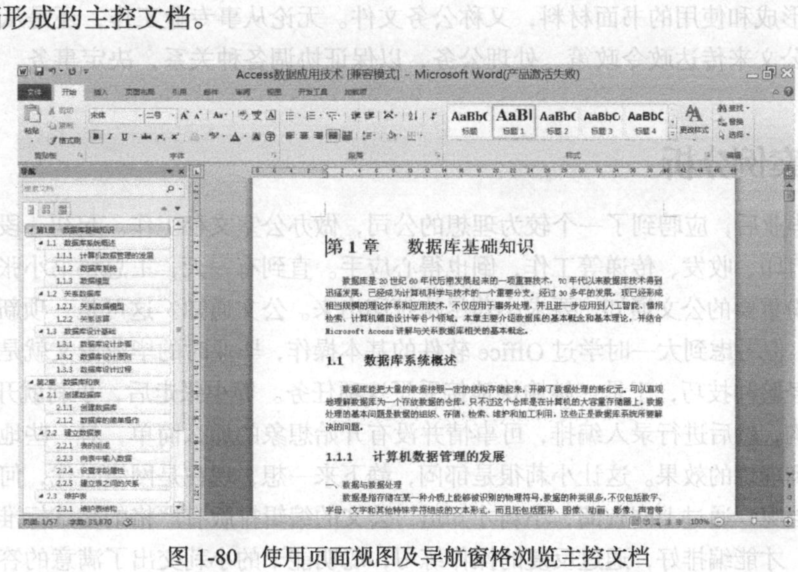

图 1-80　使用页面视图及导航窗格浏览主控文档

3. 修改子文档

所有书稿最终完成之前都需要检查多次。小宇在校对过程中，发现有问题的章节，直接跟编写该章节的同事进行联系。当同事将修改好的 Word 文档再次发送过来后，小宇只需要接收该文档，放在同一个地方，只要文件名不变，覆盖原有文件即可。

因为所有子文档体现在主控文档中的是一个超链接，如果在主控文档中修改展开了的子文档内容，那么所做的修改，在主控文档保存之时也会保存到子文档中。

4. 合并子文档

当所有章节内容已经确定无误后，可以将所有子文档合并成一个文档，进行页面设置、页眉页脚设置、标题样式修改、生成自动目录等工作。要完成将子文档合并成一个文档的效果，有两种方法：第一种方法是将所有子文档合并到第一个子文档中；第二种方法是在主控文档中取消所有子文档的超链接关系，让主控文档成为一个普通文档。

为了保持各章 Word 文档的独立性，小宇应采用第二种方法将所有子文档内容直接在主控文档中普通化。操作步骤如下。

（1）将光标定位于展开的第一个子文档内容的任意位置。

（2）单击【大纲】|【主控文档】|“取消链接”命令，则此时该子文档的外围虚线框和左上角的子文档图标消失，该子文档就变成主控文档的一部分。

（3）将光标定位于展开的第二个子文档内容的任意位置。

（4）用同样的方法将所有子文档都“取消链接”，然后单击【保存】按钮。

5. 统一格式

打开主控文档“Access 数据库应用技术.docx”，在“页面视图”中，小宇可以对该文档按出版社要求设置格式，当格式设置完成后，可以使用导航窗格，用缩略图进行预览。

1.4 公文格式与制作

公文一般指公务文书。公务文书是法定机关与组织在公务活动中，按照特定的体式、经过一定的处理程序形成和使用的书面材料，又称公务文件。无论从事专业工作，还是从事行政事务，都要学会通过公文来传达政令政策、处理公务，以保证协调各种关系，决定事务，使工作正确、高效地进行。

1.4.1 案例分析

小莉本科毕业后，应聘到了一个较为理想的公司，做办公室文秘工作。起初一段时间，她做一些文件录入、打印、收发、传递等工作，倒也得心应手。直到有一天，王总秘书小张告诉小莉，公司需要发布一份重要的公文通知，要求小莉尽快打印出来。公文通知？这可是一项新任务，尽管小莉以前没做过，但考虑到大一时学过 Office 软件的基本操作，毕业时的毕业论文就是自己编排打印的，有着一些经验和技巧，于是，她愉快地接受了这项任务。等小张走后，小莉就开始忙活起来，先分析公文结构，然后进行录入编排，可事情并没有开始想象的那么简单，对一些地方反复进行编排，依然达不到理想的效果。这让小莉很是郁闷，静下来一想，现在是网络时代，何不上网找些资料、查阅些文档呢？通过上网查阅，小莉才知道，公文的编辑排版有严格的格式标准，需要掌握相应的编排技巧，才能编排好，通过反复的操作练习，聪明能干的小莉交出了满意的答卷。

小莉要打印的公文式样如图 1-81 所示。

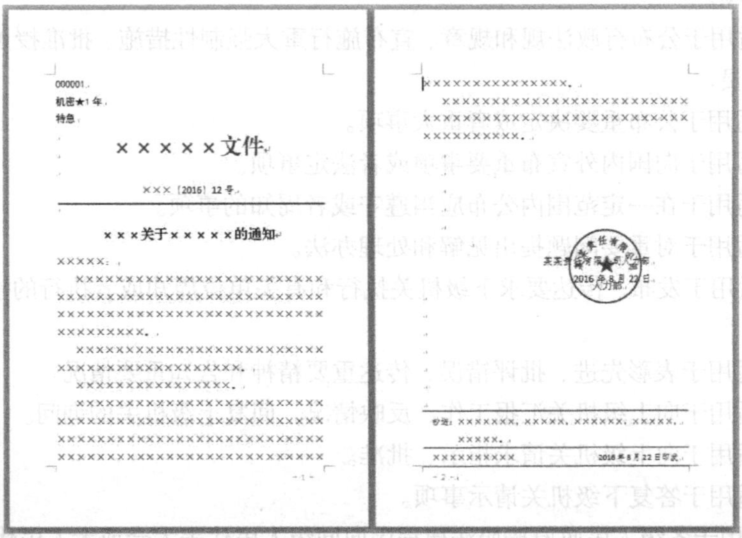
000001
机密★1 年
特急
×××××文件
×××〔2016〕12 号
×××关于×××××的通知
×××××：
××
-1-
××××××××××××××××：
××
2016 年 8 月 22 日
抄送：×××××××，×××××，×××××，×××××，×××××。
×××××××××××　2016 年 8 月 22 日印发
-2-

图 1-81　公文示例

1.4.2　知识储备

1. 公文的概念

公文是公务文书的简称，它是党政机关、企事业单位、法定团体等组织在公务活动中形成的具有法定效力和规范体式的书面材料。

2. 公文的特点

公文具有以下三个特点。

（1）权威性。首先，公文由法定的作者制成和发布；其次，无论是事实、数字还是各种意见、结论，一旦进入正式公文，就不能任意更改、解释、否定；最后，公文是机关、团体、组织的喉舌、意图，是其开展工作的依据。

（2）规范性。公文的撰写和处理，从起草、成文，到收发、传递、分办、立卷、归档、销毁等，都有一套规范化的制度。另外，公文具有特定的体式，其文体、结构、用纸的尺寸、文件标记都有统一的规定。

（3）工具性。公文是各机关、团体、组织在公务管理过程中最经常、最大量使用的一种工具。公务管理的方法很多，而最科学最正规的方法就是利用公文进行公务管理。

3. 公文的种类

（1）从行文关系上划分有三种。行文是指一个机关给另一机关的发文。

① 上行文。下级向它所属的上级领导机关的行文，即自下而上的行文，如报告、请示。

② 下行文。上级领导机关给其所属的下级机关的行文，即自上而下的行文，如命令、决定、指示、批复等。

③ 平行文。同级机关或者互不隶属机关之间的行文。函是最典型的平行文。

（2）从具体的文种来看，根据 2016 年国务院办公厅《党政机关公文处理工作条例》的规定，公文有下列文种。

① 决议：适用于会议讨论通过的重大决策事项。

② 决定：适用于对重要事项作出决策和部署、奖惩有关单位和人员、变更或者撤销下级机关不适当的决定事项。

③ 命令：适用于公布行政法规和规章、宣布施行重大强制性措施、批准授予和晋升衔级、嘉奖有关单位和人员。

④ 公报：适用于公布重要决定或者重大事项。

⑤ 公告：适用于向国内外宣布重要事项或者法定事项。

⑥ 通告：适用于在一定范围内公布应当遵守或者周知的事项。

⑦ 意见：适用于对重要问题提出见解和处理办法。

⑧ 通知：适用于发布、传达要求下级机关执行和有关单位周知或者执行的事项，批转、转发公文。

⑨ 通报：适用于表彰先进、批评错误、传达重要精神和告知重要情况。

⑩ 报告：适用于向上级机关汇报工作、反映情况，回复上级机关的询问。

⑪ 请示：适用于向上级机关请求指示、批准。

⑫ 批复：适用于答复下级机关请示事项。

⑬ 议案：适用于各级人民政府按照法律程序向同级人民代表大会或者人民代表大会常务委员会提请审议事项。

⑭ 函：适用于不相隶属机关之间商洽工作、询问和答复问题、请求批准和答复审批事项。

⑮ 纪要：适用于记载会议主要情况和议定事项。

4. 公文格式的种类

根据公文载体的不同，公文可分为文件格式、信函格式、电报格式、命令格式、纪要格式等。

以下介绍的公文格式一般指文件格式。信函格式、电报格式、命令格式、纪要格式等属于特定格式。

5. 公文格式的基本要求

我国在《党政机关公文格式》（GB/T 9704—2012）标准（下文简称为《标准》）中对公文的布局排版进行了详细的规定。

（1）公文用纸幅面尺寸及版面要求

幅面尺寸：公文用纸采用 GB/T 148 中规定的 A4 型胶版印刷纸或复印纸纸，其成品幅面尺寸为：210mm × 297mm。

版面：公文用纸天头（上白边）为 37mm ± 1 mm，公文用纸订口（左白边）为 28mm ± 1mm，版心尺寸为 156mm × 225mm，如图 1-82 所示。

（2）字体和字号

如无特殊说明，公文格式各要素一般用 3 号仿宋体字。特定情况可以进行适当调整。

（3）行数和字数

一般每面排 22 行，每行排 28 个字，并撑满版心。特定情况可以进行适当调整。

（4）文字的颜色

如无特殊说明，公文中文字的颜色均为黑色。

（5）印制装订要求。

制版要求：版面干净无底灰，字迹清楚无断划，尺寸标准，版心不斜，误差不超过 1mm。

印刷要求：双面印刷；页码套正，两面误差不超过 2mm。

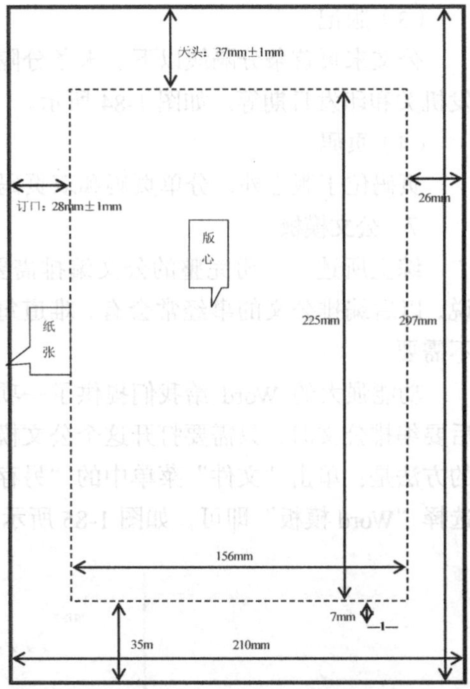

图 1-82　公文版面示意图

装订要求：公文应当左侧装订，不掉页，两页页码之间误差不超过 4mm，裁切后的成品尺寸允许误差 ± 2mm，四角成 90°，无毛茬或缺损。

骑马订或平订的公文应当满足以下要求。

① 订位为两钉外订眼距版面上下边缘各 70mm 处，允许误差 ± 4mm。

② 无坏钉、漏钉、重钉，钉脚平伏牢固。

③ 骑马订钉锯均订在折缝线上，平订钉锯与书脊间的距离为 3mm~5mm。

包本装订公文的封皮（封面、书脊、封底）与书芯应吻合、包紧、包平、不脱落。

6. 公文格式要素

《标准》将版心内的公文格式各要素划分为版头、主体、版记三部分。

（1）版头

公文首页红色分隔线以上的部分称为版头。版头一般包括：份号、密级和保密期限、紧急程度、发文机关标志、发文字号、签发人等。红色分隔线属于版头，如图 1-83（a）所示。

（2）主体

公文首页红色分隔线（不含）以下、公文末页首条分隔线（不含）以上的部分称为主体。主体一般包括：标题、主送机关、正文、附件说明、发文机关署名、成文日期、印章、附注、附件等，如图 1-83（b）所示。

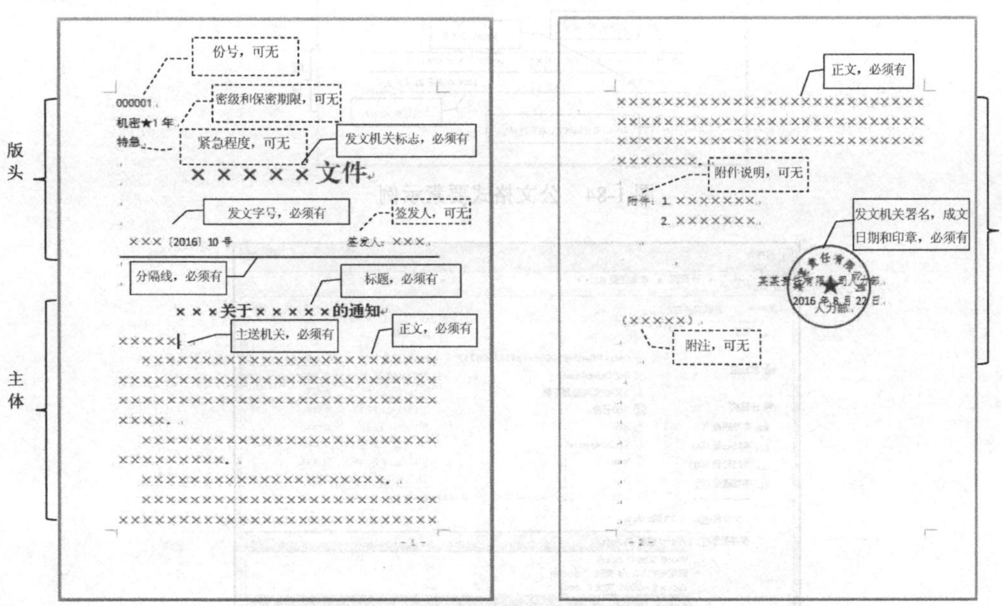

（a）　　　　（b）

图 1-83　公文格式要素示例

（3）版记

公文末页首条分隔线以下、末条分隔线以上的部分称为版记。版记一般包括：抄送机关、印发机关和印发日期等。如图 1-84 所示。

（4）页码

页码位于版心外，分单页码和双页码。

7. 公文模板

综上所述，一份完整的公文编排需要花费很多精力和时间才能完成，而对于办公室文秘来说，以后编排公文的事经常会有，难道每次都要这样辛苦地一个一个要素进行编排么？答案是：不需要。

功能强大的 Word 给我们提供了一项很好的功能，可以将编排好的文档保存为模板文件，以后要编排公文时，只需要打开这个公文模板，然后将内容做相应修改就可以了。保存为模板文件的方法是：单击“文件”菜单中的“另存为”命令，打开“另存为”对话框，在“保存类型”中选择“Word 模板”即可，如图 1-85 所示。

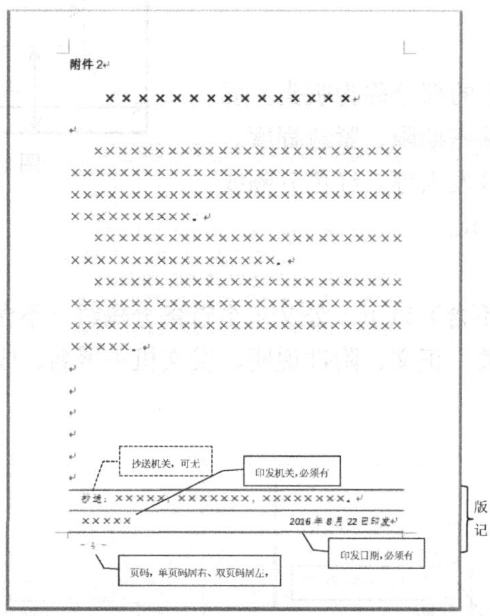

图 1-84　公文格式要素示例

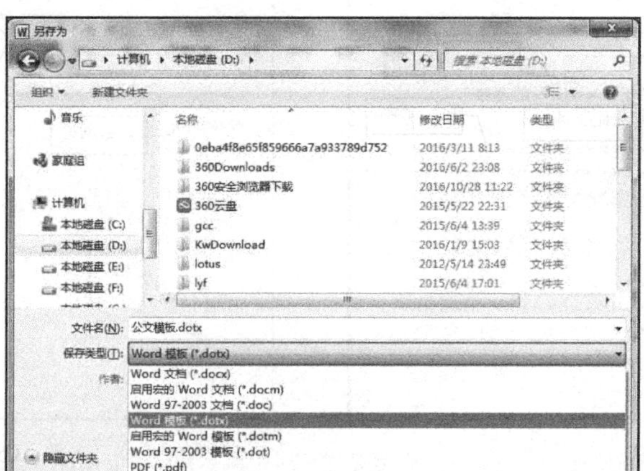

图 1-85　“另存为”模板文件

1.4.3 案例实现

下面我们以文件格式的公文为例，介绍公文内容编排方法。

1. 页面设置

（1）页边距设置

根据《标准》规定，公文用纸天头（上边距）为 37mm ± 1mm，订口（左边距）为 28mm ± 1mm，版心尺寸为 156mm × 225mm，计算得到右边距为 26mm，下边距为 35mm。在页面设置对话框中进行页边距的设置，如图 1-86 所示。

（2）页脚边距设置

根据《标准》规定，页码一般用四号、半角、宋体阿拉伯数字，编排在公文版心下边缘之下，数字左右各放一条一字线；一字线上距版心下边缘 7 mm。单页码居右空一个字，双页码居左空一个字。

四号字与 14 磅对应，1 磅=0.3528mm，所以，四号字高=14 × 0.3528≈4.94（mm）。

页脚边距=下边距-（页码一字线距版心距离）-四号字高/2 =35-7-4.94/2=25.53（mm）

经过实际反复测试，页脚边距值设为 24.5mm ~ 24.7mm，最为接近“一字线上距版心下边缘 7 mm”的要求，我们取页脚距边界值为 24.7mm。

由于单页码居右空一字，双页码居左空一字，故页脚需设置奇偶页不同，如图 1-87 所示。

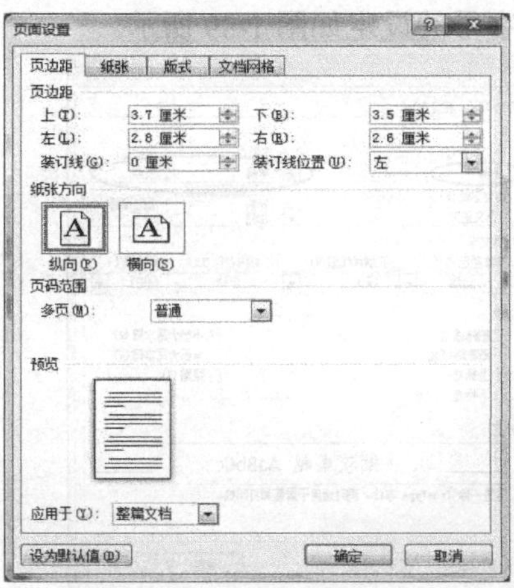

图 1-86 页边距设置

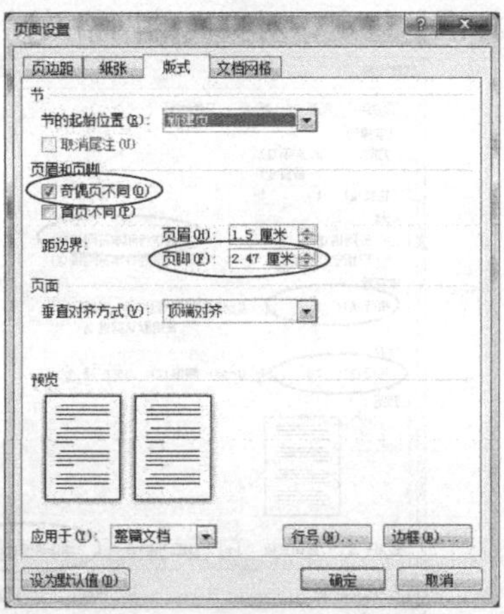

图 1-87 页脚边距设置

（3）页码设置

① 双击第 1 页的页脚，先单击【插入】|【页码】|【页面底端】|“普通数字 3”命令，再单击【插入】|【页码】|【设置页码格式…】命令，打开图 1-88（a）所示的“页码格式”设置对话框，其中，“编号格式”选择左右各有一条一字线的数字形式，“页码编号”选择“起始页码”。

② 设置页码字体和页码缩进值。选中第 1 页的页码文字，设置为宋体四号字，右侧缩进 1 字符。

③ 双击第 2 页的页脚，先单击【插入】|【页码】|【页面底端】|“普通数字 1”命令，再单击【插入】|【页码】|【设置页码格式…】命令，打开图 1-88（b）所示的“页码格式”

设置对话框，其中，“编号格式”选择左右各有一条一字线的数字形式，“页码编号”选择“续前节”。

选中第 2 页的页码文字，设置为宋体四号字，左侧缩进 1 字符。

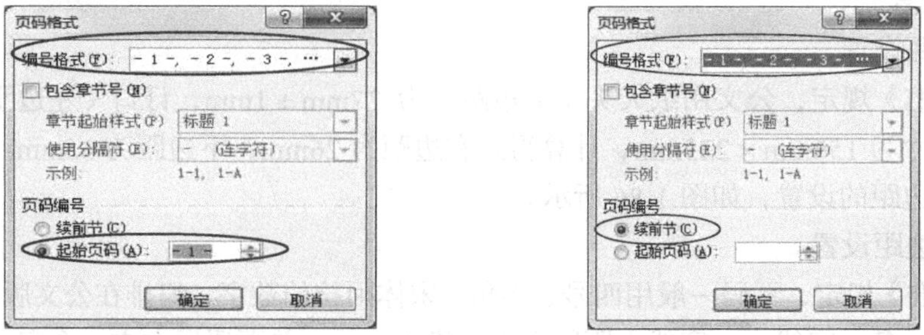

(a)　　　　　　　　(b)

图 1-88　页码格式设置

（4）正文设置

《标准》对每页的行数、字数及默认字体字号的规定是：一般每页排 22 行，每行排 28 个字，并撑满版心，特定情况可以进行适当调整；如无特殊说明，公文格式各要素一般用三号仿宋体字，特定情况可以进行适当调整。

根据《标准》规定，对页面的网格及默认字体字号的设定如图 1-89 所示。

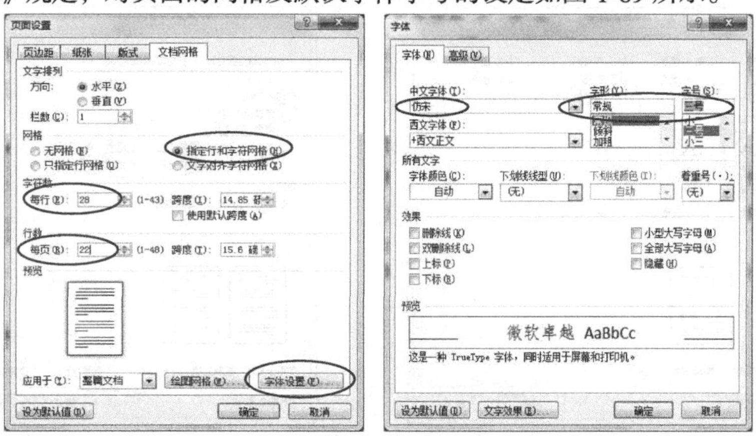

图 1-89　文档网格和默认字体设置

2. 内容编排

（1）版头编排

① 份号、密级和保密期限、紧急程度

如需标注份号，一般用 6 位三号阿拉伯数字，顶格编排在版心左上角第一行。

如需标注密级和保密期限，一般用三号黑体字，顶格编排在版心左上角第二行；保密期限中的数字用阿拉伯数字标注。

如需标注紧急程度，一般用三号黑体字，顶格编排在版心左上角第三行。

如需同时标注份号、密级和保密期限、紧急程度，按照份号、密级和保密期限、紧急程度的顺序自上而下分行排列。

② 发文机关标志

《标准》对发文机关标志规定如下。

由发文机关全称或者规范化简称加“文件”二字组成，也可以使用发文机关全称或者规范化简称。

发文机关标志居中排布，上边缘至版心上边缘为 35mm，推荐使用小标宋体字，颜色为红色，以醒目、美观、庄重为原则。

联合行文时，如需同时标注联署发文机关名称，一般应当将主办机关名称排列在前；如有“文件”二字，应当置于发文机关名称右侧，以联署发文机关名称为准，上下居中排布，如图 1-90 所示。

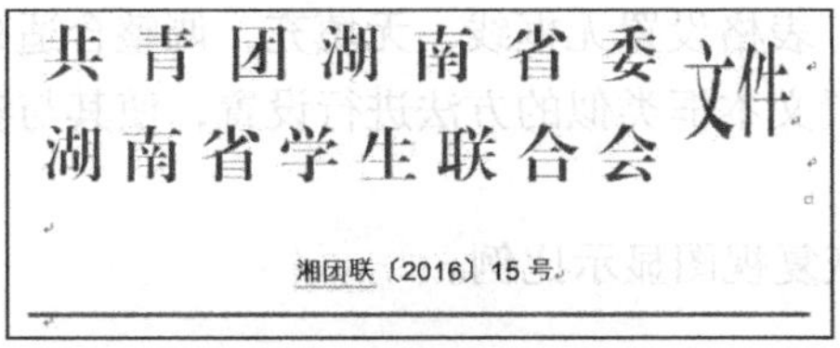

图 1-90　联合行文示例

发文机关标志处在第四行，字体设置为小标宋体字，默认情况下，Windows 系统里没有小标宋体字，需要从网上下载安装，也可以使用其他相近字体。

发文机关标志的字号大小没有具体限定，可根据需要进行设置，所以发文机关标志所占位置高度是不确定的，要精确定位发文机关标志上边缘至版心上边缘为 35mm 的布局设置，可采用参照物定位法来实现，其操作方法如下。

a．插入参照直线

单击【插入】|【形状】中的水平直线，作为定位用的参照物，设置直线的垂直绝对位置为距版心上边缘 35mm 处，叠放次序为“置于顶层”，版式为“浮于文字上方”。等发文机关标志定好位置后，再将参照直线删除。

参照直线的位置的设置方法：选择水平直线，单击【绘图工具】选项卡 |【位置】|“其他布局选项…”命令，进行图 1-91 所示的设置。

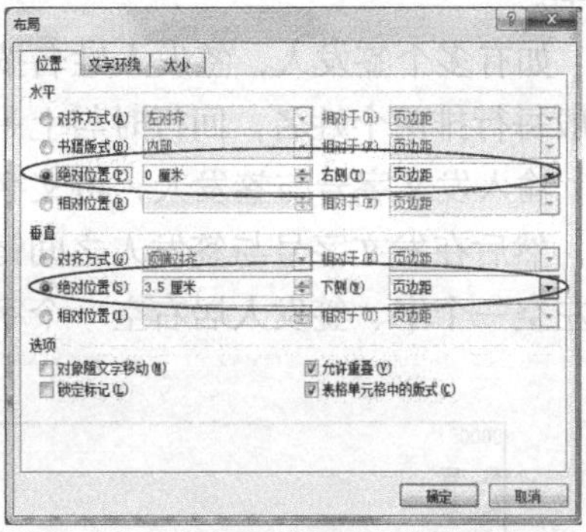

图 1-91　参照直线绝对位置设置

b．设置文本

为了能够使发文机关标志自由移动，精确定位到对应位置，发文机关标志使用文本框方式来添加。

插入文本框后，在文本框中输入发文机关标志，然后对文本框进行设置：文本框宽度为 15.6cm，形状填充为“无填充颜色”，形状轮廓为“无轮廓”，版式为“衬于文字下方”（一是方便自由拖动，二是不遮挡参照直线），文字为居中、小标宋体、红色，字号大小根据需要设置。

c．定位参照物

拖动文本框，使得发文机关标志文字的上边缘与插入的参照直线水平重合（注意：这里对齐的是文字的上边缘而非文本框的上边缘），如图 1-92 所示。

为了精准定位，降低误差，可适当放大视图显示比例。

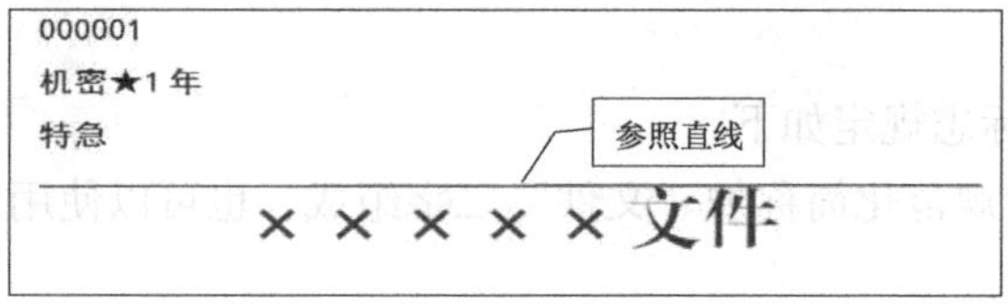

图 1-92　发文机关标志编排定位示意图

d．联合发文的文本设置

联合发文时，多个发文机关标志的插入需要采用表格来实现。

表格采用 N 行 × 2 列的规格，N 为发文机关数。各发文机关名称分别写在表格各行的第一列中，文字的对齐方式设置为“分散对齐”，以确保各发文机关名称文字两端对齐。表格第二列合并居中，输入“文件”二字。表格设置无框线、无填充，调整合适列宽，将整个表格对象设为水平居中对齐。然后采用与设置文本框类似的方法进行设置，使其与参照直线对齐。

e．删除参照直线

最后，删除参照直线，恢复视图显示比例。

③ 发文字号与签发人

《标准》对“发文字号”的规定为：发文字号编排在发文机关标志下空两行位置，居中排布。年份、发文顺序号用阿拉伯数字标注；年份应标全称，用六角括号“〔 〕”括入；发文顺序号不加“第”字，不编虚位（即 1 不编为 01），在阿拉伯数字后加“号”字。

上行文的发文字号居左空一个字编排，与最后一个签发人姓名处在同一行。

《标准》对“签发人”的规定为：由“签发人”三字加全角冒号和签发人姓名组成，居右空一个字，编排在发文机关标志下空两行位置。“签发人”三字用 3 号仿宋体，签发人姓名用 3 号楷体字。

如有多个签发人，签发人姓名按照发文机关的排列顺序从左到右、自上而下依次均匀编排，一般每行排两个姓名，回行时与上一行第一个签发人姓名对齐，如图 1-93 所示。

输入发文字号与签发人，将文字对齐方式设置为分散对齐，设置该段的左右缩进各为一个字符，然后在发文字号与签发人之间键入若干个空格，使它们挤向两端，这样就可以完成发文字号居左空一个字、签发人居右空一个字的设置，如图 1-94 所示。

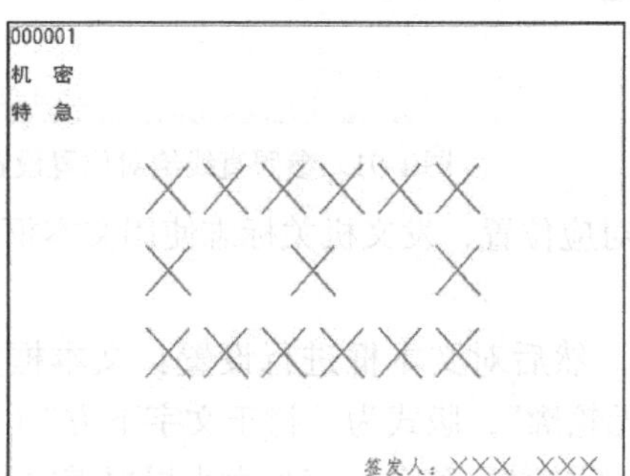

图 1-93　多个签发人姓名编排示意图

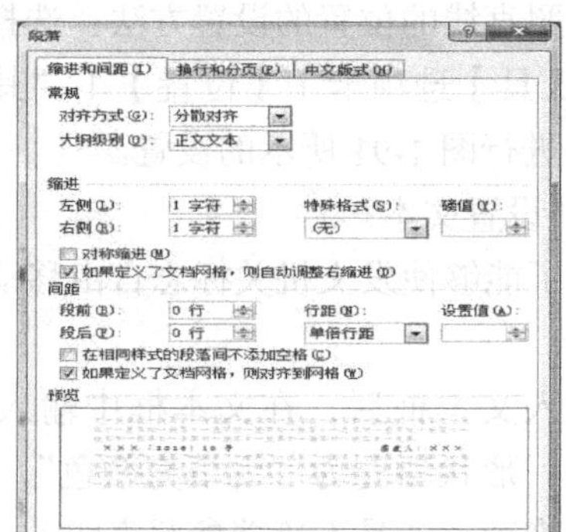

图 1-94　发文字号与签发人段落设置

④ 版头中分隔线的定位

《标准》对公文版头分隔线的规定为：发文字号之下 4 mm 处居中印一条与版心等宽的红色分

隔线，线的粗细根据需要进行设置。

经测试比较，红色分隔线的高度在 0.35mm ~ 0.5mm 比较美观。

要精确定位分隔线，也可以采用参照物定位法来进行，具体操作方法如下。

a. 插入参照文本框

插入一个用作参照物的文本框，将其高度设置为 4mm，宽度设置为 156mm，叠放次序为“置于顶层”，版式为“浮于文字上方”。

b. 定位参照文本框

适当放大视图显示比例，拖动文本框，使其边框上边缘与发文字号文字下边缘对齐。

c. 插入分隔线

沿着文本框的下边缘线，对齐插入一条直线，将其设置为红色，按需设置其粗细，宽度设置为 156mm，并在版面上居中。

d. 删除参照文本框

将参照文本框删除，恢复视图显示比例。

版头中红色分隔线的编排定位示意图如图 1-95 所示。

图 1-95　版头中红色分隔线的编排定位示意图

（2）主体编排

① 标题

标题一般用 2 号小标宋体字，编排于红色分隔线下空两行位置，分一行或多行居中排布；回行时，要做到词意完整、排列对称、长短适宜、间距恰当，标题排列应当使用梯形或菱形。

② 主送机关

主送机关编排于标题下空一行位置，居左顶格，回行时仍顶格，最后一个机关名称后标全角冒号。如主送机关名称过多导致公文首页不能显示正文时，应当将主送机关名称移至版记。

③ 正文

公文首页必须显示正文。正文一般用 3 号仿宋体，编排于主送机关名称下一行，每个自然段左空两个字，回行顶格。文中结构层次序数依次可以用“一、”“（一）”“1.”“（1）”标注；一般第一层用黑体字、第二层用楷体字、第三层和第四层用仿宋体字标注。

④ 附件说明

如有附件，在正文下空一行左空两个字编排“附件”二字，后标全角冒号和附件名称。如有多个附件，使用阿拉伯数字标注附件顺序号（如“附件：1. ×××××”）；附件名称后不加标点符号。附件名称较长需回行时，应当与上一行附件名称的首字对齐。

⑤ 发文机关署名、成文日期和印章

a. 加盖印章的公文

成文日期一般右空四字编排，印章用红色，不得出现空白印章。

单一机关行文时，一般在成文日期之上、以成文日期为准居中编排发文机关署名，印章端正、居中下压发文机关署名和成文日期，使发文机关署名和成文日期居印章中心偏下位置，印章顶端应当上距正文（或附件说明）一行之内。

联合行文时，一般将各发文机关署名按照发文机关顺序整齐排列在相应位置，并将印章一一对应、端正、居中下压发文机关署名，最后一个印章端正、居中下压发文机关署名和成文日期，印章之间排列整齐、互不相交或相切，每排印章两端不得超出版心，首排印章顶端应当上距正文（或附件说明）一行之内。

b. 不加盖印章的公文

单一机关行文时，在正文（或附件说明）下空一行右空两个字编排发文机关署名，在发文机关署名下一行编排成文日期，首字相对发文机关署名首字右移两个字。如果成文日期长于发文机关署名，应当使成文日期右空两个字编排，并相应增加发文机关署名右空字数。

联合行文时，应当先编排主办机关署名，其余发文机关署名依次向下编排。

c. 加盖签发人签名章的公文

单一机关制发的公文加盖签发人签名章时，在正文（或附件说明）下空两行右空四个字的位置加盖签发人签名章，签名章左空两个字标注签发人职务，以签名章为准上下居中排布。在签发人签名章下空一行右空四个字的位置编排成文日期。

联合行文时，应当先编排主办机关签发人职务、签名章，其余机关签发人职务、签名章依次向下编排，与主办机关签发人职务、签名章上下对齐；每行只编排一个机关的签发人职务、签名章；签发人职务应当标注全称。签名章一般用红色。

d. 成文日期中的数字

用阿拉伯数字将年、月、日标全，年份应标全称，月、日不编虚位（即 1 不编为 01）。

e. 特殊情况说明

当公文排版后所剩空白处不能容下印章或签发人签名章、成文日期时，可以采取调整行距、字距的措施解决。

⑥ 附注

如有附注，将其居左空两个字加圆括号编排在成文日期下一行。

⑦ 附件

附件应当另面编排，并在版记之前，与公文正文一起装订。“附件”二字及附件顺序号用 3 号黑体字顶格编排在版心左上角第一行。附件标题居中编排在版心第三行。附件顺序号和附件标题应当与附件说明的表述一致。附件格式要求同正文。

如附件与正文不能一起装订，应当在附件左上角第一行顶格编排公文的发文字号并在其后标注“附件”二字及附件顺序号。

图 1-96　电子印章示意图

⑧ 印章制作

用 Word 可以制作电子印章，如图 1-96 所示，制作的方法如下。

a. 绘制印章的圆形轮廓

i. 插入圆形轮廓

单击【插入】|【插图】|【形状】下拉按钮，选择“椭圆形”，然后在文档空白区域按住【Shift】键并拖动鼠标，画出一个正圆形。

ii. 设置圆形轮廓

选中圆形轮廓，单击“绘图工具”选项卡；单击【形状样式】|【形状填充】下拉按钮，设置为“无填充颜色”；单击【形状样式】|【形状轮廓】下拉按钮，将圆形的轮廓设置红色，并根据需要设定印章轮廓的粗细，本节实例中设置为 3 磅；单击“排列”|“自动换行”下拉按钮，设置为“浮于文字上方”；在“大小“功能组里，根据需要设定印章的高度和宽度。需要注意的

是，为了保证圆形是正圆，高度和宽度应设置相同的数值。本节实例中设置圆形的高度和宽度尺寸都为 4.2cm。

b. 制作弧形文字

i. 插入弧形文字

单击【插入】|【文本】|【艺术字】下拉按钮，选择一种艺术字样式，插入一个艺术字对象，输入公章上的弧形文字内容。

ii. 设置弧形文字格式

选中艺术字，分别单击【绘图工具】|【艺术字样式】|【文本填充】和【文本轮廓】下拉按钮，将填充颜色和文本轮廓均设置为红色；多次单击【艺术字样式】|【文本效果】下拉按钮，分别设置“阴影”“映像”“发光”“棱台”“三维旋转”效果均为“无”，去年艺术字样式中自带的格式设置；单击【艺术字样式】|【文本效果】下拉按钮，设置“转换”为“跟随路径”下的“上弯弧”选项；单击【排列】|【自动换行】下拉按钮，设置为“浮于文字上方”。

iii. 调整弧形文字弯曲幅度和大小

选中艺术字文本框，按住粉红色菱形控制点并拖动，可以调整文字弯曲幅度，同时文字的大小也随之改变。如果文字过密，可以双击艺术字，在文字间添加空格，效果会更好。

在“绘图工具”选项卡的“大小”功能组中，根据需要设置艺术字的高度和宽度，高度和宽度值要相同，才能保证艺术字对称正向弯曲，且曲度跟圆的曲度匹配，本节实例中设置艺术字的高宽尺寸均为 5cm；拖动艺术字文本框到红色圆形内适当位置。

为了便于操作，将艺术字的叠放次序设置为“置于底层”，按住【Shift】键，依次选中艺术字和圆形，单击【绘图工具】|【排列】|【对齐】下拉按钮，设置它们为“左右居中”和“上下居中”，保证它们在位置上绝对居中对齐；右击艺术字和圆形，在弹出的快捷菜单中选择“组合”命令，将其组合为一个对象，以避免无意中改变其相对位置。

与艺术字的制作方法基本一样，再添加印章里的正五角星，并与圆形、艺术字组合；采用类似方法，添加印章底部文本框，并将其与圆形、艺术字、正五角星组合。至此，一个完整的印章就制作好了。

提示 *用 Word 制作电子公章可以用在一般的文档中，但如果是正式的行文，则要求公章有防伪功能，别人不能仿制，这时我们可以用办公之星或印章制作大师来制作可以防伪的电子公章。*

（3）版记编排

在公文末尾与版记第一个要素之间插入若干空行，根据实际情况依次输入版记部分各要素的文字内容，并按要求设置其格式。调整各空行的字号，使版记最后一个要素的文字与版心下边缘基本对齐，仅留出末条分隔线的空间。

① 版记中的分隔线

版记中的分隔线有三条，《标准》规定：版记中的分隔线与版心等宽，首条分隔线和末条分隔线用粗线（推荐高度为 0.35mm），中间的分隔线用细线（推荐高度为 0.25mm）。首条分隔线位于版记中第一个要素之上，末条分隔线与公文最后一页的版心下边缘重合，如图 1-97 所示。

公文版记中分隔线设置的基本操作方法：先在页面版心内插入线条，再设置线条大小、粗细和位置。

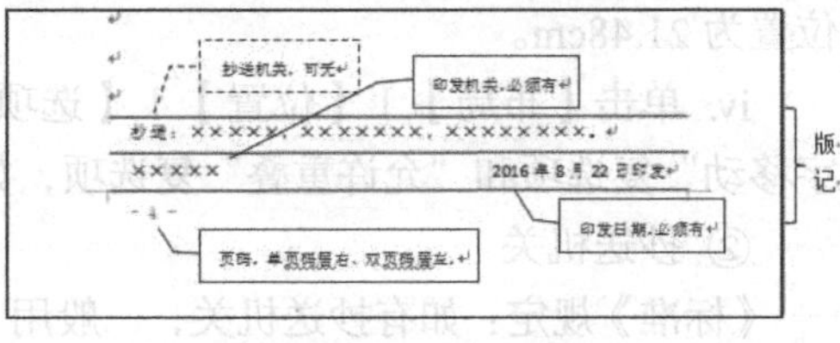

图 1-97　版记示意图

a．插入线条

在版记页，单击【插入】|【插图】|【形状】项，弹出下拉菜单。在其下拉菜单的“线条”项中，选择直线型线条。此时鼠标变为十字形，在版记页版心下方，从左至右绘制一条直线，完成线条插入。

b．设置线条大小

选中线条后，可以发现“格式”选项卡出现在功能区。在【格式】|【大小】选项组中，将线条高度设置为 0cm，宽度设置为 15.6cm，完成线条大小设置。

c．设置线条粗细

选中线条，单击【格式】|【形状样式】|【形状轮廓】，弹出下拉菜单。在其下拉菜单中的“粗细”项中，设置线条的粗细。首条和末条分隔线设置为 1 磅，中间分隔线设置为 0.75 磅。

> **提示** 选中 1 磅线线条，单击鼠标右键，在弹出的快捷菜单中选择“设置为默认线条”，可将 1 磅线设置为默认线条。

d．设置线条位置

i. 选中线条，单击【格式】|【排列】|【位置】选项，弹出下拉菜单。在其弹出的菜单中，单击“其它布局选项”命令，弹出“布局”对话框。在“布局”对话框的“位置”选项卡上，设置分隔线的水平位置和垂直位置，如图 1-96 所示。

> **提示** 也可以选中线条后，单击鼠标右键，在弹出的快捷菜单中选择“其它布局选项”命令，弹出“布局”对话框。

ii. 设置分隔线水平位置。单击【水平】|【对齐方式】下拉菜单，选择“居中”项；单击【水平】|【相对于】下拉菜单，选择“页边距”项。用户要保证版记中每条分隔线的“水平”选项中的设置值都是一致的。

iii. 设置分隔线垂直位置。版记中每条分隔线的垂直位置值是不同的，需要分别设置。

末条分隔线垂直位置的设置：由于末条分隔线与公文最后一页的版心下边缘重合，因此将图 1-96 中的“垂直”栏中的“绝对位置”值设为 0cm；在“下侧”下拉菜单中，选中“下边距”项。

> **提示** 在“下侧”下拉菜单中，选中“上边距”项时，将“绝对位置”值设为 26.2cm。

第一条分隔线的垂直位置的设置：第一条分隔线位于版记中第一个要素之上，假定第一条分隔线距版心底部是两行，整页共 22 行，因此它处于第 20 行的底部下边缘位置，而版心高为 22.5cm，所以第一条分隔线的垂直绝对位置为（22.5/22）×20≈20.45（cm）。

同理，第二条分隔线处于第 21 行底部下边缘，其垂直绝对位置为 21.48cm。

iv. 单击【布局】|【位置】|【选项】，取消“对象随文字移动”复选项和“允许重叠”复选项，如图 1-98 所示。

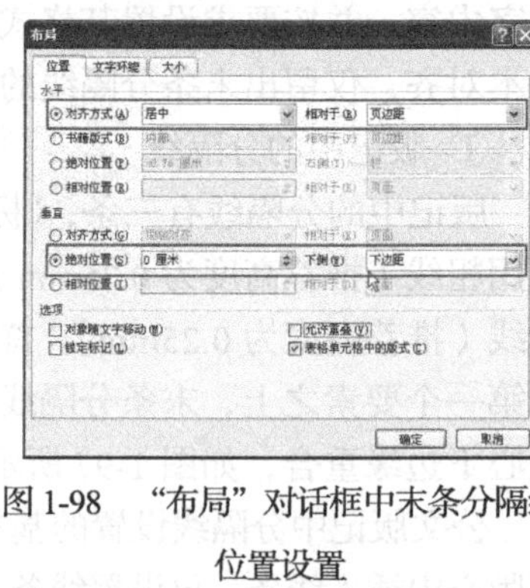

图 1-98　“布局”对话框中末条分隔线位置设置

② 抄送机关

《标准》规定：如有抄送机关，一般用 4 号仿宋体，在印发机关和印发日期之上一行、左右各空一个字处编排。“抄送”二字后加全角冒号和抄送机关名称，回行时与冒号后的首字对齐，最后一个抄送机关名称后标句号。

如需把主送机关移至版记，除将“抄送”二字改为“主送”外，编排方法同抄送机关。既有主送机关又有抄送机关时，应当将主送机关置于抄送机关之上一行，之间不加分隔线。

③ 印发机关和印发日期

《标准》规定：印发机关和印发日期一般用 4 号仿宋体，编排在末条分隔线之上，印发机关左空一个字，印发日期右空一个字，用阿拉伯数字将年、月、日标全，年份应标全称，月、日不编虚位（即 1 不编为 01），后加“印发”二字。

④ 其他

《标准》规定：版记中如有其他要素，应当将其与印发机关和印发日期用一条细分隔线隔开。

需要说明的是，版记位于公文最后一页，置于偶数页上。公文的版记页前有空白页的，空白页和版记页均不编排页码。

习 题

【习题一】

编辑并设计一份市场调查报告，要求有封面、目录、调查分析全文。封面包含：题目、成员、班级、指导老师、完成日期，格式自己定义。目录要求自动生成。调查分析全文格式要求：一级标题，小二号、黑体、加粗、顶格；二级标题，三号、黑体、加粗、顶格；三级标题，小四号、黑体、加粗、左缩进 2 字符；正文部分，宋体、小四号、首行缩进 2 字符、行间距固定值 22 磅。另：各标题与正文前后间距 0.5 行。

【习题二】

大学新生手册编辑与制作。多人合作制作该手册，要求至少包含以下几个部分：学校简介、机构设置、办事指南（与取得学籍有关的）、学校社团、学校周边等。纸张使用 32 开、双面打印，要求灵活运用大纲视图、样式、题注、交叉引用、页眉页脚。

【习题三】

图 1-99 所示是信函格式公文示例，请参照《党政机关公文格式》（GB/T 9704—2012）标准要求及本节介绍的编排方法进行编排练习。

图 1-99　信函格式公文版式

第2章 Word 2010 统一版式及自由版式文档编排

本章主要讲解如何制作具有统一版式的文档，制作可以自由设计、有发挥空间的文档，以及制作排版形式不太花哨，但趣味性和娱乐性稍强的文档。

2.1 邀请函制作

不管是什么类型的单位，事业单位也好，企业单位也好，都会有意地培养友好单位、兄弟单位，在单位举办活动时邀请友好单位及其领导人参加，不但可以联络感情，还可以促进进一步合作意向。因此，像批量的邀请函、请柬一类文档的制作对单位的办公文秘来说是必学的内容。

如果要批量创建一组文档，可以通过 Word 2010 提供的邮件合并功能来实现。邮件合并主要是指在主体文档的固定内容中，合并一组通信资料，从而批量生成所需邮件文档，这种文档可以大大提高工作效率。这类文档称为统一版式文档。在实际应用中，还有很多类似的文档，如学生成绩单、准考证号、信封、明信片、录取通知书等。

2.1.1 案例分析

小萌进到一家企业单位应聘的是办公室文秘一职，但一年来所做的事情非常琐碎，都是些打印、复印、校对，甚至端茶倒水之类的工作，小萌快要失去继续下去的动力了，因为当前所做的事情跟自己所学的文秘专业太不对口了。但是一次机会来了，年底的时候，为了增进友谊、拓展业务，公司将举办一个大型庆典活动，正好办公室主任请假，李总让小萌给所有与公司有业务往来的负责人以邮件的形式发送邀请函，邀请他们参加本公司成立十周年庆典活动以及新研发的产品推介活动。

面对大量的客户，小萌打起十二分精神，决定一定要表现出自己作为一名专业文秘的实力。小萌开始对自己的功课理清思路：如果要逐一制作邀请函，再一封一封地将邀请函邮寄给不同客户，比较费时；如果使用电子邮件群发功能，就不能做到邀请函的个性化，而且将内容完全相同的邀请函同时发给所有客户，会给收件人或者被邀请人一种不被重视的感觉。这种批量处理信函的文档应该属于邮件合并技术，因为小萌在大二的时候，自学通过全国计算机二级时学习过里面的内容，虽然现在有点模糊，但稍加复习应该可以马上解决问题。

仔细分析这类邮件的内容，可以将其分为固定的和变化的两个部分。邀请函中的活动内容、时间、地点、落款等部分都是固定的内容；收信人的邮箱、姓名、称呼等属于变化的内容。

要编辑这类文档，需要准备好至少两个必需的文档：一是主体文档，用于创建邀请函主体内容的编排；二是数据源文件，是将要合并到主体文档中的一个数据列表，这里可以制作一个 Excel 表格，用来存储各公司负责人的具体信息，如姓名、性别、职务、邮箱地址、电话等。

当两个文档均准备妥当，就可以在主体文档中，将数据源文件相关内容合并进来，即邮件合并操作，然后自动生成大量独立的文档。

2.1.2　知识储备

1. 创建信封

如果需要打印信封，可以直接使用 Word 2010 “邮件”技术中的创建功能来制作，可以制作批量信封，当然也可以制作单个信封，只要用户的打印机具有打印信封的功能，制作信封完全可以交给 Word 来处理。邮件菜单选项如图 2-1 所示。

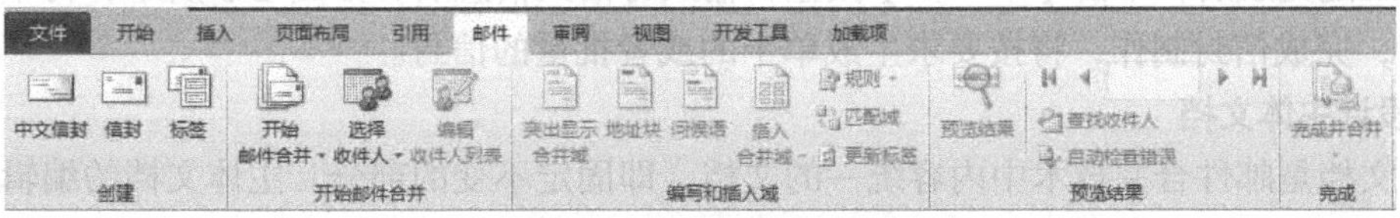

图 2-1　邮件菜单选项

使用 Word 2010 邮件功能制作信封的步骤如下。

（1）打开 Word 2010，单击【邮件】|【创建】命令组中“中文信封”命令，打开“信封制作向导”对话框，如图 2-2 所示。

（2）单击“信封制作向导”对话框的【下一步】按钮，选择信封样式，如图 2-3 所示。

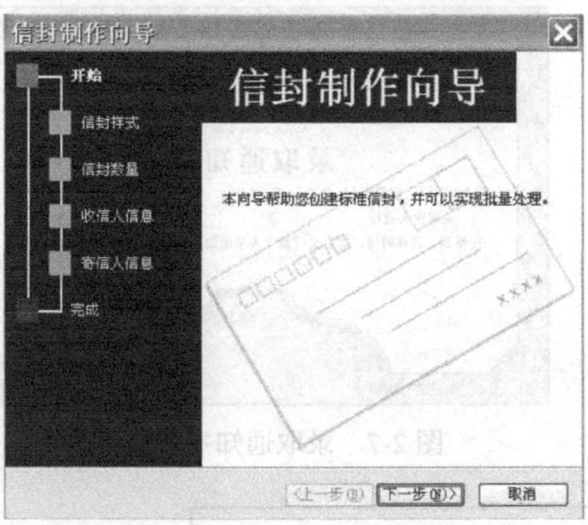

图 2-2　“信封制作向导”对话框

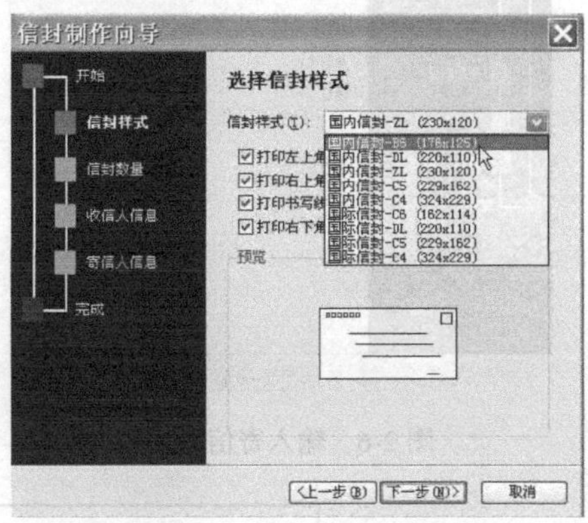

图 2-3　选择信封样式

（3）选择好样式后，通过预览可以查看样式，单击【下一步】按钮，可以选择生成信封的数量与方式。若选择第一个，则生成单个信封，并需要手动输入收件人通信内容；若选择第二个则可按给定的地址簿生成批量信封，并且地址簿的书写方式应按该选项下所做的说明来设置，选项之后的文字说明如图 2-4 所示。

（4）若选择的是“基于地址簿文件，生成批量信封”，并单击【下一步】按钮，则可以从选定的地址簿中匹配收信人信息，如图 2-5 所示。

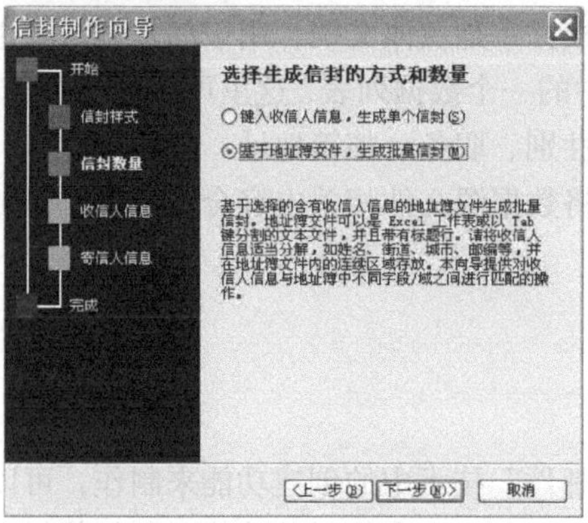

图 2-4　选择生成信封的方式与数量

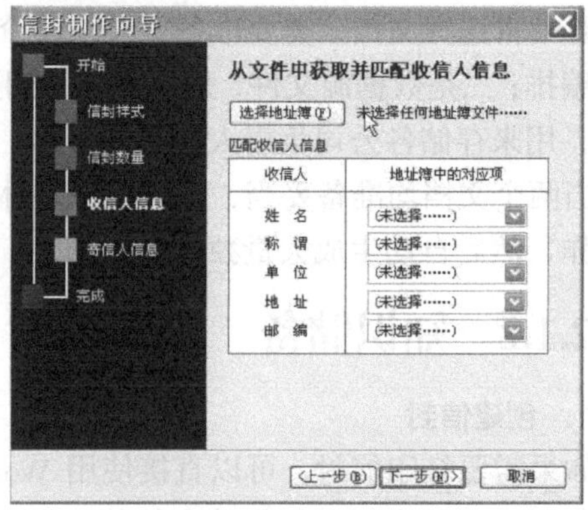

图 2-5　关联地址薄文件

（5）匹配完成后，单击【下一步】按钮，输入寄信人信息后，如图 2-6 所示；再单击【下一步】按钮，完成信封制作，将按要求生成单个的或者批量的信封。

2．设计主体文档

主体文档是邮件合并技术中内容统一的文档，即固定不变的部分。主体文档的编辑与设计就是普通的 Word 短文档的编排过程，相当于自由版式的文档。用户可以对该文档中的文本进行字体、段落设置，还可以在文档中插入图片、表格、背景等。此外，根据不同需求，用户还要进行页面设置，如设置边框底纹、纸张大小、页边距等。图 2-7 和图 2-8 所示分别为两种已经设计好的主体文档。

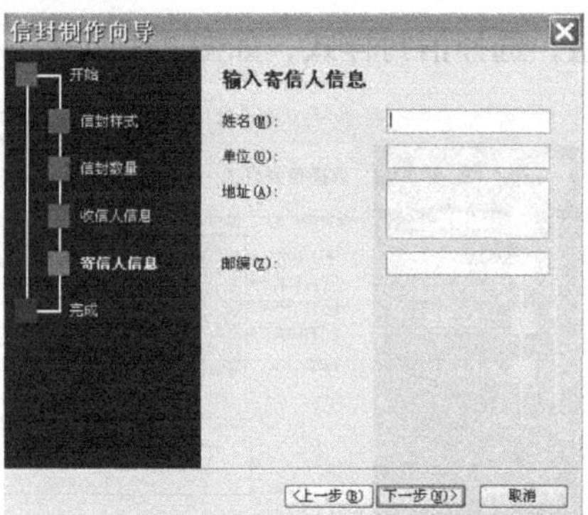

图 2-6　输入寄信人信息

图 2-7　录取通知书主体文档

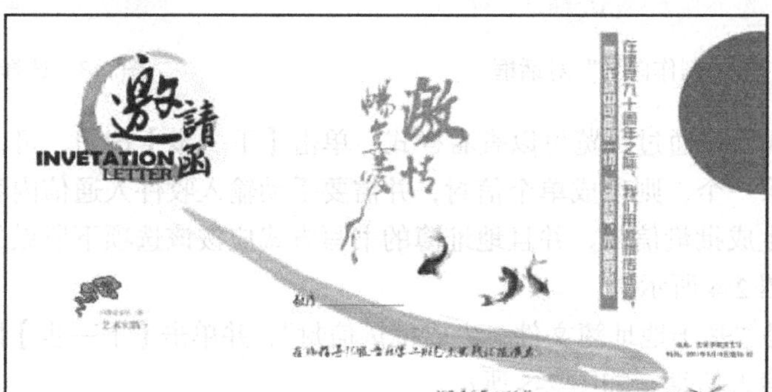

图 2-8　邀请函主体文档

3. 创建数据源

邮件合并所需要的数据源（图 2-9），除可以使用由 Word 创建的表格外，还可以利用的数据类型非常多，像 Excel 工作簿、Access 数据库、Query 文件、Foxpro 文件内容，甚至文本文件，都可以作为邮件合并的数据源。只要有这些文件存在，邮件合并时就不需要再创建新的数据源，直接打开这些数据源使用即可。需要注意的是：不管是哪一种数据源，必须要保证第一行是标题行，如果是文本文件，其数据也是以行列形式排列，行与行用回车分开，列之间用空格分开。

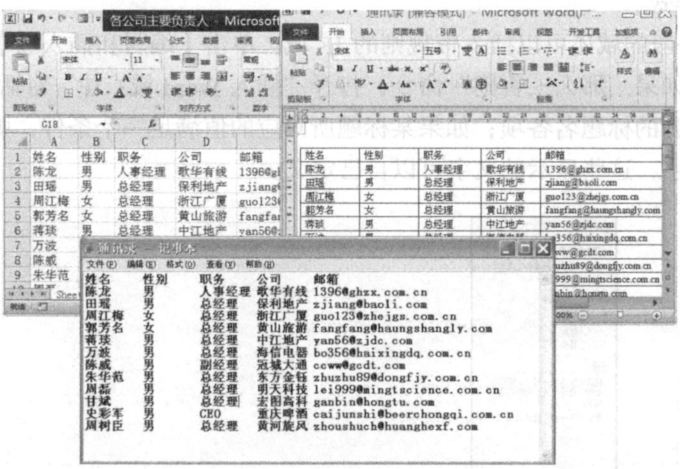

图 2-9 邮件合并所需数据源样式

4. 邮件合并

当主体文档创建完成，为了可以按通讯录生成批量文档，所需的步骤就是邮件合并。进行邮件合并有两种方法：一是利用邮件合并向导，二是利用功能区的“邮件合并”选项卡中各按钮。

（1）使用邮件合并向导

① 新建一个 Word 文档后，单击【邮件】|【开始邮件合并】组中“开始邮件合并”下拉三角，选择“邮件合并分步向导”命令，此时文档窗口右侧出现“邮件合并窗格”。

② 按图 2-10 下方显示的 6 个步骤一步一步操作。比如，在第一步中选择“信函”，然后单击该窗格下方的“下一步”。

③ 第二步为“选择开始文档”，可以以当前正在编辑的文档为开始文档。

④ 第三步为“选择收件人”，此时要将数据源关联到开始文档，单击“邮件合并窗格”中的“浏览”命令选择现有的数据源文件。

⑤ 第四步为“撰写信函”，即撰写或设计邮件合并的主体文档。若主体文档已经设计完成，并且为当前文档，则可以在该步将数据源中的信息进行合并，如果要合并的内容不是“地址”“问候语”等，可以选择“其他项目”，会弹出一个“插入合并域”对话框图，列出关联的数据源中所有标题项，如图 2-11 所示。

⑥ 第五步为“预览信函”。

⑦ 第六步为“完成合并”，单击“邮件合并窗格”中的“编辑单个信函”命令，可以通过打开的对话框，将合并后的文档存储为批量的单个 Word 文档进行浏览。

（2）手动邮件合并

① 设计好主体文档。

② 选择数据源。在主体文档中单击【邮件】|【开始邮件合并】组中“选择收件人”下拉三角，在展开的列表中选择邮件合并的数据源类型，一般选择“使用现有列表”，即现有的已经存储的文件。此时若选择的是一个 Excel 文件，则需要选择使用哪个数据表中的哪些数据。

③ 插入域。当选择数据源完成后，可以发现【邮件】|【编写和插入域】组中的命令均为可用命令；将光标定位于主体文档中需要插入域位置，然后单击“插入合并域”下拉三角，其显示内容为所关联的数据源中标题项列表；选择所需标题名称，则主体文档光标所在处会显示类似“《学号》”的域名样式。

④ 除了插入一般的域还可以插入带规则的 IF 域。单击【编写和插入域】命令组中“规则”下拉三角，选择“如果…那么…否则”命令，打开“插入 Word 域：IF”对话框，图 2-12 中“域名”为关联的数据源的标题名各项；如果某标题所对应的值满足一个条件，则可显示一组文字，否则显示另一组文字，这些显示的文字可以自己定义。

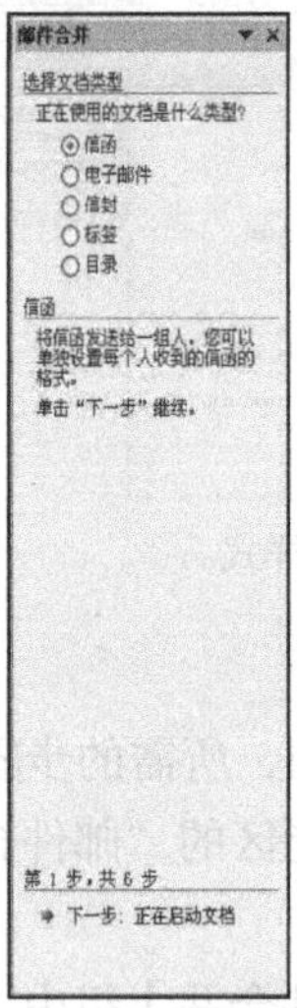

图 2-10　邮件合并窗格

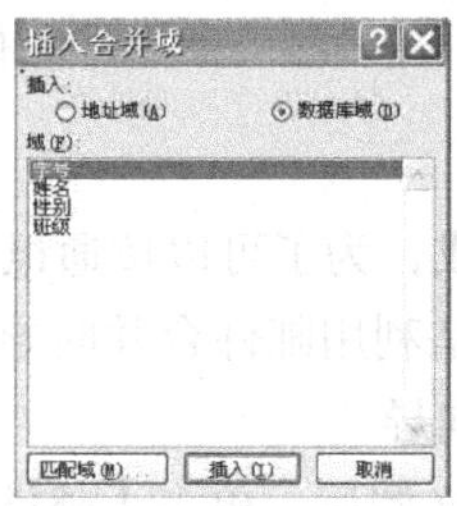

图 2-11　“插入合并域”对话框

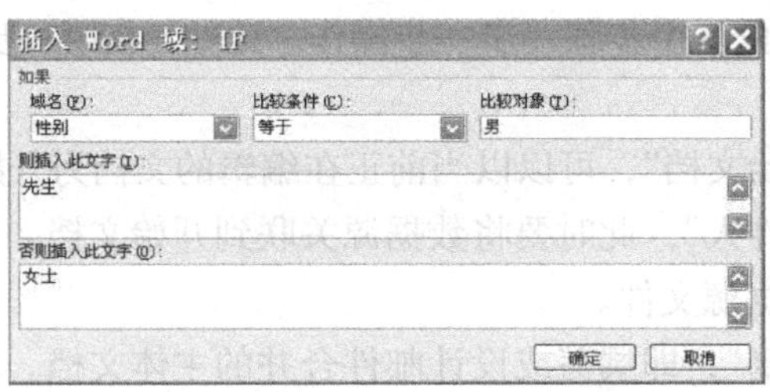

图 2-12　插入 IF 域

⑤ 预览与合并。单击【邮件】|【预览结果】组中“预览结果”命令按钮，可以对合并后的各条记录进行查看。单击【完成】组中“完成并合并”命令按钮，选择“编辑单个文档”，在弹出的“合并到新文档”对话框中选择“全部”单选按钮，即可将邮件合并生成的所有文档暂时分别保存在单个的 Word 文档中。

（3）在一个页面打印多条邮件合并记录

在邮件合并操作中，肯定会遇到主文档内容较少的情况，如工作标签、准考证号、物资标签等，如果一页纸只打印一个标签，就太过于浪费纸张，可以将多个标签全部打印在一页纸上，直到纸张满为止。其操作也较为简单，只需要标志记录并复制粘贴设置好的合并内容即可。具体操作如下。

① 按“（2）手动邮件合并”方法完成前三步。

② 复制合并后的所有文字，并在文字块最后按【Enter】键换行，然后单击【邮件】|【编写和插入域】|【规则】|“下一记录”命令。

③ 在标志“《下一记录》”的下一行，粘贴②中复制的内容。注意：“《下一记录》”标志同样可以被复制并使用。

④ 再重复“下一记录”，并复制粘贴已经设置好的插入域的文档内容。图 2-13 所示为一个期末考试座次标签的设计，将主体文档按四栏排版，当插入域后，使用“下一记录”命令，直接将图 2-13 中“学号”到“下一记录”的内容全部复制并进行多次粘贴直到页满。当然，为了最后裁剪方便，最好让每条记录对齐，对齐后预览合并结果如图 2-14 所示。

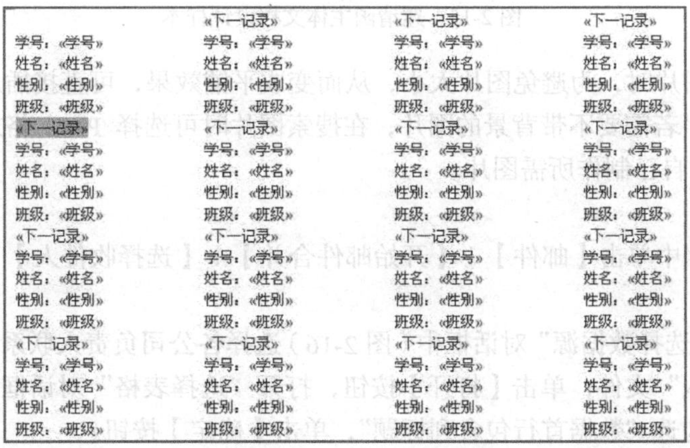

图 2-13　期末考试座次标签

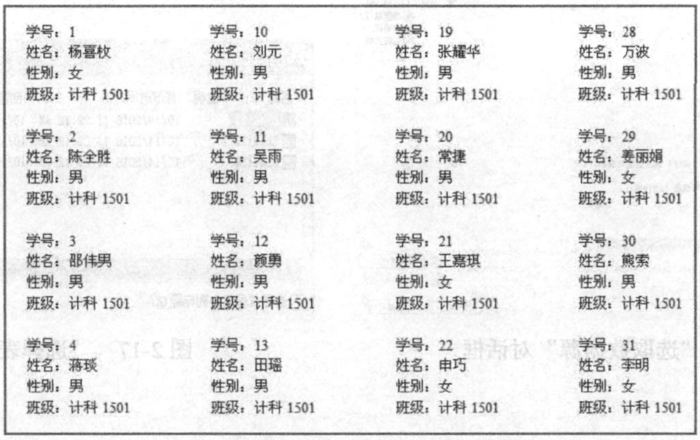

图 2-14　邮件合并预览结果—期末座次标签

2.1.3　案例实现

1. 编辑并设计主体文档

（1）新建一个空白的 Word 文档。

（2）在文档中输入邀请函文字内容，插入背景图片及其他图片元素，或设计艺术字，最终效果可参考图 2-15 所示的样本。

图 2-15　邀请函主体文档设计样本

（3）设置背景图片时，为避免图片太小，从而变成平铺效果，可直接插入图片并拉伸，然后将其置于文字下方。若需要不带背景的图片，在搜索图片时可选择 PNG 格式图片。另外还可以利用 Photoshop 软件自己制作所需图片。

2. 选择数据源

（1）在主体文档中单击【邮件】|【开始邮件合并】|【选择收件人】|“使用现有列表”命令。

（2）在打开的“选择数据源”对话框中（图 2-16）选择各公司负责人联系通讯录表格——“各公司主要负责人.xlsx”文件；单击【打开】按钮，打开“选择表格”对话框（图 2-17），选择数据所在工作表，并勾选“数据首行包含列标题”，单击【确定】按钮。

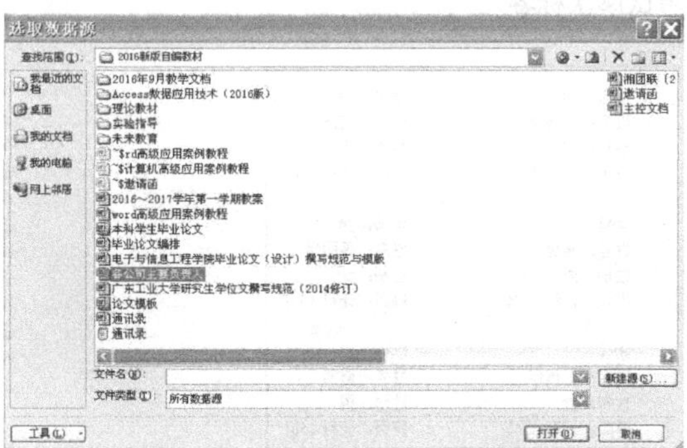

图 2-16　“选取数据源”对话框

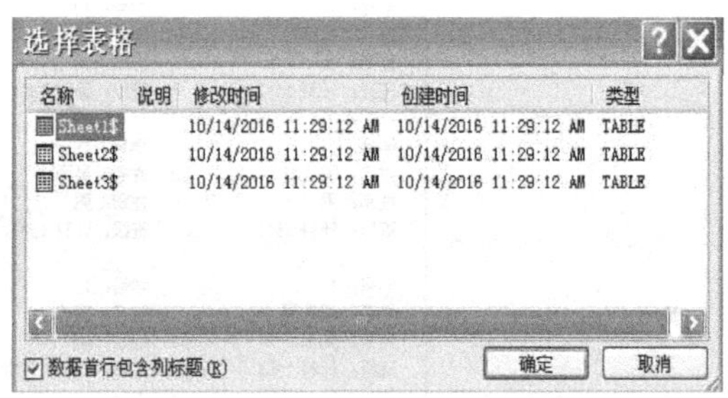

图 2-17　“选择表格”对话框

3. 插入合并域

将光标定位于主体文档需要插入姓名处（或者选择需要插入姓名的空白位置），本例中选择“尊敬的”之后下划线所在位置，然后单击【邮件】|【编写和插入域】|【插入合并域】|“姓名”命令，如图 2-18 所示。

“插入合并域”的下拉三角显示的是“选择数据源”所选工作表中数据的所有列标题名称。

4. 插入 IF 域

单击【邮件】|【编写和插入域】|【规则】|“如果…那么…否则”命令，在打开的“插

入 Word 域：IF”对话框中插入“姓名”域，并按图 2-19 所示对插入 IF 域进行设置，“域名”选择“性别”，“比较条件”选择“等于”，“比较对象”输入“男”，“则插入此文字”输入“先生”，“否则插入此文字”输入“女士”。

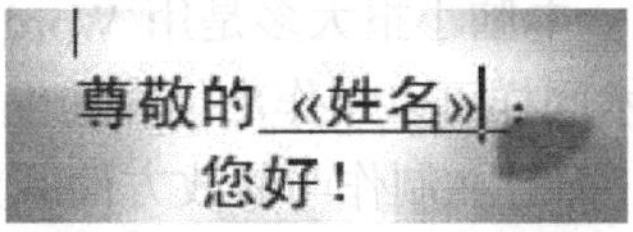

图 2-18　插入“姓名”域

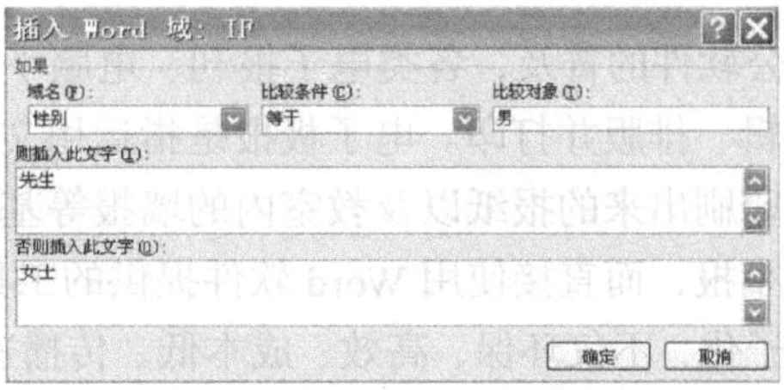

图 2-19　插入 IF 域

5. 预览与合并

单击【邮件】|【预览结果】|“预览结果”命令，主体文档将显示邮件合并后第一条记录的效果。若要在当前文档显示其他邮件记录，可单击图 2-20 鼠标箭头所指示的“下一记录”按钮。

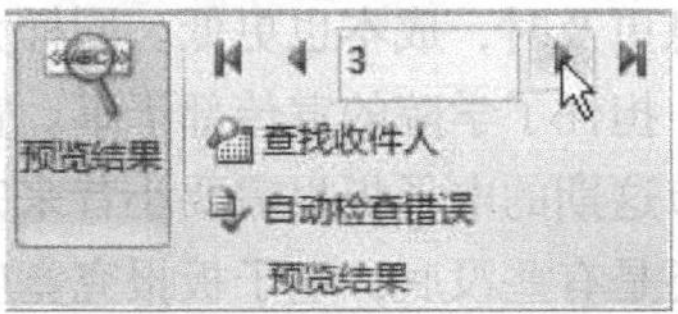

图 2-20　预览邮件合并

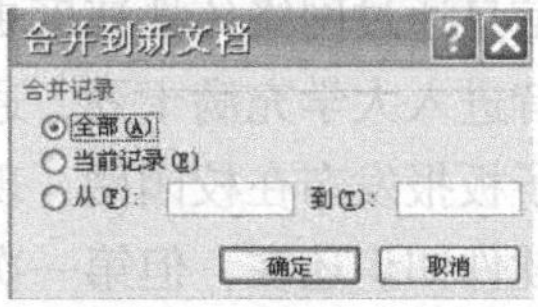

图 2-21　合并到新文档对话框

如果要将邮件合并后的所有记录暂时保存在 Word 文档中进行打印输出，可以单击【邮件】|【完成】|【完成并合并】|“编辑单个文档”命令，打开“合并到新文档”对话框（图 2-21），选择“全部”选项，将全部记录合并成独立的新文档，效果如图 2-22 所示。

图 2-22　所有记录合并到新文档

如果本机设置了 Microsoft Office Outlook 邮箱，并且在本机的【控制面板】|【添加/删除程序】|【设定程序访问和默认值】|【自定义】|【选择一个默认的电子邮件程序】项选择的是“Microsoft Office Outlook”程序。用户还可以直接在 Word 中发送邮件，即在 Word 中单击【邮件】|【完成】|【完成并合并】|“发送电子邮件”命令，在打开的“合并到电子邮件”对话框中，“收件人”选择“邮箱”，“主题行”输入“来自####公司的邀请函”，“邮件格式”可以是“html”也可以是“附件”，“发送记录”选择“全部”，然后单击【确定】按钮。

2.2 电子板报制作

随着办公软件的普及，各类电子报刊、电脑小报、电子板报、宣传报、海报等均使用计算机技术进行编辑、排版并打印。电子板报是指运用文字、图形、图像处理软件所创作的电子报纸，它的结构与印刷出来的报纸以及教室内的墙报等基本相同。电脑小报大多是用 Word 文档制作而成的电子版小报，而直接使用 Word 软件提供的工具及技术同样可以制作出优秀的电子板报。

板报电子化，不仅环保、高效、成本低、传播速度快，而且在制作与修改方面既方便又快速，还可以通过网络素材的增加而使图文更加丰富与生动，让人赏心悦目。

2.2.1 案例分析

在进入电子化时代的今天，常见的传统宣传小报如黑板报、手抄报等已经逐渐被讲究环保与高效的人类赶入退伍的部队中。小昔所在的大学几乎所有数据都已经电子化、数字化，其实这样做之后，所有的信息通过网络传播速度更快，信息更及时，成本也更低。同样大学里的黑板报也已经电子化。小昔进入大学充满干劲，通过竞选，担任了学院的宣传部干事。宣传部每两周都要为学院做一期电子板报发布在校园网，现在教师节这期的电子板报需要小昔来完成。幸好小昔在高中所学的办公软件知识还在，但第一次编辑，还是有些没底，电子板报究竟应该如何做才能丰富与生动，还需要借鉴与学习。当然这难不倒热爱学习的他，在他系统地学习电子板报的制作流程后，就开始画草图并收集素材，准备使用 Word 进行创作了。

2.2.2 知识储备

1. 制作电子板报制作流程

电子板报的制作流程通常包括：确定主题、收集素材、设计版式、制作草图与电子稿、保存作品以及发布作品等环节。

（1）确定主题

任何一个作品都要有一个主题，通过不同的表现形式和艺术处理，向读者表达一种思想、一种情感，来实现电子板报的作用。所以 Word 制作活动的开端是主题，一个好的作品，绝不是东拼西凑而成的几个版面，而是根据主题来组织材料，实现电子板报的知识性与教育性功能，主题出现偏差，就难以成功。这就是把思想性评审指标放在第一位的原因。所以确定主题最好遵循以下原则。

① 主题要小，内容要精，不可包罗万象，无亮点。

② 题材要源自生活，注意力要放在自己的生活环境，发掘要深刻、视角要独特。

③ 主题时代感要强，要以自己的感受、语言风格和年龄特征来表述，注重原创性与可读性。

④ 主题要有地方特色或创新意识，并且以有助于开阔视野或有助于社会公益事业的作品为选题重要方向。

（2）收集素材

电子板报素材包括文字、图片、图形，与电子报刊不一样，它只作为直接浏览，不提供点击功能，所以一般不含声音与视频。文字类素材一般只作为参考，还需要经过作者语言重组与简练，它以简短与知识性为重点。图片类素材可以从网络上获取或自己通过绘图软件制作拿来使用，一般作为文字边框或者页面边框，还可用于丰富主题。图形类素材一般可通过 Word 自己手绘并进行组合，用于描述主题或丰富主题元素。

（3）设计版式

用于制作电子板报的版式分为规则的与不规则的。规则的版式可以直接用分栏或者表格来规划，而不规则的版式则可直接使用 Word 提供的文本框来实现。

（4）制作草图与电子稿

当前面三个步骤已经确定后，可先在纸上画出简易的草图，然后通过 Word 软件实现其电子化，因为用 Word 制作板报的过程中可以随时对页面中任意元素进行修改与调整，如此可以在制作过程中随时调整思路，节约用纸。

2. 制作电子板报所需的素材解析

（1）图片与剪贴画

在 Word 2010 中，用户可以在文档中插入图片以提高文档的美观性。插入的图片有两种，一种是来自外部存储文件的图片，另一种是来自 Office 剪辑库中的图片，称剪贴画。单击 Word 菜单选项卡【插入】|【插图】组，可看到“图片”与“剪贴画”命令。

① 插入剪贴画

Word 2010 内部提供了剪辑库，其中包含 Web 元素、背景、标志、地点和符号等，可以直接插入到文档中，步骤如下。

a. 将光标置于图片插入点，单击【插入】|【插图】|“剪贴画”命令，弹出图 2-23 所示的“剪贴画”窗格。

b. 在“剪贴画”窗格的“搜索文字”文本框中输入要找的剪贴画的关键字信息，在“结果类型”列表框中勾选合适的图片类型，单击【搜索】按钮。

c. 搜索结果显示在窗格的图片区，单击某一剪贴画，则该剪贴画自动插入到光标所在处。

注意　如果 Office 为不完全安装，在 Word 中插入剪贴画时将遇到费时现象，很可能 Word 会不响应，因此，如果想要使用图片来丰富文档，最好使用来自文件的图片。

② 插入图片

在 Word 插入已经保存在硬盘上的图片，任何一种图片格式均可，而无背景色的.png 格式图片最受欢迎，当然现在 Word 2010 已经提供了消除背景色的功能，但使用起来并不完美。插入图片的方法有以下两种。

a. 将光标定位于需要插入图片处，单击选项卡命令【插入】|【插图】|“图片”命令，在打开的“插入图片”对话框中，选择需要插入的图片，单击【插入】按钮，则图片插入到光标所在处。

b. 打开图片所在文件夹，以“大图标”的显示方式查看，选择需要插入到 Word 中的图片，按组合键【Ctrl+C】进行复制，按组合键【Ctrl+V】粘贴到 Word 文档光标所在处。

③ 设置图片格式

插入的图片以一种巨型文字的方式出现，图片在插入后，还需要对其进行格式处理，如大小、位置、样式、颜色调整等。

a. 调整图片大小与角度

单击已插入的图片，其周围会出现 8 个句柄，用鼠标指向图片的任意一个句柄，并按鼠标左键进行拖放，则图片将沿句柄拖放方向进行放大或缩小。还可以通过单击【图片工具】|【格式】|

【大小】|“裁剪”命令对图片进行修剪，被剪掉的部分会被隐藏起来，“裁剪”命令下有几个选项，其中“裁剪为形状”命令（图 2-24）在设置图片时也较为常用。

图 2-23　“剪贴画”窗格

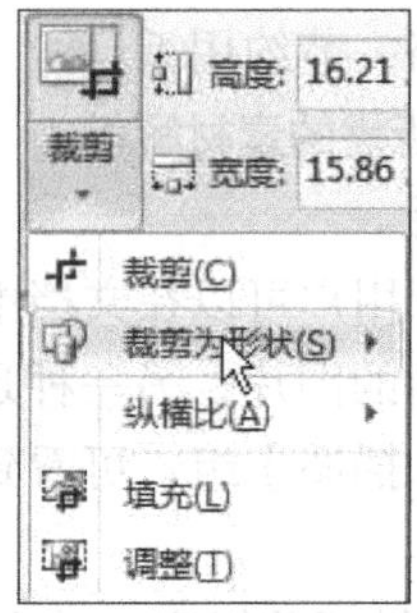

图 2-24　“裁剪”命令

图片在选中状态时，顶端的中间句柄上有一个绿色圆形旋转按钮，可以将图片旋转至任意角度。

如果要精确更改图片的大小及旋转角度，可以单击【图片工具】|【格式】|【大小】命令组的右下角 按钮，打开“布局”对话框，精确设置值，若设置有误，可单击【重置】按钮，如图 2-25 所示。

b．图片与文字的位置关系

将图片插入到 Word 文档中，默认的位置为“嵌入型”，这种位置一般用于长文档的编排时插入的图片，即图片相当于一个巨型文字插入到当前输入的文字处，一般一张图片单独占一行。如果设置了段落的固定行距，则此图片很有可能显示不完全，如果想让图片完全显示出来，则应在设置该行段落行距时，将行距选择“最小值”而非“固定值”。

在制作的海报类自由版式文档时，一般要求图片处于文字的中间，此时设置图片的“自动换行”方式为“四周型环绕”较为合适（图 2-26）。除“嵌入型”外的其他“自动换行”方式均可与文字友好相处，即图片可以拖放到文档任意位置。

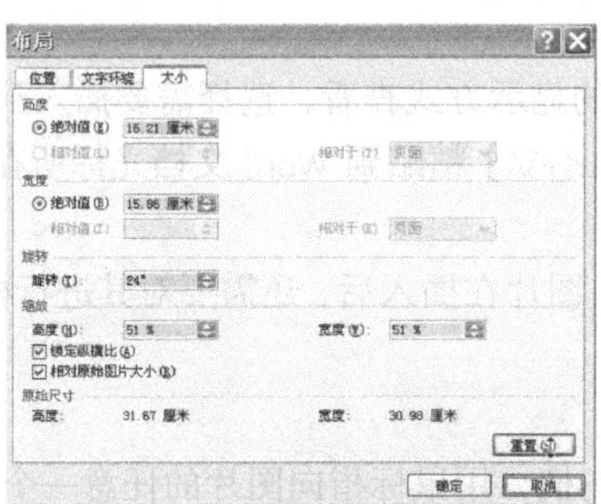

图 2-25　精确设置图片大小与旋转角度

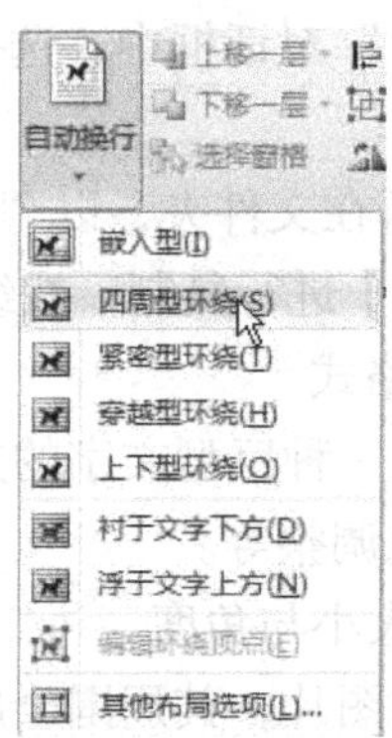

图 2-26　图片自动换行方式

c. 图片样式与调整

为了适应图片在文档中的不同需求，图片工具还提供了各种样式设置，比如为图片设置投影、柔化、加边框等；还提供了调整色调与对比度、删除背景、艺术效果的调整。

（2）形状（自选图形）

在文档中绘制图形时，为了避免随着文档中其他文本的增删导致插入的图形位置发生错乱，并使绘制的图形能够组合在一起不被分开，一般先新建画布，再在画布中绘制图形。

> **注意** 先新建绘图画布，再在画布中插入的任何形状或图片均可被组合。而插入到正文中的图片则不提供组合功能，即使它们是非“嵌入型”的换行方式。

插入形状的方法如下。

① 将光标定位于需要插入形状的空白行。

② 单击【插入】|【插图】|【形状】|“新建绘图画布”命令。

③ 选择画布，再单击“形状”的下拉三角，选择一种形状，在画布中拖动画出该形状。

④ 以与③相同的方式，选择形状，在画布中画出形状。

⑤ 若要将画布中所有形状组合成一个图形，则可以按【Shift】键或【Ctrl】键，并用鼠标单击画布中需要合并的形状（也可以按下鼠标左键，拖动出一个虚框，选中需要合并的形状），然后右击选中的形状，在打开的快捷菜单中选择“组合 | 组合”命令。

⑥ 若要取消已经合并后的形状，则可右击组合图形，在打开的快捷菜单中选择“组合 | 取消组合”命令。

⑦ 设计图形时，隐藏不需要显示的线条或形状时，可通过单击鼠标右键，在打开的快捷菜单中选择“叠放次序”命令，将不需要显示在观众面前的一部分形状置于需要显示出来的形状的下一层。图 2-27 所画的自绘图片“哆啦 A 梦”，其嘴巴由两条弧线组成，下面的弧线填充红色，上面的弧线填充白色，为了遮住多余的红色填充形状，需要将红色弧形置于白色弧形的下一层。

⑧ 若要对计算机中存储的图片进行合并，则可以先选择“新建绘图画布”命令，然后选择画布，单击【插入】|【插图】|“图片”命令，在打开的“插入图片”对话框中，选择需要进行重新调整并合并的图片。图 2-28 所示的组合图片原本是插入了两张图片，其中“卡通鸟”是一张 Png 格式图片。

图 2-27　自绘形状并组合成图形

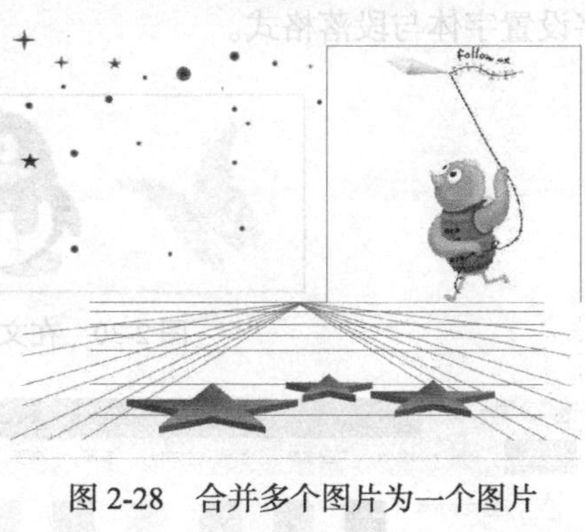

图 2-28　合并多个图片为一个图片

（3）艺术字与文本框

艺术字是文档中具有特殊效果的文字，它是以图片的形式出现的，在文档中适当插入艺术字既可以美化文档，又可以突出所要表达的内容。单击【插入】|【文本】|“艺术字”下拉三角，

选择一种艺术字样式，即可输入需要以艺术字样式出现的文字，当输入文字并确定后，菜单栏上会显示出“艺术字工具”（图 2-29）。其中，各命令组的含义如下。

【文字】命令组，可以为选中的艺术字直接编辑文字。

【艺术字样式】命令组，可以为选中的艺术字重新调整样式，填充字面形状颜色（非三维效果或阴影的形状颜色），若艺术字不是三维效果的，还可设置字面形状的轮廓。

【阴影效果】命令组，可为选择的艺术字设置投影效果，并设置阴影的颜色。

【三维效果】命令组，可为选择的艺术字设置透视效果及透视的角度与深度。

【排列】命令组，与图片工具中相应命令一致，可设置艺术字与文档中正常文本的相对位置。

【大小】命令组，用于调整艺术字高度与宽度，也可用鼠标根据所选艺术字的 8 个控制句柄来调整艺术字大小。

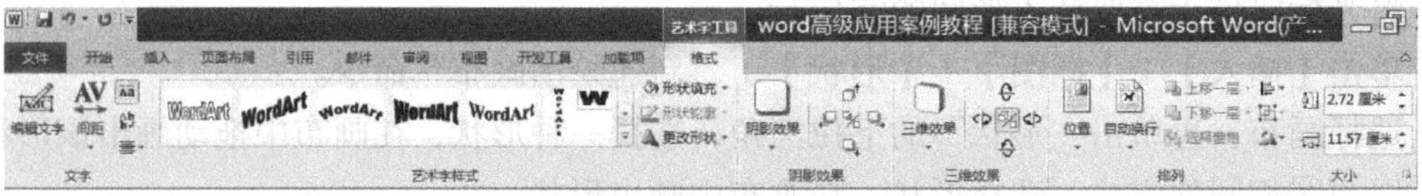

图 2-29　艺术字工具栏

文本框的出现，活跃了文字在文档中显示的位置。它是一种特殊类型的文本，以图片的形式存在，用以在任意位置显示文字或图片。在文本框中插入图片，该图片以文字的格式存放，图片会按比例缩放到文本框刚好可以容纳的高度，一张图片占据一个大字所占据的空白，如图 2-30 所示。当然可以通过调整文本框大小，将“图片文字”放大。

插入文本框的方式有两种：一种是单击【插入】|【插图】|“形状”下拉三角，选择“基本形状”栏中的第一个选项“文本框”，然后在文档中拖出一个文本框，在文本框中输入内容；另一种是单击【插入】|【文本】|“文本框”下拉三角，选择一种内置的文本框样式，或者选择“绘制文本框”命令，在文档中画出文本框大小后，输入内容。

在图文混排类文档中，可以利用文本框将文字放置于文档的任意位置处，因为文本框的默认位置为“浮于文字上方”，在输入文字后，如果想让该文字与正文中文字无异，则要设置文本框格式：将其“形状填充”改为“无填充颜色”，“形状轮廓”改为“无轮廓”，如图 2-31 矩形框所示。如果利用文本框输入大段文字，并设置文字花边，同样可以设置其“形状轮廓”，还可对文本框内文字设置字体与段落格式。

图 2-30　在文本框中插入图片

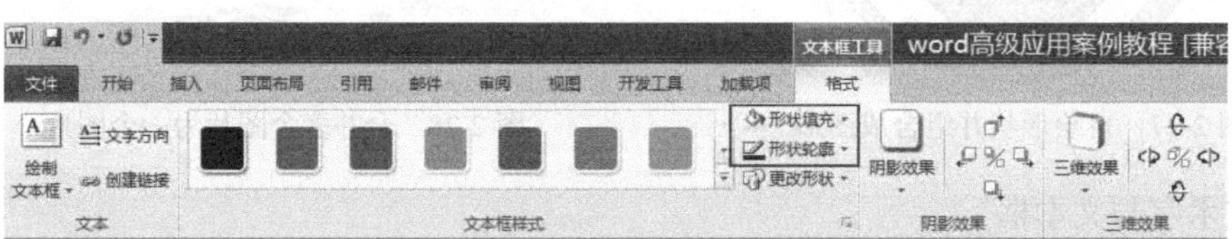

图 2-31　设置文本框格式

（4）SmartArt 图形

SmartArt 图形是 Word 中预设的形状、文字、样式的集合，包括列表、流程、循环、层次结构、关系、矩阵、棱锥图和图片 8 种类型，每种类型下又包括若干个图形样式。使用 SmartArt 图形功能可以快速创建出专业而美观的图形化效果，且在创建更加完美的图形化效果时，可对 SmartArt 图形进行一些简单的编辑。插入并调整 SmartArt 图形的方法如下。

① 插入 SmartArt 图形。单击【插入】|【插图】|“SmartArt”命令，打开“选择 SmartArt 图形”对话框，如图 2-32 所示，列出了 8 种类型以供选择。

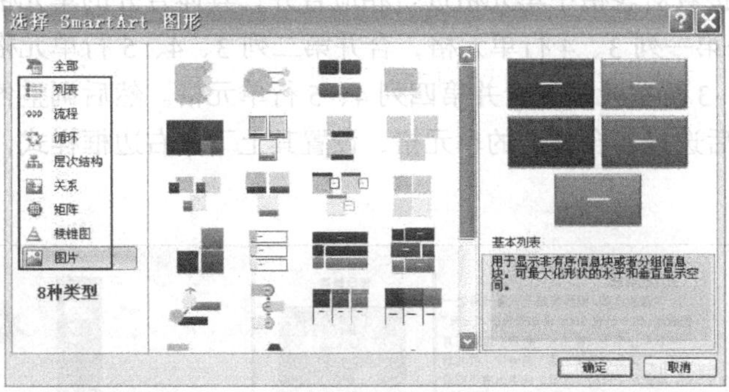

图 2-32　“选择 SmartArt 图形”对话框

② 选择 SmartArt 图形类型。若需要在 SmartArt 中插入图片，则选择“图片”类型中的任意一种图形即可；若不需要使用图片进行说明，则可选择前 7 种类型。

③ 添加或删除形状。在文档中插入一种 SmartArt 图形后（例如，选择“详细流程”图），菜单栏上出现“SmartArt 工具”菜单选项卡。选择该图形边框，单击【SmartArt 工具】|【创建图形】|“添加形状”，可添加一个输入选项，如图 2-33 的第四个形状即为新添加的形状。若要删除该图形中一个形状，只需要选择该形状后，按【Delete】键。

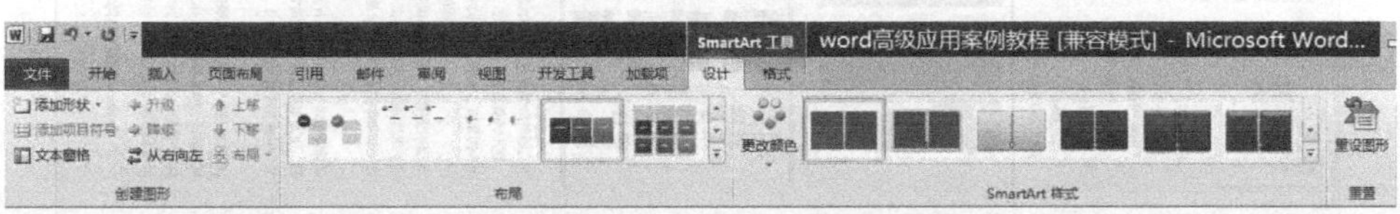

图 2-33　SmartArt 工具

④ 在新添加的形状中输入文本。如图 2-34 所示，新添加的形状没有文本框显示；若要添加文本，可单击 SmartArt 工具中的“文本窗格”命令，在打开的“在此处键入文字”窗口中，定位到新添加的形状所在的文本框，输入文字，如图 2-35 所示。

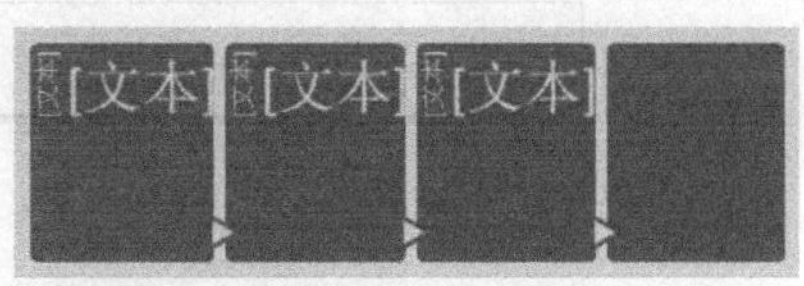

图 2-34　添加形状

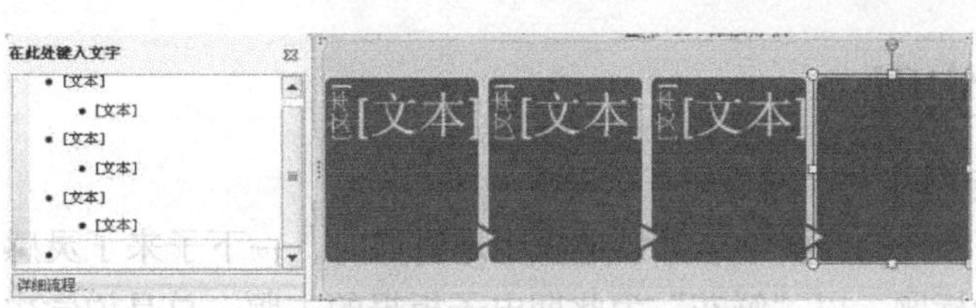

图 2-35　使用“文本窗格”输入文本

⑤ 重新布局。用户可以通过 SmartArt 工具中【布局】组选项，对已经选择的 SmartArt 图形换一种图形，已经输入的文本信息不变。

⑥ 修改 SmartArt 图形的颜色与样式。使用 SmartArt 工具中提供的【SmartArt 样式】组命令对颜色和样式进行调整。

（5）表格

Word 中使用表格可以简洁明了地描述数据，还可以进行规则排版。图 2-36 所示的宣传海报，首先直接在 A4 纸大小的横向版式的页面上创建了一个 5 行 4 列的表格。然后将表格调整到与页面编辑区同样大小。接着对表格中单元格进行相应合并，具体合并的单元格为：合并第一、二列 1、2 行单元格，合并第一列 3、4 行单元格，合并第二列 3、4、5 行单元格，合并第三列所有单元格，合并第四列 2、3 行单元格，合并第四列 4、5 行单元格。然后调整各列宽度，使第 3 列处于页面中间位置。最后选择各合并后的单元格，设置其上下左右边框样式，完成后的缩略效果如图 2-37 所示。

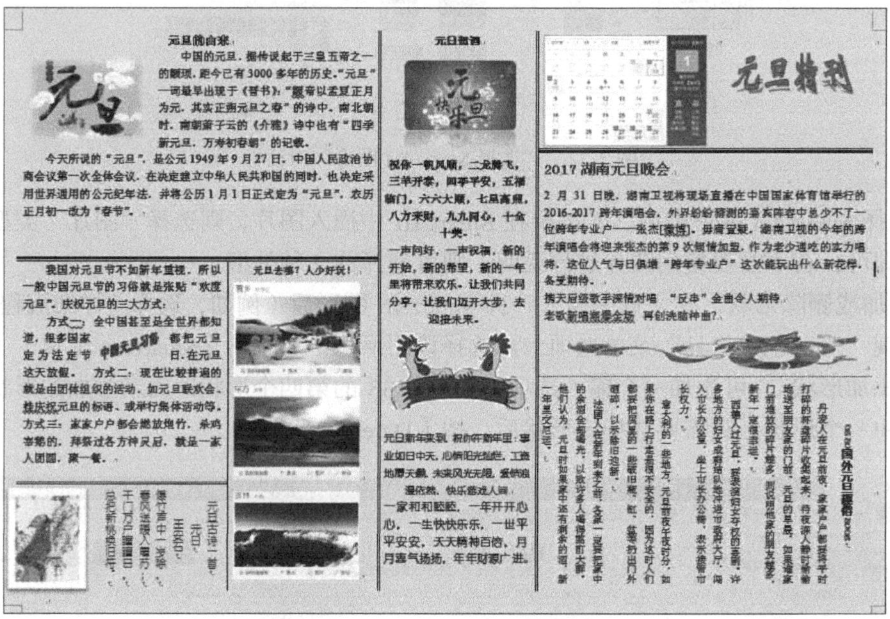

图 2-36　元旦海报表格排版

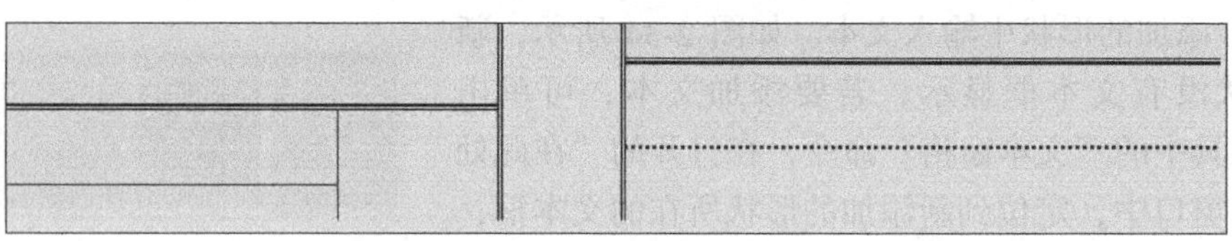

图 2-37　表格布局缩略效果

2.2.3　案例实现

1. 确定主题及标题

当小昔听到他们漂亮的经济学老师妙趣横生地讲课时，一下子来了灵感，立即决定以“老师您才是最美的花”为标题，以“鲜花”为此期电子板报的主题。总是说学生是祖国的花朵，老师是辛勤的园丁，其实园丁一样很美。

2. 收集以鲜花为边框的图片及以教师节为主题的文字

通过百度图片或谷歌图片搜索“***花边框”，比如“大气花边”“简约花边”“小清新花边”等，作为输入文字块的背景。再搜索“教师颂”“园丁颂”“好老师”等文字素材用于描述教师，为语言输入做参考。

3. 大致确定边框素材

经过筛选，小昔根据版面需求，大致确定了三个花边框作为这次的文字块背景，有横向的、竖向的、圆形的，小昔还准备自绘几个不规则的图形作为文字块背景，这样图片元素既丰富又简约。

4. 使用 Word 设计电子板报

新建一个 Word 文档，命名为“教师节电子板报.docx”，并将页面布局“纸张方向”设置为“横向”，“页边距”选择为“窄”。

（1）设置图案水印

为了设置一种半透明的背景图案，小昔决定用一支康乃馨图片作为水印，插入到页面来做背景效果。具体操作如下。

① 单击【页面布局】|【页面背景】|【水印】|“自定义水印”命令。

② 在打开的“水印”对话框中，选择“图片水印”单选框，并单击对话框中的【选择图片】按钮，选择已确定好的图片。单击该对话框的【确定】按钮。

③ 此时出现页眉页脚，如果页眉出现下框线，可以选择下框线之上的回车号，单击【开始】|【段落】|“边框”命令，选择“无边框”命令。

④ 调整图片水印的大小、位置，以适应设计需求。调整后如图 2-38 所示。

图 2-38 插入并调整图片水印

（2）添加鲜花边框

从收集好的素材库中，复制 4 张已经确定的边框图片，并打开“教师节电子板报.docx”，将复制的 4 张图片粘贴到文档中。

对插入的 4 张图片分别设置其“自动换行”方式。如图 2-39 所示，标示“1、2、3”的图片作为文字背景边框，设置其“自动换行”方式为“衬于文字下方”，并缩放到适当大小，使用【图片工具】中的“裁剪”命令，对标示“1、2、3”的图片进行适当裁剪。对标示“4”的图片，设置其“自动换行”方式为“浮于文字上方”，该图片原本是横向的，通过旋转按钮将其调整为标示“4”的角度。

分别选择 4 张图片设置白色为透明色。单击【图片工具】|【格式】|【调整】|【颜色】|“设置透明色”命令，再单击标示“1”图的中间白色区域，使白色变为透明色。用同样的方法，使其他 3 张图片的白色设置为透明色。

如果需要，可以为各图片设置“图片效果”，比如“柔化边缘”。如果设置了“柔化边缘”效果，则将白色设置为透明色有可能达不到想要的效果。

（3）使用形状自绘新图形

单击【插入】|【插图】|【形状】|“直线”命令，首先在图 2-39 中标示“2、3”的边框中间画出一条约 30° 的斜线，使用【绘图工具】|【格式】|【形状样式】|【形状轮廓】|【虚线】|【划线-点】命令，修改直线样式；然后选择【形状轮廓】|“粗细”命令，设置直线为“4.5 磅”，将直线加粗，再将“形状轮廓”的颜色改为“鲜绿色”；最后使用组合键【Ctrl+D】复制该斜线，并移动到相应位置。

用同样的方式再画一条水平直线，与斜线进行同样的“形状轮廓”设置，颜色为“黑色”，并使用【Ctrl+D】组合键复制多次；然后同时选中这几条水平直线，单击【绘图工具】|【格式】|【排列】|【对齐】|“左对齐”或者“右对齐”命令。如果纵向分布不均匀，还需要将选中的几条水平直线设置【对齐】|【纵向分布】，使它们分布均匀。

图 2-39　插入图片并设置“自动换行”方式

单击【插入】|【插图】|【形状】|“任意多边形”命令，画出一个类似于“心”形的多边形，如图 2-41 所示。在绘制该图时，单击一次能确定一条直线的一个端点，通过【BackSpace】键后退一步画线，用【Esc】键能退出画线。在画出大致形状后，可以通过【绘图工具】|【格式】|【插入形状】|“编辑形状”命令调整多边形的各个顶点，使该形状更完美。然后设置该多边形的“形状轮廓”为“虚线”“圆点”，设置“粗细”为“1.5 磅”，轮廓颜色为淡蓝色，然后使用【Ctrl+D】组合键复制两次，并调整这三个多边形的间距。

（4）使用 PPT 设计艺术字

当 Word 提供的艺术字预设效果没有 PPT 中提供的预设效果漂亮，则可使用 PPT 设计艺术字，再截图到 Word 文档中。

打开 PPT 软件，在新建的“演示文稿 1”中将当前幻灯片版式改为“空白”，并按图 2-40 鼠标所指样式设计艺术字。输入文字“最美的花”，并将字体改为“华文琥珀”，将该文本填充为“橙色”，然后使用“红蜻蜓抓图精灵”工具将设置好的艺术字截图（直接复制到 Word，则会失去立体效果，使效果失真，所以只有使用截图工具才能保证效果完整）。

以类似的方法在 PPT 中再设计 3 次艺术字效果，具体效果如图 2-41 所示，文字分别为“老师您才是”、“9.10”及自绘多边形中的文字，将该多边形文字截图到电子板报后，需经过一定调整，如旋转一定角度、放大、缩小，以适应多边形形状。

图 2-40 在 PPT 中插入艺术字

图 2-41 “教师节”电子板报设计效果

习 题

【习题一】

从辅导员老师处获取本班第一学期的期末成绩，利用邮件合并功能制作本班每个学生的成绩单。

【习题二】

制作一份请柬，邀请全班同学或老师参加圣诞派对。

【习题三】

制作一份小学生数学报，打印要求：横向，A3 纸打印。

第3章 Excel 2010 数据处理与分析

Excel 2010 是微软公司 Office 2010 组件之一。Excel 2010 提供了强大的数据处理与分析功能，集成了数据采集、数据编辑、数据图表化、数据管理和数据分析处理等功能，它可以创建和修改工作表、三维图表，同时还可以创建和使用宏。因此，Excel 2010 广泛应用在财务、管理、统计分析、市场营销、工程计算等方面，可以帮助用户有效地组织和管理数据，发现模式或趋势，从而做出更明智的决策，并提高用户分析大型数据集的能力。在 Excel 中，用户可以高效地输入数据，还能轻松地将数据转化为各类图表。Excel 更强大的功能体现在通过公式和函数计算数据，用户可以对数据进行排序、筛选、汇总等处理。本章以案例的形式由浅入深逐步介绍数据的准备、数据的计算、数据的查看、数据的汇总与分析、数据的保护与输出等高级应用技术。

3.1 编辑与格式化电子表格

3.1.1 案例分析

【案例 3-1】

本案要求在 Excel 中制作一张“期末成绩表”工作薄，其中涉及的操作有：在单元格中输入和编辑数据，填充序列，设置数据的有效性，插入、删除和移动单元格，修饰工作表等。读者通过本案例的学习，能基本掌握电子表格的编辑与格式化方法。

编辑完成的“期末成绩表”参考效果如图 3-1 所示。

计算机系1班第一学期期末成绩表

学号	姓名	高等数学（一）	计算机引论	C语言程序设计	计算机引论实验（包含技能测试）	C语言程序设计实验	军事理论	大学生心理健康	思想道德修养和法律基础	大学体育（一）	平均分	总分	总分排名
'201008001	陈全胜	78	79	80	80	100	68	84	82	88			
'201008002	邵伟男	72	93	80	88	100	69	81	78	85			
'201008003	蒋瑛	83	87	64	85	98	70	78	79	79			
'201008004	陈龙	83	86	87	92	100	77	85	85	92			
'201008005	雷浩洁	72	75	84	94	100	71	87	80	93			
'201008006	刘依	74	88	87	93	95	70	85	85	83			
'201008007	张利	65	71	80	87	100	70	81	83	76			
'201008008	周磊	85	82	86	89	100	70	85	87	0			
'201008009	刘元	71	77	77	87	90	70	78	72	84			
'201008010	吴雨	74	65	72	77	100	70	82	73	84			
'201008011	颜勇	70	62	74	85	100	74	86	76	70			
'201008012	田瑶	66	70	78	85	100	78	84	80	0			
'201008013	周江梅	75	76	77	78	100	79	75	70	85			
'201008014	周栋	62	81	75	80	78	73	82	76	88			
'201008015	盆琳	73	74	86	86	100	80	87	86	94			
'201008016	屈忠翔	69	80	83	94	100	72	77	78	84			

图 3-1　期末成绩表

案例操作要求：

（1）启动 Excel 并输入数据；

（2）修改单元格的数据；
（3）删除/插入行；
（4）删除/插入列；
（5）填充序列；
（6）移动行/列；
（7）设置数据有效性；
（8）单元格合并居中；
（9）设置单元格文字格式；
（10）调整行高/列宽；
（11）设置单元格格式；
（12）设置条件格式；
（13）设置表格边框样式。

3.1.2　知识储备

启动 Excel 2010 后，窗口如图 3-2 所示。

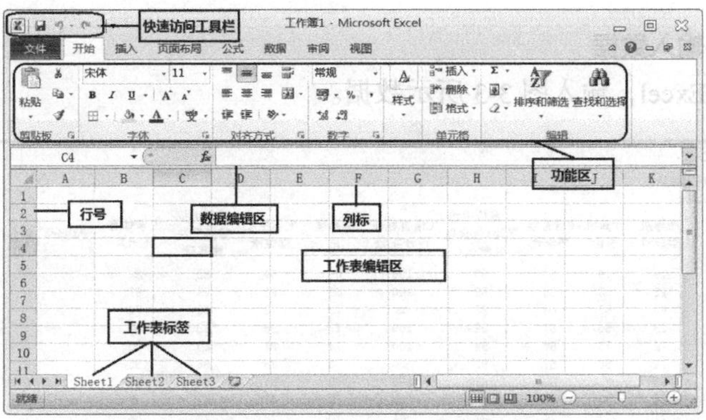

图 3-2　Excel 2010 窗口界面

（1）快速访问工具栏：位于工作界面的左上角，包含一组用户使用频率较高的工具，如“保存”“撤销”和“恢复”。用户可单击“快速访问工具栏”右侧的倒三角按钮，在展开的列表中选择要在其中显示或隐藏的工具按钮。

（2）功能区：位于标题栏的下方，是一个由 9 个选项卡组成的区域。Excel 2010 将用于处理数据的所有命令组织在不同的选项卡中。单击不同的选项卡标签，可切换功能区中显示的工具命令。在每一个选项卡中，命令又被分类放置在不同的组中。组的右下角通常都会有一个对话框启动器按钮，用于打开与该组命令相关的对话框，以便用户对要进行的操作做更进一步的设置。

（3）数据编辑区：由名称框、工具框和数据编辑框 3 个部分组成。名称框主要用于显示活动单元格名称；工具框主要用于在活动单元格中插入函数；数据编辑框主要用于输入和修改活动单元格中的数据或公式。

（4）工作表编辑区：用于显示或编辑工作表中的数据。

（5）工作表标签：位于工作簿窗口的左下角，默认名称为 Sheet1、Sheet2、Sheet3……单击不同的工作表标签可在工作表间进行切换。

（6）工作簿：用于处理和存储数据的 Excel 文件，扩展名为.xlsx。每个工作簿由多张工作表组成，最多可包含 255 个工作表。默认情况下，每个工作簿由 Sheet1、Sheet2、Sheet3 三张工作表组成。用户可以对工作表改名，也可根据需要添加或删除工作表。

（7）工作表：由行和列构成的电子表格。行号用数字 1~65535（共 65535 行）表示，列号用字母 A、B、C、……Z，AA、AB、AC、……AZ，BA、……IV（共 256 列）表示。当前被选中的工作表称为当前工作表，其标签显示为白色。工作表的常用操作有插入、删除、移动或复制、隐藏与取消隐藏、重命名、显示或隐藏网格线及标题等。

（8）单元格及单元格区域：工作表中行和列相交处的小方格称为单元格，单元格是 Excel 处理信息的最小单位。单元格内可存放文字、数值、日期、时间、公式和函数。每个单元格的名称取决于它所在的行号与列号。例如，第 B 列（第 2 列）第 3 行处交叉的单元格的名称是 B3。单元格或单元格区域的常用操作有选择、插入、删除、移动或复制、合并等。

在工作表中输入数据后，可以对数据进行格式设置。格式设置包括字符的字体、字号、颜色等设置；单元格和整个表格的对齐方式、行高、列宽的设置；边框与底纹的修饰；数字格式的设置等。

3.1.3 案例实现

【案例 3-1 实现】

1. 启动 Excel 并输入数据

操作要求：启动 Excel，输入图 3-3 所示数据。

	A	B	C	D	E	F	G	H	I	J	K	L	M	N
1	班第一学期期末成绩表													
2	姓名	高等数学(一)	计算机引论	C语言程序设计	计算机引论实验(包含技能测试)	C语言程序设计实验	军事理论	大学生心理健康	思想道德修养和法律基础	大学体育(一)	平均分	总分	总分排名	
3	陈全胜	78	79	80	80	100	68	84	82	88				
4	邵伟男	72	93	80	88	100	69	81	78	85				
5	蒋琰	83	87	64	85	98	70	78	79	79				
6	陈龙	83	86	87	92	100	77	85	85	92				
7	雷浩洁	72	75	84	94	100	71	87	80	93				
8	刘依	74	88	87	93	95	70	85	85	83				
9	张利	65	71	80	87	100	70	81	83	76				
10	周磊	85	82	86	89	100	70	85	87	0				
11	刘元	71	77	77	87	90	70	78	72	84				
12	吴雨	74	65	72	77	100	70	82	73	84				
13	颜勇	70	62	74	85	100	74	86	76	70				

图 3-3 期末成绩表的原始数据

（1）用户可以通过下列方式启动 Excel。

① 单击屏幕左下角的【开始】按钮，选择【所有程序】|【Microsoft Office】|“Microsoft Office Excel 2010”命令。

② 双击桌面上的 Excel 快捷图标。

③ 在“我的电脑”或“资源管理器”中双击任一个 Excel 文件，则启动 Excel，同时打开指定的电子表格文件。

（2）启动 Excel 后，系统新建一个名为“工作簿 1”的工作簿，并选定当前工作表为“Sheet1”。在工作表名“Sheet1”上双击，或单击鼠标右键，在打开的快捷菜单上选择【重命名】命令，输入新的工作表名“期末成绩表”。

单击要输入数据的单元格，单元格的周围出现黑框，表示已选中为活动单元格。编辑栏左边的名称框显示活动单元格的名称，用户可直接在单元格内录入数据，也可在右边的编辑栏中录入数据。所输入的内容会同时出现在编辑栏和单元格中。

输入数据后，用户可通过下列方式确认。

① 按【Enter】键确认，将活动单元格下移一个单元。

② 按【Tab】键确认，将活动单元格右移一个单元。

③ 按【↑↓←→】光标键确认，切换到其他单元格。

④ 单击编辑栏的【输入】按钮✓确认。

在未确认之前，按【Esc】键或单击编辑栏的【取消】按钮✕，可取消用户的输入。

在单元格中可输入文字、数值、日期和时间。

① 输入文字

文字是键盘上可输入的任何符号，默认情况下向左对齐。

数字形式的文字数据，如身份证号、学号、电话号码等，应在数字前加上单引号（英文状态下输入）。

例如，输入身份证号：’43010519700102102，单元格以 43010519700102102 形式显示。

② 输入数值

数值包含“0~9”数字符号，还包括 +（正号）、-（负号）、( )（括号）、.（小数点）、,（千位分隔符）、%（百分号）、$￥（货币符号）、E e（科学计数法）等特殊字符。默认情况下向右对齐。

若数据长度超过 11 位，系统将自动转换为科学计算法表示。例如，输入数值 123456789123，单元格以 1.23457E+11（1.23457×10^{11}）形式显示。

若要输入负数，应在数字前加一个负号（-）或将数字置于括号内。

若要输入分数，应先输入 0 和空格，再输入分子/分母。

③ 输入日期和时间

Excel 中有多种日期格式，比较常见的有月/日（10/1）、月-日（10-1）、年/月/日（2010/10/1）、年-月-日（2010-10-1）。

时间格式为时：分：秒，若要以 12 小时制输入时间，需在时间数字后空一格，并键入字母 a、am（上午）或 p、pm（下午），如 2:00 p 表示下午两点。否则，Excel 以 24 小时制来处理时间。

按【Ctrl +;（分号）】组合键在单元格中插入系统日期，按【Ctrl +Shift+;】组合键插入系统时间。

2. 修改单元格的数据

操作要求：将 A1 单元格的内容改为“计算机系 1 班第一学期期末成绩表”。

操作步骤：选中 A1 单元格为活动单元格，采取下列方法可修改单元格的数据。

① 在编辑栏中单击鼠标，出现插入点，将插入点移到“系”/“班”的前面，删除或选中“*”，输入“计算机”/“1”，单击【输入】按钮✓确认修改或按【Enter】键确认，如图 3-4 所示。

图 3-4　修改数据

② 双击鼠标，在单元格内出现插入点，将插入点移到“系”/“班”的前面，删除或选中“*”，输入“计算机”/“1”，按【Enter】键确认修改，并将活动单元格下移一个单元。

3. 删除行/列

操作要求：删除第 16 行，即删除“周栋（删）”行。

操作步骤：采用下列方式可删除行。

① 选中第 16 行的任意一个单元格，单击【开始】|【单元格】|【删除】命令的下拉按钮，在下拉列表中选择【删除工作表行】命令。

② 选中第 16 行的任意一个单元格，单击鼠标右键，在快捷菜单中选择【删除】命令，打开“删除”对话框，选择“整行”单选按钮。

③ 在行标题 16 上单击鼠标右键，打开快捷菜单，选择【删除】命令，则第 16 行被删除。

删除列时，需先选中要删除的列，方法与删除行类似。

注意 删除与清除内容。如果是删除单元格，则使单元格本身从工作表中消失，空出的位置由周围的单元格来补充。而选中单元格后按【Delete】键，只能将单元格的内容清除，空白单元格仍保留在工作表中。此外，选中单元格，单击【开始】|【编辑】选项组的【清除】命后的下拉按钮，如图 3–5 所示，可在其下拉菜单中选择清除单元格的全部或格式、内容、批注。

4. 插入列/行

操作要求：在“姓名”列（A 列）前插入一个“学号”列。

操作步骤：采用下列方式可插入列。

① 选中“姓名”列（A 列）的任意一个单元格，单击【开始】|【单元格】|【插入】命令的下拉按钮，在下拉列表中选择【插入工作表列】命令，如图 3-6 所示。

② 选中“姓名”列（A 列）的任意一个单元格，单击鼠标右键，在快捷菜单中选择【插入】命令，打开“插入”对话框，如图 3-7 所示，选择“整列”单选按钮。

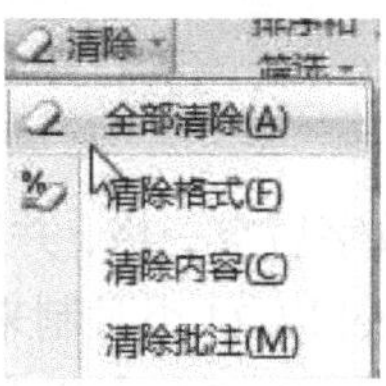

图 3-5 清除

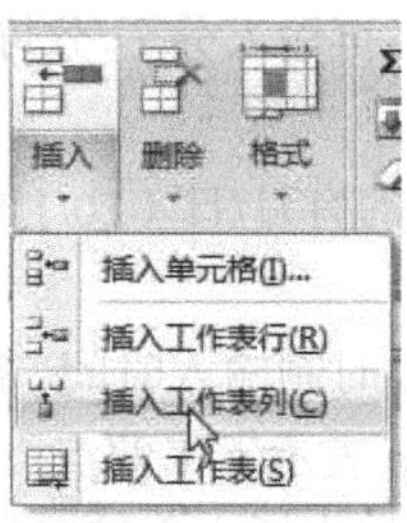

图 3-6 插入列

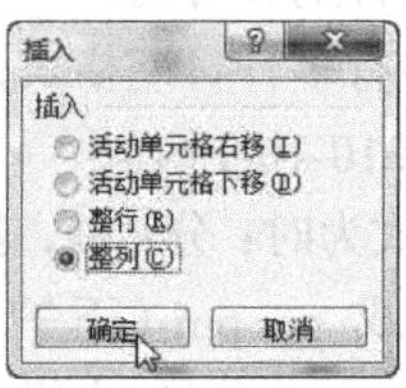

图 3-7 “插入”对话框

③ 在列标题 A 上单击鼠标右键，在快捷菜单中选择【插入】命令。插入列后，将鼠标定位到 A2 单元格，输入“学号”。

插入行的操作与插入列的方法类似，只是在图 3-7 中选择“整行”单选按钮即可。

5. 填充序列

操作要求：在 A3 ~ A18 单元格区域，通过序列填充输入学号“201008001” ~ “201008016”。

注意 序列是指按规律排列的数据。使用填充序列，可根据前面单元格中的数据，推出后面单元格中的数据，从而提高工作效率。

Excel 中有 4 种形式的序列：等差序列、等比序列、时间和自动填充序列。

等差序列是指序列中每两个相邻的数间隔相同的值，这个固定的值被称为步长。

等比序列是指序列中每两个相邻的数之间的比例关系相等。

时间序列是指序列中每两个相邻的日期之间的相差天数相等。

自动填充序列包括时间序列和等差序列，还包括系统预定义的填充序列和用户自定义的新序列。

操作步骤：选中 A3 单元格，由于学号是数字形式的文字数据，输入英文标点符号状态下的单引号，再输入 201008001。

采取下列方法可以填充序列。

① 将鼠标放在 A3 单元格的填充柄上（右下角的小黑点），鼠标指针变为实心十字✚。从填充柄向下拖曳鼠标，此时显示虚线框，表示填充的目的单元格，同时显示标签表示填充的值，如图 3-8 所示。

填充到 201008016，释放鼠标，完成填充。

② 鼠标指向 A3 单元格，鼠标指针为空心十字✜，拖曳鼠标到 A18 单元格，选中 A2 ~ A18 单元格。

单击【开始】|【编辑】|【填充】命令 填充 后的下拉按钮，在下拉列表中选择【序列】命令，打开“序列”对话框，如图 3-9 所示。

在“序列产生在”栏选择“列”单选项，在“类型”栏选择“自动填充”单选项。

图 3-8　填充序列

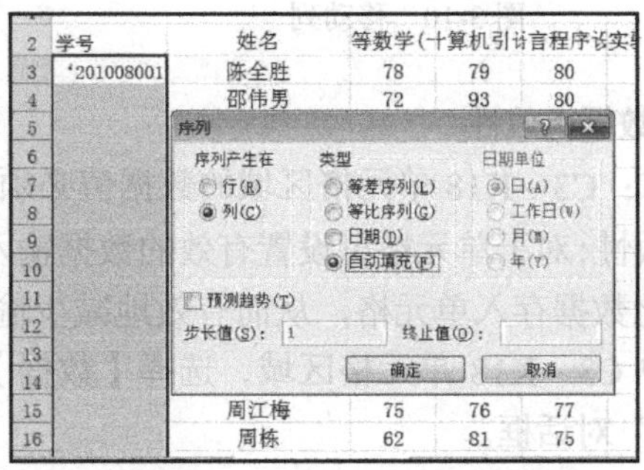

图 3-9　“序列”对话框

选定操作：在对单元格进行编辑或格式化时，首先要选定单元格，可采取下列方法来选定单元格。

① 选定一个单元格：单击要选定的单元格。

② 选定相邻的单元格区域：单击区域左上角的第一个单元格，沿对角线方向拖曳鼠标到区域右下角的最后一个单元格，释放鼠标。或者，单击区域左上角的第一个单元格，按【Shift】键，单击右下角的最后一个单元格。

③ 选定一行：单击行号。

④ 选定一列：单击列标。

⑤ 选定整个表格：单击工作表左上角行号和列标的交叉按钮，即【全选】按钮。

⑥ 选定不相邻的单元格区域：按住【Ctrl】键，依次单击要选定的单元格。

6. 移动行/列

操作要求：将“C 语言程序设计”列（E2 ~ E18）的数据移动到“计算机引论”列（D2 ~ D18）的前面。

操作步骤：采用下列方式可移动单元格。

① 选中单元格区域 E2 ~ E18，将鼠标移到选中区域的边框，鼠标指针变为↖形。按下【Shift】键，拖曳鼠标到 E 列的前面，当 B 列和 D 列之间出现灰色的工字形，并显示图标 D2:D18（图 3-10）时释放鼠标。

② 选中单元格区域 E2 ~ E18，在快捷菜单中选择【剪切】命令，再右击 D2 单元格，如图 3-11 所示，在快捷菜单中选择【插入已剪切的单元格】命令。

移动列操作方法类似。

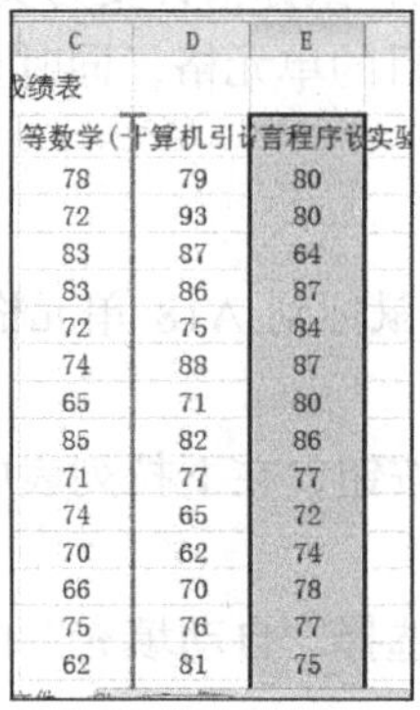

图 3-10　移动列

图 3-11　移动列

7. 设置数据有效性

操作要求：C3 ~ K18 单元格区域的数据值必须设置为 0 ~ 100。

数据有效性:对于单元格可设置有效的数据输入范围。当输入的数据不满足有效性规则时，系统将不允许此数据存入单元格，从而有效地减少输入数据的错误。

（1）选中 C3 ~ K18 单元格区域，选择【数据】|【数据工具】|【数据有效性】命令，打开“数据有效性”对话框。

（2）在“数据有效性”对话框中，选择“设置”选项卡，如图 3-12 所示。在“允许”下拉列表中选择“整数”，在“数据”下拉列表中选择“介于”，在“最小值”文本框中输入“0”，在“最大值”文本框中输入“100”。

（3）在“数据有效性”对话框中，选择“出错警告”选项卡，如图 3-13 所示。在“错误信息”编辑框中输入“成绩必须在 0 到 100 之间”。

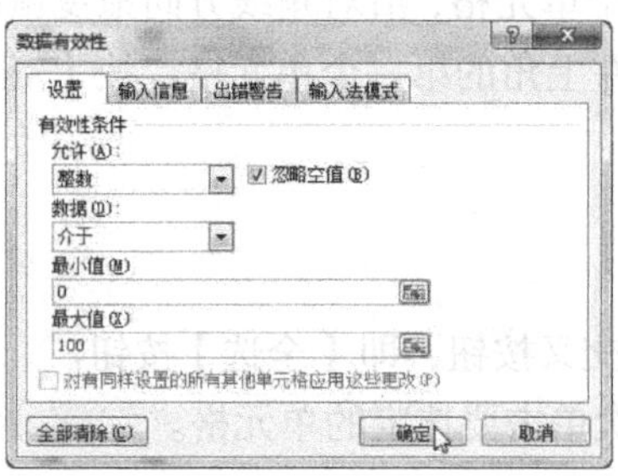

图 3-12　“数据有效性”对话框“设置”选项卡

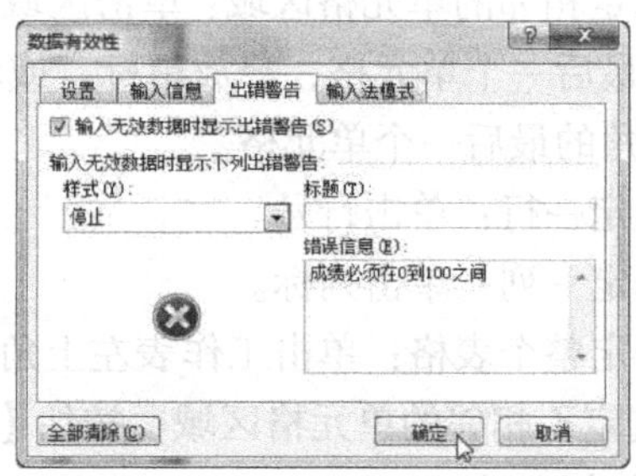

图 3-13　“数据有效性”对话框“出错警告”选项卡

如果将 C3 ~ K18 的任意一个单元格中的数据改为一个小于 0 或大于 100 的数，试图离开该单元格时，系统会打开一个警告对话框，如图 3-14 所示。如果选择【重试】，则该单元格仍为活动单元格，要求用户输入正确的数据；如果选择【取消】，则取消用户对数据的修改。

8. 单元格合并居中

操作要求：将 A1 ~ N1 单元格区域合并为一个单元格，设置文字内容居中。

操作步骤：选中 A1 ~ N1 单元格区域，采用下列方式可合并及居中单元格。

① 选择【开始】|【对齐方式】|【合并后居中】命令，则 A1 ~ N1 单元格区域合并为一个单元格，文字显示在单元格的中央。

② 单击【开始】|【对齐方式】选项组旁边的箭头，打开“设置单元格格式”对话框，如图 3-15 所示，在“对齐”选项卡中“水平对齐”的下拉列表中选择“居中”，再选中“合并单元格”复选框，单击【确定】按钮。

图 3-14　警告对话框

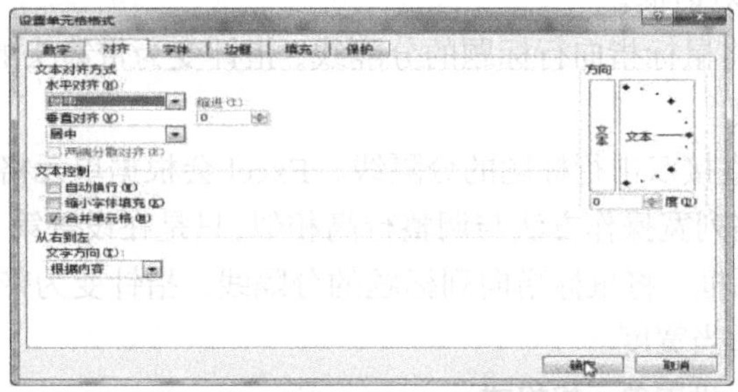

图 3-15　“设置单元格格式”对话框的“对齐”选项

若要取消单元格的合并，可选中已合并的单元格，再次单击【合并及居中】按钮；或在“设置单元格格式”对话框的“对齐”选项卡中，取消选择“合并单元格”复选框。

9. 设置文字格式

操作要求：设置 A1 单元格中字体为宋体，字号为 20，字形为加粗，颜色为红色。

操作步骤：采用下列方式可设置单元格的格式。

① 选中 A1 单元格，在【开始】|【字体】选项组的“字体”下拉列表中选择“宋体”，在“字号”下拉列表中选择“20”，在“颜色”下拉列表中选择“红色”，并单击【加粗】按钮 B。

② 选中 A1 单元格，单击【开始】|【字体】选项组旁边的箭头，打开“设置单元格格式”对话框，选择“字体”选项，如图 3-16 所示。在“字体”下拉列表中选择“宋体”，在“字形”下拉列表选择“加粗”，在“颜色”下拉列表中选择“红色”，在“字号”下拉列表选择“20”。

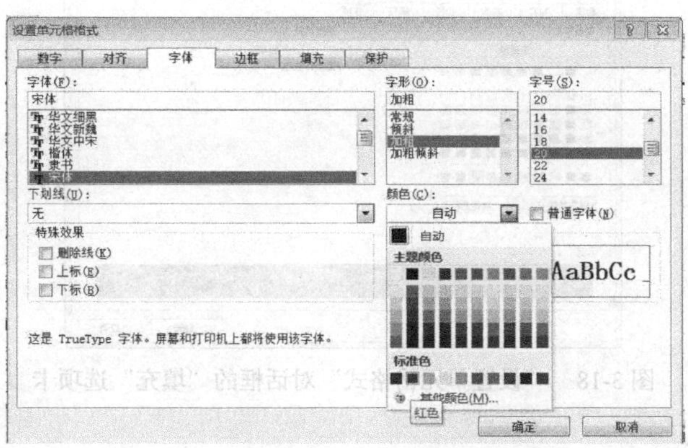

图 3-16　“设置单元格格式”对话框的“字体”选项

10. 调整行高/列宽

操作要求：将第一行的行高设置为 30，第一列的列宽设置为 12，其他各行高/列宽调整适当。

操作步骤：采用下列方式可设置单元格的行高。

① 在第一行的行标上单击鼠标右键，选择快捷菜单中的【行高】命令，打开“行高”对话框，如图 3-17 所示，在“行高”文本框中输入“30”。

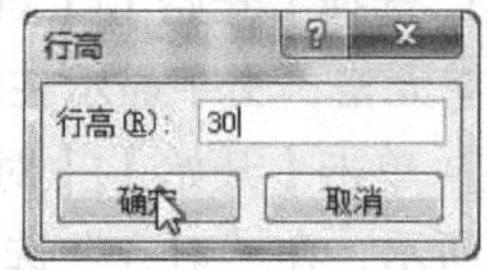

图 3-17 “行高”对话框

此外，选中第一行的任意一个单元格，选择【开始】|【单元格】【格式】命令，在下拉列表中选择【行高】命令，也可打开“行高”对话框。

② 将鼠标指向行标题的分隔线，指针变为带箭头的十字，拖曳鼠标可调整其他各行行高至适当高度。

③ 直接双击行标题的分隔线，Excel 会根据单元格的内容自动设置适当的行高。

调整列宽操作方法与调整行高相似，只是在设置第一列的列宽为 12 时选中第一列，并打开“列宽”对话框。将鼠标指向列标题的分隔线，指针变为带箭头的十字，拖曳鼠标可调整其他各列列宽至适当宽度。

11. 设置单元格格式

操作要求：设置 A2 ~ N2 单元格区域字形加粗，底纹颜色为蓝色，字体颜色为白色，居中对齐。

操作步骤：选中 A2 ~ N2 单元格区域，采用下列方式可设置单元格的格式。

① 选择【开始】|【字体】|【加粗】按钮；单击【填充颜色】按钮右边的下拉按钮，在其下拉列表中选择“蓝色”；单击【字体颜色】按钮右边的下拉按钮，在其下拉列表中选择“白色”。再选择【对齐方式】|【居中】命令。

② 单击【开始】|【字体】选项组的旁边的箭头，打开“设置单元格格式”对话框。选择【对齐】选项卡，在“水平对齐”的下拉列表中选择“居中”。选择【字体】选项卡，在“字形”下拉列表中选择“加粗”，在“颜色”下拉列表中选择“白色”。选择【填充】选项卡，如图 3-18 所示，在“背景色”中选择“蓝色”。

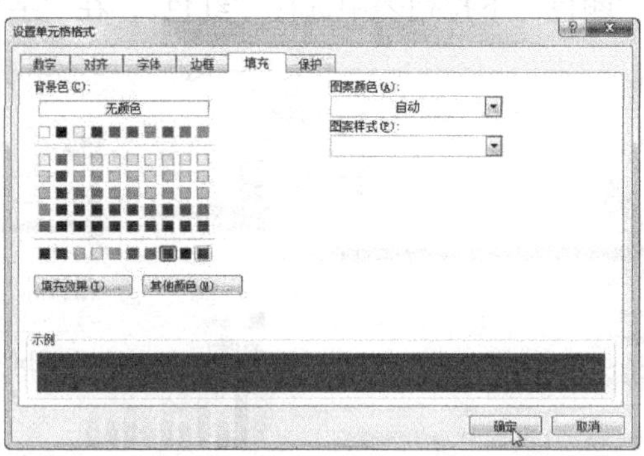

图 3-18 “设置单元格格式”对话框的“填充”选项卡

12. 设置条件格式

操作要求：对 C3 ~ K18 单元格区域设置条件格式，60 分以下的，设置为浅红色填充深红色文本，字形加粗。

条件格式是指根据单元格的数据动态地显示格式。当单元格中的数据符合指定条件时，就应用所设的条件格式；不符合指定条件时，就沿用以前的格式。

操作步骤如下。

（1）选中 C3 ~ K18 单元格区域，选择【开始】|【样式】|【条件格式】命令，如图 3-19 所示。在下拉列表中选择【突出显示单元格规则】|【小于】命令，打开“小于”对话框，如图 3-20 所示。

（2）在“小于”对话框中，在文本框中输入“60”，在“设置为”列表框中选择“浅红填充色深红色文本”，单击【确定】按钮。

（3）再次打开“小于”对话框，在文本框中输入“60”，在“设置为”列表框中选择“自定义格式”，打开“设置单元格格式”对话框，如图 3-21 所示，在“字形”列表框中选择“加粗”。

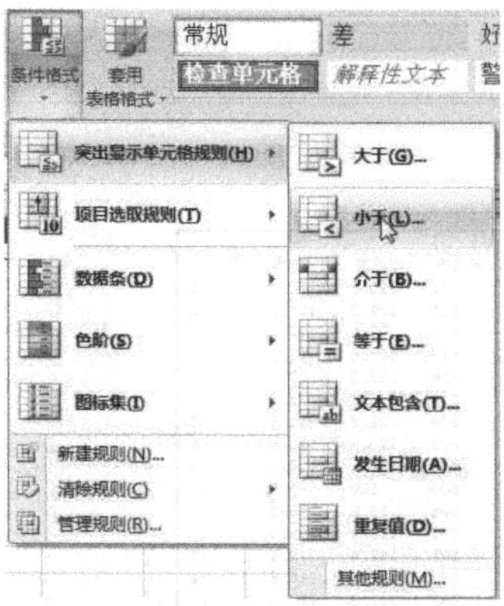

图 3-19 “条件格式”对话框

图 3-20 “小于”对话框

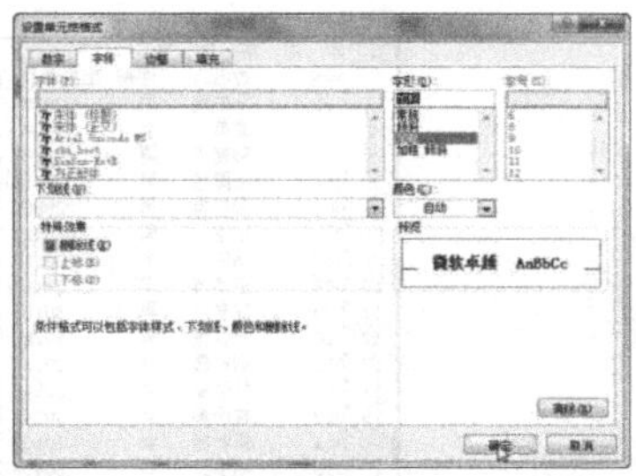

图 3-21 “设置单元格格式”对话框

13. 设置表格边框

操作要求：设置 A3 ~ N18 单元格区域为蓝色的外边框粗线和内边框细线，设置 A2 ~ N2 单元格区域为红色双线边框。

操作步骤如下。

（1）选中 A3 ~ N18 单元格区域，采用下列方式可设置表格的边框。

单击【开始】|【字体】|【边框】命令右边的下拉按钮，在其下拉列表的“线条颜色”选择“蓝色”，再单击下拉列表中的【所有框线】按钮。再次单击【边框】按钮右边的小三角形，在其下拉列表中单击【粗匣框线】按钮。

（2）选中 A2 ~ N2 单元格区域，采用下列方式可设置红色双线边框。

单击鼠标右键，在快捷菜单中选择【设置单元格格式】命令，打开“设置单元格格式”对话框如图 3-22 所示。选择【边框】选项卡，在“线条样式”列表框中选择双线，在“颜色”下拉列表中选择“红色”，单击“预置”的【外边框】按钮。

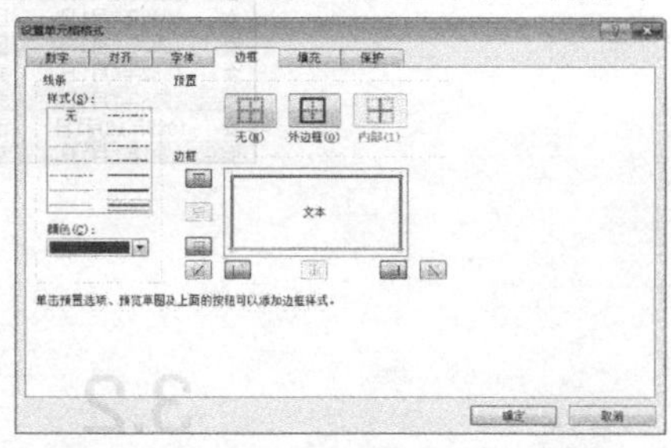

图 3-22 “设置单元格格式”对话框

操作完成后，用文件名“期末成绩表.xlsx”保存默认文件“工作薄 1.xlsx”。

3.1.4 课堂练习

现有图 3-23 所示的素材文件“学生信息表.xlsx”工作簿，需要为单元格设置文本格式、边框和底纹，具体要求如下。

（1）将工作表 Sheet1 重命名为“学生信息表”，删除 J 列，并在最后增加一个“备注”列。删除重复的“林丽娜”中的一行，并在其后增加一行，数据如下。

013	刘丽	女	1982年2月1日	团员	河北省廊坊市	南苑	593	118.6	13

（2）合并表格标题所在单元格，并设置格式为“华文新魏、16、加粗”，表头格式为“宋体、12”，颜色为“深红”，标题和表头都居中显示。

（3）设置表头只有上下边框，边框线为最粗样式，颜色为“青色”，相同格式的还包括表格最底边的边框线。

（4）为表头添加底纹，颜色为灰；为表格隔行添加底纹，颜色为灰。

提示

隔行添加底纹时使用的公式为“=mod(row(),2=1)”。

操作完成后用原文件名进行保存，结果如图 3-24 所示。

1	学 生 信 息 表										
2	学号	姓名	性别	出生年月	政治面貌	籍贯	所在公寓	入学成绩	平均成绩	平均成绩	名次
3	001	马依鸣	男	29799	党员	山东省日照市莒县	西苑	628	125.6	125.6	1
4	002	高英	女	30042	党员	山东省滨州市无棣县	南苑	621	124.2	124.2	2
5	003	郭建华	男	29587	团员	山西省阳泉市	西苑	619	123.8	123.8	3
6	004	张厚营	男	29738	团员	河北省唐山市玉田县	西苑	618	123.6	123.6	4
7	005	周广冉	男	29830	团员	山东省荷泽市郓城县	西苑	616	123.2	123.2	5
8	006	张琳	男	30011	党员	山东省威海市环翠区	西苑	611	122.2	122.2	6
9	007	马刚	男	30317	团员	甘肃省天水市成县	西苑	609	121.8	121.8	7
10	008	田清涛	男	29465	团员	广东省东莞市	西苑	603	120.6	120.6	8
11	009	白景泉	男	30103	团员	吉林省九台市	西苑	601	120.2	120.2	9
12	010	张以恒	男	30286	团员	云南省大理市永平镇	西苑	600	120	120	10
13	011	荆艳霞	女	29618	党员	山东省济宁市开发区	南苑	598	119.6	119.6	11
14	012	林丽娜	女	30348	团员	山东省烟台市莱山区	南苑	597	119.4	119.4	12
15	012	林丽娜	女	30348	团员	山东省烟台市莱山区	南苑	597	119.4	119.4	12
16	014	何孝艳	女	30103	党员	河北省廊坊市	南苑	589	117.8	117.8	14
17	015	胡小灵	女	30498	党员	河北省廊坊市	南苑	589	117.8	117.8	15
18	016	李春铃	女	30286	团员	河北省廊坊市	南苑	587	117.4	117.4	16
19	017	郑妤	女	30011	团员	河北省廊坊市	南苑	586	117.2	117.2	17

图 3-23　学生信息表原件

学 生 信 息 表

性别	出生年月	政治面貌	籍贯	所在公寓	入学成绩	平均成绩	名次	备注
男	1981年8月1日	党员	山东省日照市莒县	西苑	628	125.6	1	
女	1982年4月1日	党员	山东省滨州市无棣县	南苑	621	124.2	2	
男	1981年1月1日	团员	山西省阳泉市	西苑	619	123.8	3	
男	1981年6月1日	团员	河北省唐山市玉田县	西苑	618	123.6	4	
男	1981年9月1日	团员	山东省荷泽市郓城县	西苑	616	123.2	5	
男	1982年3月1日	党员	山东省威海市环翠区	西苑	611	122.2	6	
男	1983年1月1日	团员	甘肃省天水市成县	西苑	609	121.8	7	
男	1980年9月1日	团员	广东省东莞市	西苑	603	120.6	8	
男	1982年6月1日	团员	吉林省九台市	西苑	601	120.2	9	
男	1982年12月1日	团员	云南省大理市永平镇	西苑	600	120.0	10	
女	1981年2月1日	党员	山东省济宁市开发区	南苑	598	119.6	11	
女	1983年2月1日	团员	山东省烟台市莱山区	南苑	597	119.4	12	
女	1982年2月1日	团员	河北省廊坊市	南苑	593	118.6	13	
女	1982年6月1日	党员	河北省廊坊市	南苑	589	117.8	14	
女	1983年7月1日	党员	河北省廊坊市	南苑	589	117.8	15	
女	1982年12月1日	团员	河北省廊坊市	南苑	587	117.4	16	
女	1982年3月1日	团员	河北省廊坊市	南苑	586	117.2	17	

图 3-24　学生信息表结果图

3.2　公式及函数的使用

3.2.1　案例分析

【案例 3-2】

对“期末成绩表”实例示范通过自动计算来查看数据计算的结果，运用公式和函数对平均分、总分、总分排名列，以及增加的课程平均分、课程最高分和课程最低分进行计算。介绍常用函数 SUM、AVERAGE、MAX、MIN、RANK 的使用方法。

设计要求：

（1）查看自动计算的结果。

（2）自动求和按钮。

（3）设置单元格的数字格式。

（4）SUM 函数的使用。

（5）AVERAGE 函数的使用。

（6）MAX/MIN 函数的使用。

（7）RANK 函数的使用。

编辑完成的“期末成绩表”效果如图 3-25 所示。

1	计算机系1班第一学期期末成绩表													
2	学号	姓名	高等数学（一）	计算机引论	C语言程序设计	计算机引论实验(包含技能测试)	C语言程序设计实验	军事理论	大学生心理健康	思想道德修养和法律基础	大学体育（一）	平均分	总分	总分排名
3	'201008001	陈全胜	78	79	80	80	100	68	84	82	88	82.11	739	6
4	'201008002	邵伟男	72	93	80	88	100	69	81	78	85	82.89	746	5
5	'201008003	蒋琰	83	87	64	85	98	70	78	79	79	80.33	723	8
6	'201008004	陈龙	83	86	87	92	100	77	85	85	92	87.44	787	1
7	'201008005	雷浩洁	72	75	84	94	100	71	87	80	93	84.00	756	4
8	'201008006	刘依	74	88	87	93	95	70	85	85	83	84.44	760	3
9	'201008007	张利	65	71	80	87	100	70	81	83	76	79.22	713	10
10	'201008008	周磊	85	82	86	89	100	70	85	87	0	76.00	684	15
11	'201008009	刘元	71	77	77	87	90	70	78	72	84	78.44	706	11
12	'201008010	吴雨	74	65	72	77	100	70	82	73	84	77.44	697	12
13	'201008011	颜勇	70	62	74	85	100	74	86	76	70	77.44	697	12
14	'201008012	田瑶	66	70	78	85	100	78	84	80	0	71.22	641	16
15	'201008013	周江梅	75	76	77	78	100	79	75	70	85	79.44	715	9
16	'201008014	周栋	62	81	75	80	78	73	82	76	88	77.22	695	14
17	'201008015	盆琳	73	74	86	86	100	80	87	86	94	85.11	766	2
18	'201008016	屈忠翔	69	80	83	94	100	72	77	78	84	81.89	**737**	7
19	课程平均分		73.25	77.88	79.38	86.25	97.56	72.56	82.31	79.38	74.06			
20	课程最高分		85	93	87	94	100	80	87	87	94			
21	课程最低分		62	62	64	77	78	68	75	70	0			

图 3-25　“期末成绩表”计算结果

【案例 3-3】

图 3-26 所示的“员工工资表”是按车间、部门编制的某月工资表，本表包括职工姓名、基本工资、加班工作、奖金、应发工资、个人所得税扣款及实发工资等。需要运用公式和常用函数 SUM、AVERGAE、MAX、MIN、RANK 对应发工资、个人所得税扣款及实发工资等数据列进行计算。

设计要求：

（1）查看自动计算的结果。

（2）DATEDIF 函数的使用。

（3）公式的使用。

（4）自动求和按钮的使用。

（5）SUM 函数的使用。

（6）AVERAGE 函数的使用。

（7）MAX/MIN 函数的使用。

****公司*月份员工工资表**

制表人：**　　　　制表日期：2016/10/5　　结算日期：2016年11月

姓名	基本工资			加班工资			奖金			扣款		应发工资	个人所得税扣款	实发工资
	底薪	岗位技能工资	工龄工资	加班天数	加班系数	小计	业绩奖金	全勤奖	特殊贡献奖	社保扣除	考勤扣除			
张丰	4000.0	1200.0		5	108.5		150.0			680.0	0.0			
李小芳	3000.0	800.0		1	98.5		100.0			680.0	300.0			
宋艳	2500.0	1200.0		2	112.5		150.0		100.0	680.0	0.0			
宋燕	3500.0	1200.0		5	98.5		100.0		500.0	680.0	50.0			
郭诚	3500.0	800.0		3	112.5		200.0	200.0		680.0	300.0			
肖小聪	3000.0	800.0		1	108.5		100.0	200.0		680.0	100.0			
周峰	3500.0	800.0		1	98.5		200.0			680.0	50.0			
李韵	4000.0	1000.0		3	112.5		100.0	200.0		680.0	100.0			
张涛	3500.0	800.0		2	108.5		200.0	200.0		680.0	0.0			
胡菲	2800.0	1200.0		3	112.5		150.0			680.0	300.0			
黄俐	3000.0	1000.0		1	98.5		200.0		200.0	680.0	100.0			
杨琴	3500.0	1200.0		1	108.5		150.0			680.0	50.0			
													工资总额	
													平均工资	
													最高工资	
													最低工资	

备注：1、根据进入公司时间，每满一年，工龄工资增加200元
2、个人所得税扣款参照工作簿中的“税率表”工作表，其计算方法为：应缴纳的个税=[(应发工资－四金或三金)－3500]×税率－速算扣除数

图 3-26　员工工资表

3.2.2 知识储备

公式是对工作表中的数据进行计算和操作的等式，它以“=”号开头，由常量、运算符、函数及单元格引用组成。

例如，公式=SUM（B1：B5）/10，是用来计算 B1～B5 单元格区域之和再除以 10 的商，其中，SUM 是函数引用，B1、B5 是单元格引用，/是除法运算符，10 是常量。

（1）常量

常量指直接输入公式中的值，如数值“54”、日期“2016-01-01”、字符“ABC”等。

（2）运算符

计算符指公式中将数据连起来的符号。

① 算术运算符：+（加）、-（减）、*（乘）、/（除）、百分号（%）和乘方（^）

其优先级的顺序是：百分号和乘方→乘、除→加、减。

例如，公式=5*2+3^3 的结果为 37。

② 关系运算符：=、<、>、>=、<= 、<>（不等于）

关系运算符用于比较两个值，产生逻辑值 TRUE 或 FALSE。例如，公式“A5>=B5”，当 A5 单元格的值大于或等于 B5，结果为 TRUE，否则为 FALSE。

③ 文本运算符：&（文本连接符）

例如，公式=“AB”&“BCD”的结果为“ABBCD”。

（3）函数

函数是预定义好的内置公式，通过使用参数进行计算结果，函数的一般结构为：

函数名（参数 1，参数 2，…）

函数名说明函数的功能，参数是函数运算的对象。参数可以是常量、单元格、单元格区域、公式或其他函数。

例如，公式“=IF（A3>20,D4,D5）”表示表达式的结果是根据对 A3 单元格数据大小的判断而来，如果 A3>20 成立，则表达式的结果为 D4，否则为 D5；公式“=SUM（5,1+2,D4:E5,F3）”表示对 5、公式 1+2 的计算结果、D4 到 E5 单元格区域和 F3 单元格求和。

Excel 提供了财务、日期与时间、数学和三角函数、统计、查询和引用、数据库文本、逻辑、信息等函数。最常用的函数如下。

① 求和函数 SUM（number1,number2,…）。

② 求平均值 AVERAGE（number1,number2,…）。

③ 计数函数 COUNT（value1,value2,…）。

④ 最大值函数 MAX（number1,number2,…）。

⑤ 最小值函数 MIN（number1,number2,…）。

（4）单元格引用

单元格引用是在公式中通过单元格的名称来引用此单元格的数据。

当公式中所引用单元格的数据发生变化时，公式会自动更新计算结果。

① 相对引用

相对引用是默认的引用方式，直接由单元格的列号和行号组成。当公式被复制到其他单元格时，引用单元格的地址会根据位置的变化自动调节。

例如，在 G1 单元格输入公式"=D1+E1"，将其复制到 G4 单元格时，变为"=D4+E4"。

② 绝对引用

绝对引用是在单元格的列号和行号加上符号$。当公式被复制到其他单元格时，引用单元格的地址固定不变。

例如，在 G1 单元格输入公式"=$D$1+$E$1"，将其复制到 G4 单元格时，公式仍为"=$D$1+$E$1"。

③ 混合引用

混合引用是在单元格的列号或行号加上符号$。当公式被复制到其他单元格时，若行号为绝对引用，行地址不变；若列号为绝对引用，列地址不变。

例如，在 G1 单元格输入公式"=D$1+$E1"，将其复制到 G4 单元格时，为"=D$1+$E4"。

3.2.3 案例实现

【案例 3-2 实现】

1. 增加行并格式化

操作要求：在原工作表数据行后增加三行。

操作步骤：选中 A19 ~ A21 单元格区域，分别输入"课程平均分""课程最高分"和"课程最低分"，将 A19 与 B19 两个单元格设置合并居中，将 A20 与 B20 两个单元格设置合并居中，将 A21 与 B21 两个单元格设置合并居中，最后设置 A19 ~ A21 的文字大小为 12 号，字体为宋体。

2. 自动求和按钮

操作要求：利用自动求和按钮计算总分和平均分列。

操作步骤如下：

（1）选中 M3 单元格，单击【开始】|【编辑】|【求和】命令 Σ▾ 后的下拉按钮，在打开的下拉列表中选择【求和】命令。

（2）在 M3 单元格中出现函数"=SUM（C3:L3）"，默认的参数"C3:L3"不正确，需重新设置。将鼠标指向 C3 单元格，拖曳到 K3 单元格，显示虚线框表示被选中的作为参数的区域，此时函数参数已设为"C3:K3"，表示对 3 行 3 列到 3 行 11 列的单元格进行求和，按【Enter】键表示确认。在 M3 单元格中显示根据公式计算的结果，在编辑栏中显示此单元格所引用的公式。

也可以直接在 M3 单元格中输入"=C3+D3+E3+F3+G3+H3+I3+J3+K3"或"=SUM（C3:K3）"。

（3）用户可以通过下列方式将公式复制到其余单元格。

① 将鼠标指针指向 M3 单元格右下角的填充柄上，当鼠标指针变为黑色的十字 ✚，向下拖曳鼠标填充公式，直到 M18 单元格。

由于函数“SUM（C3:K3）”的参数为相对引用，当该公式被填充到其他位置时，Excel 能够根据公式所在单元格位置的改变自动调节所引用的单元格。如在 M4 单元格，公式自动变为“SUM（C4:K4）”。

在 M18 单元格右下角出现【自动填充选项】按钮，单击其右边的小三角形，出现图 3-27 所示的下拉菜单，在该菜单中选择“不带格式填充”。否则，默认为带格式填充。

② 用户也可以将公式复制到其他单元格。在 M3 单元格上，单击鼠标右键，打开快捷菜单，选择【复制】命令。选中 M4 ~ M18 单元格区域，单击鼠标右键，在快捷菜单中选择【选择性粘贴】命令，打开“选择性粘贴”对话框，如图 3-28 所示。选择“粘贴”下的“公式”，单击【确定】按钮，即可在 M4 ~ M18 单元格区域中出现求和公式。

（4）选中 L3 单元格，单击【开始】|【编辑】|【求和】命令 Σ 后的下拉按钮，在打开的下拉列表中选择【平均值】命令，如图 3-29 所示。

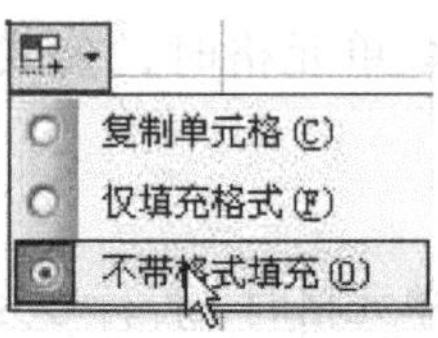

图 3-27　自动填充选项

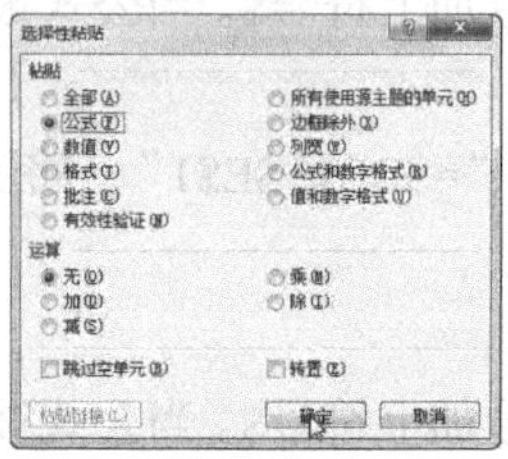

图 3-28　“选择性粘贴”对话框

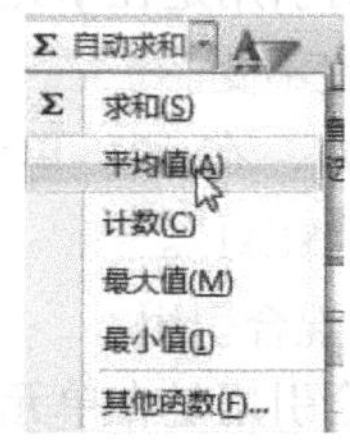

图 3-29　选择“平均值”

（5）在 L3 单元格中出现函数“=AVERAGE（C3:K3）”，按【Enter】键表示确认。默认的参数如果不正确，需重新设置。也可以直接在 L3 单元格中将公式改为“=AVERAGE（C3:K3）”或输入公式“=M3/9”，将求平均值函数填充或复制到其他单元格。

（6）用同样的方法，可以计算出每门课程平均分。

3. MAX/MIN 函数的使用

操作要求：计算出每门课程的课程最高分和课程最高分。

操作步骤：

（1）选中 C20 单元格，单击【开始】|【编辑】|【求和】命令 Σ 后的下拉按钮，在打开的下拉列表中选择【最大值】命令，在 C20 单元格中出现函数“=MAX（C3:C19）”。默认的参数不正确，将鼠标指向 C3 单元格，拖曳到 C18 单元格，显示虚线框表示被选中的作为参数的区域。此时函数参数已设为“C3:C18”，表示对 3 列 3 行到 3 列 18 行的单元格求最大值，按【Enter】键表示确认。也可以直接在 C20 单元格中将公式改为“=MAX（C3:C18）”。将 C20 单元函数填充或复制到 D20 ~ K20 单元格。

（2）选中 C21 单元格，单击【开始】|【编辑】|【求和】命令 Σ 后的下拉按钮，在打开的下拉列表中选择【最小值】命令，在 C21 单元格中出现函数“=MIN（C3:C20）”。默认的参数不正确，将鼠标指向 C3 单元格，拖曳到 C18 单元格，显示虚线框表示被选中的作为参数的区域。此时函数参数已设为“C3:C18”，表示对 3 列 3 行到 3 列 18 行的单元格求最小值，按【Enter】键表示确认。也可以直接在 C21 单元格中将公式改为“=MIN（C3:C18）”。将 C20 单元函数填充或复制到 D21 ~ K21 单元格。

4. 设置单元格的数字格式

操作要求：设置平均分列和每门课程的课程平均分显示为小数点后两位。

对单元格可设置数值、货币、百分比、科学计数等多种数字格式。设置格式后，单元格中显示的是格式化后的结果，编辑栏中显示的是原始数据。

操作步骤：选中 L3 ~ L18 单元格区域，单击【开始】|【数字】选项组“数字格式”列表框右边的箭头，如图 3-30 所示，在下拉菜单中选择“数字”。或单击“数字”选项组的右下角的箭头，打开“设置单元格格式”对话框，如图 3-31 所示，在“数字”选项卡下“分类”列表框中选择“数值”，在“小数位数”数值框中输入“2”。

用同样的方法，可设置课程平均分显示为小数点后两位。

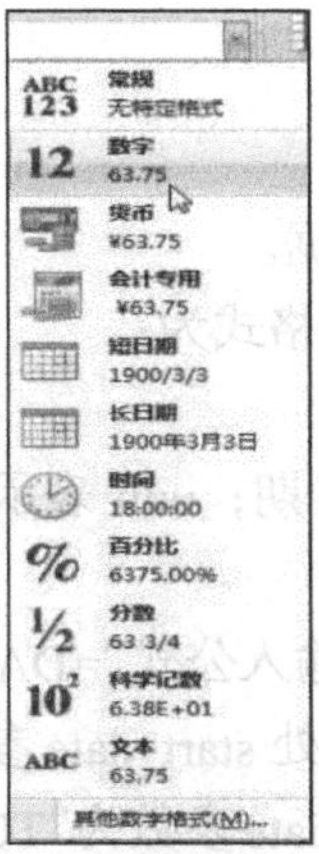

图 3-30 “数字格式”列表

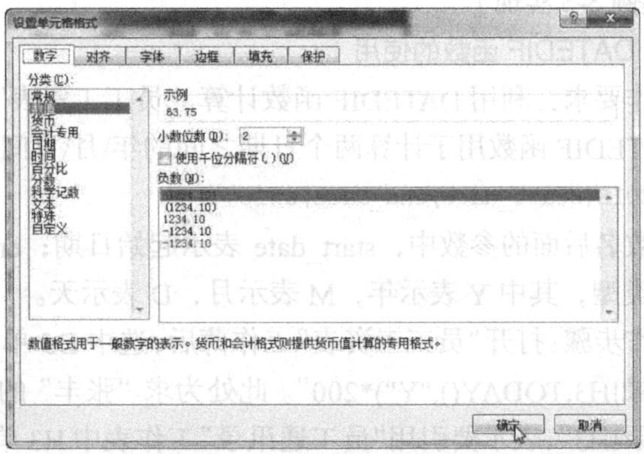

图 3-31 “设置单元格格式”对话框的“数字”选项卡

5. RANK 函数的作用

操作要求：根据课程总分，对每个人的成绩进行排名。

RANK 函数是排名函数，最常用的是求某一个数值在某一区域内的排名，其语法形式为：

RANK (number,ref,[order])

函数名后面的参数中，number 为需要求排名的数值或者单元格名称（单元格内必须为数字）；ref 为排名的参照数值区域，是一组数对一个数据列的引用，非数字值将被忽略；order 是排序方式，为 0 或忽略、降序，其他非 0 值（常用值 1）升序。

操作步骤：选中 N3 单元格，输入“＝RANK(M3,$M$3:$M$18,0)”，此处为求 M3 单元格数据在 M3:M18 单元格区域数据列中的降序排名。注意此处 number 参数要用相对引用，因为此公式被填充或复制到区域时，被排名数字要发生变化；但 order 参数要用绝对引用，因为此公式被填充或复制到区域时，排名数据列不能发生变化。order 参数缺省或为 0，此处要求降序排名。通过“填充”或“选择性粘贴”将公式复制到 N4 ~ N18 单元格区域。

也可通过函数向导来插入函数，其步骤如下：

（1）选中 N3 单元格，单击编辑栏的【插入函数】f_x 按钮，打开“插入函数”对话框，如图 3-32 所示，在“选择函数”列表框中选择“RANK”，打开“函数参数”对话框，如图 3-33 所示。

（2）在“函数参数”对话框中，在“Number”文本框中输入“M3”，在“Ref”文本框中输入“$M$3:$M$18”,在“Order”文本框中输入“0”或忽略，单击【确定】按钮。

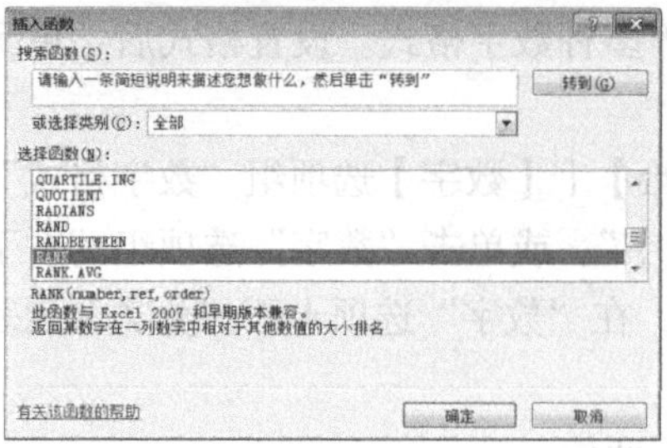

图 3-32　插入函数

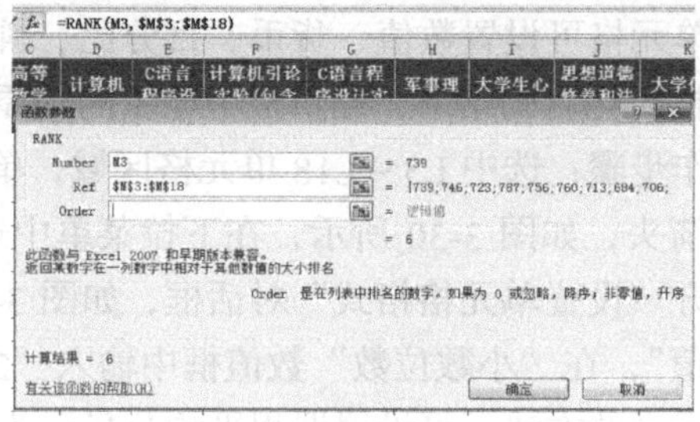

图 3-33　“函数参数”对话框

【案例 3-3 实现】

1. DATEDIF 函数的使用

操作要求：利用 DATEDIF 函数计算“员工工资表”中工龄工资列数据。

DATEDIF 函数用于计算两个日期之间的年\月\日间隔数，其基本语法格式为：

```
DATEDIF(start_date,end_date,unit)
```

函数名后面的参数中，start_date 表示起始日期；end_date 表示结束日期；unit 表示所需信息的返回类型，其中 Y 表示年，M 表示月，D 表示天。

操作步骤：打开“员工工资表”工作薄后，选中 D5 单元格，在编辑框中输入公式“=DATEDIF(员工通讯录!H3,TODAY(),"Y")*200”。此处为求“张丰”的工龄工资，注意此处 start_date 参数为“员工通讯录!H3”，表示要引用“员工通讯录”工作表中 H3 单元格中数据；end_date 参数为“TODAY()”，表示要引用当前系统的日期；unit 参数为"Y"，表示返回类型要用年表示，工龄工资的增加是根据每个人的入职年份计算的。

通过“填充”或“选择性粘贴”将公式复制到 D6 ~ D16 单元格区域。

2. 公式的使用

操作要求：利用公式计算“员工工资表”中加班工资、应发工资、个人所得税扣款及实发工资 4 列数据。

（1）利用公式计算加班工资

操作步骤：选中 G5 单元格，在编辑框中输入公式“=E5*F5”，按【Enter】键后加班工资小计列数据自动计算出来。此处公式表示为，加班工资=加班天数*加班系数。通过“填充”或“选择性粘贴”将公式复制到 G6 ~ G16 单元格区域。

（2）利用公式计算应发工资

操作步骤：选中 M5 单元格，在编辑框中输入公式“=B5+C5+D5+G5+H5+I5+J5−K5−L5”，按【Enter】键后，自动计算出应发工资列数据。此处公式表示为，应发工资=基本工资（底薪+岗位技能工资+工龄工资）+加班工资（小计）+奖金（业绩奖金+全奖金+特殊贡献奖）−捐款（社会扣除+考勤扣除）。通过“填充”或“选择性粘贴”将公式复制到 M6 ~ M16 单元格区域。

（3）利用公式计算个人所得税扣款

操作步骤：选中 N5 单元格，在编辑框中输入公式“=(M5−3500)*10%−105”，按【Enter】键后，自动计算出张丰的个人所得税扣款列数据。此处公式不能通过“填充”或“选择性粘贴”将公式复制到 N6 ~ N16 单元格区域，因为每个人的工资不一样，所对应的捐款税率是不一样的。张丰的应发工资为 7012.5，个税起征点为 3500 元，全月应纳税额超过 1500 元至 4500 元，因此可以直接减去 3500，再乘以税率，最后减去速算。如果不知道个人工资税率，所有人应纳税额都没超过 3500 元，可以用 IF 的嵌套公式：“=IF（M5−3500<0,0,IF(M5−3500<1500,(M5−3500)*0.03,

IF(M5-3500<4500,(M5-3500)*0.1-105,IF(M5-3500<9000,(M5-3500)*0.2-555,IF(M5-3500<35000,(M5-3500)*0.25-1005))))）”，如图 3-34 所示。

N5　=IF(M5-3500<0,0,IF(M5-3500<1500,(M5-3500)*0.03, IF(M5-3500<4500,(M5-3500)*0.1-105, IF(M5-3500<9000,(M5-3500)*0.2-

	C	D	E	F	G	H	I	J	K	L	M	N	O
2											制表日期：2016/10/5	结算日期：2016年11月	
3	基本工资		加班工资			奖金			扣款		应发工资	个人所得税扣款	实发工资
4	岗位技能工资	工龄工资	加班天数	加班系数	小计	业绩奖金	全勤奖	特殊贡献奖	社保扣除	考勤扣除			
5	1200.0	1800.0	5	108.5	542.5	150.0			680.0	0.0	7012.5	246.25	
6	800.0	1800.0	1	98.5	98.5	100.0			680.0	300.0	4818.5		
7	1200.0	1600.0	2	112.5	225	150.0		100.0	680.0	0.0	5095.0		
8	1200.0	1400.0	5	98.5	492.5	100.0		500.0	680.0	50.0	6462.5		
9	800.0	1400.0	3	112.5	337.5	200.0	200.0		680.0	300.0	5457.5		
10	800.0	1400.0	1	108.5	108.5	100.0	200.0		680.0	100.0	4828.5		
11	800.0	1200.0	1	98.5	98.5	200.0			680.0	50.0	5068.5		
12	1000.0	1200.0	3	112.5	337.5	100.0	200.0		680.0	100.0	6057.5		
13	800.0	1200.0	2	108.5	217	200.0	200.0		680.0	0.0	5437.0		
14	1200.0	1000.0	3	112.5	337.5	150.0			680.0	300.0	4507.5		
15	1000.0	1000.0	1	98.5	98.5	200.0		200.0	680.0	100.0	4718.5		
16	1200.0	1000.0	1	108.5	108.5	150.0			680.0	50.0	5228.5		
17												工资总额	

入公司时间，每满一年，工龄工资增加200元

图 3-34　个人所得税扣款计算

选中 N6 ~ N16 单元格区域，单击【开始】|【数字】选项组“数字格式”列表框右边的箭头，在下拉菜单中选择“数字”。或单击“数字”选项组的右下角的箭头，打开“设置单元格格式”对话框，在“分类”列表框中选择“数值”，在“小数位数”数值框中输入“2”。

（4）利用公式计算实发工资

操作步骤：选中 O5 单元格，在编辑框中输入公式“=M5-N5”，按【Enter】键后，自动计算出实发工资列数据。此处公式表示，实发工资=应发工资-个人所得税扣款。通过“填充”或“选择性粘贴”将公式复制到 O6 ~ O16 单元格区域。

3. 自动求和按钮、SUM 函数、AVERAGE 函数、MAX 函数和 MIN 函数的使用

操作要求：利用自动求和按钮或函数计算工资总额、平均工资、最高工资及最低工资。

（1）计算工资总额

操作步骤：

① 选中 O17 单元格，单击【公式】|【库函数】|【自动求和】命令 Σ 的下拉按钮，也可单击【开始】|【编辑】|【求和】命令 Σ 右边的下拉按钮，在打开的下拉列表中选择【求和】命令。

② 在 O17 单元格中出现函数“=SUM（O5:O16）”，如果默认的参数不正确，需重新设置。将鼠标指向 O5 单元格，拖曳到 O16 单元格，显示虚线框表示被选中的作为参数的区域，此时函数参数已设为“O5:O16”，表示对 O5 ~ O16 单元格区域求和，按【Enter】键表示确认。在 O17 单元格中显示出根据公式计算的结果，在编辑栏中显示出此单元格所引用的公式。

也可以直接在 M3 单元格中输入“= O3+ O4+ O5+……+ O16”或“=SUM（O5:O16）”。

（2）计算平均工资

操作步骤：

① 选中 O18 单元格，单击【公式】|【库函数】|【自动求和】命令 Σ 的下拉按钮，在下拉菜单中选择【平均值】命令。

② 在 O18 单元格中出现函数“=AVERAGE（O5:O17）”，默认的参数如果不正确，需重新设置成“O5:O16”，按【Enter】键表示确认。也可以直接在 O18 单元格中将公式改为“=AVERAGE（O5:O16）”，或输入公式“= O17/12”。

（3）计算最高工资及最低工资

操作步骤：

① 选中 O19 单元格，单击【公式】|【库函数】|【自动求和】命令 Σ 的下拉按钮，在下拉

菜单中选择【最大值】命令，在 O19 单元格中出现函数“=MAX（O5:O18）”。默认的参数不正确，将鼠标指向 O5 单元格，拖曳到 O16 单元格，显示虚线框表示被选中的作为参数的区域，此时函数参数已设为“O5:O16”，按【Enter】键表示确认。也可以直接在 O19 单元格中将公式改为“=MAX（O5:O16）”。

② 选中 O20 单元格，单击【公式】|【库函数】|【自动求和】命令的下拉按钮，在下拉菜单中选择【最小值】命令，在 O20 单元格中出现函数“=MIN（O5:O19）”。默认的参数不正确，将鼠标指向 O5 单元格，拖曳到 O16 单元格，显示虚线框表示被选中的作为参数的区域，此时函数参数已设为“O5:O16”，按【Enter】键表示确认。也可以直接在 O19 单元格中将公式改为“=MIN（O5:O16）”。

操作完成后用原文件名保存，编辑完成的“员工工资表”效果如图 3-35 所示。

****公司*月份员工工资表**

制表人：**　　　　制表日期：2016/10/5　　结算日期：2016年11月

姓名	基本工资			加班工资			奖金			扣款		应发工资	个人所得税扣款	实发工资
	底薪	岗位技能工资	工龄工资	加班天数	加班系数	小计	业绩奖金	全勤奖	特殊贡献奖	社保扣除	考勤扣除			
张丰	4000.0	1200.0	1800.0	5	108.5	542.5	150.0			680.0	0.0	7012.5	246.25	6766.3
李小芳	3000.0	800.0	1800.0	1	98.5	98.5	100.0			680.0	300.0	4818.5	39.56	4778.9
宋艳	2500.0	1200.0	1600.0	2	112.5	225	150.0		100.0	680.0	0.0	5095.0	54.50	5040.5
宋燕	3500.0	1200.0	1400.0	5	98.5	492.5	100.0		500.0	680.0	50.0	6462.5	191.25	6271.3
郭诚	3500.0	800.0	1400.0	3	112.5	337.5	200.0	200.0		680.0	300.0	5457.5	90.75	5366.8
肖小晗	3000.0	800.0	1400.0	1	108.5	108.5	100.0	200.0		680.0	100.0	4828.5	39.88	4788.6
周峰	3500.0	800.0	1200.0	1	98.5	98.5	200.0			680.0	50.0	5068.5	51.85	5016.7
李韵	4000.0	1000.0	1200.0	3	112.5	337.5	100.0	200.0		680.0	100.0	6057.5	150.75	5906.8
张涛	3500.0	800.0	1200.0	2	108.5	217	200.0	200.0		680.0	0.0	5437.0	88.70	5348.3
胡菲	2800.0	1200.0	1000.0	3	112.5	337.5	150.0			680.0	300.0	4507.5	30.23	4477.3
黄俐	3000.0	1000.0	1000.0	1	98.5	98.5	200.0		200.0	680.0	100.0	4718.5	36.56	4681.9
杨琴	3500.0	1200.0	1000.0	1	108.5	108.5	150.0			680.0	50.0	5228.5	67.85	5160.7
													工资总额	63603.9
													平均工资	5300.3
													最高工资	6766.3
													最低工资	4477.3

备注：1、根据进入公司时间，每满一年，工龄工资增加200元
2、个人所得税扣款参照工作簿中的“税率表”工作表，其计算方法为：应缴纳的个税=[(应发工资－四金或三金)－3500]×税率－速算扣除数

图 3-35　“员工工资表”计算结果

3.2.4　课堂练习

【练习一】

现有图 3-36 所示的原材料明细表，用公式及函数对数据进行相应处理，实现对原材料的计算管理。

具体操作要求如下。

（1）用 PRODUCT 函数计算购入初期余额。

（2）用 SUM 函数汇总结存的数量、金额。

（3）用 PRODUCT 函数计算发出材料单价、金额。

（4）用 TRUNC 函数对合计栏的单价进行截尾取整。

原材料明细账

类别：　　材料名称和规格：甲材料　　计量单位：　千克

2015年		凭证	摘要	收入			发出			结存		
月	日	字号		数量	单价	金额	数量	单价	金额	数量	单价	金额
3	1		月初结存							800	120.00	96,000.00
	5	记5	购入材料	350	116.56							
	8	记6	发出材料				270					
	9	记12	购入材料	380	123.15							
	11	记15	发出材料				400					
	15	记36	购入材料	425	115.45							
	17	记47	发出材料				360					
	19	记53	购入材料	160	116.25							
	22	记54	发出材料				140					
	26	记61	购入材料	175	122.36							
	29	记71	发出材料				180					
	31		本月合计									

图 3-36　原始材料明细表

操作步骤：

（1）打开文件后，在 G6 单元格中输入公式“=PRODUCT(E6,F6)”，可计算出 3 月 5 日购入某甲材料花费的费用，并将公式填充至 G6:G15 单元格区域。

（2）在 I7 单元格中输入公式“=SUM(M5,G6)/SUM(K5,E6)”，可计算出 3 月 8 日发出甲材料的单价。

（3）在 J7 单元格中输入公式“=PRODUCT(I7,H7)”，可计算出 3 月 8 日发出甲材料的金额。

（4）在 K7 单元格中输入公式“=K5+E6-H7”，可计算出 3 月 8 日结存甲材料的数量。

（5）在 L7 单元格中输入公式“=I7”，可计算出 3 月 8 日结存甲材料的单价。

（6）在 M7 单元格中输入公式“=PRODUCT(L7,K7)”，可计算出 3 月 8 日结存甲材料的金额。使用相同的方法计算甲材料其他日期的发出和结存数据。

（7）在 E16 单元格中输入公式“=SUMIF($D$6:$D$15,"购入材料",E6:E15)”，计算出本月收入甲材料的数量。使用相同的方法计算本月收入甲材料的金额 G16、本月发出甲材料的数量 H16、金额 J16。

（8）在 F16 单元格中输入公式“=TRUNC(G16/E16,2)”，计算出本月收入甲材料的单价。使用相同的方法计算本月发出甲材料的单价 I16、结存单价 L16。

（9）在 K16 单元格中输入公式“=K5+E16-H16”，计算出本月结存甲材料的数量，在 M16 单元格中输入公式“=M5+G16-J16”，计算出本月结存甲材料的金额，在 L16 单元格中输入公式“=ROUND(M16/K16,2)”，计算出本月结存甲材料的单价。

涉及的函数说明如下：

① PRODUCT()函数返回的是将所有参数的数字相乘的值，如 PRODUCT(A2:A4,2)=A2*A3*A4*2。

② TRUNC()函数返回处理后的数值，其工作机制与 ROUND 函数极为类似，只是该函数不对指定小数前或后的部分做相应舍入处理，而是统统截去。TRUNC（89.985，2）=89.98，TRUNC（89.985）=89 (即取整)，TRUNC（89.985，-1）=80。

③ ROUND()函数返回一个数值，该数值是按照指定的小数位数进行四舍五入运算的结果。ROUND（89.985，2）=89.99，ROUND（89.985）=90 (即取整)，ROUND（89.985，-1）=90。

操作完成后用原文件名保存，编辑完成的“原始材料明细表”效果如图 3-37 所示。

原材料明细账

类别：　　才料名称和规格：甲材料　　计量单位：　千克

2015 年		凭证	摘要	收入			发出			结存		
月	日	字号		数量	单价	金额	数量	单价	金额	数量	单价	金额
3	1		月初结存							800	120.00	96,000.00
	5	记5	购入材料	350	116.56	40,796.00						
	8	记6	发出材料			-	270	118.95	32,117.32	880	118.95	104,678.68
	9	记12	购入材料	380	123.15	46,797.00						
	11	记15	发出材料			-	400	120.22	48,087.52	860	120.22	103,388.16
	15	记36	购入材料	425	115.45	49,066.25						
	17	记47	发出材料			-	360	118.64	42,710.96	925	118.64	109,743.45
	19	记53	购入材料	160	116.25	18,600.00						
	22	记54	发出材料			-	140	118.29	16,560.44	945	118.29	111,783.00
	26	记61	购入材料	175	122.36	21,413.00						
	29	记71	发出材料			-	180	118.93	21,406.50	940	118.93	111,789.50
	31		本月合计	1490	118.57	176,672.25	1350	119.17	160,882.75	940	118.93	111,789.50

图 3-37　“原始材料明细表”计算结果

【练习二】

现有工作表“员工培训成绩表.xlsx”，如图 3-38 所示，要利用公式及函数计算其中有关数据。

员工培训成绩表

编号	姓名	所属部门	办公软件	财务知识	法律知识	英语口语	职业素养	人力管理	总成绩	平均成绩	排名	等级
CM001	蔡云帆	行政部	60	85	88	70	80	82				
CM002	方艳芸	行政部	62	60	61	50	63	61				
CM003	谷城	行政部	99	92	94	90	91	89				
CM004	胡哥飞	研发部	60	54	55	58	75	55				
CM005	蒋京华	研发部	92	90	89	96	99	92				
CM006	李哲明	研发部	83	89	96	89	75	90				
CM007	龙泽苑	研发部	83	89	96	89	75	90				
CM008	詹姆斯	研发部	70	72	60	95	84	90				
CM009	刘畅	财务部	60	85	88	70	80	82				
CM010	姚凝香	财务部	99	92	94	90	91	89				
CM011	汤家桥	财务部	87	84	95	87	78	85				
CM012	唐萌梦	市场部	70	72	60	95	84	90				
CM013	赵飞	市场部	60	54	55	58	75	55				
CM014	夏侯铭	市场部	92	90	89	96	99	92				
CM015	周玲	市场部	87	84	95	87	78	85				
CM016	周宇	市场部	62	60	61	50	63	61				

所属部门	人数	平均成绩
行政部		
研发部		
财务部		
市场部		
所有部门		

有不及格课程的人数：	

各部门各等级人数情况表				
所属部门	优	良	一般	差
行政部				
研发部				
财务部				
市场部				

图 3-38　员工培训成绩表

具体操作要求如下。

（1）使用 SUM、AVERAGE 函数计算总成绩、平均成绩，其中平均成绩保留 1 位小数。

（2）使用 RANK、IF 函数计算排名、及排名等级。

平均分>=90: 优

80<=平均分<90: 良

60<=平均分<80: 一般

平均分<60: 差

（3）使用 COUNTIF 函数、SUMIF 函数计算每个部门的人数、每个部门平均成绩，其中平均成绩保留至 1 位小数。

（4）使用 COUNTIF 函数计算有不及格课程的人数。

（5）使用 COUNTIF 函数计算各部门各等级人数情。

函数说明如下。

（1）COUNTIF()函数用来计算区域中满足给定条件的单元格的个数。其语法格式为:

```
COUNTIF(range,criteria)
```

其中，range 为需要计算其中满足条件的单元格数目的单元格区域，即范围；criteria 为确定哪些单元格将被计算在内的条件，其形式可以为数字、表达式或文本。

（2）SUMIF()函数是用来根据指定条件对若干单元格进行求和，即按条件求和。其语法格式为：

```
SUMIF (range, criteria, sum_range)
```

其中，range 为条件区域，criteria 为求和条件，sum_range 为实际求和区域。

（3）countif ()函数用于对某一区域内满足多重条件的单元格进行计数，即多条件计数。其语法格式为：

```
COUNTIF(criteria_range1,criteria1,criteria_range2,criteria2,…)
```

相当于 countif（第一个条件区，第一个对应的条件，第二个条件区，第二个对应的条件，第 N 个条件区，第 N 个条件对应的条件）。

（4）计算有不及格课程的人数时，先在 N3 单元格中输入公式“=IF(COUNTIF(D3:I3,"<60")>0,1,0)”，如果其值为“1”就表示此人有不及格课程，否则就没有不及格课程。然后在 Q9 单元格中输入公式“=SUM（M3:M18）”。

操作完成后用原文件名保存，员工培训成绩表统计计算结果如图 3-39 所示。

员工培训成绩表

所属部门	办公软件	财务知识	法律知识	英语口语	职业素养	人力管理	总成绩	平均成绩	排名	等级	
行政部	60	85	88	70	80	82	465	77.5	11	一般	0
行政部	62	60	61	50	63	61	357	59.5	13	差	1
行政部	99	92	94	90	91	89	555	92.5	3	优	0
研发部	60	54	55	58	75	55	357	59.5	13	差	1
研发部	92	90	89	96	99	92	558	93.0	1	优	0
研发部	83	89	96	89	75	90	522	87.0	5	良	0
研发部	83	89	96	89	75	90	522	87.0	5	良	0
研发部	70	72	60	95	84	90	471	78.5	9	一般	0
财务部	60	85	88	70	80	82	465	77.5	11	一般	0
财务部	99	92	94	90	91	89	555	92.5	3	优	0
财务部	87	84	95	87	78	85	516	86.0	7	良	0
市场部	70	72	60	95	84	90	471	78.5	9	一般	0
市场部	60	54	55	58	75	55	357	59.5	13	差	1
市场部	92	90	89	96	99	92	558	93.0	1	优	0
市场部	87	84	95	87	78	85	516	86.0	7	良	0
市场部	62	60	61	50	63	61	357	59.5	13	差	1

所属部门	人数	平均成绩
行政部	3	76.5
研发部	5	81.0
财务部	3	85.3
市场部	5	75.3
所有部门	16	79.5

有不及格课程的人数：	4

各部门各等级人数情况表

所属部门	优	良	一般	差
行政部	1	0	1	1
研发部	1	2	1	1
财务部	1	1	1	0
市场部	1	1	1	2

图 3-39　员工培训成绩表统计计算结果

3.3　数据管理与图表

3.3.1　案例分析

【案例 3–4】

本案例示范对数据进行排序、筛选、分类汇总的数据管理，记录单的使用及分列显示数据。工作簿“开支表”中的原始数据，如图 3-40 所示。

**公司三月份费用开支表

日期	部门	费用科目	说明	预算费用	实际费用	余额
2015/3/8	生产部	材料费		¥7,000.00	¥5,000.00	2,000.00
2015/3/9	总经办	办公费	购买打印纸、订书钉	¥600.00	¥500.00	100.00
2015/3/10	行政部	办公费	购买打印纸	¥600.00	¥300.00	300.00
2015/3/11	销售部	宣传费	制作宣传画报	¥1,000.00	¥880.00	120.00
2015/3/12	销售部	交通费		¥3,500.00	¥3,500.00	0.00
2015/3/13	运输部	运输费	为郊区客户送货	¥1,000.00	¥680.00	320.00
2015/3/14	销售部	通讯费		¥300.00	¥200.00	100.00
2015/3/15	行政部	办公费	购买电脑2台	¥10,000.00	¥9,500.00	500.00
2015/3/16	销售部	交通费		¥300.00	¥1,000.00	-700.00
2015/3/17	总经办	招待费		¥2,500.00	¥2,000.00	500.00
2015/3/18	总经办	办公费	购买圆珠笔20支	¥200.00	¥50.00	150.00
2015/3/19	生产部	服装费	为员工定做服装	¥2,000.00	¥1,800.00	200.00
2015/3/20	运输部	通讯费	购买电话卡	¥300.00	¥200.00	100.00
2015/3/21	销售部	宣传费	宣传	¥2,000.00	¥1,290.00	710.00
2015/3/22	生产部	材料费		¥4,000.00	¥3,000.00	1,000.00
2015/3/23	销售部	招待费		¥1,000.00	¥1,500.00	-500.00
2015/3/24	行政部	办公费	购买记事本10本	¥200.00	¥100.00	100.00
2015/3/25	运输部	运输费	运输材料	¥600.00	¥800.00	-200.00

图 3-40　数据管理“开支表”原始数据

案例操作要求：

（1）简单排序；

（2）高级排序；

（3）自动筛选；

（4）高级筛选；

（5）分类汇总；

（6）记录单操作。

【案例 3–5】

本案例示范对“开支表”建立图表，并对图表进行编辑和格式化，对数据表的页面进行设置及打印。

案例操作要求：

（1）建立独立图表；

（2）编辑图表数据源；

（3）设置图表系列；

（4）编辑图表标题；

（5）设置图例位置；

（6）设置图表纵坐标；

（7）建立嵌入图表；

（8）调整图表大小及移动图表；

（9）设置图表数据标签；

（10）设置图表数据点格式；

（11）设置图表形状样式；

（12）数据透视表；

（13）插入标注；

（14）设置页面方向；

（15）设置页眉页脚；

（16）打印预览；

（17）保护工作簿和工作表。

3.3.2 知识储备

使用 Excel 进行数据处理与分析时，需要对数据进行排序、筛选或分类汇总的数据管理，可以使一格中的数据更整齐，查阅起来更方便。

排序是根据一定的条件，将工作表中的数据按一定的顺序排列。如果只有一个简单条件，可以进行简单排序；当条件有两个以上时就要进行多重排序；有时这两种排序都不能满足实际需要，可利用 Excel 提供的自定义排序功能。

通过数据筛选，将满足指定条件的记录显示出来，将不满足条件的记录暂时隐藏。自动筛选，可以对各列设置自动筛选条件，筛选出同时满足各列条件的数据；高级筛选，可根据自己设置的筛选条件实现数据筛选。

分类汇总是指在对原始数据按某数据列的内容进行分类（排序）的基础上，对每一类数据进行求和、最大/小值、乘积、计数、标准差等基本统计。

图表可以直观地显示数据报表的结果，使用户看到数据之间的关系和变化趋势。Excel 中有嵌入图表和独立图表。图表和工作表数据放在同一工作表中，称为嵌入图表；图表单独存放在一个工作表内，称为独立图表。

嵌入图表和独立图表都与建立它们的单元格数据相链接，当改变了单元格数据时，这两种图表都会随之更新。

3.3.3 案例实现

【案例 3-4 实现】

1. 简单排序

操作要求：对预算费用进行降序排列。

操作步骤：打开工作薄后，选择预算费用列中“表头”数据下对应的单元格区域 E3:E20，选择【编辑】|【排序和筛选】|【降序】命令，结果会按预算费用降序排序。

如果要进行升顺排序，则要将选择排序列中“表头”数据下对应的单元格区域，选择【编辑】|【排序和筛选】|【升序】命令。

2. 自定义排序

操作要求：使用自定义排序功能对余额和实际费用进行降序排列，完成后的参考效果如图 3-41 所示。

**公司三月份费用开支表

日期	部门	费用科目	说明	预算费用	实际费用	余额
2015/3/8	生产部	材料费		¥7,000.00	¥5,000.00	2,000.00
2015/3/22	生产部	材料费		¥4,000.00	¥3,000.00	1,000.00
2015/3/21	销售部	宣传费	宣传	¥2,000.00	¥1,290.00	710.00
2015/3/15	行政部	办公费	购买电脑2台	¥10,000.00	¥9,500.00	500.00
2015/3/17	总经办	招待费		¥2,500.00	¥2,000.00	500.00
2015/3/13	运输部	运输费	为郊区客户送货	¥1,000.00	¥680.00	320.00
2015/3/10	行政部	办公费	购买打印纸	¥600.00	¥300.00	300.00
2015/3/19	生产部	服装费	为员工定做服装	¥2,000.00	¥1,800.00	200.00
2015/3/18	总经办	办公费	购买圆珠笔20支	¥200.00	¥50.00	150.00
2015/3/11	销售部	宣传费	制作宣传画报	¥1,000.00	¥880.00	120.00
2015/3/9	总经办	办公费	购买打印纸、订书钅	¥600.00	¥500.00	100.00
2015/3/14	销售部	通讯费		¥300.00	¥200.00	100.00
2015/3/20	运输部	通讯费	购买电话卡	¥300.00	¥200.00	100.00
2015/3/24	行政部	办公费	购买记事本10本	¥200.00	¥100.00	100.00
2015/3/12	销售部	交通费		¥3,500.00	¥3,500.00	0.00
2015/3/25	运输部	运输费	运输材料	¥600.00	¥800.00	-200.00
2015/3/23	销售部	招待费		¥1,000.00	¥1,500.00	-500.00
2015/3/16	销售部	交通费		¥300.00	¥1,000.00	-700.00

图 3-41　对“开支表”进行排序后的效果

操作步骤：将光标定位于数据清单中的任意一个单元格，选择【编辑】|【排序和筛选】|【自定义排序】命令，弹出图 3-42 所示的“排序”对话框，在对话框中选择排序的主要关键字“余额”降序和次要关键字“实际费用”降序排序。结果会按余额降序排序，余额相同的会按实际费用降序排序。

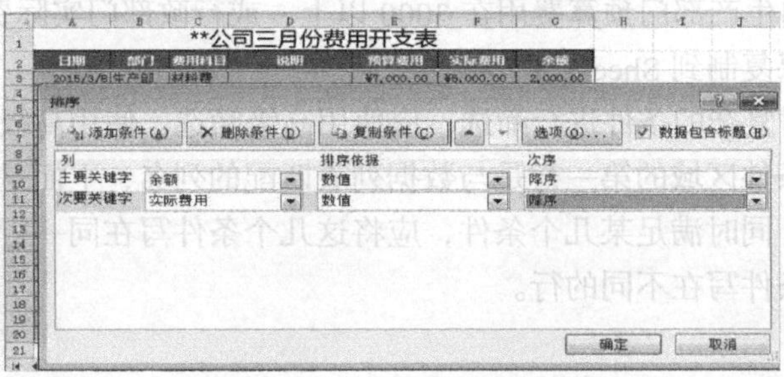

图 3-42　“排序”对话框

在“排序”对话框中，单击【选项】按钮，可在打开的“排序选项”对话框中设置以行、列、字母、笔画等方式进行排序。

3. 自动筛选

操作要求：筛选出行政部门实际费用在 0 ~ 1000 的记录，按实际费用降序排列。

操作步骤：

（1）将光标定位在开支表中任意一个单元格中，选择【编辑】|【排序和筛选】|【筛选】命令，在每列的列名上出现下拉按钮。

（2）单击“部门”列名后的三角形，打开下拉列表，选择“行政部”前面的复选框，取消其他部门前面的复选框。

（3）单击“实际费用”列名后的三角形，打开下拉列表，如图 3-43 所示；选择【数据筛选】|【介于】命令，打开“自定义自动筛选方式”对话框，如图 3-44 所示。

图 3-43　筛选实际费用

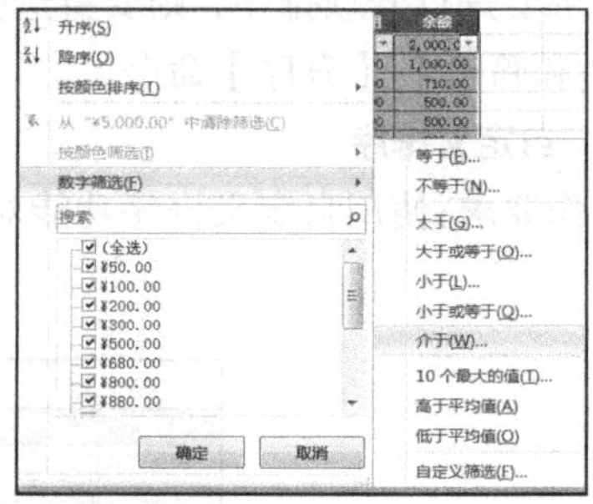

图 3-44　“自定义自动筛选方式”对话框

（4）在“自定义自动筛选方式”对话框中，在“大于或等于”的条件框中输入“0”，在“小于或等于”的条件框中输入“1000”。

（5）再次单击“实际费用”列名后的三角形，在下拉列表中选择【升序】命令 升序(S) 。自动筛选后的数据如图 3-45 所示。

**公司三月份费用开支表						
日期	部门	费用科	说明	预算费用	实际费用	余额
2015/3/24	行政部	办公费	购买记事本10本	¥200.00	¥100.00	100.00
2015/3/10	行政部	办公费	购买打印纸	¥600.00	¥300.00	300.00

图 3-45　自动筛选后的数据

如果要取消自动筛选，再次单击【筛选】命令，使其变为原始的状态。

4. 高级筛选

操作要求：筛选出生产部门预算费用在 3000 以上，或行政部门实际费用都在 1000 以下的所有记录，并将筛选结果复制到 Sheet3 工作表。

高级筛选：若针对复杂的条件进行筛选，应使用高级筛选。使用高级筛选，先要在数据列表以外建立条件区域。条件区域的第一行是与数据列表匹配的列名，下面是对该列设置的条件。若要求筛选出来的数据，同时满足某几个条件，应将这几个条件写在同一行；若只要求满足其中的一个条件，应将这些条件写在不同的行。

操作步骤：

（1）在数据列表以外建立条件区域，如在 A25 ~ C27 单元格中输入图 3-46 所示的文本。

（2）由于要将筛选的数据复制到 Sheet3 工作表，需将鼠标定位到 Sheet3 工作表，选择【数据】|【排序和筛选】|【高级】命令 高级 ，打开“高级筛选”对话框，如图 3-47 所示。

部门	预算费用	实际费用
生产部	>=3000	
行政部		<=1000

图 3-46　筛选条件

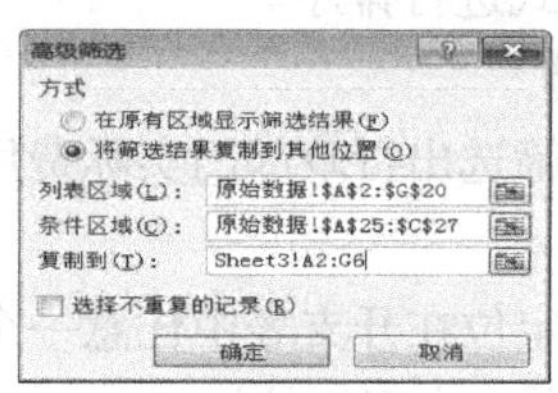

图 3-47　“高级筛选”对话框

（3）在“高级筛选”对话框中，选择方式为“将筛选结果复制到其他位置”。首先指定列表区域为成绩表所在的位置，即 Sheet1 表的 A2 ~ G20 单元格区域；然后指定条件区域为图 3-46 所在的单元格区域，即 Sheet1 表的 A25 ~ C27 单元格区域；最后指定复制到的目标地址为 Sheet3 表的 A2：G6 单元格。

单击【确定】按钮后，筛选出生产部门预算费用在 3000 以上，或行政部门实际费用都在 1000 以下的所有记录，如图 3-48 所示。

	A	B	C	D	E	F	G
1							
2	日期	部门	费用科目	说明	预算费用	实际费用	余额
3	2015/3/8	生产部	材料费		¥7,000.00	¥5,000.00	2000.00
4	2015/3/10	行政部	办公费	购买打印	¥600.00	¥300.00	300.00
5	2015/3/22	生产部	材料费		¥4,000.00	¥3,000.00	1000.00
6	2015/3/24	行政部	办公费	购买记事	¥200.00	¥100.00	100.00

图 3-48　高级筛选后的数据

5. 分类汇总

操作要求：统计“开支表”每个部门的平均预算费用并在此基础上查看各部门的最高实际费用。最后将结果复制到 Sheet4 工作表中，恢复“开支表”原始数据。

分类汇总：分类汇总就是对数据清单按指定字段进行分类，将此字段值相同的连续的记录作为一类，进行求和、平均值、计数等汇总运算。在分类汇总前，必须按分类的字段排序，使此字段值相同的记录排列在一起。在第一次分类汇总的基础上进行第二次分类汇总，称为嵌套汇总。

操作步骤：

（1）单击部门所在区域（B3 ~ B20）的任意一个单元格，选择【数据】|【排序和筛选】|【升序】命令，则数据记录按部门的升序排列。

（2）单击数据表区域中任意一个单元格，选择【数据】|【分级显示】|【分类汇总】命令，打开“分类汇总”对话框。

（3）在“分类字段”的下拉列表中选择“部门”，在“汇总方式”下拉列表中选择“平均值”，在“选定汇总项”列表框中，选中需要统计的“预算费用”字段前的复选框，如图 3-49 所示。

在“分类汇总”对话框中，分类字段是指按照哪个字段对数据进行分类汇总；汇总方式是指计算分类汇总值的方法；汇总项是指对哪些字段进行汇总。

（4）单击【确定】按钮，数据表显示出分类汇总的结果，如图 3-50 所示。

图 3-49　“分类汇总”对话框

**公司三月份费用开支表

	日期	部门	费用科目	说明	预算费用	实际费用	余额
3	2015/3/10	行政部	办公费	购买打印	¥600.00	¥300.00	300.00
4	2015/3/15	行政部	办公费	购买电脑	¥10,000.00	¥9,500.00	500.00
5	2015/3/24	行政部	办公费	购买记事	¥200.00	¥100.00	100.00
6		行政部 平均值			¥3,600.00		
7	2015/3/8	生产部	材料费		¥7,000.00	¥5,000.00	2000.00
8	2015/3/19	生产部	服装费	为员工定	¥2,000.00	¥1,800.00	200.00
9	2015/3/22	生产部	材料费		¥4,000.00	¥3,000.00	1000.00
10		生产部 平均值			¥4,333.33		
11	2015/3/11	销售部	宣传费	制作宣传	¥1,000.00	¥880.00	120.00
12	2015/3/12	销售部	交通费		¥3,500.00	¥3,500.00	0.00
13	2015/3/14	销售部	通讯费		¥300.00	¥200.00	100.00
14	2015/3/16	销售部	交通费		¥300.00	¥1,000.00	-700.00
15	2015/3/21	销售部	宣传费	宣传	¥2,000.00	¥1,290.00	710.00
16	2015/3/23	销售部	招待费		¥1,000.00	¥1,500.00	-500.00
17		销售部 平均值			¥1,350.00		
18	2015/3/13	运输部	运输费	为郊区客	¥1,000.00	¥680.00	320.00
19	2015/3/20	运输部	通讯费	购买电话	¥300.00	¥200.00	100.00
20	2015/3/25	运输部	运输费	运输材料	¥600.00	¥800.00	-200.00
21		运输部 平均值			¥633.33		
22	2015/3/9	总经办	办公费	购买打印	¥600.00	¥500.00	100.00
23	2015/3/17	总经办	招待费		¥2,500.00	¥2,000.00	500.00
24	2015/3/18	总经办	办公费	购买圆珠	¥200.00	¥50.00	150.00
25		总经办 平均值			¥1,100.00		
26		总计平均值			¥2,061.11		

图 3-50　分类汇总结果

单击【分级显示】按钮可查看 1、2、3 级结果。单击【分级显示】按钮 2，显示出各部门的汇总结果，如图 3-51 所示。

图 3-51　显示第二级汇总数据

（5）重新打开“分类汇总”对话框，在“分类字段”的下拉列表中选择“部门”；在“汇总方式”下拉列表中选择“最大值”；在“选定汇总项”列表框中，选中需要统计的“实际费用”字段前的复选框，取消勾选“替换当前分类汇总”前的复选项。单击【确定】按钮，在计算各部门的平均预算费用基础上查看各部门的最高实际费用。嵌套汇总的三级数据结果如图 3-52 所示。

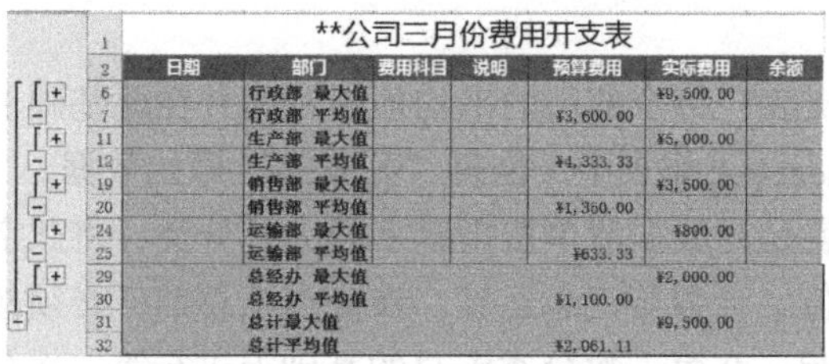

图 3-52　嵌套汇总的三级数据结果

（6）单击【开始】|【编辑】组的【查找和选择】命令下的三角按钮，在下拉列表中选择【定位条件】命令，打开“定位条件”对话框，如图 3-53 所示。在“定位条件”对话框中，选择“可见单元格”单选按钮，单击【确定】按钮后，选中各班的汇总结果。

（7）选择【开始】|【剪贴板】|【复制】命令 复制，将选中的区域复制到剪贴板。

切换到 Sheet4 工作表，将鼠标定位到 A1 单元格，在快捷菜单中选择【选择性粘贴】命令，打开“选择性粘贴”对话框，如图 3-54 所示。

（8）在“选择性粘贴”对话框中，选择“数值”单选按钮，将各班的汇总结果粘贴到 Sheet4 工作表中。

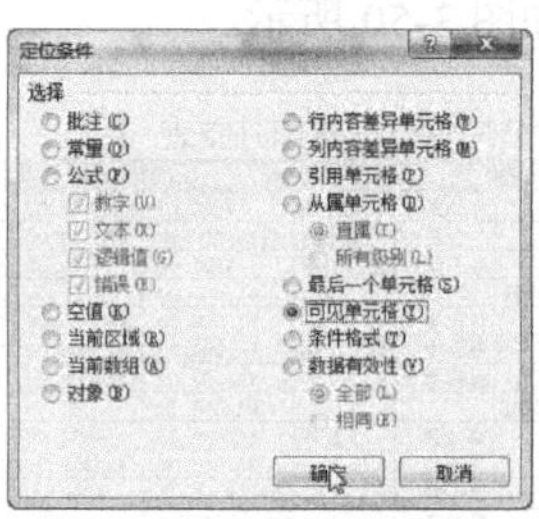

图 3-53　“定位条件”对话框

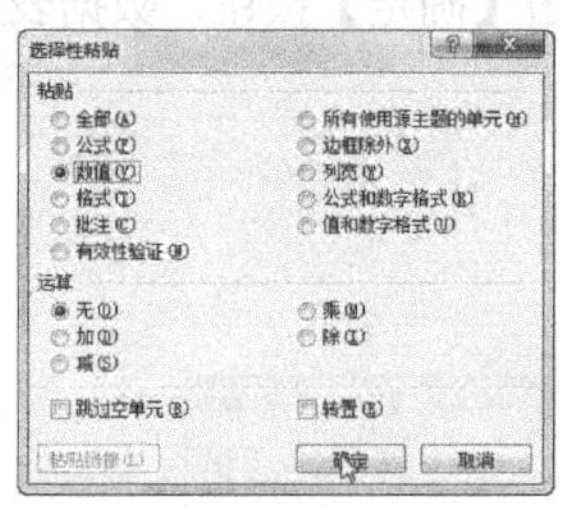

图 3-54　“选择性粘贴”对话框

（9）切换到“开支表”工作表，再次选择【数据】|【分级显示】|【分类汇总】命令，打开“分类汇总”对话框。单击【全部删除】按钮，删除汇总数据。

6. 记录单操作

操作要求：使用“记录单”功能给“开支表”工作簿添加一条图 3-55 所示的新记录数据。

图 3-55　新记录数据

记录单：是用来管理表格中每一条记录的对话框，使用它可以方便地对表格中的记录执行相应操作，有利于数据的管理。在 Excel 中，向一个数据量较大的表单中插入一行新记录时，通常要逐行逐列地输入相应的数据，若使用“记录单”功能则可以帮助用户在一个小窗口中完成添加操作，还可删除、修改、查找记录。由于 Excel 中默认的功能选项中不显示“记录单”的相关命令，必须先将其添加到“快速访问工具栏”中。

操作步骤：

（1）在“开支表”工作界面中，选择【文件】|【选项】命令，打开“Excel 选项”对话框，如图 3-56 所示。选择【快速访问工具栏】选项卡，在“从下拉位置选择命令”下列表框中选择“不在功能区中的命令”选项，在下面的列表框中选择“记录单”选项，单击【添加】按钮将其添加到右侧的列表框中，在“自定义快速访问工具栏”下列表框中选择“用于‘开支表.xlsx’”选项。完成后单击【确定】按钮，此时【记录单】按钮便会出现在“快速访问工具栏”中。

（2）在“开支表”工作表中，选择除标题我的其他含有数据的单元格区域，然后单击“快速访问工具栏”中的【记录单】按钮，便会打开中图 3-57 所示的“记录单”对话框。

图 3-56　“Excel 选项”对话框

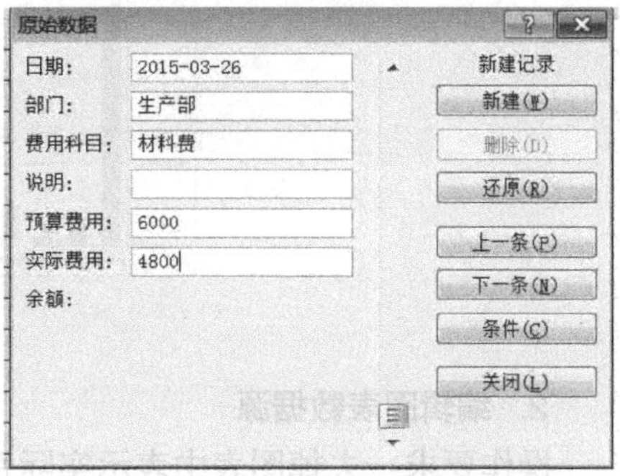

图 3-57　“记录单”对话框

（3）在“记录单”对话框中单击【新建】按钮，在对应的文本框中输入相应的内容，然后单击【确定】按钮即可在原有所有记录的尾部添加新录入的记录。单击【新建】按钮可继续录入，单击【关闭】按钮可退出“记录单”对话框。

【案例 3-5 实现】

1．建立独立图表

操作要求：根据部门、预算费用、实际费用的数据生成簇状柱形图，将柱形图放在新的工作表中。

操作步骤：

（1）选中 B2 ~ B20 单元格区域，再按住【Ctrl】键，选中 E2 ~ F20 单元格区域。

（2）选择【插入】|【图表】|【柱形图】命令，如图 3-58 所示，在下拉列表中选择“簇状柱形图”，则系统自动生成了一个图表。

（3）在图表上单击鼠标右键，在快捷菜单中选择【移动图表】命令，或选择【设计】|【位置】|【移动图表】命令，打开“移动图表”对话框。

（4）在“移动图表”对话框中，选择“新工作表”单选按钮，如图 3-59 所示。则系统产生一个新的工作表“Chart1”显示所建的图表，如图 3-60 所示。

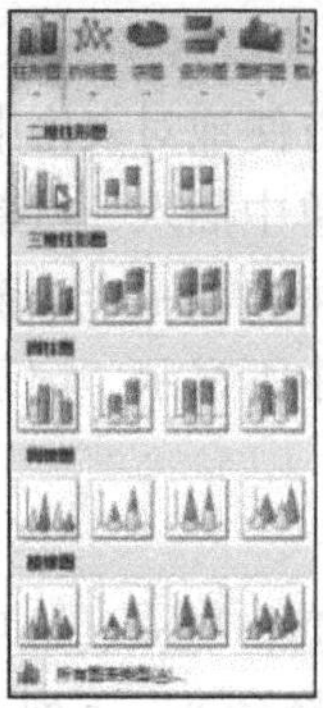

图 3-58　插入图表

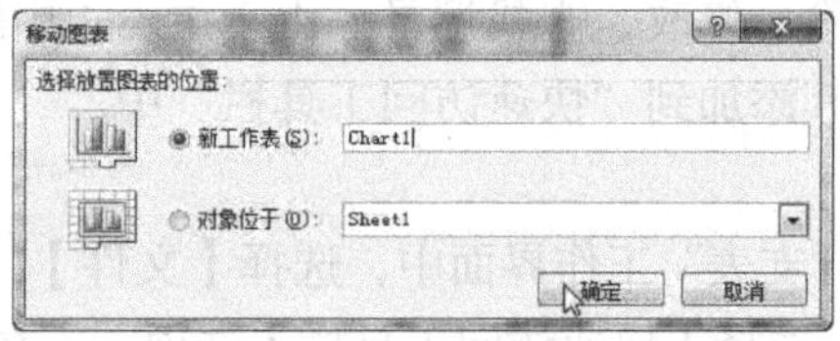

图 3-59　“移动图表”对话框

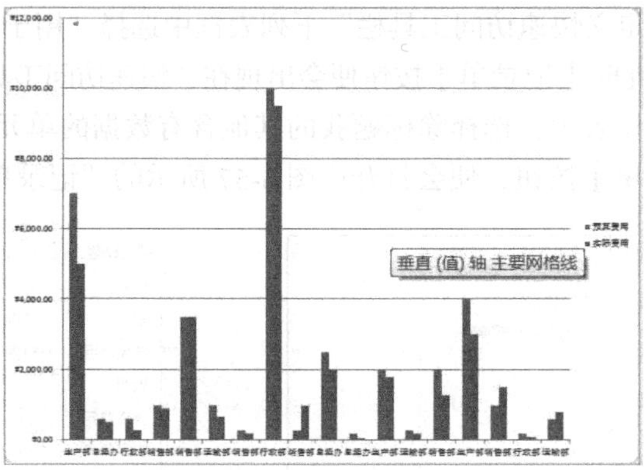

图 3-60　簇状柱形图

2. 编辑图表数据源

操作要求：去掉图表中表示实际费用的列，加入表示余额的列。

操作步骤：

（1）在图表上“实际费用”列的任意一点上单击鼠标，选中图表中的实际费用数据列。

（2）按【Delete】键，或在“实际费用”数据列上单击鼠标右键，选择快捷菜单的“删除”命令，删除“实际费用”数据列。选择【位置】|【移动图表】命令。

（3）切换到 Sheet1 工作表，选中 G2 ~ G20 单元格区域（余额），在快捷菜单中选择【复制】命令。

（4）切换到 Chart1 工作表，在图表区的快捷菜单中选择【粘贴】命令，则余额系列出现在图表中。

另一种方法是：在图表区单击鼠标右键，在快捷菜单中选择【选择数据】命令，或单击【设计】|【数据】|【选择数据】命令，打开“选择数据源”对话框，重新选择数据或输入图表数据区域“=Sheet1!$B$2:$B$20,Sheet1!$E$2:$E$20，Sheet1!$G$2:$G$20”。

3. 设置图表系列

操作要求：重新设置系列产生在行，即设置每个部门的数据为一个数据系列。

操作步骤：通过下列方法可设置数据系列产生的方向。

（1）选择【设计】|【数据】|【切换行/列】命令，则图表按行（部门）来产生数据系列。

（2）选择【设计】|【数据】|【选择数据】命令，在“选择源数据”对话框中，选择【切换行/列】命令。

当设置系列产生在列时（图 3-61），工作表的每一列产生一个数据系列，即每种费用数据一个数据系列，在图表中用同一种颜色的图形表示。图表中预算费用和余额数据系列。

当设置系列产生在行时（图 3-62），工作表的每一行产生一个数据系列，即每个部门的费用为一个数据系列，在图表中用同一种颜色的图形表示。图表中有生产部、总经办、销售部等数据系列。

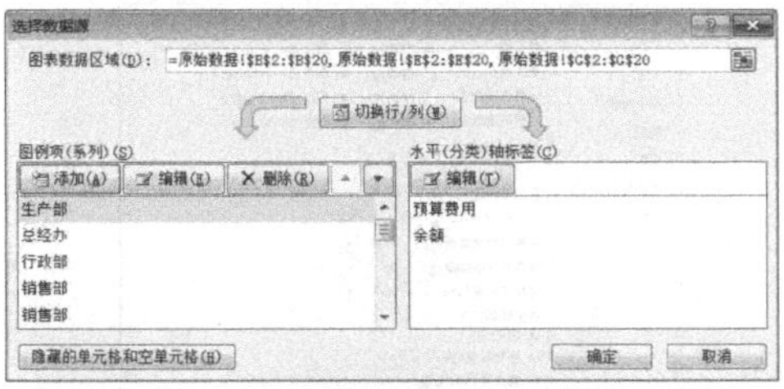

图 3-61 “选择数据源”对话框

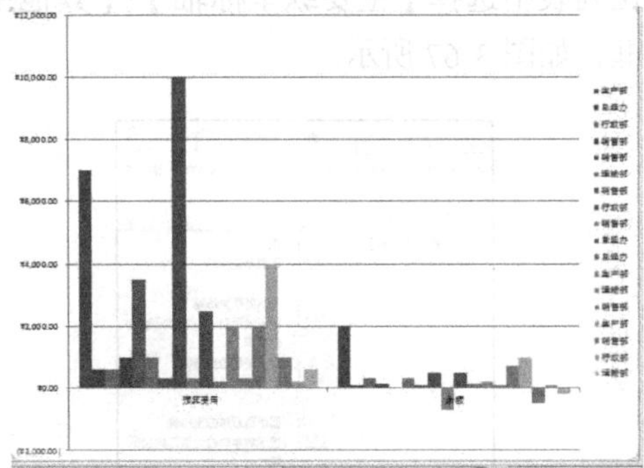

图 3-62 设置数据系列为行的图表

4. 编辑图表标题

操作要求：将上题中所做的图表标题设为“各部门费用情况图”，并设置其字体为黑体，字号为 20 号，颜色为红色。

操作步骤：

（1）单击【图表布局】|【布局】|【标签】选项组【图表标题】命令下的三角按钮，如图 3-63 所示，在其下拉列表中选择【图表上方】命令。

（2）选中标题中的文字，单击鼠标右键，在浮动工具栏的字体下拉列表中选择“黑体”，在字号下拉列表中选择“20”，单击【字体颜色】按钮，在其列表中选择红色。也可通过【开始】选项卡的【字体】选项组来设置格式。

5. 设置图例位置

操作要求：设置图例显示在图表下方。

操作步骤：单击【布局】|【标签】选项组的【图例】命令下的三角按钮，如图 3-64 所示，在其下拉列表中选择【在底部显示图例】选项。

另外，在图例上单击鼠标右键，在快捷菜单中选择“设置图例格式”，打开“设置图例格式”对话框，如图 3-65 所示，也可设置图例的位置。

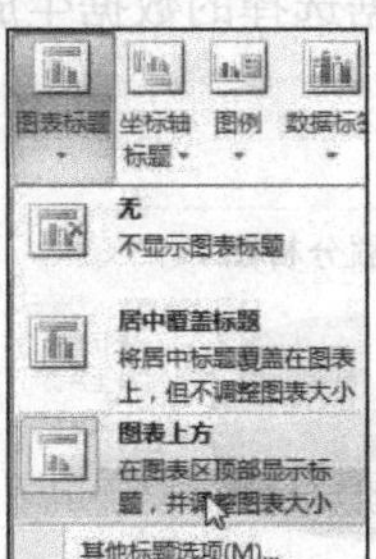

图 3-63 设置图表标题

图 3-64 设置图例位置

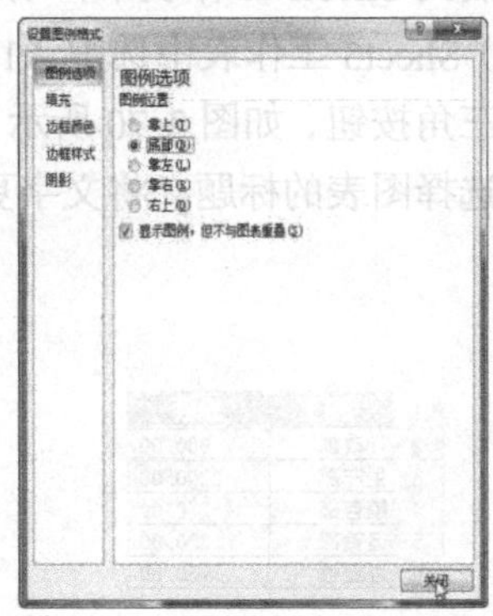

图 3-65 “设置图例格式”对话框

6. 设置图表纵坐标

操作要求：设置图表纵坐标的最大值为 10000，主要刻度单位为 100。

操作步骤：

（1）单击【布局】|【坐标轴】选项组的【坐标轴】命令下的三角按钮，如图 3-66 所示，在其下拉列表中选择【主要纵坐标轴】|【其他主要纵坐标轴选项】命令，打开“设置坐标轴格式”对话框，如图 3-67 所示。

图 3-66　“图表区格式”对话框“字体”选项卡

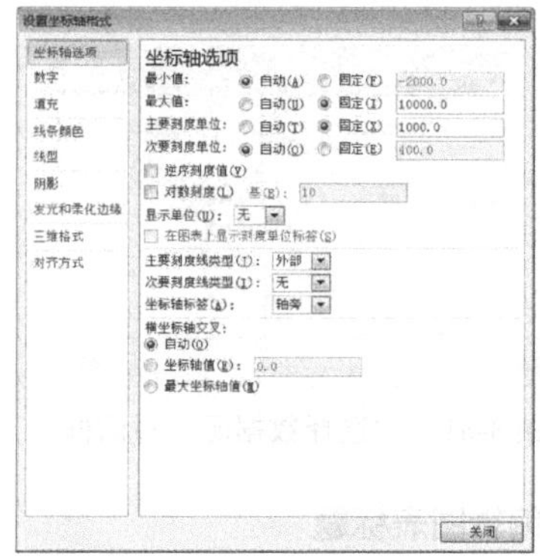

图 3-67　“设置坐标轴格式”对话框

（2）在“设置坐标轴格式”对话框中，在“最大值”中选择“固定”单选按钮，在文本框中输入“10000”。在“主要刻度单位”中选择“固定”单选按钮，在文本框中输入“1000”。

设置完成后的图表如图 3-68 所示。

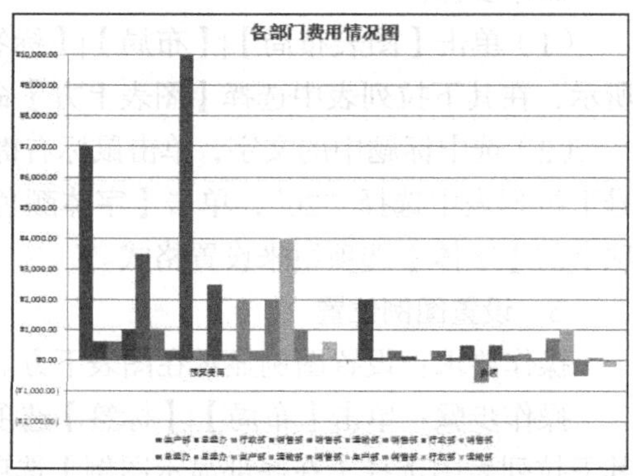

图 3-68　编辑后的图表

7. 建立嵌入图表

操作要求：根据“开支表”表中各个部门的费用余额产生三维分离型饼图，设置图表标题为“余额分析图”，并在数据标签外显示数据标志。

操作步骤：

（1）切换到“开支表”工作表，使用排序、分类汇总等方法，统计各部门的费用余额总和，并将结果复制到 Sheet5 工作表中，结果如图 3-69 所示。

（2）Sheet5 工作表中选中 A1 ~ B6 单元格区域，单击【插入】|【图表】选项组的【饼图】命令下的三角按钮，如图 3-70 所示，选择三维饼图下的分离型饼图。系统根据选择的数据生成一个图表，选择图表的标题，将文字更改为“余额分析图”，如图 3-71 所示。

	A	B
1	部门	余额
2	行政部	900.00
3	生产部	3200.00
4	销售部	-270.00
5	运输部	220.00
6	总经办	750.00

图 3-69　各部门余额总和

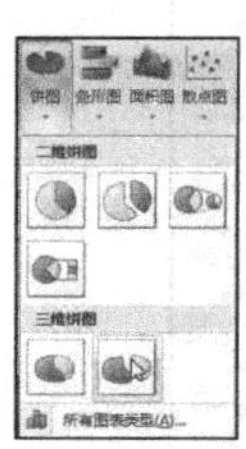

图 3-70　插入饼图

图 3-71　余额三维饼图

（3）单击【布局】|【标签】选项组的【数据标签】命令下的三角按钮，在其下拉列表中选择【数据标签外】命令。

8. 调整图表大小及移动图表

操作要求：调整“余额分析图”的大小并移动图表到 A10：E20 单元格区域。

操作步骤：

（1）用鼠标指向图表的空白处，按下鼠标左键不动，鼠标指针变为✥形，按下【Alt】键的同时拖曳鼠标，当显示虚线框移动后，左上角对齐 A1 单元格左上角位置时释放鼠标。

（2）选中图表，鼠标指向图表的右下角控制点，鼠标指针变为⤡形，按下【Alt】键的同时拖曳鼠标，当显示虚线框移动后，右下角对齐 E20 单元格右下角位置时释放鼠标，图表补移动到 A1：E20 区域内。

9. 设置图表数据标签

操作要求：设置在图表外部显示类别名称和百分比数据标签，不显示图例。

操作步骤：

（1）单击【布局】|【标签】选项组的【数据标签】命令下的下拉按钮，如图 3-72 所示，在其下拉列表中选择【其他数据标签选项】命令，打开“设置数据标签格式”对话框，如图 3-73 所示。

图 3-72　设置数据标签

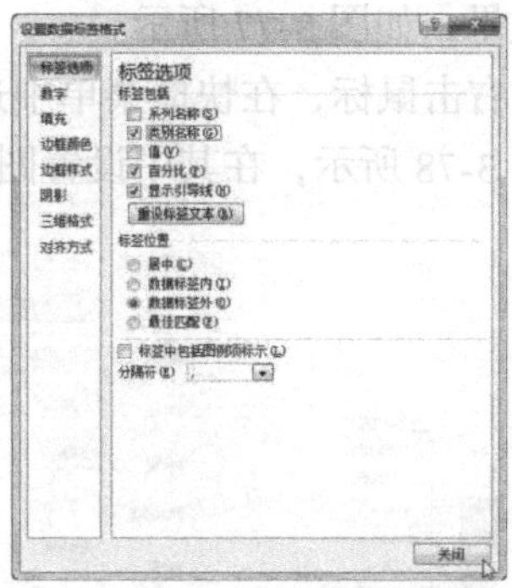

图 3-73　“设置数字标签格式”对话框

（2）在“设置数据标签格式”对话框的“标签包括”中选择“类别名称”复选框和“百分比”复选框，在“标签位置”中选择“数据标签外”单选按钮。

（3）单击【布局】|【标签】选项组的【图例】命令下的下拉按钮，在其下拉列表中选择【无】命令。或者直接选中图表的图例，按【Delete】键将其删除。

10. 设置图表数据点格式

操作要求：设置生产部、行政部、总经办、运输部、销售部五个数据点的颜色为红、黄、绿、蓝、紫。

操作步骤：

（1）首先单击图表中的饼图区域，再单击饼图中表示“生产部”的数据点，数据点四周出现控制点，处于选中状态，如图 3-74 所示，选择【格式】|【形状样式】|【形状填充】命令，在其下拉列表中选择“红色”。

（2）用同样的方法，将表示其他各数据点设置为相应在颜色。

也可以在选择数据点后，单击鼠标右键，在快捷菜单中选择【设置数据点格式】命令，打开“设置数据点格式”对话框，如图 3-75 所示，通过“填充”选项来设置数据点的颜色。

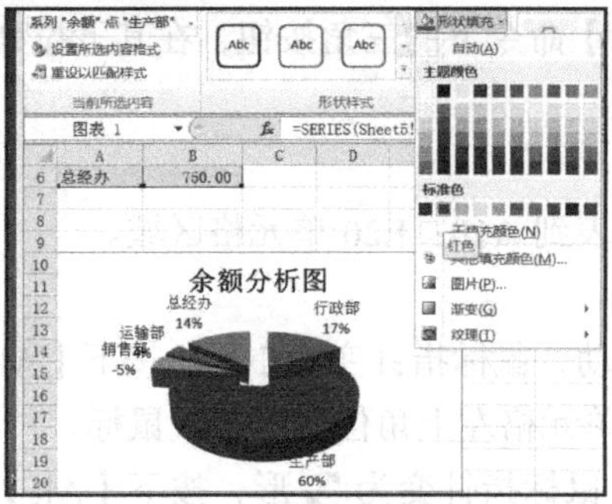

图 3-74　设置数据点格式

图 3-75　“设置数据点格式”对话框

11. 设置图表形状样式

操作要求：为饼图选择一种形状样式和形状效果。

操作步骤：

（1）单击【格式】|【形状样式】选项组的【形状样式】下拉列表中，如图 3-76 所示，可选择一种图表的样式。

（2）单击【格式】|【形状样式】选项组的【形状效果】命令下的下拉按钮，在其下拉列表中可选择图表的形状效果，如图 3-77 所示。

也可以在图表区右击鼠标，在快捷菜单中选择【设置数据区格式】命令，打开“设置图表区格式”对话框，如图 3-78 所示，在其中设置图表区的格式。

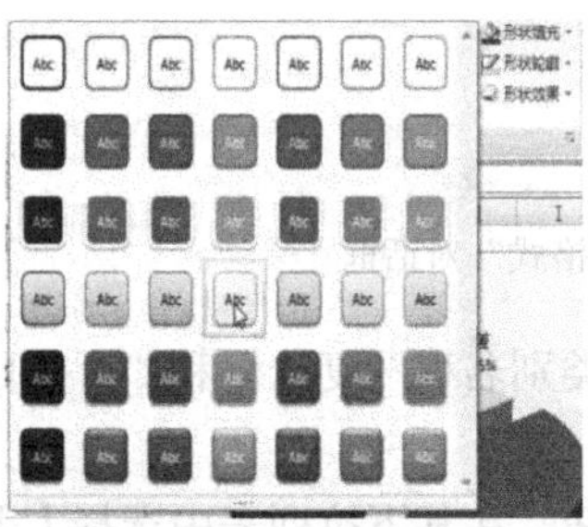

图 3-76　设置图表形状样式

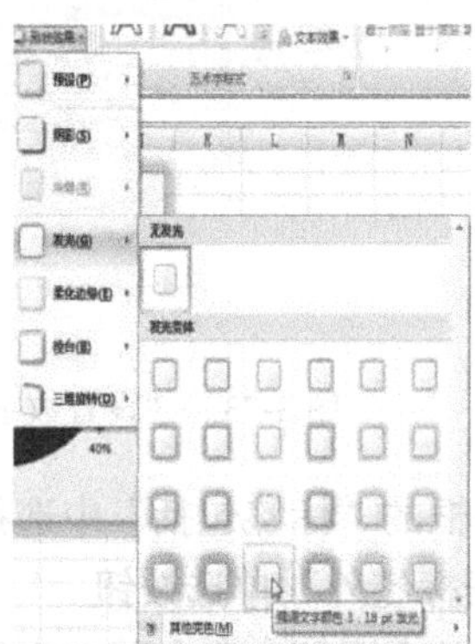

图 3-77　设置图表形状效果

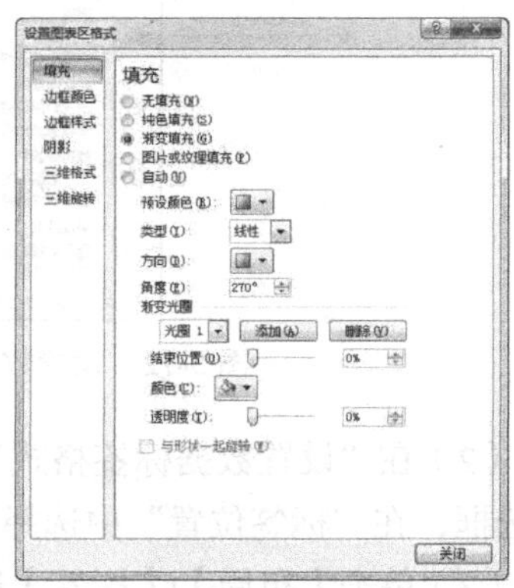

图 3-78　“设置图表区格式”对话框

12. 数据透视表

操作要求：在新的工作表中建立数据透视表，以“日期”为筛选，“部门”为行标签，“费用科目”为列表签，“实际费用”作为数值，统计出各部门各种实际费用总和。

数据透视表：数据透视表是一种对数据进行交叉分析的三维表格。它将数据的排序、筛选和分类汇总 3 个过程结合在一起，可以转换行和列以查看源数据的不同汇总结果，可以显示不同页面以筛选数据，还可以根据需要显示所选区域中的明细数据，非常便于用户组织和统计数据。

操作步骤：

（1）将开支表数据区域中任意一个单元格作为活动单元格，选择【插入】|【表】|【数据透视表】命令，打开“创建数据透视表”对话框，如图 3-79 所示。

（2）在“创建数据透视表”对话框中，指定数据区域，选择“新工作表”单选按钮，单击【确定】按钮。

（3）在系统中新建一个工作表，用户需设置数据透视表的筛选、行、列、数值以确定汇总不同组合的数据透视表报表。如图 3-80 所示，从字段列表中选择所需的字段拖到下部相应的区域中。

将“分公司”字段拖至“报表筛选”区域，将“部门”字段拖至“行标签”区域，将“职务等级”字段拖至“列标签”区域，将“姓名”字段拖至“数值”区域，即可统计出各部门各职务等级的人数。

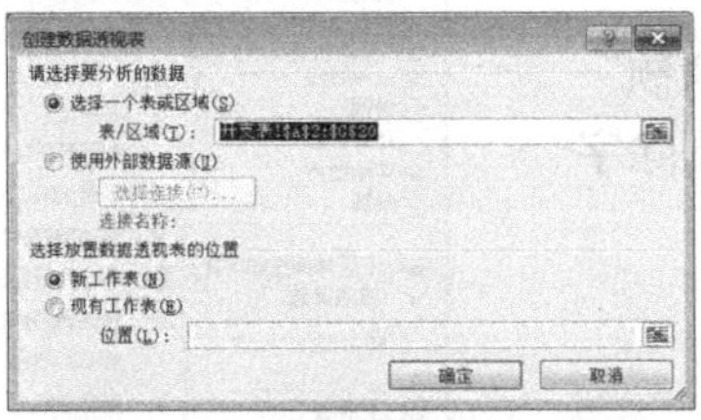

图 3-79　“创建数据透视表”对话框

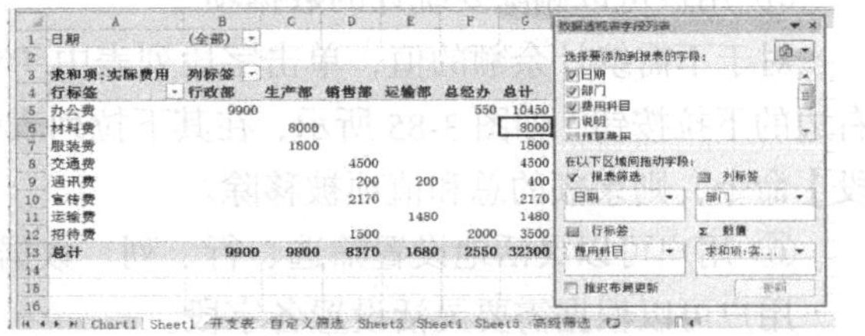

图 3-80　新建的数据透视表

① 用户可以按页框中的字段筛选数据透视表

单击“日期”的下拉按钮，在下拉菜单中选择“2015/3/8”和“2015/3/18”，如图 3-81 所示，则只显示出的“2015/3/8”和“2015/3/18”的数据。如果要取消筛选，选择下拉菜单中的“全部”即可。

② 用户可以按行、列中的字段筛选数据透视表

单击行标签右边的小箭头，在列表中取消“服装费”“交通费”“通讯费”“宣传费”“运输费”复选框的选择，单击【确定】按钮，则汇总结果只统计办公费、材料费和招待费的数据，如图 3-82 所示。

③ 用户可以添加要统计的数据值

如果还要统计各部门各种费用的的余额之和，在字段列表中选择“余额”项，将其拖曳到“数据值”中即可。汇总结果如图 3-83 所示。

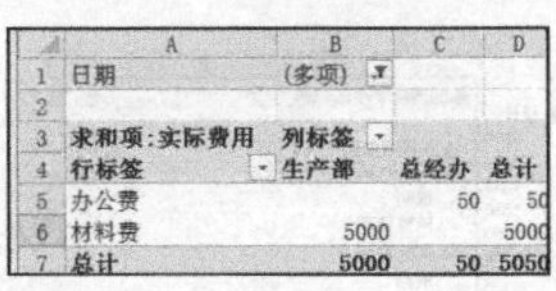

图 3-81　筛选 8 日及 18 日的数据

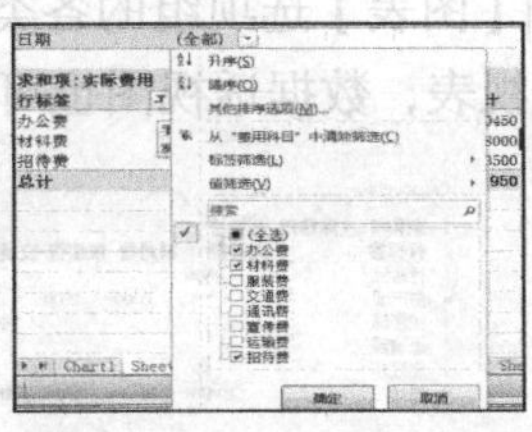

图 3-82　筛选费用类别后的数据

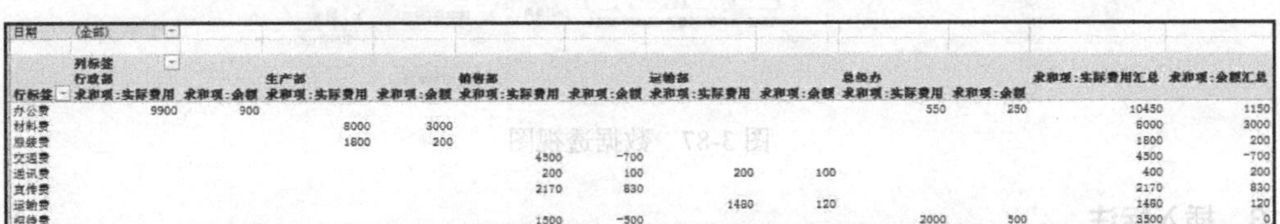

图 3-83　添加数据项后的数据透视表

④ 用户可以改变数据项的统计方式

如果要统计的是实发工资的平均值，在“求和项：实发工资”上单击鼠标右键，在快捷菜单中选择【数据汇总方式】下的【平均值】命令，则汇总结果如图 3-84 所示。

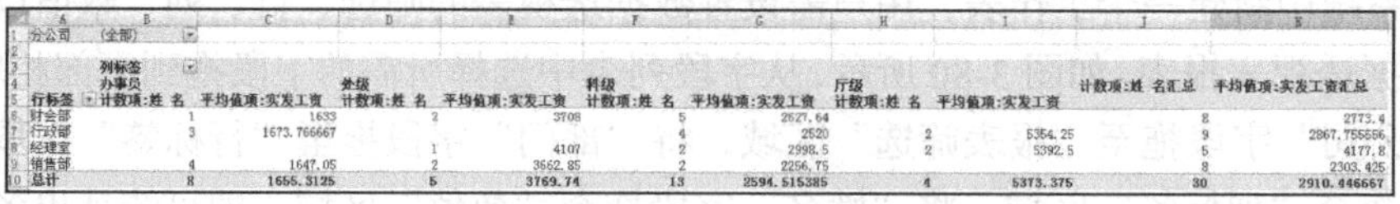

图 3-84　改变汇总方式后的数据透视表

⑤ 用户可以删除要统计的数据项

对于不需统计余额的值，单击字段列表中“求和项：余额”右边的下拉按钮，如图 3-85 所示，在其下拉列表中选择【删除字段】命令，则余额的总和值项被移除。

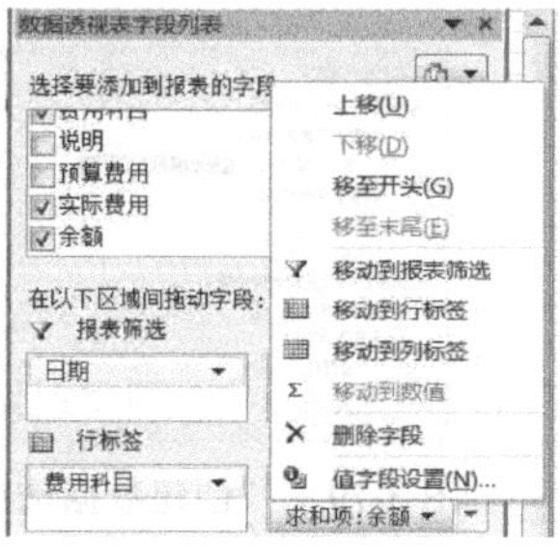

图 3-85　删除字段

⑥ 用户可以灵活地设置筛选、行、列、数据值的字段

用户可以根据需要灵活设置各字段。

例如，将“部门”“费用科目”字段删除，将“费用科目”字段拖至列标签字段，将“部门”段拖至行标签字段，则汇总结果变为各部门各种费用的总数值，如图 3-86 所示。

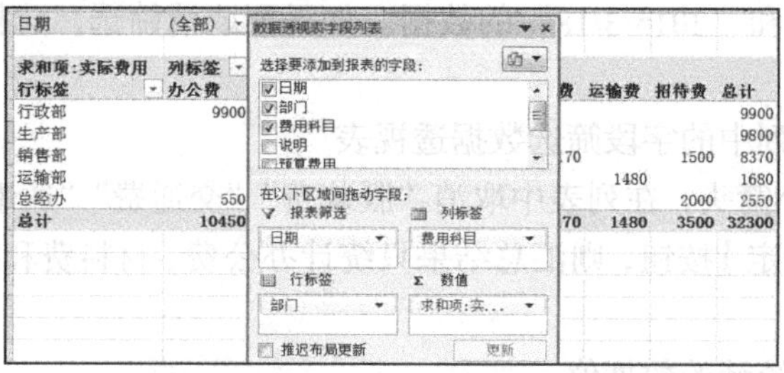

图 3-86　改变字段布局后的数据透视表

⑦ 用户可以生成数据透视图

单击【插入】|【图表】选项组的各类图表命令，则系统自动生成自动透视图，如图 3-87 所示。类似于数据透视表，数据透视图也可以重新进行字段的设置以及数据的筛选。

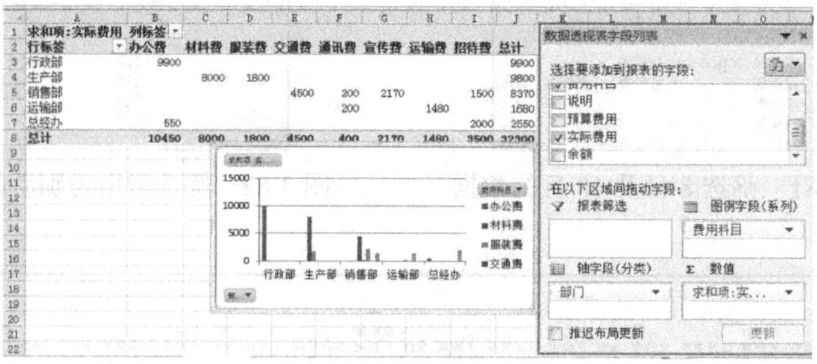

图 3-87　数据透视图

13. 插入标注

操作要求：在表示“负数”的数据点上加入云形标注，输入文字“节省开支”。

操作步骤：

（1）单击【插入】|【插图】选项组的【形状】命令下的下拉按钮，在其下拉列表中选择【矩

形标注】命令。

（2）将指针移到工作表的适当位置，拖曳鼠标，绘制标注。

（3）用鼠标指向标注的黄色顶点◈，将其拖曳到需要标注的数据点上。

（4）在标注上单击鼠标右键，在快捷菜单中选择【编辑文字】命令，标注中出现插入点，输入文字“节省开支”。设置完成后的图表如图 3-88 所示。

14. 设置纸张方向

操作要求：将“开支表”工作表页面设置为横向。

操作步骤：切换至“开支表”工作表，单击【页面布局】|【页面设置】选项组的【纸张方向】命令下的三角按钮，在其下拉列表中选择【横向】命令。

在默认情况下，打印纸张为 A4（宽 21 厘米，高 29.7 厘米）。当工作表中有太多列，在一张纸上无法打印出所有的列时，将打印方向设置为横向，纸张的宽度变为 29.7cm，高度变为 21cm，可实现在一张纸上打印所有的列。

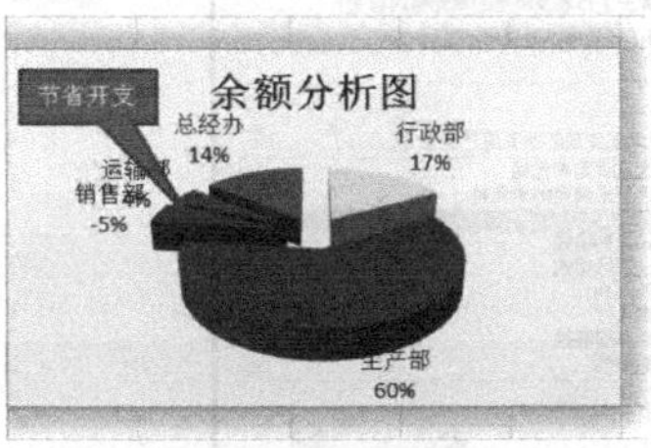

图 3-88　成绩分析图

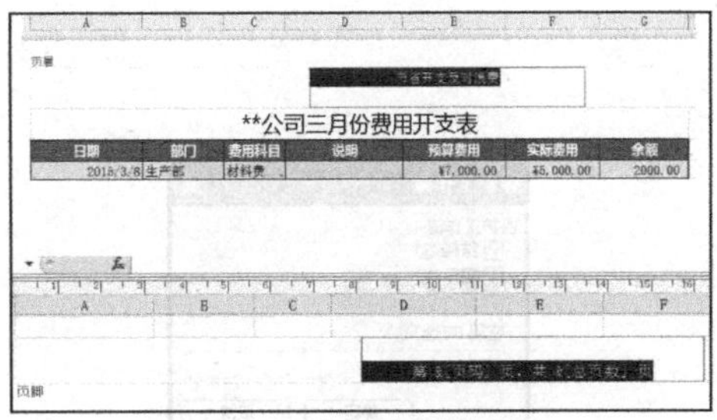

图 3-89　页眉及页脚的设置

15. 设置页眉页脚

操作要求：设置页脚显示当前页号和总页数，页眉为“节省开支反对浪费”。

操作步骤：

（1）选择【插入】|【文本】|【页眉和页脚】命令，文档进入页眉和页脚的编辑界面。

（2）在页眉处输入“节省开支反对浪费”。单击【设计】|【页眉和页脚】选项组的【页脚】命令下的三角按钮，在下拉列表中选择【第 1 页，共？页】命令，设置页面如图 3-89 所示。

16. 打印预览

操作要求：对“开支表”工作表进行打印预览，调整页边距，使工作表显示在页面的中央。

操作步骤：用户可通过下列方式进行打印预览。

① 选择【文件】|【打印】命令，在其右方有“打印预览”按钮。

② 单击快速启动工具栏的【打印预览】按钮或选择【打印预览和打印】命令。

③ 单击【页面布局】|【页面设置】选项组的【打印区域】命令下的下拉按钮，选择【设置打印区域】命令设置打印区域，页面上显示出设置页边距的虚线及标尺。鼠标指向虚线，指针变为+形。拖曳鼠标，调整边距到合适的位置，使图表显示在页面中央。

17. 保护工作簿和工作表

操作要求：给工作簿和工作表设置密码。

为有效防止他人在工作簿中建立、删除、重命名工作表，用户可保护工作簿。

操作步骤：【坐标轴】命令下的下拉按钮选择【设计】|【数据】|【切换行/列】命令

（1）选择【审阅】|【更改】选项组的“保护工作簿”命令，在其下拉列表中选择“保护结

构和窗口”，打开“保护结构和窗口”对话框，如图 3-90 所示。

（2）在“保护工作簿”对话框中的“保护工作簿”栏下设置要保护的选项“结构”或“窗口”，在“密码”文本框中输入保护密码。

（3）系统打开“确认密码”对话框，再次输入密码，单击【确定】按钮。再次选择【保护工作簿】命令，输入正确密码，可取消对工作簿的保护。

为有效地防止他人修改工作表中的数据，用户可保护工作表，操作步骤如下。

（1）选择【审阅】|【更改】|【保护工作簿】命令，打开“保护工作表”对话框，如图 3-91 所示。

（2）在“保护工作表”对话框中，选择允许其他用户进行的操作选项，输入保护密码，单击【确定】按钮。

（3）系统打开“确认密码”对话框，再次输入密码，单击【确定】按钮。

单击【审阅】|【更改】|【撤销工作表保护】命令，输入正确密码，可取消对工作表的保护。

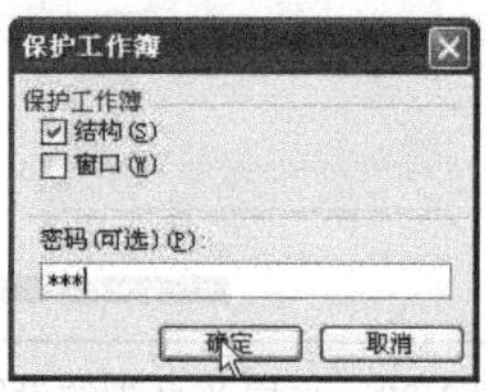

图 3-90 “保护工作簿”对话框

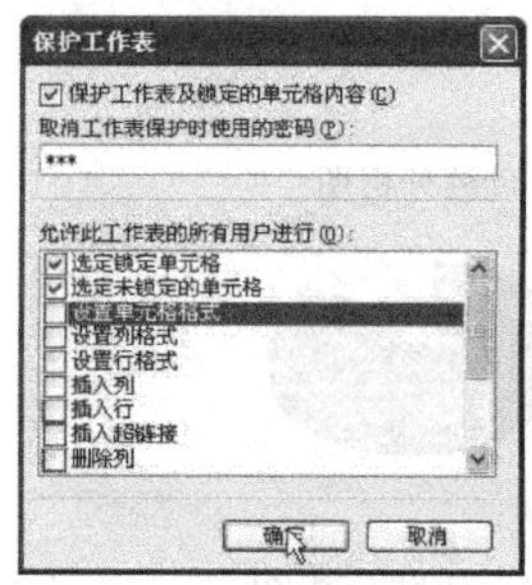

图 3-91 “保护工作表”对话框

3.3.4 课堂练习

【练习一】

现有图 3-92 所示的“**级计算机专业学生成绩管理.xlsx”，对其进行以下数据管理操作。

1. 排序

① 多关键字排序：按总分从高到低排列，总分相同时大学英语成绩由高到低排列。

② 自定义排序：成绩表按照总分等级：优秀、良好、中等、及格、不及格排列。

2. 筛选

① 自动筛选：选出成绩表中数学成绩在 80 的学生。

② 自定义筛选：选出成绩表中 C 语言程序设计成绩在平均分以上的学生。

③ 高级筛选：选出成绩表中英语成绩大于 85 分的男同学和数学成绩小于 85 分的女同学，筛选结果如图 3-93 所示。

3. 分类汇总

① 简单汇总：统计男女学生各门课程的平均成绩。

② 嵌套汇总：统计男女学生各门课程的平均成绩，并统计男女生人数，汇总 3 级结果如图 3-94 所示。

**级计算机专业学生成绩管理										
学号	姓名	年龄	性别	大学英语	C语言程序设计	大学数学	数据库基础	总分	名次	总分等级
01001	张文龙	21	男	91	87	77	66	321	5	优秀
01002	杨　龙	19	男	85	83	81	78	327	2	优秀
01003	刘　军	19	男	78	90	67	79	314	7	良好
01004	曾燕燕	19	女	82	81	90	60	313	10	良好
01005	罗　军	20	男	78	78	98	72	326	3	优秀
01006	杜　图	22	女	67	78	69	91	305	15	良好
01007	王　玲	19	女	92	63	78	79	312	11	良好
01008	阮　航	19	女	78	55	88	45	266	30	及格
01009	欧阳丹	21	女	82	84	78	91	335	1	优秀
01010	张万东	21	男	75	78	94	68	315	6	良好
01011	李　清	21	女	85	77	67	70	299	19	中等
01012	倪　伟	21	男	67	65	48	73	253	32	不及格
01013	郭　唯	21	男	87	82	73	65	307	14	良好
01014	李　惠	22	女	77	73	76	82	308	13	良好
01015	胡丽霞	21	女	50	73	80	65	268	29	及格
01016	唐鹏飞	19	男	67	83	66	65	281	24	中等
01017	万齐安	19	女	79	80	84	82	325	4	优秀
01018	李　准	18	男	65	69	83	84	301	17	良好
01019	孙彩霞	19	女	70	77	70	41	258	31	不及格
01020	孙　彪	22	男	76	69	76	79	300	18	良好
01021	王成成	19	男	70	84	80	80	314	7	良好
01022	廖宇健	19	男	77	69	80	79	305	15	良好

图 3-92　**级计算机专业学生成绩表

**级计算机专业学生成绩管理										
学号	姓名	年龄	性别	大学英语	C语言程序设计	大学数学	数据库基础	总分	名次	总分等级
01001	张文龙	21	男	91	87	77	66	321	5	优秀
01006	杜　图	22	女	67	78	69	91	305	15	良好
01007	王　玲	19	女	92	63	78	79	312	11	良好
01009	欧阳丹	21	女	82	84	78	91	335	1	优秀
01011	李　清	21	女	85	77	67	70	299	19	中等
01013	郭　唯	21	男	87	82	73	65	307	14	良好
01014	李　惠	22	女	77	73	76	82	308	13	良好
01015	胡丽霞	21	女	50	73	80	65	268	29	及格
01017	万齐安	19	女	79	80	84	82	325	4	优秀
01019	孙彩霞	19	女	70	77	70	41	258	31	不及格
01023	甘晓聪	20	女	62	76	76	66	280	25	中等
01024	王艳平	20	女	82	56	65	77	280	25	中等
01025	黄小惠	20	女	83	65	65	79	292	22	中等
01031	喻　欢	20	男	89	69	77	79	314	7	良好
	性别	大学英语	大学数学							
	男	>85								
	女		<85							

图 3-93　高级筛选结果

A	B	C	D	E	F	G	H	I	J	K
**级计算机专业学生成绩管理										
学号	姓名	年龄	性别	大学英语	C语言程序设计	大学数学	数据库基础	总分	名次	总分等级
18			男 计数							
			男 平均值	75	76.83333333	74.6111	74			
14			女 计数							
			女 平均值	75.071429	72.92857143	76.8571	71.7143			
32			总计数							
			总计平均值	75.03125	75.125	75.5938	73			

图 3-94　嵌套汇总 3 级结果

【练习二】

建立图 3-95 所示的"营业收入"工作表，计算并制作图 3-96 所示的图表。具体操作如下。

D15

	A	B	C	D	E	F	G
1	营业收入统计表						
2	收入项目	第一季度	第二季度	第三季度	第四季度	合计	平均
3	汽车销售	120000	200000	180000	190000		
4	保险销售	58000	61000	25000	45000		
5	汽车维修	60000	50000	15000	32000		
6	保险索赔	20000	32000	24000	21000		
7	质量索赔	10000	20000	12000	15000		
8	会所收入	10000	20000	15000	30000		
9	其他收入	2500	3600	4800	5100		

图 3-95　营业收入统计表

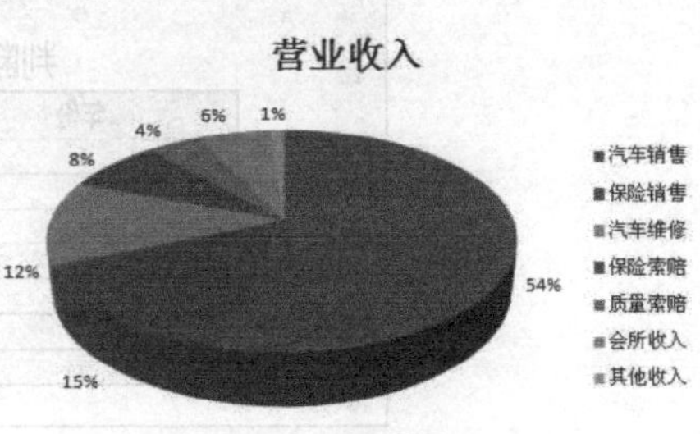

图 3-96　营业收入饼图

（1）填充工作表中的“平均”列和“合计”列的数值。

（2）根据工作表中的数据，建立图表工作表。

① 图表分类轴为“收入项目”，数值轴为各收入项目的“合计”。

② 图表类型：三维饼图。

③ 添加标题：营业收入。

④ 图例：靠右。

⑤ 数据标志：显示百分比。

⑥ 图表位置：作为新工作表插入。

⑦ 工作表名：营业收入图表。

习　题

【习题一】

新建工作簿，在其中制作一个工作表，并在其中输入相关的数据，并使用 IF 函数、POWER 函数和 SUM 函数进行计算，判断是否为直角三角形。最终效果如图 3-97 所示。

图 3-97　判断是否为直角三角形效果图

提示

A3、B3、C3 三个单元格为三角形的三个边长，D3 单元格中公式是“=IF(SUMSQ(A3,B3)=POWER(C3,2),"","非")&"直角三角形"”。

SUMSQ()函数返回参数的平方和，如：=SUMSQ(3, 4)，则结果是 3 与 4 的平方和，即 25。

POWER()函数返回某数的乘幂，如 2 的 10 次方，可以写为：POWER(2,10)。

【习题二】

建立图 3-98 所示的表格，通过 IF 函数、AND 函数、OR 函数和 MOD 函数，对 2010～2020 年进行闰年平年判断，并进行相应的格式化操作。

图 3-98　判断闰年平年效果图

【习题三】

（1）重命名 Sheet1 工作表为“学历情况”。

（2）在 Sheet1 工作表中输入数据，如图 3-99 所示。

（3）输入公式计算“人数”列的“总计”项及“所占百分比”列的值（所占百分比=人数/总计，其数字格式为“百分比”型，小数点后位数为 2）。

（4）为表格加实线边框，边框样式如图 3-99 所示。

（5）合并 A1 ~ C1 单元格区域，并设置为宋体、16 磅、居中。

（6）表中数据设置为宋体、14 磅；表中数据垂直方向居中对齐，水平方向上文字型数据居中对齐，数值型数据右对齐。

（7）自动调整各列的宽度。

（8）按“学历”和“人数”列建立“分离型饼图”，图表标题为“学历情况分布图”，“图例”位置靠右，数据标签显示值，并将生成的图表插入到 D1 ~ H10 单元格区域。

排版后的效果如图 3-100 所示。

	A	B	C
1	学历情况调查表		
2	学历	人数	所占百分比
3	小学	2	
4	初中	8	
5	高中	12	
6	大专	28	
7	本科	40	
8	硕士	12	
9	博士	6	
10	博士后	2	
11	总计		

图 3-99 习题三输入的数据

	A	B	C
1	学历情况调查表		
2	学历	人数	所占百分比
3	小学	2	1.82%
4	初中	8	7.27%
5	高中	12	10.91%
6	大专	28	25.45%
7	本科	40	36.36%
8	硕士	12	10.91%
9	博士	6	5.45%
10	博士后	2	1.82%
11	总计	110	

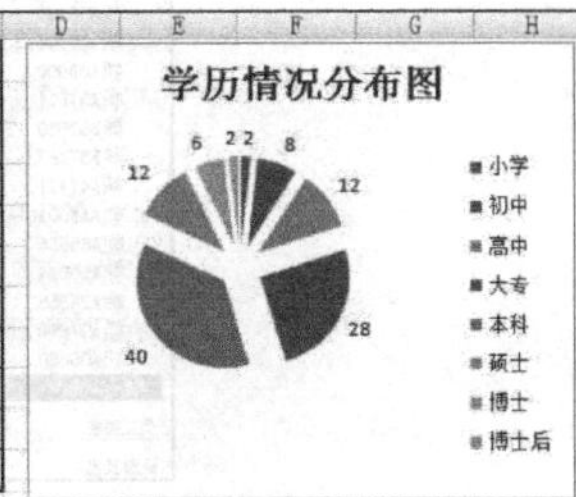

图 3-100 习题三排版后的效果

【习题四】

现有图 3-101 所示的“运动会成绩统计表.xlsx”工作簿，请用公式及函数对其中的相关数据进行统计计算并制作图表。

	A	B	C	D	E	F
1	某运动会成绩统计表(单位:项)					
2	单位代号	第一名(8分/项)	第二名(5分/项)	第三名(3分/项)	总积分	积分排名
3	A01	12	10	11		
4	A02	11	14	9		
5	A03	9	11	13		
6	A04	7	4	8		
7	A05	19	5	12		
8	A06	9	16	6		
9	A07	7	13	9		
10	A08	8	9	14		

图 3-101 运动会成绩统计表

具体操作如下。

（1）将 Sheet1 工作表的 A1 : F1 单元格合并为一个单元格，内容水平居中；计算“总积分”列的内容，按总积分的降序次序计算“积分排名”列的内容（利用 RANK 函数，降序）；将 A2 : F10 数据区域设置为自动套用格式“表样式浅色 3”。

（2）选取“单位代号”列（A2 : A10）和“总积分”列（E2 : E10）数据区域的内容建立“簇状条形图”（系列产生在“列”），图表标题为“总积分统计图”，清除图例；设置 X 坐标轴格式主要刻度单位为 40，数字为常规型；将图插入到表的 A12 : D26 单元格区域内，将工作表命名为“运动会成绩统计表”。

【习题五】

现有图 3-102 所示的“停车场计时收费表.xlsx”工作簿，用公式及函数对其中的相关数据进行统计计算。具体操作如下。

（1）用 MINUTE()函数计算停车分钟数。

（2）用 HOUR()函数计算停车小时数。

（3）用 DAY()函数计算停车天数。

（4）用公式计算停车累计小时数，其中，15 分钟以内不计时，15～30 分钟算半小时，30 分钟以上算 1 个小时。

（5）用公式计算应收费用，按 5 元/小时计算。

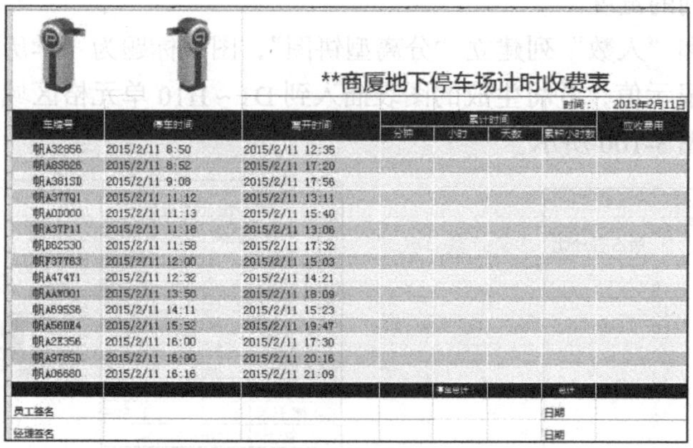

**商厦地下停车场计时收费表

车牌号	停车时间	离开时间	累计时间				应收费用
			分钟	小时	天数	累积小时数	
帆A32856	2015/2/11 8:50	2015/2/11 12:35					
帆A8S626	2015/2/11 8:52	2015/2/11 17:20					
帆A381SD	2015/2/11 9:08	2015/2/11 17:56					
帆A377Q1	2015/2/11 11:12	2015/2/11 13:11					
帆A0D000	2015/2/11 11:13	2015/2/11 15:40					
帆A37P11	2015/2/11 11:18	2015/2/11 13:06					
帆B62530	2015/2/11 11:58	2015/2/11 17:32					
帆F37763	2015/2/11 12:00	2015/2/11 15:03					
帆A474Y1	2015/2/11 12:32	2015/2/11 14:21					
帆AAW001	2015/2/11 13:50	2015/2/11 18:09					
帆A695S6	2015/2/11 14:11	2015/2/11 15:23					
帆A56DE4	2015/2/11 15:52	2015/2/11 19:47					
帆A2E356	2015/2/11 16:00	2015/2/11 17:30					
帆A9785D	2015/2/11 16:00	2015/2/11 20:16					
帆A06680	2015/2/11 16:16	2015/2/11 21:09					
				停车总计：		总计	
员工签名						日期	
经理签名						日期	

图 3-102　停车场计时收费表

操作完成后用原文件名保存，操作结果如图 3-103 所示。

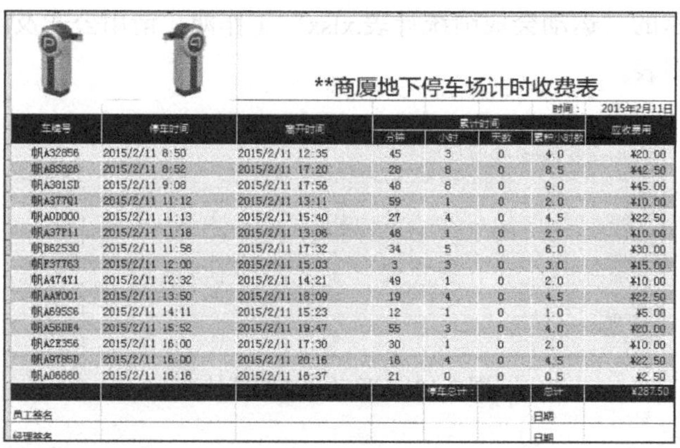

**商厦地下停车场计时收费表

时间：2015年2月11日

车牌号	停车时间	离开时间	累计时间				应收费用
			分钟	小时	天数	累积小时数	
帆A32856	2015/2/11 8:50	2015/2/11 12:35	45	3	0	4.0	¥20.00
帆A8S626	2015/2/11 8:52	2015/2/11 17:20	28	8	0	8.5	¥42.50
帆A381SD	2015/2/11 9:08	2015/2/11 17:56	48	8	0	9.0	¥45.00
帆A377Q1	2015/2/11 11:12	2015/2/11 13:11	59	1	0	2.0	¥10.00
帆A0D000	2015/2/11 11:13	2015/2/11 15:40	27	4	0	4.5	¥22.50
帆A37P11	2015/2/11 11:18	2015/2/11 13:06	48	1	0	2.0	¥10.00
帆B62530	2015/2/11 11:58	2015/2/11 17:32	34	5	0	6.0	¥30.00
帆F37763	2015/2/11 12:00	2015/2/11 15:03	3	3	0	3.0	¥15.00
帆A474Y1	2015/2/11 12:32	2015/2/11 14:21	49	1	0	2.0	¥10.00
帆AAW001	2015/2/11 13:50	2015/2/11 18:09	19	4	0	4.5	¥22.50
帆A695S6	2015/2/11 14:11	2015/2/11 15:23	12	1	0	1.0	¥5.00
帆A56DE4	2015/2/11 15:52	2015/2/11 19:47	55	3	0	4.0	¥20.00
帆A2E356	2015/2/11 16:00	2015/2/11 17:30	30	1	0	2.0	¥10.00
帆A9785D	2015/2/11 16:00	2015/2/11 20:16	16	4	0	4.5	¥22.50
帆A06680	2015/2/11 16:16	2015/2/11 16:37	21	0	0	0.5	¥2.50
				停车总计：		总计	¥287.50
员工签名						日期	
经理签名						日期	

图 3-103　停车场计时收费表计算结果

第 4 章 Excel 2010 综合案例

本章以制作图书产品销售情况表格和应收账款账龄分析表为例，综合上章所学的 Excel 数据处理与分析的知识，进一步巩固利用 Excel 相关操作来进行数据处理与分析的知识，以便熟练制作各种数据表格，利用表格进行数据分析与处理，并将相关数据转换成图表。

4.1 综合案例一

4.1.1 案例分析

设计要求：

销售部的助理小王需要根据 2014 年和 2015 年的图书产品销售情况进行统计分析，以便制订新一年的销售计划和工作任务。请按照如下的需求，在文档“图书产品销售情况.xlsx”中完成以下工作并保存。

1. 在“销售订单”工作表的“图书编号”列中，使用 VLOOKUP 函数填充所对应“图书名称”的“图书编号”，“图书名称”和“图书编号”的对照关系请参考“图书编目表”工作表。

2. 将“销售订单”工作表的“订单编号”列按照数值升序方式排序，并将所有重复的订单编号数值标记为紫色（标准色）字体，然后将其排列在销售订单列表区域的顶端。

3. 在“2015 年图书销售分析”工作表中，统计 2015 年各类图书在每月的销售量，并将统计结果填充在所对应的单元格中。为该表添加汇总行，在汇总行单元格中分别计算每月图书的总销量。

4. 在“2015 年图书销售分析”工作表中的 N4:N11 单元格中，插入用于统计销售趋势的迷你折线图，各单元格中迷你图的数据范围为所对应图书的 1 月 ~ 12 月销售数据。并为各迷你折线图标记销量的最高点和最低点。

5. 根据“订单销售”工作表的销售列表创建数据透视表，并将创建完成的数据透视表放置在新的工作表中，以 A1 单元格为数据透视表的起点位置。将工作表重新命名为“2014 年书店销量”。

6. 在“2014 年书店销量”工作表的数据透视表中，设置“日期”字段为列标签，“书店名称”字段为行标签，“销量（本）”字段为求和汇总项。并在数据透视表中显示 2014 年期间各书店每季度的销量情况。

提示

为了统计方便，请勿对完成的数据透视表进行额外的排序操作。

本电子表格共有 3 个工作表，一个工作表为销售订单表，如图 4-1 所示；一个工作表为 2015 年图书销售分析表，如图 4-2 所示；一个工作表为图书编目表，如图 4-3 所示。

2014年~2015年度图书销售订单记录

订单编号	日期	书店名称	图书名称	图书编号	图书作者	销量（本
BY-08001	2014年1月2日	鼎盛书店	《Office商务办公好帮手》		孟天祥	12
BY-08002	2014年1月4日	博达书店	《Excel办公高手应用案例》		陈祥通	5
BY-08003	2014年1月4日	博达书店	《Word办公高手应用案例》		王天宇	41
BY-08004	2014年1月5日	博达书店	《PowerPoint办公高手应用案例》		方文成	21
BY-08005	2014年1月6日	鼎盛书店	《OneNote万用电子笔记本》		钱顺卓	32
BY-08006	2014年1月9日	鼎盛书店	《Outlook电子邮件应用技巧》		王崇江	3
BY-08007	2014年1月9日	博达书店	《Office商务办公好帮手》		黎浩然	1
BY-08008	2014年1月10日	鼎盛书店	《SharePoint Server安装、部署与开发》		刘露露	3
BY-08009	2014年1月10日	博达书店	《Excel办公高手应用案例》		陈祥通	43
BY-08010	2014年1月11日	隆华书店	《SharePoint Server安装、部署与开发》		徐志晨	22
BY-08011	2014年1月11日	鼎盛书店	《OneNote万用电子笔记本》		张哲宇	31
BY-08012	2014年1月12日	隆华书店	《Excel办公高手应用案例》		[illegible]	19

图 4-1　销售订单表

2015年 图书销售分析

单位：本

图书名称	1月	2月	3月	4月	5月	6月	7月	8月	9月	10月	11月	12月	销售趋势
《Office商务办公好帮手》													
《Word办公高手应用案例》													
《Excel办公高手应用案例》													
《PowerPoint办公高手应用案例》													
《Outlook电子邮件应用技巧》													
《OneNote万用电子笔记本》													
《SharePoint Server安装、部署与开发》													
《Exchange Server安装、部署与开发》													

图 4-2　2015 年图书销售分析表图

图书名称	图书编号
《Office商务办公好帮手》	BKC-001
《Word办公高手应用案例》	BKC-002
《Excel办公高手应用案例》	BKC-003
《PowerPoint办公高手应用案例》	BKC-004
《Outlook电子邮件应用技巧》	BKC-005
《OneNote万用电子笔记本》	BKC-006
《SharePoint Server安装、部署与开发》	BKS-001
《Exchange Server安装、部署与开发》	BKS-002

图 4-3　图书编目表

4.1.2　知识储备

Excel 中所提的函数其实是一些预定义的公式，它们使用一些称为参数的特定数值按特定的顺序或结构进行计算。Excel 自带函数一共有 11 类，分别是数据库函数、日期与时间函数、工程函数、财务函数、信息函数、逻辑函数、查询和引用函数、数学和三角函数、统计函数、文本函数以及用户自定义函数。

1. 数据库函数

当需要分析数据清单中的数值是否符合特定条件时，可以使用数据库函数。例如，在一个包含销售信息的数据清单中，可以计算出所有销售数值大于 1000 且小于 2500 的行或记录的总数。Microsoft Excel 有 12 个工作表函数用于对存储在数据清单或数据库中的数据进行分析，这些函数的统一名称为 Dfunctions，也称为 D 函数，每个函数均有三个相同的参数：database、field 和 criteria。这些参数指向数据库函数所使用的工作表区域。其中参数 database 为工作表上包含数据清单的区域。参数 field 为需要汇总的列的标志。参数 criteria 为工作表上包含指定条件的区域。

2. 日期与时间函数

通过日期与时间函数，可以在公式中分析和处理日期值和时间值。

3. 工程函数

工程函数用于工程分析。这类函数中的大多数可分为三种类型：对复数进行处理的函数、在不同的数字系统（如十进制系统、十六进制系统、八进制系统和二进制系统）间进行数值转换的函数、在不同的度量系统中进行数值转换的函数。

4. 财务函数

财务函数可以进行一般的财务计算，如确定贷款的支付额、投资的未来值或净现值，以及债券或息票的价值。财务函数中常见的参数如下。

未来值（fv）——在所有付款发生后的投资或贷款的价值。

期间数（nper）——投资的总支付期间数。

付款（pmt）——对于一项投资或贷款的定期支付数额。

现值（pv）——在投资期初的投资或贷款的价值。例如，贷款的现值为所借入的本金数额。

利率（rate）——投资或贷款的利率或贴现率。

类型（type）——付款期间内进行支付的间隔，如在月初或月末。

5. 信息函数

可以使用信息函数确定存储在单元格中的数据的类型。信息函数包含一组称为 IS 的工作表函数，在单元格满足条件时返回 TRUE。例如，如果单元格包含一个偶数值，ISEVEN 工作表函数返回 TRUE。如果需要确定某个单元格区域中是否存在空白单元格，可以使用 COUNTBLANK 工作表函数对单元格区域中的空白单元格进行计数，或者使用 ISBLANK 工作表函数确定区域中的某个单元格是否为空。

6. 逻辑函数

使用逻辑函数可以进行真假值判断，或者进行复合检验。例如，可以使用 IF 函数确定条件为真还是假，并由此返回不同的数值。

7. 查询和引用函数

当需要在数据清单或表格中查找特定数值，或者需要查找某一单元格的引用时，可以使用查询和引用函数。例如，如果需要在表格中查找与第一列中的值相匹配的数值，可以使用 VLOOKUP 工作表函数。如果需要确定数据清单中数值的位置，可以使用 MATCH 工作表函数。

8. 数学和三角函数

通过数学和三角函数，可以处理简单的计算，例如对数字取整、计算单元格区域中的数值总和或复杂计算。

9. 统计函数

统计函数用于对数据区域进行统计分析。例如，统计函数可以提供由一组给定值绘制出的直线的相关信息，如直线的斜率和 y 轴截距，或构成直线的实际点数值。

10. 文本函数

通过文本函数，可以在公式中处理文字串。例如，可以改变大小写或确定文字串的长度。可以将日期插入文字串或连接在文字串上。下面的公式为一个示例，借以说明如何使用函数 TODAY 和函数 TEXT 来创建一条信息，该信息包含着当前日期并将日期以"dd-mm-yy"的格式表示。

=TEXT(TODAY(),"dd-mm-yy")

11．用户自定义函数

如果要在公式或计算中使用特别复杂的计算，而工作表函数又无法满足需要，则需要创建用户自定义函数。这些函数，称为用户自定义函数，可以通过使用 VisualBasicforApplications 来创建。

以上对 Excel 函数的种类及有关知识做了简要的介绍，在以后的实例中将介绍一些重要函数的使用方法及应用技巧。

4.1.3 案例实现

1．操作步骤

步骤①：打开电子表格文件“图书产品销售情况.xlsx”，在“销售订单”工作表的 E3 单元格中输入“=VLOOKUP(D3,图书编目表!$A$2:$B$9,2,FALSE)”，按【Enter】键完，E3 单元格中图书编号自动计算。

步骤②：将此公式填充至 E4:E678 单元格区域中。

此处公式“=VLOOKUP(D3,图书编目表!$A$2:$B$9,2,FALSE)”的含义是：返回 D3 单元格数据与图书编目表中$A$2:B$9 单元格区域数据精确匹配后，所对应的 B 列的值。

vlookup 函数的使用方法：“Lookup”的汉语意思是“查找”，在 Excel 中与“Lookup”相关的函数有三个：VLOOKUP、HLOOKUO 和 LOOKUP。Vlookup 函数的作用为在表格的首列查找指定的数据，并返回指定的数据所在行中的指定列处的数据。

其语法格式为：VLOOKUP(lookup_value,table_array,col_index_num , range_lookup)

说明

（1）VLOOKUP(lookup_value,table_array,col_index_num,range_lookup)，可以写为：VLOOKUP(需在第一列中查找的数据,需要在其中查找数据的数据表,需返回某列值的列号,逻辑值 True 或 False)。

（2）lookup_value 为“需在数据表第一列中查找的数据”，可以是数值、文本字符串或引用。

（3）table_array 为“需要在其中查找数据的数据表”，可以使用单元格区域或区域名称等。如果 range_lookup 为 TRUE 或省略，则 table_array 的第一列中的数值必须按升序排列，否则，函数 VLOOKUP 不能返回正确的数值。如果 range_lookup 为 FALSE，table_array 不必进行排序。Table_array 的第一列中的数值可以为文本、数字或逻辑值。若为文本时，不区分文本的大小写。

（4）col_index_num 为 table_array 中待返回的匹配值的列序号。Col_index_num 为 1 时，返回 table_array 第一列中的数值；Col_index_num 为 2 时，返回 table_array 第二列中的数值，以此类推。如果 Col_index_num 小于 1，函数 VLOOKUP 返回错误值 #VALUE!；如果 Col_index_num 大于 table_array 的列数，函数 VLOOKUP 返回错误值 #REF!。

（5）range_lookup 为一逻辑值，指明函数 VLOOKUP 返回时是精确匹配还是近似匹配。如果为 TRUE 或省略，则返回近似匹配值，也就是说，如果找不到精确匹配值，则返回小于 lookup_value 的最大数值；如果 range_value 为 FALSE，函数 VLOOKUP 将返回精确匹配值。如果找不到，则返回错误值 #N/A。

2．操作步骤

步骤①：选中 A3：A678 列单元格，单击【开始】|【编辑】|【排序和筛选】命令的下拉按钮，在下拉列表中选择“自定义”排序，在打开的对话框中将“列”设置为订单编号，“排序依据”设置为数值，“次序”设置为升序，单击【确定】按钮。

步骤②：选中 A3：A678 列单元格，单击【开始】|【样式】|【条件格式】命令的下拉按钮，选择【突出显示单元格规则】|【重复值】命令，弹出“重复值”对话框。单击【设置为】右侧的按钮，在下拉列表中选择【自定义格式】命令即可弹出【设置单元格格式】对话框，单击【颜色】命令的下拉按钮，在其下拉列表中选择标准色中的“紫色”项，单击【确定】按钮。返回到“重复值”对话框中再次单击【确定】按钮。

步骤③：单击【开始】|【编辑】|【排序和筛选】命令的下拉按钮，在下拉列表中选择【自定义排序】命令，在打开的对话框中将“列”设置为“订单编号”，“排序依据”设置为“字体颜色”，“次序”设置为紫色、在顶端，单击【确定】按钮。

3. 操作步骤

步骤①：在“销售订单”工作表中选中“书店名称”单元格，右键单击在快捷菜单中选择“插入”级联菜单中的【在左侧插入表列】命令，插入一列单元格，然后 C3 单元格中输入“=month($B$3:$B$678)”，按【Enter】键确定后将公式填充至 C4:C678 单元格区域中。

month 函数为日期函数，此处公式“=month($B$3:$B$678)”的返回值是 B3 单元格中日期数据的月份数值“3”。其他日期函数如图 4-4 所示。

常用日期函数列表

函数	描述	公式	计算结果
today	无需填参数，直接返回当天日期	=TODAY()	2013-9-23
now	无需填参数，直接返回当天日期+时间	=NOW()	2013-9-23 13:32
date	参数为分开的数字（年、月、日），返回日期格式	=DATE(2012,11,12)	2012-11-12
day		=DAY("2012-11-12")	12
month	参数为日期，返回日期中的天/月/年	=MONTH("2012-11-12")	11
year		=YEAR("2012-11-12")	2012
weeknum	参数为日期，返回日期是一年中的第几周，Office 2003版及之前的版本没有此函数	=WEEKNUM("2012-11-12")	46
weekday	参数为日期，返回日期是一周中的第几天，可设置从周日(return type 1)还是周一(return type	=WEEKDAY("2012-11-12",2)	1
datevalue	参数为日期，用于返回日期的序列数	=DATEVALUE("2012-11-12")	41225
workday	用于计算多少个工作日之前或之后的日期，需填参数日期、天数，可在其中扣除假期	=WORKDAY("2012-10-8",-10,"2012-10-1")	2012-9-21
networkdays	用于计算两个日期间间隔多少个工作日，可在其中扣除假期	=NETWORKDAYS("2012-10-8","2012-9-21","2012-10-1")	-11
eomonth	返回当月/前几月/后几月的最后一天	=EOMONTH("2012-11-12",-1)	2012-10-31
edate	用于计算指定日期的前/后几个月的日期	=EDATE("2012-11-12",-2)	2012-9-12

图 4-4　常用日期函数

步骤②：切换至“2015 年图书销售分析”工作表中，选择 B4 单元格，并输入“=SUMIFS(销售订单!$H$3:$H$678,销售订单!$E$3:$E$678,A4,销售订单!$C$3:$C$678,1)”按【Enter】键确定。

此处 B4 单元格中的公式“=SUMIFS(销售订单!$H$3:$H$678,销售订单!$E$3:$E$678,A4,销售订单!$C$3:$C$678,1)”是用来对“销售订单”工作表中 H3:H678 单元格区域数据进行求和，但条件是 1 月份（条件：销售订单!$C$3:$C$678,1）的《Office 商务办公好帮手》（条件：销售订单!$E$3:$E$678,A4）这本书。

sumifs 函数是多条件求和，用于对某一区域内满足多重条件（两个条件以上）的单元格求和。sumifs 函数的语法格式为：

```
sumifs(sum_range, criteria_range1, criteria1, [criteria_range2, criteria2], ...)
```

说明

（1）sumifs（实际求和区域，第一个条件区域，第一个对应的求和条件，第二个条件区域，第二个对应的求和条件，第 N 个条件区域，第 N 个对应的求和条件）。

（2）sum_range：指进行求和的单元格或单元格区域。

（3）criteral_range:条件区域，通常是指与求和单元格或单元格式处于同一行的条件区域，在求和时，该区域将参与条件的判断

（4）criteria1：对应的求和条件，通常是参与判断的具体一个值。条件区域及条件可以有多个。

步骤③：选择“2015 年图书销售分析”工作表中的 C4 单元格，并输入“=SUMIFS(销售订单!$H$3:$H$678,销售订单!$E$3:$E$678,A4,销售订单!$C$3:$C$678,2)”按【Enter】键确定。选中 D4 单元格并输入“=SUMIFS(销售订单!$H$3:$H$678,销售订单!$E$3:$E$678,A4,销售订单!$C$3:$C$678,3)”按【Enter】键确定。使用同样方法在其他单元格中输入相应有计算公式。

步骤④：在 A12 单元格中输入“每月图书总销量”字样，然后选中 B12 单元输入公式“=SUM(B4:B11)”，按【Enter】键确定后，将此公式填充至 C12:M12 单元格区域中。

4. 操作步骤

步骤①：选择“2015 年图书销售分析”工作表中的 N4:N11 单元格，选择【插入】|【迷你图】|【折线图】命令，在打开的对话框中“数据范围”输入为“B4:M1”，确定“位置范围”文本框为 $N$4:$N$11，单击【确定】按钮。

步骤②：确定选中【迷你图工具】|【设计】|【显示】组中的“高点”“低点”复选框。完成后结果如图 4-5 所示。

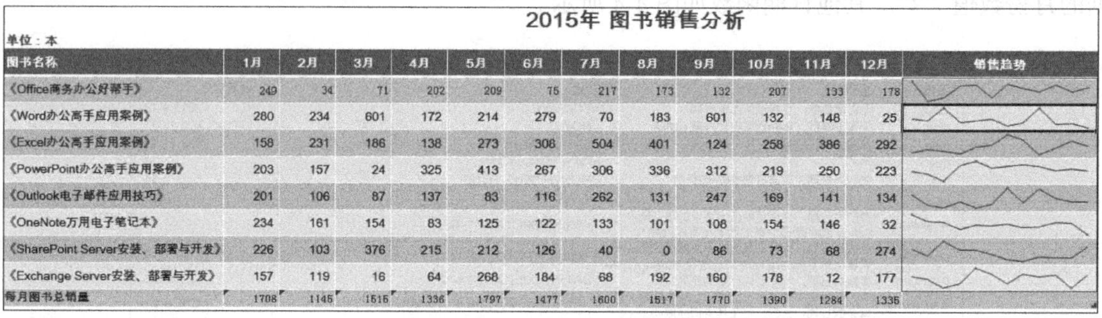

2015年 图书销售分析

单位：本

图书名称	1月	2月	3月	4月	5月	6月	7月	8月	9月	10月	11月	12月	销售趋势
《Office商务办公好帮手》	249	34	71	202	209	75	217	173	132	207	133	178	
《Word办公高手应用案例》	280	234	601	172	214	279	70	183	601	132	148	25	
《Excel办公高手应用案例》	158	231	186	138	273	308	504	401	124	258	386	292	
《PowerPoint办公高手应用案例》	203	157	24	325	413	267	306	336	312	219	250	223	
《Outlook电子邮件应用技巧》	201	106	87	137	83	116	262	131	247	169	141	134	
《OneNote万用电子笔记本》	234	161	154	83	125	122	133	101	108	154	146	32	
《SharePoint Server安装、部署与开发》	226	103	376	215	212	126	40	0	86	73	68	274	
《Exchange Server安装、部署与开发》	157	119	16	64	268	184	68	192	160	178	12	177	
每月图书总销量	1708	1145	1516	1336	1797	1477	1600	1517	1770	1390	1284	1335	

图 4-5 销售量统计及迷你图

5. 操作步骤

步骤①：切换至“销售订单”工作表中，单击【插入】|【表格】|【数据透视表】命令下拉按钮，在弹出的下拉列表中选择【数据透视表】命令，在弹出的“创建数据透视表”对话框中将“请选择要分析的数据”项设置为表 1，“选择放置透视表的位置”项选择“新工作表”，单击【确定】按钮。

步骤②：选择【选项】|【操作】|【移动数据透视表】命令，在打开的“移动数据透视表”对话框中选中“现有工作表”，将“位置”设置为“Sheet1!A1”，单击【确定】按钮。

步骤③：在工作表名称上单击鼠标右键，在弹出的快捷菜单中选择【重命名】命令，将工作表重命名为“2014 年书店销量”。

6. 操作步骤

步骤①：根据题意要求，在“2014 年书店销量”工作表的“数据透视表字段列表”窗格中将“日期”字段拖动至“列标签”，将“书店名称”拖动至“行标签”，将“销量（本）”拖动至“数值”中。

步骤②：在 A8:A10 单元格中分别输入各书店的名称，在 B7:E7 单元格中分别输入第 1 季度至第 4 季度，在 B8 单元格中输入“=SUM(B3:BK3)”，将鼠标指针移动至 B8 单元格的右下角，按住鼠标并拖动拖至 B10 单元格中，松开鼠标完成填充运算。

步骤③：使用同样方法在 C8、D8、E8 单元格中分别输入以下公式“=SUM(BL3:DY3)”、“=SUM(DZ3:GL3)”，“=SUM(QM3:SL3)”。结果如图 4-6 所示。

	A	B	C	D	E	F	G	H	I
1	求和项:销量（本）	列标签							
2	行标签	2014年1月2日	2014年1月4日	2014年1月5日	2014年1月6日	2014年1月9日	2014年1月10日	2014年1月11日	2014年1月12
3	博达书店		46	21		1	43		
4	鼎盛书店	12			32	3	3	31	
5	隆华书店							22	
6	总计	12	46	21	32	4	46	53	
7		第1季度	第2季度	第3季度	第4季度				
8	博达书店	439	761	711	442				
9	鼎盛书店	1098	836	844	731				
10	隆华书店	571	772	889	487				
11									

图 4-6　透视表及统计结果

操作完成后，保存文档“图书产品销售情况.xlsx”。

4.1.4　课堂练习

期末考试结束了，初三（1）班的班主任助理王老师需要对本班学生的各科考试成绩进行统计分析，并为每个学生制作一份成绩通知单下发给家长。按照下列要求完成该班的成绩统计工作并按原文件名进行保存。

1．打开工作簿“学生成绩.xlsx”，在最左侧插入一个空白工作表，重命名为“初三学生档案”，并将该工作表标签颜色设为“紫色（标准色）”。

2．将以制表符分隔的文本文件“学生档案.txt”自 A1 单元格开始导入到工作表“初三学生档案”中，注意不得改变原始数据的排列顺序。将第一列数据从左到右依次分成“学号”和“姓名”两列显示。最后创建一个名为“档案”、包含数据区域 A1:G56、包含标题的表，同时删除外部链接。

3．在工作表“初三学生档案”中，利用公式及函数依次输入每个学生的性别“男”或“女”、出生日期“****年**月**日”和年龄。其中：身份证号的倒数第 2 位用于判断性别，奇数为男性，偶数为女性；身份证号的第 7~14 位代表出生年月日；年龄需要按周岁计算，满 1 年才计 1 岁。最后适当调整工作表的行高和列宽、对齐方式等，以方便阅读。

4．参考工作表“初三学生档案”，在工作表“语文”中输入与学号对应的“姓名”；按照平时、期中、期末成绩各占 30%、30%、40%的比例计算每个学生的“学期成绩”并填入相应单元格；按成绩由高到低的顺序统计每个学生的“学期成绩”排名并按“第 *n* 名”的形式填入“班级名次”列中；按照下列条件填写“期末总评”。

语文、数学的学期成绩	其他科目的学期成绩	期末总评
>=102	>=90	优秀
>=84	>=75	良好
>=72	>=60	及格
<27	<60	不及格

5．将工作表“语文”的格式全部应用到其他科目工作表中，包括行高（各行行高均为 22 默认单位）和列宽（各列列宽均为 14 默认单位）。并按上述 4.中的要求依次输入或统计其他科目的“姓名”“学期成绩”“班级名次”和“期末总评”。

6．分别将各科的“学期成绩”引入到工作表“期末总成绩”的相应列中，在工作表“期末总成绩”中依次引入姓名、计算各科的平均分、每个学生的总分，并按成绩由高到低的顺序统计每个学生的总分排名，并以 1、2、3…形式标识名次，最后将所有成绩的数字格式设为数值、保留两位小数。

7. 在工作“期末总成绩”中用红色（标准色）、加粗格式标出各科第一名成绩。同时将前 10 名的部分成绩用浅蓝色填充。

8. 调整工作“期末总成绩”的页面布局以便打印：纸张方向为横向，缩减打印输出使得所有列只占一个页面宽（但不得缩小列宽），水平居中打印在纸上。

操作完成后的部分表结果，如“初三学生档案”表、“语文”表、“期末成绩”表的结果如图 4-7、图 4-8 和图 4-9 所示。

学号	姓名	身份证号码	性别	出生日期	年龄	籍贯
C121417	马小军	110101200001051054	男	2000-01-05	16	湖北
C121301	曾令铨	110102199812191513	男	1998-12-19	17	北京
C121201	张国强	110102199903292713	男	1999-03-29	17	北京
C121424	孙令煊	110102199904271532	男	1999-04-27	17	北京
C121404	江晓勇	110102199905240451	男	1999-05-24	17	山西
C121001	吴小飞	110102199905281913	男	1999-05-28	17	北京
C121422	姚南	110103199903040920	女	1999-03-04	17	北京
C121425	杜学江	110103199903270623	女	1999-03-27	17	北京
C121401	宋子丹	110103199904290936	男	1999-04-29	17	北京
C121439	吕文伟	110103199908171548	女	1999-08-17	17	湖南
C120802	符坚	110104199810261737	男	1998-10-26	18	山西
C121411	张杰	110104199903051216	男	1999-03-05	17	北京
C120901	谢如雪	110105199807142140	女	1998-07-14	18	北京
C121440	方天宇	110105199810054517	男	1998-10-05	18	河北
C121413	莫一明	110105199810212519	男	1998-10-21	18	北京
C121423	徐霞客	110105199811111135	男	1998-11-11	18	北京
C121432	孙玉敏	110105199906036123	女	1999-06-03	17	山东

图 4-7 “初三学生档案”表结果

学号	姓名	平时成绩	期中成绩	期末成绩	学期成绩	班级名次	期末总评
C121401	宋子丹	97.00	96.00	102.00	98.7	第13名	良好
C121402	郑菁华	99.00	94.00	101.00	98.3	第14名	良好
C121403	张雄杰	98.00	82.00	91.00	90.4	第28名	良好
C121404	江晓勇	87.00	81.00	90.00	86.4	第33名	良好
C121405	齐小娟	103.00	98.00	96.00	98.7	第11名	良好
C121406	孙如红	96.00	86.00	91.00	91	第26名	良好
C121407	甄士隐	109.00	112.00	104.00	107.9	第1名	优秀
C121408	周梦飞	81.00	71.00	88.00	80.8	第42名	及格
C121409	杜春兰	103.00	108.00	106.00	105.7	第2名	优秀
C121410	苏国强	95.00	85.00	89.00	89.6	第30名	良好
C121411	张杰	90.00	94.00	93.00	92.4	第23名	良好

图 4-8 “语文”表结果

初三（14）班第一学期期末成绩表									
姓名	语文	数学	英语	物理	化学	品德	历史	总分	总分排名
刘小红	99.30	108.90	91.40	97.60	91.00	91.90	85.30	665.40	1
陈万地	104.50	114.20	92.30	92.60	74.50	95.00	90.90	664.00	2
郑菁华	98.30	112.20	88.00	96.60	78.60	90.00	93.20	656.90	3
甄士隐	107.90	95.90	90.90	95.60	89.60	90.50	84.40	654.80	4
姚南	101.30	91.20	89.00	95.10	90.10	94.50	91.80	653.00	5
倪冬声	90.90	105.80	94.10	81.20	87.00	93.70	93.50	646.20	6
习志敏	92.50	101.80	98.20	90.20	73.00	93.60	94.60	643.90	7
张杰	92.40	104.30	91.80	94.10	75.30	89.30	94.00	641.20	8
齐小娟	98.70	108.80	87.90	96.70	75.80	78.00	88.30	634.20	9
江晓勇	86.40	94.80	94.70	93.50	84.50	93.60	86.60	634.10	10
康秋林	84.80	105.50	89.00	92.20	82.60	83.90	92.50	630.50	11

图 4-9 “期末成绩”表结果

4.2　综合案例二

4.2.1　案例分析

设计要求：

现有员工个人资料档案工作簿“员工档案.xlsx”，其中有两个工作表：“员工个人资料档案”表（如图 4-10 所示）和空的“简历”表（如图 4-11 所示）。请利用 IF 函数、VLOODUP 函数和 ISERROR 调用“工个人资料档案”工作表中的相关数据，制作完成员工个人“简历”表。

	A	B	C	D	E	F	G	H	I	J	K
1	员工档案										
2	姓名	部门	性别	年龄	工号	籍贯	毕业院校	专业	学历	入职时间	联系电话
3	李波	销售部	男	28	YF324	四川	上海财经大学	工商管理	本科	2008年6月	141******23
4	蔡云帆	人事部	男	21	YF227	上海	复旦大学	人力资源管理	硕士	2009年11月	142******42
5	胡珀	销售部	男	24	YF366	北京	北京物资学院	工商管理	本科	2011年7月	141******00
6	曹玲	后勤部	女	28	YF587	四川	西南财经大学	会计	本科	2008年5月	147******98
7	姚妮	总经办	女	24	YF112	四川	四川大学	工商管理	硕士	2008年3月	145******50
8	刘松	技术部	男	28	YF587	重庆	电子科技大学	软件开发	博士	2010年5月	147******79
9	卫利	售后部	男	28	YF112	湖南	电子科技大学	软件开发	硕士	2010年5月	142******37

图 4-10　“员工个人资料档案”表

	A	B	C	D	E	F
1	个人简历					
2	姓名		性别		年龄	
3	籍贯		工号		部门	
4	毕业院校			学历		
5	专业			入职时间		
6	联系电话					

图 4-11　员工“个人简历”空表

4.2.2　知识储备

在 Excel 中使用公式或函数时，常要引其他单元格中数据。被引用的单元格可能是当前工作表的，也可能是非当前工作表或另一工作薄里的，那么在引用时，就要使用正确的引用格式。

1. 引用当前工作表的单元格

Excel 中引用单元格式的方式包括“相对引用”“绝对引用”两种，“绝对引用”又包括通过名称来标识的引用。单元格的引用在利用公式的场合具有十分重要的地位和作用。

相对引用：引用格式形如“A1”。这种对单元格的引用是完全相对的，当引用单元格的公式被复制时，新公式引用的单元格的位置将会发生改变。

绝对引用：引用格式形如“$A$1”。这种对单元格引用的方式是完全绝对的，即一旦成为绝对引用，无论公式如何被复制，对采用绝对引用的单元格的引用位置是不会改变的。

绝对行引用：引用格式形如“A$1”。这种对单元格的引用位置不是完全绝对的，当引用该单元格的公式被复制时，新公式对列的引用将会发生变化，而对行的引用则固定不变。

绝对列引用：引用格式形如“$A1”。这种对单元格的引用位置不是完全绝对的，当引用该单元格的公式被复制时，新公式对行的引用将会发生变化，而对列的引用则固定不变。

通过名称来引用：该引用方式通过名称来实现对特定单元格的引用，实质仍然是绝对引用，通过名称引用即可以对单个单元格进行引用，也可以对单元格区域进行引用。例如：我们在单元格 A1 中输入数值“5”，然后选中单元格 A1，在文档左上角输入“area”并按【Enter】键，在单元格 B1 中输入公式“=area*2”并按【Enter】键，则结果为 10，即实现了对 A1 单元格的引用，最后把 B1 单元格中的公式复制到 B2，则 B2 单元格中的数值也为 10，即实现了对名称单元格的绝对引用。所以利用名称来引用单元格的方式为绝对引用。通过名称来引用如图 4-12 所示。

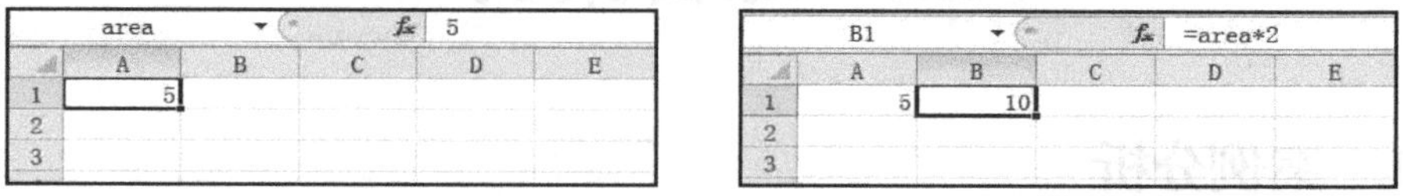

图 4-12　通过名称来引用

2. 引用非当前工作表的单元格

同工作簿不同工作表间相互引用，在引用单元格前加 Sheet*n*!(Sheet*n* 为被引用工作表的名称)。举例：如工作表 Sheet1 中的 A1 单元格内容等于 Sheet2 中单元格 B2 乘以 5，则在 Sheet1 中的 A1 单元格中输入公式“=Sheet1!B2*5”。

不同工作簿间互相引用，在引用单元格前加[Book.xlsx]Sheet*n*!（Book 为被引用工作薄名，Sheet*n* 为被引用工作表名）。举例：如工作薄“Book1”中 Sheet1 中的 A1 单元格内容等于工作薄“Book2” Sheet1 中单元格 B2 乘以 5，则在 Sheet1 中的 A1 单元格中输入公式：

“=[Book2.xlsx]Sheet1!$B$2*5”。

4.2.3　案例实现

下面是李波的“个人简历”制作过程，即假设在 B2 单元格中输入姓名“李波”。

步骤①：根据题意要求，打开工作簿“员工档案.xlsx”，选择“简历”工作表，在 D2 单元格中输入以下公式“=IF(ISERROR(VLOOKUP(B2,员工个人资料档案!A3:K9,3,FALSE))," ",VLOOKUP(B2,员工个人资料档案!A3:K9,3,FALSE))”，按【Enter】键即可计算，显示结果“男”。

说明

①公式“=IF(ISERROR(VLOOKUP(B2,员工个人资料档案!A3:K9,3,FALSE)),"",VLOOKUP(B2,员工个人资料档案!A3:K9,3,FALSE))”表示：如果 VLOOKUP(B2,员工个人资料档案!A3:K9,3,FALSE)返回的值错误，则返回空文本，否则返回 VLOOKUP(B2,员工个人资料档案!A3:K9,3,FALSE)的值。公式“VLOOKUP(B2,员工个人资料档案!A3:K9,3,FALSE)”表示：在“员工个人资料档案”工作表的 A3:K9 单元格区域中查找与个人简历中单元格 B2 对应的数据。

② iserror()函数就是用来判断正确性。其语法格式为：

iserror(value)

其中，value 表示要判断的值或者单元格信息，如果 value 是错误的，那么 iserror 显示的结果是 True；如果 value 没有错误，那么 iserror 显示的结果是 False。

步骤②：在 F2 单元格中输入以下公式“=IF(ISERROR(VLOOKUP($B$2,员工个人资料档案!$A$3:$K$9,4,FALSE)),"",VLOOKUP($B$2,员工个人资料档案!$A$3:$K$9,4,FALSE))”，按【Enter】键即可计算，显示结果“28”。

步骤③：在 B3 单元格中输入以下公式“=IF(ISERROR(VLOOKUP($B$2,员工个人资料档案!$A$3:$K$9,6,FALSE)),"",VLOOKUP($B$2,员工个人资料档案!$A$3:$K$9,6,FALSE))”，按【Enter】键即可计算，显示结果“四川”。

步骤④：在 D3 单元格中输入以下公式“=IF(ISERROR(VLOOKUP($B$2,员工个人资料档案!$A$3:$K$9,5,FALSE)),"",VLOOKUP($B$2,员工个人资料档案!$A$3:$K$9,5,FALSE))”，按【Enter】键即可计算，显示结果“YF324”。

步骤⑤：在 F3 单元格中输入以下公式“=IF(ISERROR(VLOOKUP($B$2,员工个人资料档案!$A$3:$K$9,2,FALSE)),"",VLOOKUP($B$2,员工个人资料档案!$A$3:$K$9,2,FALSE))”，按【Enter】键即可计算，显示结果“销售部”。

步骤⑥：在 B4 单元格中输入以下公式“=IF(ISERROR(VLOOKUP($B$2,员工个人资料档案!$A$3:$K$9,7,FALSE)),"",VLOOKUP($B$2,员工个人资料档案!$A$3:$K$9,7,FALSE))”，按【Enter】键即可计算，显示结果“上海财经大学”。

步骤⑦：在 B5 单元格中输入以下公式“=IF(ISERROR(VLOOKUP($B$2,员工个人资料档案!$A$3:$K$9,8,FALSE)),"",VLOOKUP($B$2,员工个人资料档案!$A$3:$K$9,8,FALSE))”，按【Enter】键即可计算，显示结果“工商管理”。

步骤⑧：在 B6 单元格中输入以下公式“=IF(ISERROR(VLOOKUP($B$2,员工个人资料档案!$A$3:$K$9,11,FALSE)),"",VLOOKUP($B$2,员工个人资料档案!$A$3:$K$9,11,FALSE))”，按【Enter】键即可计算，显示结果“139******23”。

步骤⑨：在 E4 单元格中输入以下公式“=IF(ISERROR(VLOOKUP($B$2,员工个人资料档案!$A$3:$K$9,9,FALSE)),"",VLOOKUP($B$2,员工个人资料档案!$A$3:$K$9,9,FALSE))”，按【Enter】键即可计算，显示结果“本科”。

步骤⑩：在 E5 单元格中输入以下公式“=IF(ISERROR(VLOOKUP($B$2,员工个人资料档案!$A$3:$K$9,10,FALSE)),"",VLOOKUP($B$2,员工个人资料档案!$A$3:$K$9,10,FALSE))”，按【Enter】键即可计算，显示结果“2008/6/1”。

以上单元格公式编辑完成后，只要在 B2 单元格中输入正确的员工姓名（即一定要是“员工个人资料档案”工作表中的姓名），其他单元格将会显示对应的信息。

选择 A1:F6 单元格区域,将其复制到 A9、I1 和 I9 单元格，并设置 10 ~ 14 行的行高为 25。第一个表格 A1:F6 单元格区域中用于定位的数值是单元格 B2 和$B$2，所以最后还要修改新建的三个简历表格的的公式函数：A9:F14 单元格区域中用于定位的数值是单元格 B10 和$B$10；I1:N6 单元格区域中用于定位的数值是单元格 J2 和$J$2；I9:N14 单元格区域中用于定位的数值是单元格 J10 和$J$10。

操作完成后，以原文件名保存方档。操作结果如图 4-13 所示。

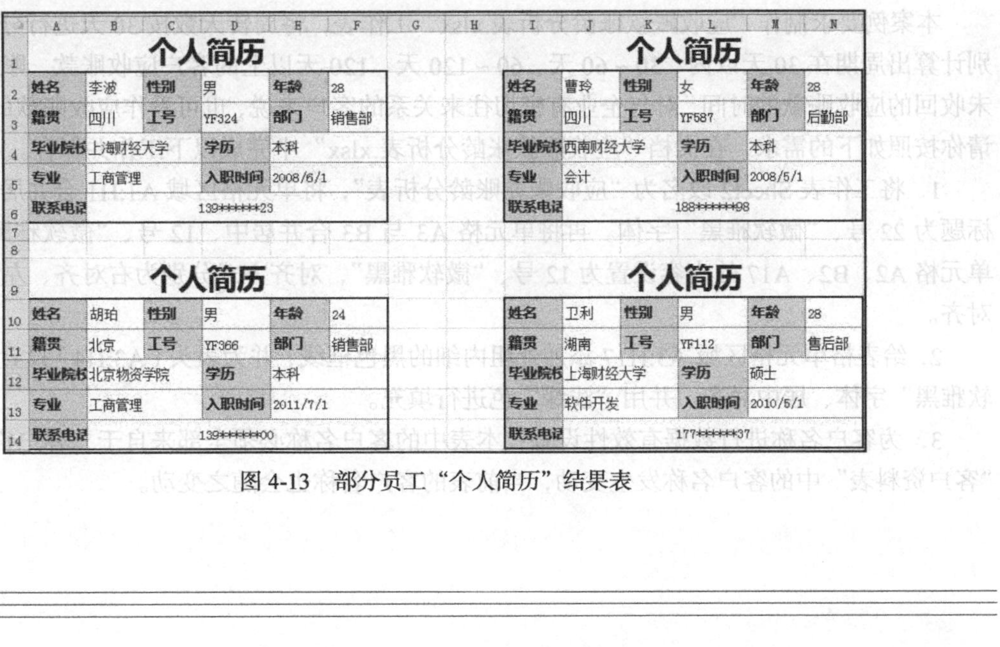

图 4-13　部分员工“个人简历”结果表

4.2.4 课堂练习

打开“通信录.xlsx”工作簿，如图 4-14 所示。利用公式及函数为表格中的电话号码从 11 位升至 12 位，要求凡是以 13X 开头的手机号码，X 如果奇数升位为“131X”，X 如果偶数升位为“132X”。

通讯录			
姓名	住址	电话	升位后的电话号码
张倩	成都市金牛区	1355689XXX	
陈冠宇	成都市武侯区	1384879XXX	
李晓玲	成都市金牛区	1368283XXX	
王宇	成都市龙泉驿区	1378087XXX	
吴亚馨	成都市成华区	1396869XXX	
龙俊亨	成都市锦江区	1329945XXX	
罗小梅	成都市温江区	1317322XXX	
郭钟岳	成都市双流县	1357985XXX	
刘雪萍	成都市青牛区	1364576XXX	
徐锋	成都市成华区	1326932XXX	
翟凌	成都市都江堰市	1358725XXX	
杨静梦	成都市龙泉驿区	1338573XXX	

图 4-14　电话号码升位前

通讯录			
姓名	住址	电话	升位后的电话号码
张倩	成都市金牛区	1355689XXXX	13155689XXXX
陈冠宇	成都市武侯区	1384879XXXX	13284879XXXX
李晓玲	成都市金牛区	1368283XXXX	13268283XXXX
王宇	成都市龙泉驿区	1378087XXXX	13178087XXXX
吴亚馨	成都市成华区	1396869XXXX	13196869XXXX
龙俊亨	成都市锦江区	1329945XXXX	13229945XXXX
罗小梅	成都市温江区	1317322XXXX	13117322XXXX
郭钟岳	成都市双流县	1357985XXXX	13157985XXXX
刘雪萍	成都市青牛区	1364576XXXX	13264576XXXX
徐锋	成都市成华区	1326932XXXX	13226932XXXX
翟凌	成都市都江堰市	1358725XXXX	13158725XXXX
杨静梦	成都市龙泉驿区	1338573XXXX	13138573XXXX

图 4-15　电话号码升位后

提示　可以使用 REPLACE 函数，将手机号码的前两位数字替换为 131 或者 132，替换的过程需要使用 IF 函数对号码的前三位数字进行奇偶判断，可以使用 MOD 函数，也可 MID 或 LEFT 函数。如用 MID 函数，则可以 D3 单元格中输入公式：“=IF(MOD(MID(C3,1,3),2)=1,REPLACE(C3,1,2,"131"),REPLACE(C3,1,2,"132"))”。

操作完成后用原文件名保存，结果如图 4-15 所示。

4.3 综合案例三

4.3.1 案例分析

设计要求：

本案例要求制作“应收账款账龄分析表.xlsx”工作表，将周转天数按 30 天进行分类计算，分别计算出周期在 30 天以内、30～60 天、60～120 天、120 天以上的客户应收账款。账龄是指企业未收回的应收账款的时间，对与企业有密切往来关系的客户来说，也可看作应收账款的周转天数。请你按照如下的需求，在文档“应收账款账龄分析表.xlsx”中完成以下工作并保存。

1．将工作表 Sheet2 改名为“应收账款账龄分析表”，将单元格区域 A1:H1 合并居中，并设置标题为 22 号、“微软雅黑”字体。再将单元格 A3 与 B3 合并居中、12 号、“微软雅黑”，最后将单元格 A2、B2、A17 的内容设置为 12 号、“微软雅黑”，对齐方式分别为右对齐、左对齐、居中对齐。

2．给表格单元格区域 A3:H17 添加外粗内细的黑色框线，并为表头（A3:H4）设置 12 号、“微软雅黑”字体、居中对齐，并用“浅绿”色进行填充。

3．为客户名称进行数据有效性设置：本表中的客户名称必须全部来自于“客户资料表”，如“客户资料表”中的客户名称发生变动，当前表的客户名称也会随之变动。

4. 将单元格区域 B5:B16 和 D5:DG17 的数字格式设置为“会计专用”格式，单元格区域 H5:H17 的数字格式设置为“数字”格式。

5. 使用 IF、AND、DAYS360 函数计算客户在账龄期间的账款余额，并计算客户的实际账龄及合计数据。

6. 根据前面计算出的数据创建数据透视表，设置每 0.5 年为一个账龄期间对客户的应付账款进行汇总和分析。

7. 根据统计并分析完成的数据创建一个名为“应收账款账龄透视分析图表”数据透视图，使数据以簇状圆柱图的形式分别显示每个间段的账款金额。使数据图更直观，用“样式 10”美化图表，将其形状样式设置为“细微效果-橙色，强调颜色 6”，调整数据透视图的大小与位置后，以原文件名保存。

4.3.2　知识储备

数据有效性，是 Excel 中的一项基础功能，在职场中的应用尤为广泛。它作为 Excel 庞大数据分析与处理功能的一个细小分支，位于【数据】|【数据工具】组中，包含设置、输入信息、出错警告、输入法模式共四个二级选项，如图 4-16 所示。

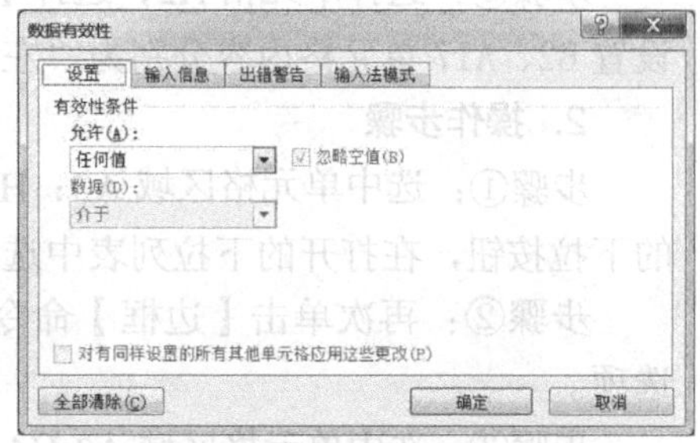

图 4-16　通过名称来引用

1. 数据有效性的设置

在【设置】选项卡下有“允许”及“数据”两栏的设置，而“允许”栏主要有“序列”“整数”等设置项。

“序列”作为数据有效性的一个基础应用，可以设定单元格允许显示的内容，对于不显示的内容进行屏蔽，更好地帮助数据分析与处理工作，深受广大办公室工作人员的喜欢，也最为大家所熟知。具体的操作方法简单介绍如下。

① 将单元格显示的内容预先输入到 Excel 的表格中。

② 单击【数据】|【数据工具】|【数据有效性】命令后的下拉按钮，选择【数据有效性】命令，弹出“数据有效性”对话框，在“允许”的下拉菜单中选择“序列”。

③ 在“来源”中选择一步骤中已预先输入内容的单元格，单击【确定】按钮即可。

“序列”设置完成后，对应单元格数据必须为此序列中的数据之一，否则不能输入。

整数针对特定的单元格，可以设定整数的大小范围。操作步骤类似于序列的设置，不过在“允许”的下拉菜单中选择“整数”，然后可以分别设定整数上限、整数下限，当输入数据不在该范围时，弹出提示框。各项设置完毕后，单击确定即可。

除了序列、整数之外，还有日期、时间、文本长度等其他功能选项，由于操作方法基本类似。

2. 数据有效性的输入信息

这项功能属于“数据有效性”的第二个基本功能，“输入信息”的作用就是当选定单元格时，会显示之前已设置好的输入信息，包括输入标题、输入信息，这个功能作用可以很大，比如将一些重要的信息输入进去，这样你在选定每一个单元格时，都会提醒你。设置好标题、输入信息后，单击【确定】按钮即可。

3. 数据有效性的出错警告

“出错警告”也是 Excel 多样化的形式之一，可以设置出错警告的输入标题和错误信息的输入内容，这些都会在输入无效数据时显示出来，对用户做出警告。出错警告有三种样式，即停止、警告、信息，都是在输入无效数据时的提示方式，没有本质的区别，只是显示方式的差异，但是标题、错误信息确实一样的。

4. 数据有效性的输入法模式

允许用户对输入法模式在“随意”“打开”与“关闭”中进行选择。

4.3.3 案例实现

1. 操作步骤

步骤①：打开电子表格文件“应收账款账龄分析表.xlsx”，选择单元格区域 A1：H1，选择【开始】|【对齐方式】|【合并后居中】命令，然后用同样的方法合并居中 A3 与 B3 单元格区域。

步骤②：选择 A1 单元格，在【开始】|【字体】组的“字体”下拉列表框中选择“微软雅黑”项，在“字号”下拉列表框中选择“22”项。然后用同样的方法设置 A2、B2、A3、A17 单元格内容为 12 号、“微软雅黑”。

步骤③：选择单元格 A2，选择【开始】|【对齐方式】|【文本右对齐】命令。 用同样的方法设置 B2、A17 单元格内容分别为“左对齐”“居中对齐”。

2. 操作步骤

步骤①：选中单元格区域 A3：H17，在【开始】|【字体】组中，单击【边框】命令右侧的下拉按钮，在打开的下拉列表中选择“所有框线”选项。

步骤②：再次单击【边框】命令右侧的下拉按钮，在打开的下拉列表中选择“粗匣框线”选项。

步骤③：选中单元格区域 A3:H4，用同上的方法设置为 12 号、“微软雅黑”字体、居中对齐。

步骤④：选中单元格区域 A3：H4，在【开始】|【字体】组中，单击【填充颜色】命令右侧的下拉按钮，在打开的下拉列表中选择标准色中的“浅绿”选项。

3. 操作步骤

步骤①：选中单元格区域 A5：A16，在【数据】|【数据工具】组中，选择【数据有效性】命令，打开“数据有效性”对话框，设置如图 4-17 所示。

步骤②：在“允许”下拉列表框中选择“序列”选项，单击“来源”文本框的按钮，将“数据有效性”对话框最小化。

步骤③：单击“客户资料表”工作表标签，在该工作表中选择 B4:B15 单元格区域，单击按钮，返回至“数据有效性”对话框，确认无误后，单击【确认】按钮。

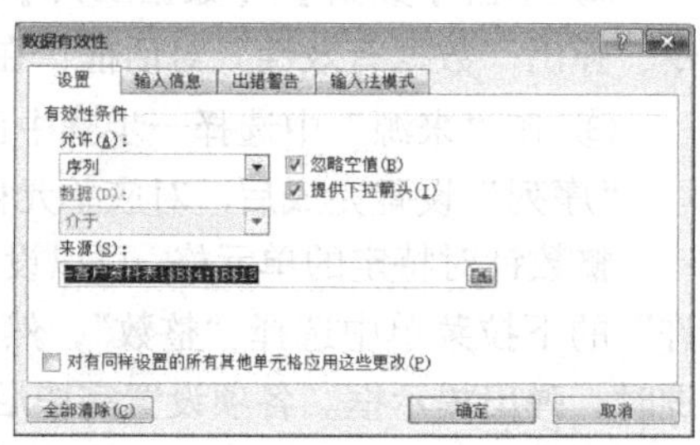

图 4-17 “数据有效性”对话框

设置完成后，单击格区域 A5:A16 中的任意一个单元格，会在其后出现一个三角按钮，单击该按钮，在打开的下拉列表中的数据可根据“客户资料表”中的数据发生变化。

4. 操作步骤

步骤①：按下【Ctrl】键的同时，选中单元格区域 B5:B16 和 D5:DG17，在【开始】|【数字】组中，单击【数字格式】命令右侧的下拉按钮，在打开的下拉列表中选择“会计专用”选项，将所选区域设置为货币格式。

步骤②：选中单元格区域 H5:H17，在【开始】|【数字】组中，单击【数字格式】命令 右侧的下拉按钮，在打开的下拉列表中选择"数字"选项，将所选区域设置为数字格式。

5. 操作步骤

步骤①：选中单元格 D5，单击【插入函数】按钮，打开"插入函数"对话框，在"或选择类别"下拉列表中选择"逻辑"选项，在"选择函数"列表框中选择"IF"选项后，单击【确定】按钮。

步骤②：在打开的"函数参数"对话框中，在"Logical_test"文本框中输入"AND(DAYS360($C5,$B$2)>=0,DAYS360($C5,$B$2)<30)"，在"Logical_if_true"文本框中输入"$B5"，在"Logical_if_false"文本框中输入"0"，单击【确定】按钮，即可计算出所有客户在 30 天以内的账款余额。

也可选中单元格 D5 后，直接在编辑栏输入公式"=IF(AND(DAYS360($C5,$B$2)>=0,DAYS360($C5,$B$2)<30),$B5,0)"

步骤③：将单元格 D5 中的公式复制填充到 D6:D16 单元格区域中。

步骤④：选中单元格区域 E5:E16，直接在编辑栏输入公式"=IF(AND(DAYS360($C5,$B$2)>=30,DAYS360($C5,$B$2)<60),$B5,0)"，按【Ctrl+Enter】组合键，即可计算出所有客户在 30 ~ 60 天以内的账款余额。

步骤⑤：选中单元格区域 F5:F16，直接在编辑栏输入公式"=IF(AND(DAYS360($C5,$B$2)>=60,DAYS360($C5,$B$2)<1200),$B5,0)"，按【Ctrl+Enter】组合键，即可计算出所有客户在 60 ~ 120 天以内的账款余额。

步骤⑥：选中单元格区域 G5:G16，直接在编辑栏输入公式"=IF(DAYS360($C5,$B$2)>=120,$B5,0)"，按【Ctrl+Enter】组合键，即可计算出所有客户在 120 天以上的账款余额。

步骤⑦：选中单元格 D17，直接在编辑栏输入公式"=SUM(D5:D16)"，按【Enter】键即可计算总和数。将单元格 D17 中的公式复制填充到 E17:G17 单元格区域中。

步骤⑧：选中单元格区域 H5:H16，直接在编辑栏输入公式"=DAYS360($C5,$B$2)/360"，按【Ctrl+Enter】组合键，即可计算出所有客户的实际账龄。格式化及计算后结果如图 4-18 所示。

应收账款账龄分析表

截止日期：2015/8/12

客户信息		周转天数	30天	30~60天	60~120天	120天以上	
客户名称	期末余额	交易日期	余额	余额	余额	余额	账龄
火成岩资源开发有限公司	¥ 5,800.00	2013/3/3	¥ -	¥ -	¥ -	¥ 5,800.00	2.44
STT快速	¥ 52,600.00	2013/6/4	¥ -	¥ -	¥ -	¥ 52,600.00	2.19
其他材料有限公司	¥ 36,800.00	2013/12/12	¥ -	¥ -	¥ -	¥ 36,800.00	1.67
马萨诸塞州驻蓉办事处	¥ 56,780.00	2014/1/5	¥ -	¥ -	¥ -	¥ 56,780.00	1.60
韩满屋服饰	¥ 4,800.00	2014/2/6	¥ -	¥ -	¥ -	¥ 4,800.00	1.52
曼森食品	¥ 16,230.00	2014/3/8	¥ -	¥ -	¥ -	¥ 16,230.00	1.43
金色阳光幼儿园	¥ 35,680.00	2014/2/12	¥ -	¥ -	¥ -	¥ 35,680.00	1.50
云帆汽车有限责任公司	¥ 68,740.00	2015/4/6	¥ -	¥ -	¥ -	¥ 68,740.00	0.35
与天齐人寿保险	¥ 25,580.00	2015/5/13	¥ -	¥ -	¥ 25,580.00	¥ -	0.25
大牛证券	¥ 13,650.00	2015/6/12	¥ -	¥ -	¥ -	¥ -	0.17
唐宋课件有限公司	¥ 6,600.00	2015/6/21	¥ -	¥ 6,600.00	¥ -	¥ -	0.14
华泰电子元器件厂	¥ 165,480.00	2015/8/1	¥165,480.00	¥ -	¥ -	¥ -	0.03
合计			¥165,480.00	¥ 6,600.00	¥ 25,580.00	¥277,430.00	

图 4-18　格式化及计算后结果图

6. 操作步骤

步骤①：选中单元格区域 A4:H16，在【插入】|【表格】组中，单击【数据透视表】命令下方的下拉按钮，在打开的下拉列表中选择“数据透视表”选项，打开“创建数据透视表”对话框。

步骤②：在对话框中，确认要分析的数据区域和存放数据透视图表的位置，这里保持默认设置，并单击【确认】按钮。

步骤③：系统自动新建一个名为“Sheet4”的工作表，将该工作表重命名为“应收账款账龄透视分析”。

步骤④：在“数据透视表字段列表”任务窗格的“选择要添加到报表的字段”列表框中，将“客户名称”选项拖到“行标签”列表框，将“期末余额”选项拖到“数值”列表框，将“账龄”选项拖到“列标签”列表框，完成数据透视表的布局。

步骤⑤：选中单元格 A4，输入“客户名称”，选中单元格 B3，输入“账龄”。

步骤⑥：选中单元格 B4，单击鼠标右键，在弹出的快捷菜单中选择【创建组】命令，在打开的“组合”对话框中，取消选中“起始于”和“终止于”复选框，然后分别在“起始于”“终止于”和“步长”文本中输入“0”“3”和“0.5”，设置如图 4-19 所示。单击【确定】按钮。

返回工作表后，系统自动将账龄字段以 0.5 年为时间段进行划分，并统计出每个时间段的欠款余额。

步骤⑦：在【数据透视表工具】|【设计】|【数据透视表样式】组的列表框中，单击下方的下拉按钮，在打开的下拉列表框的“浅色”栏中选择“数据透视表样式浅色 14”选项，结果如图 4-20 示。

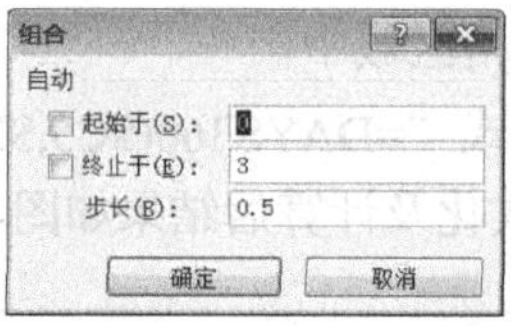

图 4-19 “组合”对话框设置

求和项:期末余额	账龄				
客户名称	0-0.5	1-1.5	1.5-2	2-2.5	总计
STT快速				52600	52600
大牛证券	13650				13650
韩满屋服饰			4800		4800
华泰电子元器件厂	165480				165480
火成岩资源开发有限公司				5800	5800
金色阳光幼儿园			35680		35680
马萨诸塞州驻蓉办事处			56780		56780
曼森食品		16230			16230
其他材料有限公司			36800		36800
唐宋课件有限公司	6600				6600
与天齐人寿保险	25580				25580
云帆汽车有限责任公司	68740				68740

图 4-20 数据透视表结果图

7. 操作步骤

步骤①：单击数据透视表中任意单元格，在【数据透视表工具】|【选项】|【工具】组中，选择【数据透视图】命令 数据透视图。

步骤②：在打开的“插入图表”对话框中，在左侧的列表框中选择“柱形图”选项，在 “柱形图”栏中选择“簇状圆柱图”选项，然后单击【确定】按钮。

步骤③：在【数据透视图工具】|【布局】|【标签】组中，选择【图标标题】命令；在打开的下拉列表中选择“图表上方”选项，并将图标标题改为“应收账款账龄透视分析图表”。

步骤④：在【数据透视图工具】|【设计】|【图表样式】组中，单击其后的下拉按钮，在打开的下拉列表中选择“样式 10”选项。

步骤⑤：在【数据透视图工具】|【格式】|【形状样式】组中，单击下拉按钮，在打开的下拉列表中选择“细微效果-橙色，强调颜色 6”选项，效果如图 4-21 所示。

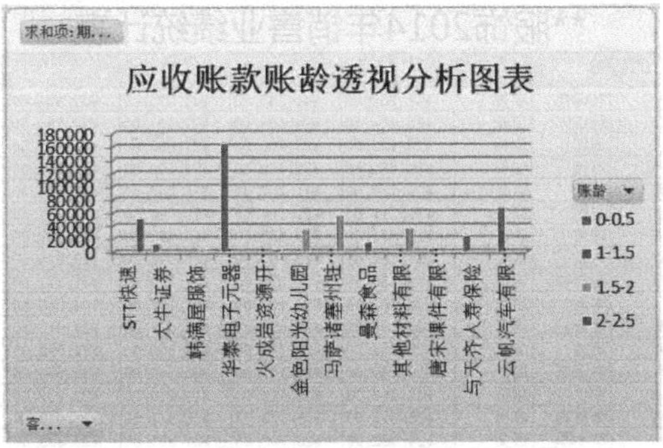

图 4-21　数据透视图

步骤⑥：调整数据透视图的大小与位置，单击“快速访问工具栏”的【保存】按钮。

操作完成后，用原文件名保存。

4.3.4　课堂练习

小李作为某公司的副总经理，为了了解员工在某段时间内的业务情况，小李要对“销售业绩统计表.xlsx”进行统计分析，形成图表，通过统计分析销售人员的业绩，为企业提供产品的销售情况，为下一阶段的产品销售提供最基础的数据依据。具体操作要求如下。

1．打开工作簿“销售业绩统计表.xlsx”，将 Sheet1 工作表重命名为“销售业绩统计表”，并将该工作表标签颜色设为“蓝色（标准色）”。

2．将单元格区域 A1:I1 内容合并居中，并设置标题为 24 号、“微软雅黑”、加粗。表头（A2:I2）内容设置加粗、白色、居中对齐，并用“橙色，强调文字色 6，深色 25%”进行填充，并将此行的行高设置为 22。将 E ~ I 列的宽度设为 12。

3．为“编号”字段进行自动填充。为“地区”字段进行数据有效性设置：本表中的地区名称必须全部来自于上海、广州、北京、武汉或成都。

4．将单元格区域 E3:I22 的数字格式设置为“货币”格式，给表格单元格区域 A2 :I22 添加外粗内细的深蓝色框线。

5．计算个人全年销售合计数据。

6．根据前面计算出的数据创建数据透视表，统计和分析每个地区、每个人的的销售业绩，透视表放置在“各地区销售业绩分析”的新工作表中。最后对其进行以下美化：将各季度数据的“数据透视表选项”设为“经典数据透视表布局（启用网格中的字段拖放）”“字段设置”设置其为“分类汇总—无”，用“数据透视表样式中等深浅 4”修饰美化图表。

提示　“地区”字段拖至“报表筛选”项，“姓名、职务、1 季度、2 季度、3 季度、4 季度”作为“行标签”，“列标签”及“数值”项为空。

7. 数据透视表只显示成都地区的销售业绩，调整工作表的显示内容后，以原文件名保存文件。

操作完成后结果如图 4-22、图 4-23 所示。

**服饰2014年销售业绩统计表

编号	地区	姓名	职务	1季度	2季度	3季度	4季度	合计
CE001	广州	杜泽萍	店员	¥41, 354. 00	¥41, 745. 50	¥41, 298. 50	¥32, 804. 00	¥157, 202. 00
CE002	北京	邱红	店长	¥25, 404. 50	¥24, 108. 00	¥27, 107. 00	¥24, 260. 50	¥100, 880. 00
CE003	武汉	周明	店长	¥24, 453. 00	¥23, 700. 00	¥22, 607. 00	¥23, 273. 50	¥94, 033. 50
CE004	广州	蒋伟	店长	¥22, 289. 50	¥22, 459. 50	¥23, 500. 00	¥24, 092. 00	¥92, 341. 00
CE005	成都	刘松	店员	¥29, 789. 00	¥41, 107. 50	¥35, 245. 50	¥32, 674. 50	¥138, 816. 50
CE006	北京	胡珀	店员	¥19, 217. 00	¥21, 121. 00	¥19, 010. 00	¥22, 452. 50	¥81, 800. 50
CE007	上海	陈绪	店长	¥15, 671. 00	¥19, 138. 50	¥15, 271. 50	¥21, 049. 00	¥71, 130. 00
CE008	广州	方敏	店员	¥26, 782. 00	¥13, 708. 00	¥26, 371. 50	¥19, 836. 50	¥86, 698. 00
CE009	北京	张树森	店员	¥32, 450. 50	¥41, 370. 00	¥32, 789. 00	¥41, 371. 00	¥147, 980. 50
CE010	武汉	李波	店员	¥25, 404. 50	¥24, 108. 00	¥27, 107. 00	¥24, 260. 50	¥100, 880. 00
CE011	成都	蔡云帆	店员	¥24, 453. 00	¥23, 700. 00	¥22, 607. 00	¥23, 273. 50	¥94, 033. 50
CE012	成都	姚妮	店长	¥22, 289. 50	¥22, 459. 50	¥23, 500. 00	¥24, 092. 00	¥92, 341. 00
CE013	广州	李珊珊	店员	¥29, 789. 00	¥41, 107. 50	¥35, 245. 50	¥32, 674. 50	¥138, 816. 50
CE014	上海	雷宁	店员	¥24, 217. 00	¥21, 121. 00	¥19, 010. 00	¥22, 452. 50	¥86, 800. 50
CE015	上海	张良宾	店员	¥25, 671. 00	¥19, 138. 50	¥25, 271. 50	¥21, 049. 00	¥91, 130. 00
CE016	广州	季小军	店员	¥24, 782. 00	¥23, 708. 00	¥24, 371. 50	¥28, 836. 50	¥101, 698. 00
CE017	上海	李勇军	店员	¥36, 261. 50	¥38, 798. 00	¥32, 840. 00	¥37, 870. 00	¥145, 769. 50
CE018	北京	冯倩	店员	¥22, 735. 00	¥25, 007. 00	¥24, 837. 00	¥24, 725. 50	¥97, 304. 50
CE019	武汉	谭桂华	店员	¥19, 401. 00	¥19, 540. 50	¥22, 429. 00	¥16, 044. 00	¥77, 414. 50
CE020	北京	姚磊	店员	¥24, 087. 00	¥17, 024. 50	¥21, 936. 00	¥14, 571. 00	¥77, 618. 50

图 4-22　销售业绩统计表

地区	成都				
姓名	职务	1季度	2季度	3季度	4季度
⊟蔡云帆	⊟店员	⊟24453	⊟23700	⊟22607	23273.5
	店员 汇总				
蔡云帆 汇总					
⊟刘松	⊟店员	⊟29789	⊟41107.5	⊟35245.5	32674.5
	店员 汇总				
刘松 汇总					
⊟姚妮	⊟店长	⊟22289.5	⊟22459.5	⊟23500	24092
	店长 汇总				
姚妮 汇总					
总计					

图 4-23　成都地区销售业绩分析图

习　题

【习题一】

1．在 Sheet1 工作表中输入如图 4-24 所示的数据，在 Sheet2 工作表输入如图 4-25 所示的数据。

	A	B	C	D	E	F	G	H	I
1		成绩表							
2			高等数学	大学英语	计算机	马哲	总成绩	平均分	评语
3		张明	80	87	82	77			
4		刘星	85	80	79	75			
5		李纹	65	66	60	54			
6		黄天	56	69	65	63			
7		朱可	68	78	79	74			
8		赵兰	89	87	85	85			
9		陈雅	99	98	96	92			
10		林霖	75	74	71	71			
11		张小芬	65	65	64	62			
12		梁伟	88	87	85	80			
13		叶雨	78	79	75	76			
14		陈心	54	56	52	51			
15		徐志	89	95	94	93			
16		赵月	80	85	89	82			

图 4-24　操作题二 Sheet1 表输入的数据

	A	B	C	D	E
1					
2		高等数学	大学英语	计算机	马哲
3	各科最高分				
4	各科最低分				
5	各科平均分				
6	各科及格率				
7	各科优秀率				

图 4-25　操作题二 Sheet2 表输入的数据

2．将 Sheet1 表改名为"成绩表"，Sheet2 表改名为"成绩分析表"。

3．合并 B1 到 I1 单元格区域，并设置为黑体、20 号、居中。

4．将第二行的行高设为 26，第 B 列的列宽设为 12，在 B2 单元格输入 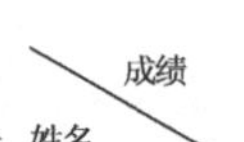

。

5．对 C3 到 F16 单元格区域设置有效性规则为 0 ~ 100 之间，并设置输入信息为 0 ~ 100。

6．将总成绩、平均分通过公式计算出来，要求平均分的小数位数显示为两位。

7．将所有同学按平均分从高到低的顺序排列。

8．将每位同学的评语通过 IF 函数计算出来，规则为 60 分以下显示不及格，60 ~ 79 分显示及格，80 ~ 100 分显示优秀。

9．对 C3 ~ F16 和 H3 ~ H16 单元格区域设置条件格式为小于 60 分，以红色加粗的格式显示。

10．将成绩表的 B2 ~ I16 单元格区域加上粗线样式的外部边框和细线样式的内部线条。

11．将 B2 ~ B16 及 C2 ~ I2 单元格区域设置填充颜色为“白色，背景 1，深色 5%”。

12．将成绩表的 B2 ~ F16 单元格区域的数据生成簇状柱形图，将图表移到表格的下方。再将 H2 ~ H16 的数据也添加到图表中。

13．将图表区字体设置为宋体、10 号字。

排版后的效果如图 4-26 所示。

14．将成绩分析表的各科最高分、各科最低分、各科平均分通过函数计算出来，要求平均分的小数位数显示为两位。

15．将各科及格率（60 分以上的人数/总人数）、各科优秀率（80 分以上的人数/总人数）通过 COUNTIF 函数计算出来，并以百分比的形式显示。

16．合并成绩分析表的 A1 ~ E1 单元格区域，输入艺术字“成绩分析”（4 行 1 列样式），设为华文形楷、24 号字、加粗。

17．对 A2 ~ A7 及 B2 ~ E2 单元格区域设置填充颜色为“深蓝，文字 2”，字体颜色为白色，加粗。

18．各科平均分生成圆柱图，将数据系列的填充效果为斜纹布，字体设置为加粗、倾斜、宋体 12 号，不显示图例，显示数据标签。

19．设置图表标题为“各科平均分”，字体设置为加粗、宋体、14 号字、红色。

20．插入自选图形显示提示：“各科成绩接近”。

操作完成后用原文件名保存，排版后的效果如图 4-27 所示。

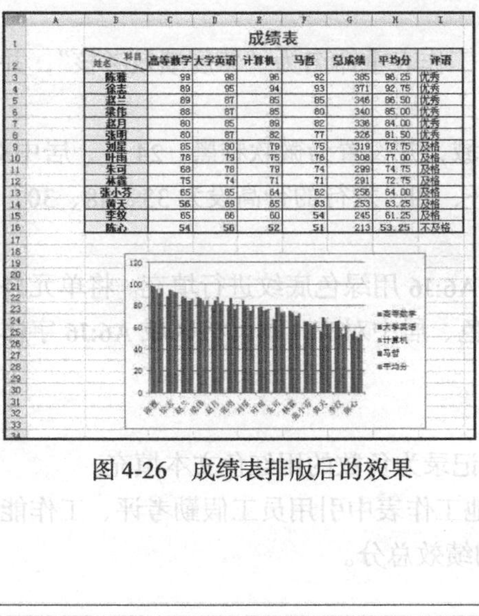

图 4-26　成绩表排版后的效果

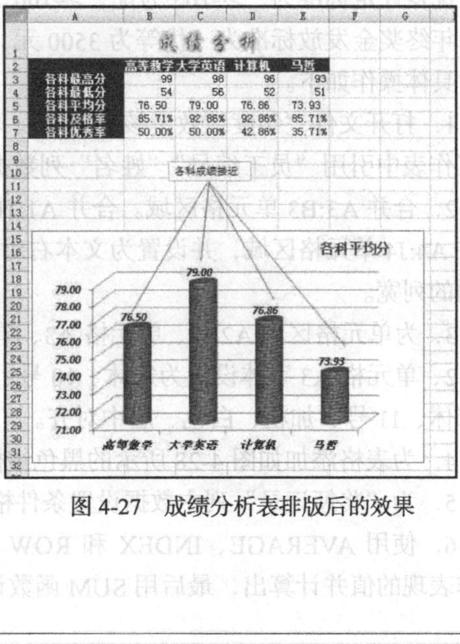

图 4-27　成绩分析表排版后的效果

【习题二】

作为财务部助理肖某，需要每年年底向主管汇报本年度公司差旅报销情况，现他对2015度“公司差旅费用报销管理.xlsx”进行数据管理与分析。具体操作如下。

1．在“费用报销管理”工作表“日期”列的所有单元格中，标注每个报销日期属于星期几，例如日期为“2015年1月20日”的单元格应显示为“2015年1月20日星期日”，日期为“2015年1月21日”的单元格应显示为“2015年1月21日星期一”。

2．如果“日期”列中的日期为星期六或星期日，则在“是否加班”列的单元格中显示“是”，否则显示“否”（必须使用公式）。

3．使用公式统计每个活动地点所在的省份或直辖市，并将其填写在“地区”列所对应的单元格中，例如“北京市”“浙江省”。

4．依据“费用类别编号”列内容，使用VLOOKUP函数，生成“费用类别”列内容。对照关系参考“费用类别”工作表。

5．在“差旅成本分析报告”工作表B3单元格中，统计2015年第二季度发生在北京市的差旅费用总金额。

6．在“差旅成本分析报告”工作表B4单元格中，统计2015年员工钱顺卓报销的火车票费用总额。

7．在“差旅成本分析报告”工作表B5单元格中，统计2015年差旅费用中，飞机票费用占所有报销费用的比例，并保留2位小数。

8．在“差旅成本分析报告”工作表B6单元格中，统计2015年发生在周末（星期六和星期日）的通信补助总金额。

操作完成后用原文件名保存。

【习题三】

现有某单位的各季度考核情况表。为了了解所有员工的全年工作情况，评出各员工优良等级，发放年终奖金，现对各季度考核表进行统计分析，年度考核的绩效总分根据“各季度总分+奖惩记录”来评定，总分为120分。

优良评定标准为“>=105为优，>=100为良，其余为差”。

年终奖金发放标准为“优等为3500元，良为2500元，差为2000元”。

具体操作如下。

1．打开文件“年度绩效考核表.xlsx”，将Sheet1工作表重命名为“年度绩效考核”，并从其他工作表中引用“员工编号”“姓名”列数据。

2．合并A3:B3单元格区域。合并A1:J1单元格区域，并设置为微软雅黑、24号、居中对齐。合并A4:J4单元格区域，并设置为文本右对齐。将第一、四、六行的行高设为33、48、30，调整各列的列宽。

3．为单元格区域A2:J2、单元格A3、单元格区域A6:J6用绿色底纹进行填充。将单元格区域A2:J2、单元格A3字体设置为宋休、10号、加粗、白色、居中对齐，单元格区域A6:J6字体设置为宋休、11号、加粗、白色、居中对齐。

4．为表格添加如图4-28所示的黑色细框线。

5．为“奖惩记录”列中数据设置条件格式：奖惩记录为负数的用红色文本填充。

6．使用AVERAGE、INDEX和ROW函数从其他工作表中引用员工假勤考评、工作能力、工作表现的值并计算出，最后用SUM函数计算员工的绩效总分。

7. 用公式及函数评定员工等级：根据绩效总分的值与 IF 函数来计算员工的绩效等级，并根据绩效等级耿评定员工的年终奖金。

操作完成后用原文件名保存。其结果效果如图 4-28 所示。

年度绩效考核表

	嘉奖	晋级	记大功	记功	无	记过	记大过	降级
基数：	9	8	7	6	5	-3	-4	-5

备注：年度考核的绩效总分根据“各季度总分＋奖惩记录”来评定，总分为120分。
优良评定标准为“>=105为优，>=100为良，其余为差”；
年终奖金发放标准为“优等为3500元，良为2500元，差为2000元”。

员工编号	姓名	假勤考评	工作能力	工作表现	奖惩记录	绩效总分	优良评定	年终奖金（元）	核定人
1101	刘松	29.52	32.64	33.79	5.00	100.94	良	2500	杨乐乐
1102	李波	28.85	33.23	33.71	6.00	101.79	良	2500	杨乐乐
1103	王慧	29.41	33.59	36.15	3.00	102.14	良	2500	杨乐乐
1104	蒋伟	29.50	33.67	33.14	2.00	98.31	差	2000	杨乐乐
1105	杜泽平	29.35	35.96	33.70	1.00	100.01	良	2500	杨乐乐
1106	蔡云帆	29.68	35.18	34.95	6.00	105.81	优	3500	杨乐乐
1107	侯向明	29.60	31.99	33.55	7.00	102.14	良	2500	杨乐乐
1108	魏丽	29.18	33.79	32.71	-2.00	93.68	差	2000	杨乐乐
1109	袁晓东	29.53	34.25	34.17	5.00	102.94	良	2500	杨乐乐
1110	程旭	29.26	33.17	33.65	6.00	102.08	良	2500	杨乐乐
1111	朱建兵	29.37	34.15	35.05	2.00	100.57	良	2500	杨乐乐
1112	郭永新	29.18	35.90	33.95	6.00	105.03	优	3500	杨乐乐
1113	任建刚	29.20	33.81	35.08	5.00	103.09	良	2500	杨乐乐
1114	黄慧佳	28.98	35.31	34.00	5.00	103.28	良	2500	杨乐乐
1115	胡珀	29.30	33.94	34.08	6.00	103.32	良	2500	杨乐乐
1116	姚妮	29.61	34.40	33.00	5.00	102.00	良	2500	杨乐乐

图 4-28　年度绩效考核表排版后的效果

提示　如刘松的假勤考评、工作能力、工作表现对应单元格数据计算公式如下。

假勤考评：=AVERAGE(INDEX(第一季度绩效!$A$1:$E$18,ROW(A3),3),INDEX(第二季度绩效!$A$1:$E$18,ROW(A3),3),INDEX(第三季度绩效!$A$1:$E$18,ROW(A3),3),INDEX(第四季度绩效!$A$1:$E$18,ROW(A3),3))。

工作能力：=AVERAGE(INDEX(第一季度绩效!$A$1:$E$18,ROW(A3),4),INDEX(第二季度绩效!$A$1:$E$18,ROW(A3),4),INDEX(第三季度绩效!$A$1:$E$18,ROW(A3),4),INDEX(第四季度绩效!$A$1:$E$18,ROW(A3),4))。

工作表现：=AVERAGE(INDEX(第一季度绩效!$A$1:$E$18,ROW(A3),5),INDEX(第二季度绩效!$A$1:$E$18,ROW(A3),5),INDEX(第三季度绩效!$A$1:$E$18,ROW(A3),5),INDEX(第四季度绩效!$A$1:$E$18,ROW(A3),5))。

第 5 章 PowerPoint 2010 演示文稿设计

PowerPoint 2010 是 Microsoft 公司开发的 Office 2010 办公组件之一，是一个演示文稿制作软件。它集文字、表格、公式、图表、图片、声音、视频、动态 SmartArt 图形、艺术字等多种媒体元素于一身，配合母版、版式、超链接、动作按钮、主题模板、动画设置、幻灯片切换、幻灯片放映等丰富便捷的编辑技术，可以快速地创建极具感染力和视觉冲击力的动态演示文稿。

本章以毕业论文答辩演示文稿的制作为案例，介绍 PowerPoint 2010 的高级设计功能和技术，如设计原则、设计思路、主题应用、母版的使用、交互设置、美化与修饰、效果设计及文档保护等。

5.1 PowerPoint 2010 演示文稿设计基础

5.1.1 案例分析

小李是大四的学生，通过努力，他终于完成了毕业论文写作与编排。其论文格式规范、内容丰富、思路清晰、有条理，较好地体现了创新能力，获得了指导老师的赞赏。现在，小李要准备毕业论文的最后一关——毕业论文答辩。毕业论文答辩需要将毕业论文的撰写思路、内容、所获得的研究成果等内容向评委老师进行汇报，虽然答辩的好坏与自己对论文的熟悉程度、答辩内容的组织及口才有很大的关系，但答辩演示文稿的好坏也是至关重要的。因此小李的首要任务是要制作出一个美观的毕业论文答辩演示文稿。

当前，有很多专业的演示文稿制作软件或辅助软件，例如 Authorware、iSpring、Flash、PowerPoint 等，均可制作出精美的演示文稿。小李已学习过 PowerPoint 的一些基本操作，对其他的软件不甚了解。由于时间紧，并没有足够的时间和精力再学一门专业软件。实际上，PowerPoint 2010 提供了强大的演示文稿制作和设计功能，可以非常方便地应用文字、图形、音频、视频等对象设计出丰富多彩的演示文稿。

5.1.2 PPT 设计的一般原则

一个优秀的 PPT 演示文稿，能够缩短会议时间、增强报告说服力、取得良好的教学效果、提高订单成交率。一个成功的 PPT 演示文稿必须满足：内容精炼、结构清晰、页面整洁三个准则，因此，做好一个 PPT 演示文稿，一般应当遵循以下原则。

1. 一个目标、一个灵魂、两个中心

一个 PPT 只为一类人服务，针对不同听众制作不同层次内容的 PPT，每一个 PPT 只说明一个重点。逻辑是 PPT 的灵魂，通过结构和布局把主题表达清楚。做提纲时，用逻辑树将大问题分解成小问题，小问题用图表现。演讲时 PPT 为辅，演讲者和观众才是中心，PPT 更依赖于演讲来表述更多的细节去说服观众，这也是 PPT 与其他文档的区别。

2. 简洁、鲜明的风格

PPT 不是依靠效果堆砌，风格应简洁而鲜明。一般来说，一个演示文稿中不超过 3 种字体、不超过 3 种色系、不超过 3 种动画（包括幻灯片的切换）。一个 PPT 演示文稿应干净、简洁、有序。

3. 七个概念、八字真言

每份幻灯片传达 5 个概念效果最好。七个概念人脑恰好可以处理，超过 9 个概念负担太重，需要重新组织。“文不如表，表不如图！”能用图时不用表，能用表时不用字。人先看图表，再才看文字，杜绝长篇大论。人看图表时，第一眼就是找最高的和最低的，然后找跟自己相关的，标出这 3 点，观众很省事。

4. 10—20—30 原则

任何一个单一的话题，一定不要超过 10 张幻灯片，单张页面最好不要超过 10 行。标题或关键字用 20 磅以上的字标出，演讲时间不超过 20 分钟。任何辅助性文字说明不要超过 30 个字，整个 PPT 不要超过 30 张。

5. 统一原则

整套幻灯片的设计格式应该一致，即结构清晰，风格一致，包括统一的配色、文字格式、图形使用的方式和位置等，在幻灯片中形成一致的风格。

6. 艺术性原则

美的形式能激发观众的兴趣，优秀的 PPT 应是内容与美的形式的统一，展示的对象结构对称、色彩柔和、搭配合理、协调、有审美性。

7. 可操作性原则

PPT 课件的操作要尽量简便、灵活，便于控制。在 PPT 课件的操作界面上设置简洁的菜单、按钮和图标，切忌不停地来回倒腾幻灯片，使演讲者自己和听众都陷入混乱。

5.1.3 PPT 制作的一般流程

1. 准备素材

主要是搜集和整理演示文稿中所需要的一些文字、图片、声音、动画等文件。

2. 构思

首先，明确制作这个 PPT 的目的及要表达的中心思想是什么，了解演讲的对象。其次，要梳理结构，确定先展示什么，后展示什么？如何展示 PPT 的素材，是否需要用到多媒体元素或超链接？最后，要弄明白采用什么样的方式放映更合适？如何展示才会更生动、更吸引人？

3. 设计

先对自己掌握的资料进行分析和归纳，找到一条清晰的逻辑主线，构建 PPT 的主体框架，然后根据 PPT 使用的场合确定整个 PPT 的风格及主题配色、主题字体等，完成模板和导航系统的设计。在设计的过程中，筛选出比较简单的实现方法，体现“简洁即美”的 PPT 设计原则。

4. 制作

制作阶段的任务是将 PPT 的内容视觉化，将文字进行提炼，按层次逻辑进行组织，将复杂的原理通过进程图和示意图等表达出来，将表格中的数据转化为直观的图表。制作过程可分两步进行。

（1）添加对象。将文本、图表、图形等对象输入或插入到相应的幻灯片中。

（2）美化修饰。为了达到更好的表达效果，还要对幻灯片中各个对象元素进行排版、美化，添加必要的动画。排版与美化是对信息进一步组织与制作，区分出信息的层次和要点，提高页面的展示效果。动画是引导观众思维的一种重要手段，应当根据演示场合的实际情况决定是否需要添加动画及确定添加何种类型的动画。如果需要添加动画，除了完成为对象元素添加合适的动画，还要根据实际需要设计自然、无缝的页面切换，提高 PPT 的动感。

5. 预演

预演是最后一个环节，也是非常重要的一个环节。在 PPT 制作完成之后，开始正式演讲之前应该花足够的时间进行排练和计时，熟悉讲稿的内容，并且适当修改讲稿，直到能够熟练而自然地背诵出讲稿，这样正式演讲时才会得心应手，连贯流畅。

5.1.4 案例实现

根据 PPT 制作一般流程，小李开始对毕业论文答辩演示文稿进行素材的整理和构思（假定小李学的是工科，以工科为例）。毕业论文答辩演示文稿的目的是将自己撰写的毕业论文展示给评委老师和同学们，传达的是毕业论文的设计需求、设计思想、研究内容、创新点、实现及实验结果与分析、结论等。要让评委老师认为论文的选题是有意义的，研究思路是可行的，研究内容是创新的并有一定的实用价值，实验结果表明设计思路是正确的，方法是有效的，结论是正确的。这样演示文稿的目的就达到了，答辩自然也会通过。

由于毕业论文答辩的场合是非正式的学术性场合，观众是评委老师和同学，因此设计的主体风格应该保持庄重，文字与背景设计应反差较大，结构清晰，逻辑性强，动画不应过多，文字尽量少，并且要添加适量的图和图表，采用手动翻页。

因为小李已具备 PowerPoint 的基本操作技能，所以后续章节将逐步介绍毕业论文答辩演示文稿的设计思路和高级应用，而一些基本的制作方法，例如文本框、图表的插入，字体字号的设置等，将不再过多叙述。

5.2 演示文稿的外观设计

5.2.1 案例分析

小李的毕业论文答辩 PPT 设计的主体风格应该保持庄重，并且希望在每张幻灯片上加上母校的校徽或校名，以示对母校的尊重。所以，小李首先对答辩演示文稿的外观进行设计。演示文稿的外观设计，包括设置幻灯片的主题、制作幻灯片的母版、设置幻灯片的背景及页眉和页脚。

设计要求：

（1）新建一个 PPT 文档；

（2）应用主题；

（3）设置母版标题和文本的字体格式；
（4）在母版上添加动作按钮；
（5）在母版上添加母校的校徽和校名；
（6）在母版视图中设置所有幻灯片的背景；
（7）更改幻灯片的版式；
（8）改变部分幻灯片的背景。

美化后的演示文稿如图 5-1 所示。

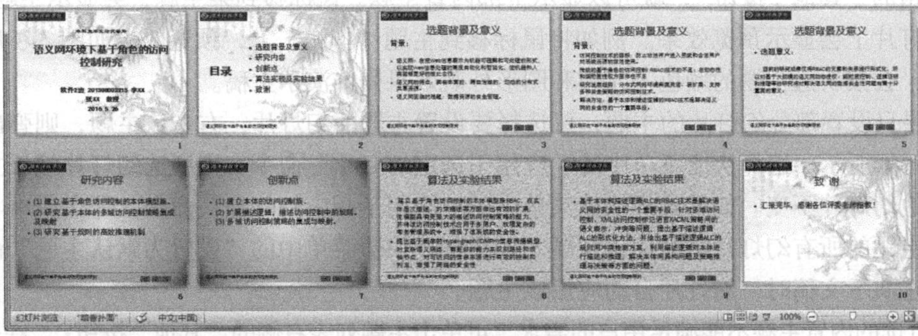

图 5-1　对演示文稿进行外观设置的效果图

5.2.2　知识储备

外观设计应从全局考虑整个演示文稿的布局、背景、颜色、字体、页眉、页脚等界面元素的设计。PowerPoint 提供了多种演示文稿的外观设计功能，用户可以采用多种方式修饰和美化演示文稿，制作出精美的幻灯片，更好地展示要表达的内容。为提高效率，外观设计一般按主题应用、母版设计、背景设置等顺序进行组织。

1. 主题设置

启动 PowerPoint 将自动建立一新的演示文稿，并创建一个新的 PPT 空白文档，新文档包含一张“标题幻灯片”版式的幻灯片，应用默认主题“Office 主题”，如图 5-2 所示。

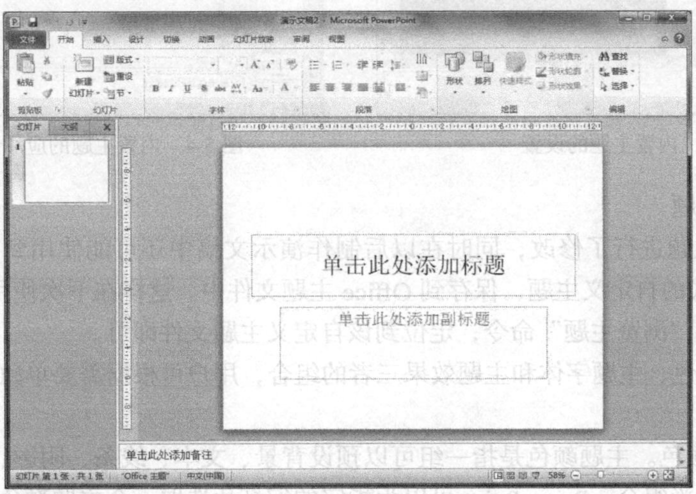

图 5-2　新建 PPT 文档

PowerPoint 中幻灯片的主题是指对幻灯片背景、版式、字符格式及颜色搭配方案的预先定义。在幻灯片的制作过程中用户可以根据幻灯片的制作内容及演示效果随时更改幻灯片的主题。即可以对整个演示文稿应用一种主题，也可以对单张幻灯片应用一种主题。

PowerPoint 提供多种主题，包括内置的主题和来自 Office.com 的主题，为满足设计需要，用户还可以从网上搜索下载主题，也可以自定义主题。

（1）应用主题

打开演示文稿，在“设计”选项卡的“主题”选项组内显示了部分内置主题列表，单击主题列表右下角的“其他”按钮，就可以显示全部内置主题。鼠标移到某主题，会显示主题的名称，并且在幻灯片上会显示预览效果。例如将鼠标移到主题“华丽”上，预览效果如图 5-3 所示。单击该主题，会按所选主题的颜色、字体和图形外观效果修饰演示文稿。

若需要只设置部分幻灯片的主题，可选择要设置主题的幻灯片，右击该主题，则弹出快捷菜单，如图 5-4 所示。选择快捷菜单中的“应用于选定幻灯片”命令，则所选幻灯片按该主题效果更新，其他幻灯片不变。如果选择快捷菜单中的“应用于相应幻灯片”命令，那么原本与当前幻灯片相同主题的所有幻灯片将应用该主题。如果选择快捷菜单中的“设置为默认主题”命令，则当用户新建演示文稿时，幻灯片自动应用该主题。

如果可选的内置主题不能满足用户的需求，可单击主题列表右侧的“其他”按钮，在弹出的下拉列表中选择“浏览主题(M)...”命令，并在“选择主题或主题文档”对话框中选取所需主题。

图 5-3　内置主题的设置

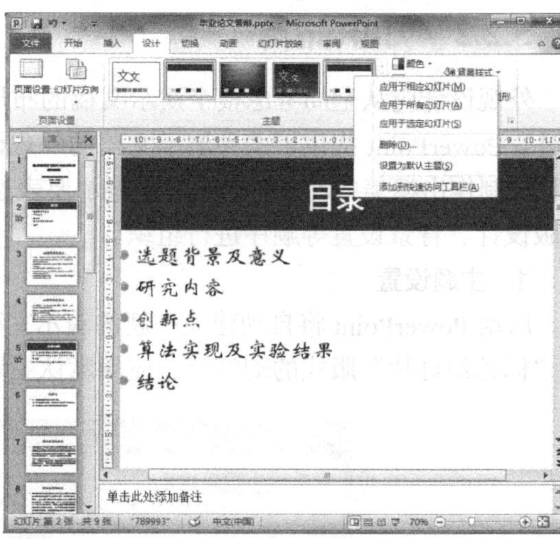

图 5-4　内置主题的应用于所选定的幻灯片

（2）自定义主题

若对当前的主题进行了修改，同时在以后制作演示文稿中还可能使用到，则可将其另存为“*.thmx”文件格式的自定义主题，保存到 Office 主题文件中。这样在下次使用时只需在如图 5-4 所示的菜单中选择“浏览主题”命令，定位到该自定义主题文件即可。

主题是主题颜色、主题字体和主题效果三者的组合，用户可根据需要单独设置主题的颜色、字体和效果。

① 设置主题颜色。主题颜色是指一组可以预设背景、文本、线条、阴影、标题文本、填充、强调和超链接的色彩组合。PowerPoint 可以为指定的幻灯片选取一个主题颜色方案，也可以为整

个演示文档的所有幻灯片应用同一种主题颜色方案。默认情况下，演示文稿的主题颜色是由用户使用的主题决定的，用户也可根据需要更改颜色方案。

单击“设计”选项卡“主题”选项组的“颜色”按钮 颜色，打开如图 5-5 所示的主题颜色列表。“内置”栏显示 Office 内置的可选颜色组，鼠标指针经过这些颜色组的时候，当前幻灯片显示应用该主题颜色组的效果。单击某个颜色组，即可将其应用于与当前幻灯片同主题的所有幻灯片。右键单击颜色组，用户可根据需要选择只将该颜色应用于所选幻灯片或全部幻灯片等。

如果用户对内置的颜色组不满意，可单击主题颜色列表下方的“新建主题颜色(C)...”命令，打开如图 5-6 所示的“新建主题颜色”对话框。设置完各部分颜色后，若对“示例”栏显示的效果不满意，单击“重置”按钮即可将所有颜色还原到原始状态；若对效果满意，可在“名称”文本框中输入新建主题颜色的名称，如“自定义 2”，单击“保存”按钮保存且自动应用该主题颜色。保存后的自定义主题颜色将出现在颜色列表的最上方。若要删除或再次编辑该主题颜色，可在其上单击鼠标右键，在弹出的快捷菜单中选择“编辑”或“删除”命令。

图 5-5 主题颜色列表

图 5-6 “新建主题颜色”对话框

② 设置主题字体。单击“设计”选项卡的“主题”选项组的“字体”按钮 字体，打开主题字体列表，如图 5-7 所示。“内置”栏显示 Office 内置的可选字体，鼠标指针经过这些字体的时候，当前幻灯片预览显示应用该字体的效果。单击某个字体，即可将其应用于与当前幻灯片同主题的所有幻灯片。右键单击字体，将弹出快捷菜单，用户可根据需要选择将该字体应用于相应幻灯片或全部幻灯片等。

如果用户对内置字体不满意，可单击列表下方的“新建主题字体”命令，弹出如图 5-8 所示的“新建主题字体”对话框。用户可在对话框中设置标题和正文的中、西文字体。在“名称”文本框中输入新建主题字体的名称，如“自定义 3”，并单击“保存”按钮即可保存该主题字体，并自动应用到当前文档。保存后的自定义主题字体将出现在字体列表的最上边。若要删除或再次编辑该主题字体，可在其上右击，在弹出的快捷菜单栏中选择“编辑”或“删除”命令。

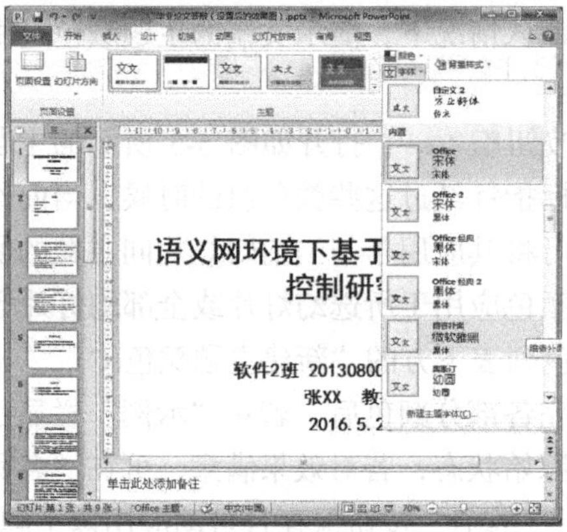

图 5-7　主题字体列表

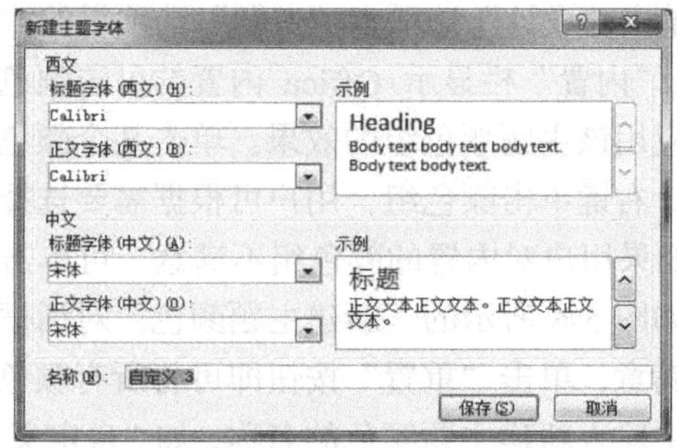

图 5-8　“新建主题字体”对话框

③ 设置主题效果。单击“设计”选项卡的“主题”选项组的“效果”按钮效果，打开主题效果列表，显示出系统内置的各种效果，如图 5-9 所示。单击某个效果图标即可将其应用于当前演示文稿。

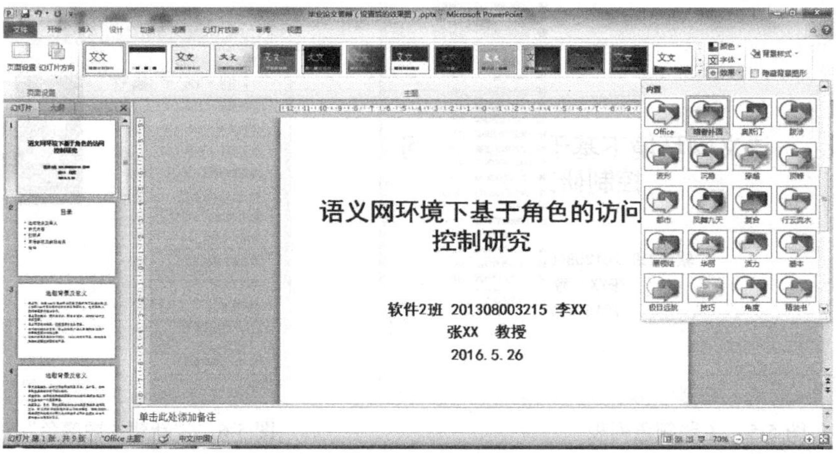

图 5-9　主题效果列表

2. 母版设计

母版是定义演示文稿中所有幻灯片或页面格式的幻灯片视图或页面，用它可以制作演示文稿中的统一标志、文本格式、背景、颜色、主题以及动画等。对母版进行相关编辑后，即可快速制作出多张样式相同的幻灯片，从而能极大地提高工作效率。在“视图”选项卡中的“母版视图”组中有 3 种类型母版：幻灯片母版、讲义母版、备注母版。讲义母版、备注母版在演示文稿中应用比较少，因为在演示文稿的放映过程中不会显示出来，只有通过打印才能看到。

（1）幻灯片母版

幻灯片母版是幻灯片层次结构中的顶层幻灯片，用于存储有关演示文稿的主题和幻灯片版式的信息，包括背景、颜色、字体、效果、占位符大小和位置。所谓版式就是幻灯片上标题和副标题文本、列表、图片、表格、图表、自选图形和视频等元素的排列方式。每个演示文稿至少包含一个幻灯片母版。使用幻灯片母版的主要优点是可以对演示文稿中的每张幻灯片（包括以后添加到演示文稿中的幻灯片）进行统一的样式更改。使用幻灯片母版时，由于无需在多张幻灯片上键入相同的信息，因此节省了时间。如果演示文稿非常长，其中包含大量幻灯片，则使用幻灯片母版特别方便。

由于幻灯片母版影响整个演示文稿的外观，因此在创建和编辑幻灯片母版或相应版式时，应在“幻灯片母版”视图下操作。单击“幻灯片母版”按钮，进入“幻灯片母版”视图，同时打开“幻灯片母版视图”工具栏，如图 5-10 所示。在幻灯片母版视图中，左侧的窗格中幻灯片母版缩略图中第一个较大的母版为幻灯片母版，其余 11 个较小的为与它上面的幻灯片母版相关联的幻灯片版式。幻灯片母版可以看作是幻灯片版式的母版，幻灯片母版的设置是对所有幻灯片进行控制生效的，包括幻灯片版式；而各种幻灯片版式则是在幻灯片母版的基础上，根据各自版式的特点经过“个性化”设置之后的结果。

值得注意的是，如果幻灯片版式中相对幻灯片母版的对应元素的对应样式没有发生更改，则幻灯片母版中该元素样式的变化会自动应用到幻灯片版式及相应的幻灯片中，否则不会应用。另外，在修改幻灯片母版下的一个或多个版式时，实质上是在修改该幻灯片母版。每个幻灯片版式的设置方式都不同，然而，与给定幻灯片母版相关联的所有版式均包含相同主题（配色方案、字体和效果）。

在图 5-10 左侧窗格的幻灯片母版缩略图中，将鼠标置于幻灯片母版上时会显示“暗香扑面幻灯片母版：由幻灯片 1 ~ 9 使用”，这段文字说明了该母版是基于“暗香扑面”主题创建的母版，且演示文稿中 1 ~ 9 张幻灯片是基于该母版创建的。幻灯片母版默认主题是 Office 主题。如果希望演示文稿中包含两种或更多种不同的样式或主题，则需要为每种不同的主题插入一个幻灯片母版。如图 5-11 所示，基于“流畅”主题和“时装设计”主题创建了两个幻灯片母版，每个的下方均有相关版式，它们显示在“幻灯片母版”视图中，每个幻灯片母版应用了不同的主题。所有演示文稿都有幻灯片母版，无论你是否直接修改过它。

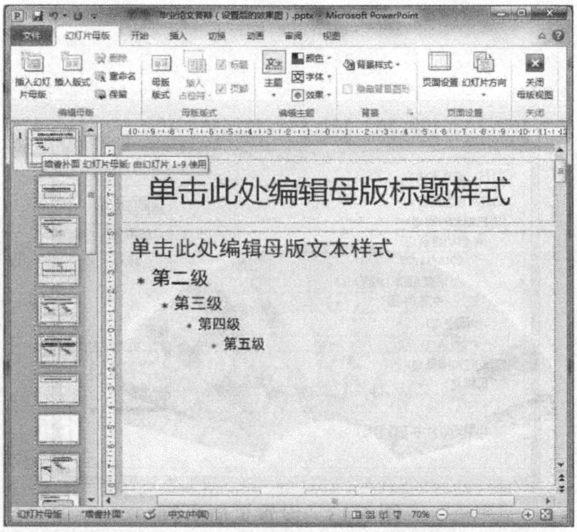

图 5-10 “幻灯片母版”视图

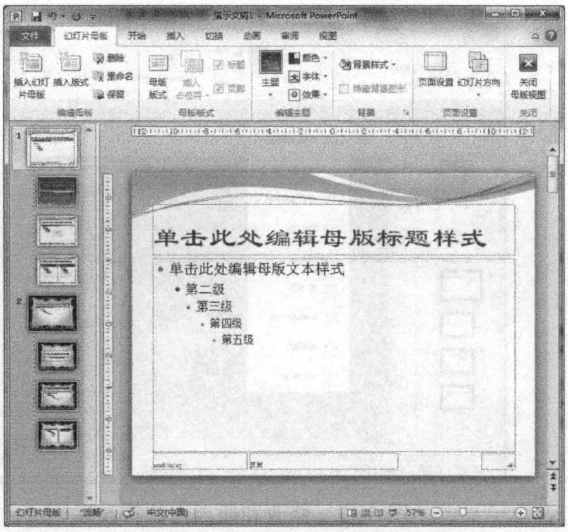

图 5-11 含两个主题的幻灯片母版

创建和使用幻灯片母版的最佳作法是：最好在开始构建各张幻灯片之前创建幻灯片母版，而不要在构建了幻灯片之后再创建母版。如果先创建了幻灯片母版，则添加到演示文稿中的所有幻灯片都会基于该幻灯片母版和相关联的版式。开始更改时，应在幻灯片母版上进行。

如果在构建了各张幻灯片之后再创建幻灯片母版，则幻灯片上的某些项目可能不符合幻灯片母版的设计风格。此时可以使用背景和文本格式设置功能在各张幻灯片上覆盖幻灯片母版的某些自定义内容，但其他内容，例如页脚和微标等，只能在“幻灯片母版”视图中修改。

制作幻灯片母版的操作主要包括设置背景、占位符、文本和段落格式、页眉、页脚等。

① 设置母版背景。单击“幻灯片母版”按钮，进入“幻灯片母版”视图，单击“幻灯片母版”选项卡的“背景”选项组中的 背景样式 按钮，在打开的下拉列表框中选择任一种系统背景样式即可；若要自定义背景样式，则选择“设置背景格式”选项，在打开的“设置背景格式”对话框中进行设置。

② 设置占位符。单击“幻灯片母版”选项卡的“母版版式”选项组中的“插入占位符”按钮下方的三角形箭头，弹出下拉列表，如图 5-12 所示，插入可选的占位符（如文本），并调整到幻灯片上适当的位置，选定该文本占位符，设置好占位符的大小、字体、颜色、段落等格式（其设置方法与设置文本相同），删除底部占位符。

③ 设置页眉和页脚。在幻灯片母版中还可以为幻灯片添加页眉、页脚，包括日期、时间、编号、页码等内容，具体操作如下。

进入“幻灯片母版”视图，在“插入”选项卡的“文本”组中单击“页眉页脚”按钮，在打开的“页眉页脚”对话框中，如图 5-13 所示。单击“日期和时间”复选框设置日期和时间，若选中“自动更新”单选项，页脚显示的日期将自动根据计算机日期进行修改，若选中“固定”单选项，则可在下方的文本框中输入一个固定的时间，不会根据计算机日期而变化；单击选中“幻灯片编号”复选框设置幻灯片的编号；单击选中“页脚”复选框，在下面的文本框中输入文字，将其设置为页脚；若在标题幻灯片中不显示页眉和页脚，则需要单击选中“标题幻灯片中不显示”复选框；最后单击“应用”按钮完成设置。

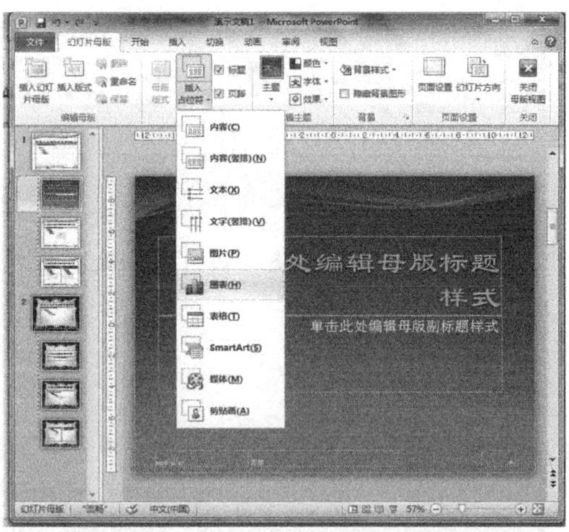

图 5-12　修改和插入占位符设置

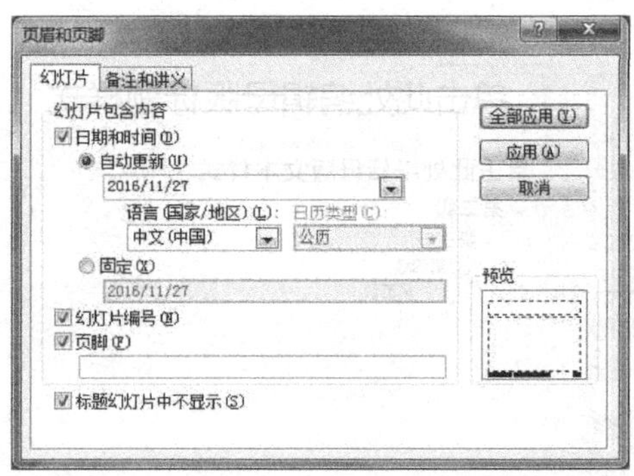

图 5-13　设置页眉页脚

④ 退出幻灯片母版的设计。完成幻灯片母版修改后，单击“幻灯片母版”选项卡的“关闭”组中的“关闭母版视图”按钮，关闭该视图模式，切换到原来的视图模式，母版的改动就会反映在使用相应母版的幻灯片上。

（2）讲义母版

讲义是演讲者在演示文稿时使用的纸稿，纸稿中显示了每张幻灯片的大致内容、要点等。讲义母版就是设置该内容在纸稿中的显示方式，制作讲义母版主要包括设置每页纸张上显示的幻灯片数量、排列方式以及页眉和页脚信息等。制作方法为：在“视图”选项卡的“母版视图”组中单击“讲义母版”按钮，进入讲义母版的编辑状态，如图 5-14 所示。在“页面设置”组中可以设置讲义方向、幻灯片方向、每页幻灯片的数量；在“占位符”组中可以通过单击或撤销选中的复选框来显示或隐藏相应内容；在讲义母版中还可以移动各占位符的位置、设置占位符中文本样式等；在“关闭”组中单击“关闭母版视图”按钮，退出讲义母版的编辑状态。

（3）备注母版

备注是指演讲者在幻灯片下方输入的内容，根据需要可将这些内容打印出来。要想使这些备注信息打印在纸张上，就需要对备注母版进行设置。制作备注母版的方法：在“视图”选项卡的“母版视图”组中单击“备注母版”按钮，进入备注母版的编辑状态，如图 5-15 所示。其设置方法和幻灯片母版及讲义母版的设置方法相同。

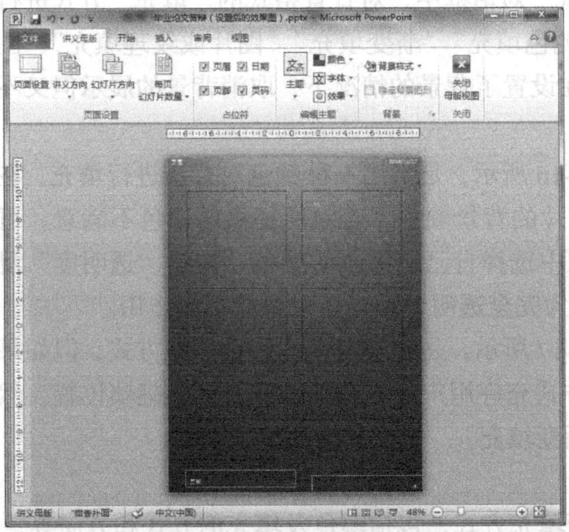

图 5-14　设置“讲义母版”

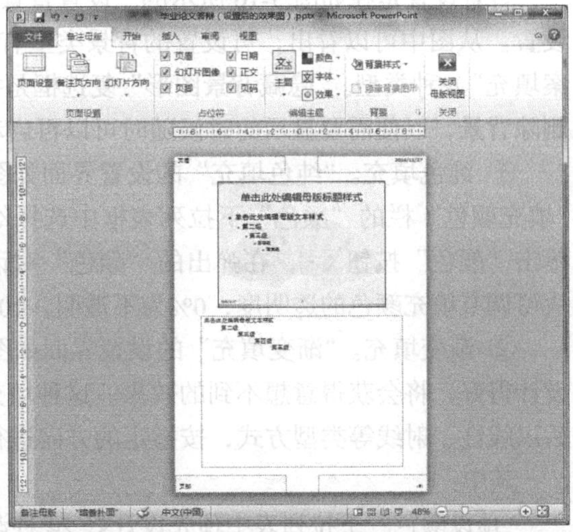

图 5-15　设置“备注母版”

3. 背景设置

一个好的演示文稿不仅内容充实，外表装饰也很重要，其中背景的设计就非常重要，精美绚丽的背景能为 PPT 演示文稿锦上添花，一张淡雅或清新或漂亮的背景图片能把 PPT 包装得更富有创意、更能吸引观众。

可以在整个幻灯片后面插入图片或剪贴画作为背景，也可以在部分幻灯片后面插入图片作为水印、还可以在幻灯片后面插入颜色作为背景。通过向一个或所有幻灯片添加图片作为背景或水印，可以使 PPT 演示文稿独具特色。

（1）背景设置方法

① 直接在 PPT 幻灯片中设置。单击“设计”选项卡中“背景”组中“背景样式”列表中的“设置背景格式…”，打开“设置背景格式”对话框，如图 5-16 所示。

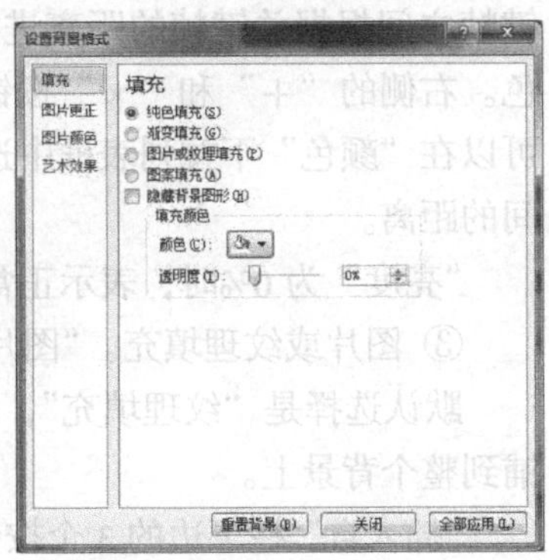

图 5-16　“设置背景格式”对话框

在这种设置方法下，设置结果只对当前选定的幻灯片进行应用，并且不论当前选定的幻灯片的版式是否相同，一律生效；其他未选定的幻灯片，即使与当前选定幻灯片的版式相同，其背景也不会改变；但如果在此对话框中单击“全部应用”按钮，则当前演示文稿中所有幻灯片均应用该背景。如果要清除背景，则单击“重置背景”按钮。

② 在母版中设置。打开“幻灯片母版”视图，在“幻灯片母版”选项卡中单击“背景”组中的 “背景样式”列表中的“设置背景格式...”、打开“设置背景格式”对话框，如图 5-16 所示。在这种设置方法下，如果在幻灯片母版中设置，这种背景在该母版下的所有版式中都会被应用，也就是说所有幻灯片都会被应用；如果在某个版式母版中设置，则这种背景只有该版式的幻灯片才会被应用。

需要注意的是，如果在母版和幻灯片中都设置了背景，则最后生效的是幻灯片中设置的背景。在母版中插入图片，如果是“置于底层”，则相当于背景。

（2）背景类型

背景设置是在如图 5-16 所示的“设置背景格式”对话框中，对背景格式的“填充”方式进行设置。从图中可以看出，可设置的背景类型有“纯色填充”“渐变填充”“图片或纹理填充”“图案填充”4 种类型。“隐藏背景图形”复选框是指在设置了背景的情况下，取消背景的展示但又不删除背景，以便需要显示的时候随时可以再启动。

① 纯色填充。“纯色填充”的设置界面如图 5-16 所示，是指用一种颜色对背景进行填充，在“填充颜色”栏的“颜色”下拉列表框中选择幻灯片的背景颜色。若对所提供的颜色不满意，可单击“颜色”按钮，在弹出的“颜色”对话框中选择自己所需要的颜色。拖动“透明度”滑块可调节填充颜色的透明度，0%为不透明，100%为完全透明，相当于对背景不起作用。

② 渐变填充。“渐变填充”的设置界面如图 5-17 所示，是比较复杂的一种填充方式，但如果设计得好，将会获得意想不到的效果。这种填充方式充许用户指定几种颜色及其关键帧位置，然后以线性、射线等类型方式，按指定的方向进行渐变填充。

其中：

“预设颜色”下拉列表中预先设计好 24 种渐变填充方式，包括颜色及填充的方式和方向等；

“类型”有线性、射线、矩形、路径、标题的阴影 5 种方式，前 4 种和形状中的颜色填充是一致的，而“标题的阴影”是一种动态的填充效果，颜色的起点会根据幻灯片上标题位置的变化而变化；

“方向”是指从填充起点开始，没着什么方向进行渐变填充，不同的填充类型有不同的填充方向，如“线性”填充方式，有“线性对角—左上到右下”等 8 种填充方向，还可设置角度；

“渐变光圈”用来设定渐变的颜色及关键帧位置。在每一个关键帧位置指定一种颜色，相邻关键帧之间根据关键帧的距离进行渐变，从一种颜色均匀按填充类型和填充方向渐变到另一种颜色。右侧的“+”和“×”按钮可以在渐变光圈中实现雷增加或删除关键帧。选定关键帧之后，可以在“颜色”下拉列表框中选定关键帧的颜色，拖动渐变光圈的滑动按钮，可以改变关键帧之间的距离。

“亮度”为 0%时，表示正常亮度，低于 0%时变暗，高于 0%时加亮。

③ 图片或纹理填充。“图片或纹理填充”的设置界面如图 5-18 所示。

默认选择是“纹理填充”，共提供了“纸莎草纸”“画布”“斜纹布”等 24 种纹理，纹理将平铺到整个背景上。

“插入自”栏下边的 3 个按钮分别用于插入 3 种不同来源的图片。单击“文件”按钮，插入来自文件的图片；单击“剪贴板”按钮，可以插入已经复制到剪贴板的图片；单击“剪贴画”按钮，可以在列表中找到所需剪贴画，或在“搜索文字”框中键入描述所需剪贴画的字词或文件名。

若用户选择使用“图片或纹理填充”，则在选择了图片或纹理背景后，还可以使用对话框左栏中的“图片更正”“图片颜色”和“艺术效果”3 种功能对选定的图片或纹理进行更进一步的设置、加工。

图 5-17　渐变填充

图 5-18　图片或纹理填充

④ 图案填充。“图案填充”的设置界面如图 5-19 所示，共有 48 种图案，可以设置图案的前景色和背景色。

设置完成后，单击“关闭”按钮可将设置应用到当前幻灯片；单击“全部应用”按钮可将设置应用到演示文稿中的所有幻灯片；单击“重置背景”按钮可将对话框中的设置还原到打开对话框时的状态。

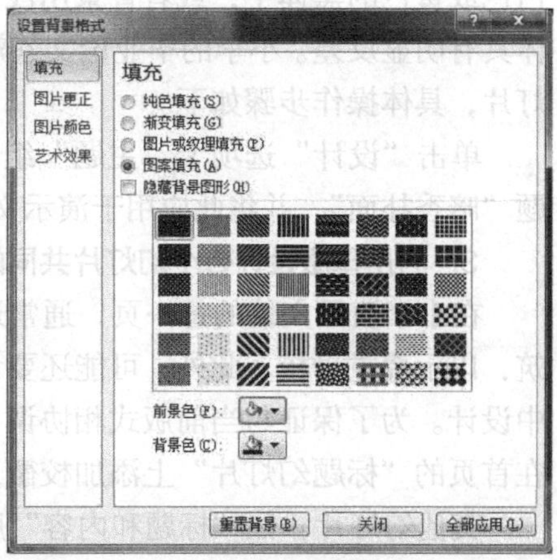

图 5-19　图案填充

5.2.3　案例实现

1. 新建毕业论答辩演示文稿

通常，一个演示文稿的第一张幻灯片都是“标题幻灯片”版式，用以说明演示文稿的主标题及演讲者相关的信息等。对于小李的毕业论文答辩演示文稿来说，第一张幻灯片应给出论文题目、学生班级、学号、姓名、指导老师等相关的信息，后续的幻灯片则可根据需要设置为“标题和内容”“图片与标题”“两栏内容”“比较”等各种版式。具体操作步骤如下。

（1）启动 PowerPoint　2010，新建一个演示文稿，并保存为“毕业论文答辩.pptx”。

（2）在第一张幻灯片，即“标题幻灯片”版式的幻灯片中输入论文题目、答辩者相关信息及指导老师的信息，如图 5-20 所示。

（3）新建一个“标题和内容”版式的幻灯片，输入目录信息。

（4）新建若干张“标题和内容”版式幻灯片，依次录入答辩所需的相关信息。

图 5-20 第一张“标题幻灯片”版式幻灯片

2. 设置毕业论文答辩演示文稿的主题

毕业论文答辩演示文稿需要应用庄重的主题。背景适合选用深色调的，如深蓝色，文字选用白色或黄色的黑体字；或者背景用浅色的，如白色，文字用黑色。需要注意，一定要使背景和字体具有明显反差。小李的毕业论文答辩 PPT 选择内置的主题“暗香扑面”应用于 PPT 中所有的幻灯片，具体操作步骤如下。

单击“设计”选项卡“主题”组的其他按钮，打开主题下拉列表，在列表中选择内置的主题“暗香扑面”，并将此应用于演示文稿中所有幻灯片。

3. 利用母版设计各个幻灯片共同的信息

在小李演示文稿的每一页，通常还要加上学校的有关信息，包括校名、校徽或学校标志性建筑，以示尊重母校。此外，可能还要设计导航按钮，这些信息是共同的信息，因此应该放在母版中设计。为了保证与当前版式相协调，在不同的幻灯片上这些信息的放置位置有可能不相同。如在首页的“标题幻灯片”上添加校徽及“本科生毕业论文答辩”文本框，效果如图 5-21 所示。

其他幻灯片，如“标题和内容”版式幻灯片，需要展示共同的信息是在顶端左侧加上校徽，底端加上一横线，横线下面插入论文的标题，在底端右边添加导航按钮，效果如图 5-22 所示。

图 5-21 首页“标题幻灯片”直接插入相关信息

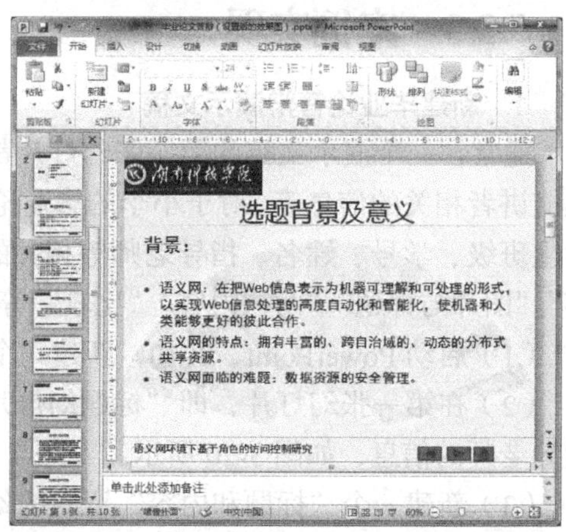

图 5-22 “标题和内容”版式幻灯片效果图

具体操作步骤如下。

（1）单击“视图”选项卡的“母版”组中的“幻灯片母版”，打开母版视图。

（2）选定“幻灯片母版”插入包括校名与校徽图片，调整到适当的位置，这时该幻灯片母版下所有的版式均有此图片。

（3）选定“标题幻灯片版式”，在论文题目的上方插入一个文本框，在文本框中输入“本科生毕业论文答辩”文本。

（4）选定“标题和内容”版式，首先将页脚复选框的对勾去掉，然后在其底端插入一条直线，并设置线条的颜色，横线下面的左端插入一文本框，在文本框中输入论文的标题，右端添加动作按钮作为导航按钮，如图 5-23 所示。

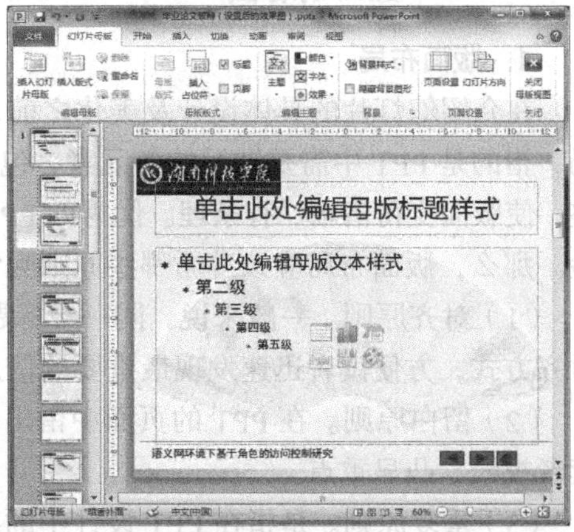

图 5-23　“标题和内容”版式母版中插入相关信息

4. **设置毕业论文答辩演示文稿的背景**

对小李的毕业论文答辩 PPT，先在幻灯片母版中插入一张来自文件的图片作为背景，透明度为 70%；关闭幻灯片母版视图，在幻灯片的普通视图中将第 3、4、5 张幻灯片背景设置为纯色填充；第 6、7 张幻灯片背景设置为渐变色。效果如图 5-1 所示。具体操作步骤如下。

（1）单击“视图”选项卡“母版视图”组中的“幻灯片母版”打开母版视图，选定“幻灯片母版”，在“幻灯片母版”选项卡中，单击“背景”组中的“背景样式”，打开背景样式列表。

（2）在背景样式列表中单击“设置背景格式(B)...”，打开“设置背景格式对话框”，选择“图片或纹理填充”单选钮。

（3）单击插入自“文件(F)...”，打开“插入图片”对话框，选择所需的图片文件，单击“插入”按钮，然后调整其透明度为 70%，单击“关闭”按钮，关闭幻灯片母版视图。

（4）在幻灯片的普通视图中，选定第 3、4、5 张幻灯片，将其背景设置为纯色填充；选定第 6、7 张幻灯片，将背景设置为渐变色；选定第 8、9 张幻灯片，将其背景设置为某纹理。其设置方法与在母版视图中设置是一样的，不再赘述。

5.3　演示文稿的内容设计

5.3.1　案例分析

一个完整的 PPT 演示文稿一般包括片头动画、封面、前言、目录、正文页、过渡页、封底、致谢（片尾动画）等几个部分，所应用的对象通常包括文字、艺术字、形状、SmartArt 图形、表格、图片、图表、音频、视频等。根据 PPT 使用的不同目的及相应的应用场合，有些部分不是必需的，可以省略的。对于小李的毕业论文答辩演示文稿来说，一般包含封面、目录、正文页、致谢即可，尽量避免用音频和视频。

设计要求：

（1）插入形状，利用形状设计出点效果来；

（2）插入 SmartArt 图形，并对其美化；

（3）在幻灯片上插入图片；

（4）对多张幻灯片上相同的对象设置形状效果以突出显示。

5.3.2 知识储备

1. 版面布局

在介绍幻灯片的具体设计及美化之前，首先要了解一下版面布局的相关知识。PPT 的版面布局，指的是 PPT 中需要展示的各元素，包括文字、形状、图片等，在版面上进行大小、位置的调整，使版面变得清晰、有条理。优秀的 PPT 往往因为其合理的版面布局给读者带来舒适的视觉体验。那么，版面布局应该遵循哪些原则呢？

（1）对齐原则。一般来说，同一级标题或同一层次的内容在整个 PPT 放映过程中采用同样的对齐方式，方便读者迅速发现最重要的信息。

（2）留白原则。在 PPT 的页面中留出一定的空白，既可以分隔页面、减少压迫感，又能引导读者视线，凸显重点。

（3）重复原则。是指在 PPT 设计中的某些方面要在整个作品中重复，这样可以使作品具有整体性，使 PPT 更具有可读性。重复原则一般应用于固定的模板、在某一页或某个 PPT 中相同层次的内容使用相同的格式。

（4）降噪原则。在 PPT 设计中应减少不必要的干扰因素，如字数和段落应设计合理、分布错落有致，图形简繁得体，避免使用过多的颜色，以避免分散观众的注意力。

（5）对比原则。把具有可比性元素放在一起，用比较的方法加以描述或说明，这样可以加大不同元素的视觉差异，使读者的注意力集中在特定的区域，同时还可以增加页面的活泼性与美感。

2. 文本与 SmartArt 图形

SmartArt 图形是信息和观点的视觉表示形式，是为文本设计的。在演示文稿的展示中，通常会有部分文本内容具有一定层次关系、附属关系或并列关系或循环关系等逻辑关系，利用“SmartArt 图形”，可以准确表达文字间的层次或逻辑关系，制作的图形漂亮精美，具有很强的立体感和画面感。

通常，在形状个数和文字量仅限于表示要点时，SmartArt 图形最有效。例如，创建组织结构图，显示层次结构（如决策树），演示过程或工作流中的各个步骤或阶段，显示过程或程序或其他事件的流、列表信息，显示循环信息或重复信息，显示各部分之间的关系（如重叠概念），创建矩阵图，显示棱锥图中的比例信息或分层信息，通过键入或粘贴文本并使其自动放置和排列来快速创建图示等均可使用 SmartArt 图形。在幻灯片中插入 SmartArt 图形有如下两种方法。

（1）在幻灯片中插入 SmartArt 图形之后输入文本。

在普通视图中，选中要插入 SmartArt 图形的幻灯片，在“插入”选项卡“插图”选项组中单击“SmartArt”按钮，出现“选择 SmartArt 图形”对话框，如图 5-24 所示。SmartArt 图形类型有“流程”“层次结构”“循环”或“关系”等。每种类型的 SmartArt 图形包含几个不同的布局。选择要插入的图形，单击“确定”按钮。

选中已经插入的 SmartArt 图形，功能区将显示“SmartArt 工具”的“设计”和“格式”选项卡，可以编辑图形，更改布局和样式的类型。在 SmartArt 图形中可以添加和删除形状以调整布局结构。例如，虽然“层次结构”布局显示有三个层次，你所设计的层次可能只需两个层次，也可能需要四个层次，每个层次的形状也可以更多或更少。当添加或删除形状以及编辑文字时，形状的排列和这些形状内的文字量会自动更新，从而保持 SmartArt 图形布局的原始设计和边框。

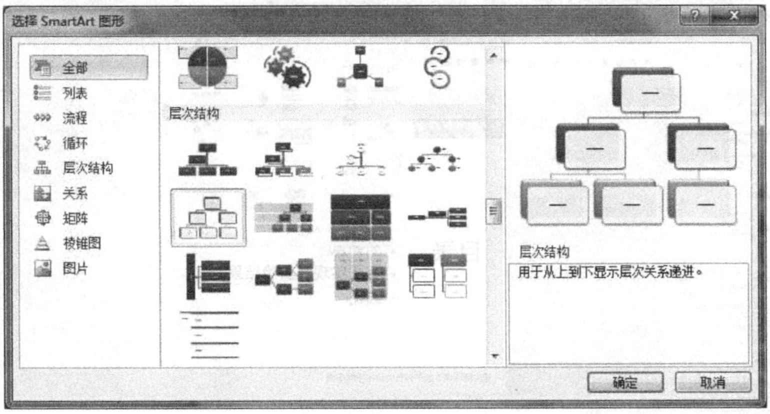

图 5-24　“选择 SmartArt 图形”对话框

例如，已在某幻灯片中插入了一个层次结构图，现在要在图中输入相应的文字，具体操作如下。

方法一：单击“文本窗格”按钮，打开“文本”窗格，在“文本”窗格中的“[文本]”中键入文本。

方法二：在形状中直接输入文本。

图 5-25 为 SmartArt 图形的一个实例。

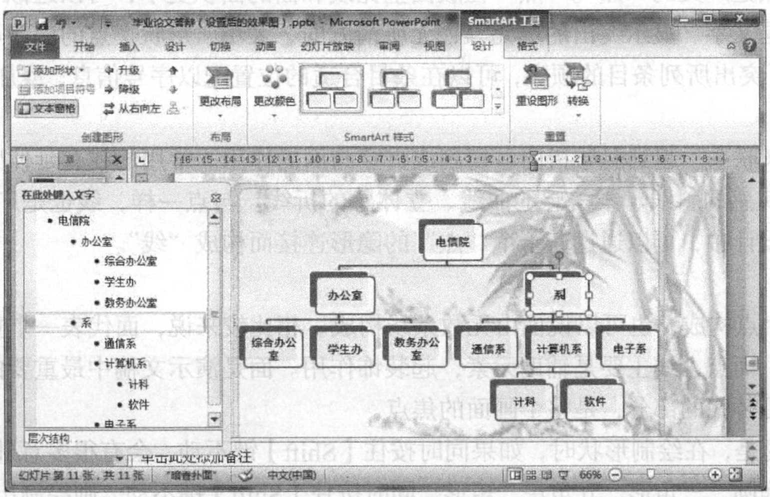

图 5-25　SmartArt 图形实例

（2）直接将幻灯片中的文字变成 SmartArt 图形。

将文本转换为 SmartArt 图形是将现有幻灯片转换为专业设计的插图的快速方法。具体的操作步骤如下。

首先，在幻灯片中插入一个文本框，把需要变为 SmartArt 图形的文字放入其中，然后选中文字所在的文本框，单击“开始”选项卡“段落”功能组的“转换为 SmartArt 图形”下拉按钮，打开如图 5-26 所示的下拉列表，将鼠标放置在一种图形上，即可在幻灯片的设计区预览到应用该图形的效果。选择合适的图形，则所选文本框中的文字将应用该 SmartArt 图形。

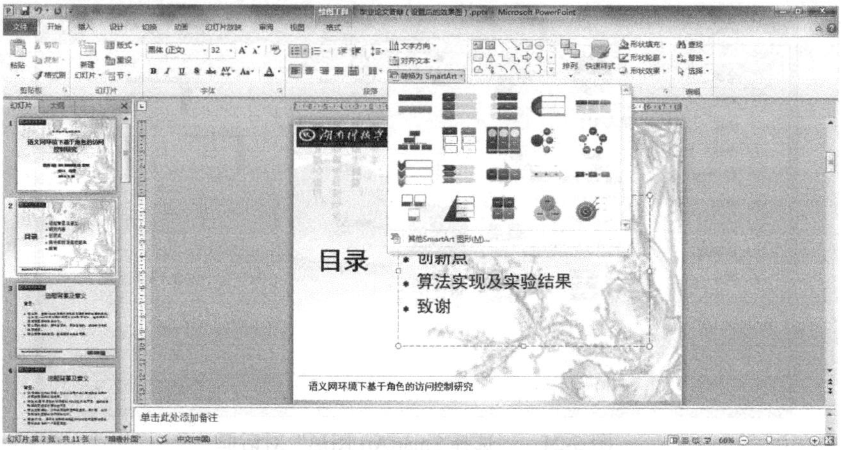

图 5-26 “转换为 SmartArt 图形”图形列表

3. 插入形状

PowerPoint 2010 提供了非常丰富的基本图形，统称为“形状”，“形状”可以使演示文稿更加绚丽多彩。一个好的演示文稿的设计，就是在一个版面上合理地应用点、线、面。

（1）点

点是所有图形的基础，主要用来点缀，起到丰富画面、活跃气氛、给出指示等作用。在演示文稿设计中，点是广义的“点”。“点”在版面上比线和面的面积更小，可以近似于圆形状或其他形状，也可以是文字、显示突出的单元等，无所谓方向、大小、形状。点的应用可以有很多种情况，例如，为了突出所列条目的顺序，可以在条目合适的位置配以序号信息，或加上项目符号等。

（2）线

线主要用来联系、起到引导指向、切割或贯穿画面的作用。常用的线有延伸感的横线、刚毅感的竖线、灵魂感的斜线、柔美感的曲线、立体感的折线。与点一样，线也是广义的“线”。因此，在具体的设计中，可以通过若干个“点”的隐形连接而构成“线”。

（3）面

面由无数个点构成，也可以说面由无数条线构成。相比较来说，面代表一个重点，是信息呈现的重要元素，而点、线主要是辅助元素，起装饰作用。面是演示文稿中最重要的表现部分，是整个版面中无可替代的部分，是整个画面的焦点。

值得注意的是，在绘制形状时，如果同时按住【Shift】键不动，会有很多意外的收获。例如，如果插入的是椭圆、三角形、五角星、矩形，同时按住【Shift】键不动，则绘制出圆、正三角形、正五角星、正方形等；如果对已绘制的直线，只想改变长度，不想改变方向，则可按住【Shift】键不动，然后拖动直线的控制点改变长度即可；如果插入形状时，同时按住【Shift】键不动，则绘制形状将按 45° 的倍数方向绘制，这对于绘制水平、垂直、45° 直线非常方便。其实，对于任意形状，按住【Shift】键不动，然后拖动控制点改变大小都可等比例缩放。

4. 插入图片

一个优秀的演示文稿，有一半的成就归功于图片设计。在动手制作 PPT 之前，通常要精心地准备素材，其中一个重要的任务就是准备图片。PowerPoint 2010 提供了较为丰富的图片处理功能，善用这些功能既可以提高我们的设计效率，也能够获得最佳的显示效果。PowerPoint 2010 图片处理功能在“图片工具”功能选项卡中。以下将介绍较为实用的图片处理高级技术。

（1）删除背景

PowerPoint 2010 的“图片工具”功能选项卡中“调整”组中的“删除背景”具有简单的删除图片背景的功能，可实现抠图。下面以一个实例来说明删除图片背景的功能，具体的操作步骤如下。

① 在 PPT 的某个幻灯片插入图片，选择该图片，单击“图片工具”功能选项卡，打开功能面板，如图 5-27 所示。

② 单击“调整”功能区的“删除背景”按钮，进入“删除背景”功能状态，显示“删除背景”选项卡及其相关功能按钮，图片上会显示两个框，中间那个框带有 8 个控制点，用来选择感兴趣的区域。单击点线框线条上的一个句柄，然后拖动线条，使之包含你希望保留的图片部分，并将大部分希望消除的区域排除在外。系统将在该框内自动检测前景和背景，其中玫红颜色覆盖的区域为背景，没有覆盖的为前景。图 5-28 所示显示了“背景删除”的功能状态，并显示背景消除线和句柄。

当移动感兴趣的区域框或更改感兴趣区域框大小时，系统将自动检测前景和背景。大多数情况下，不需要执行任何附加操作，而只要不断尝试点线框线条的位置和大小，就可以获得满意的结果。

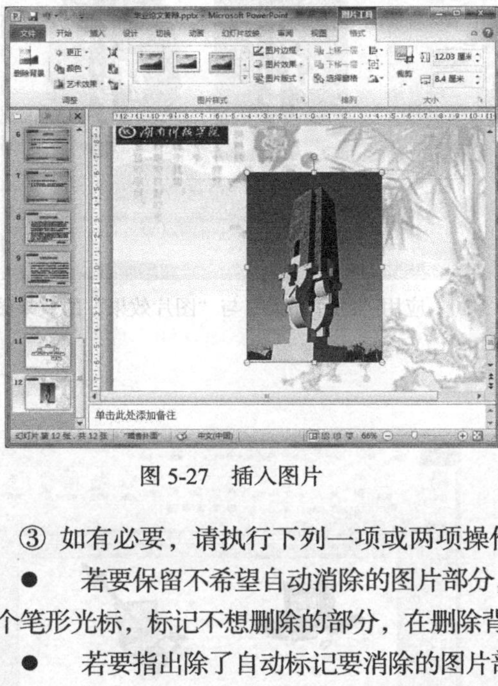

图 5-27 插入图片

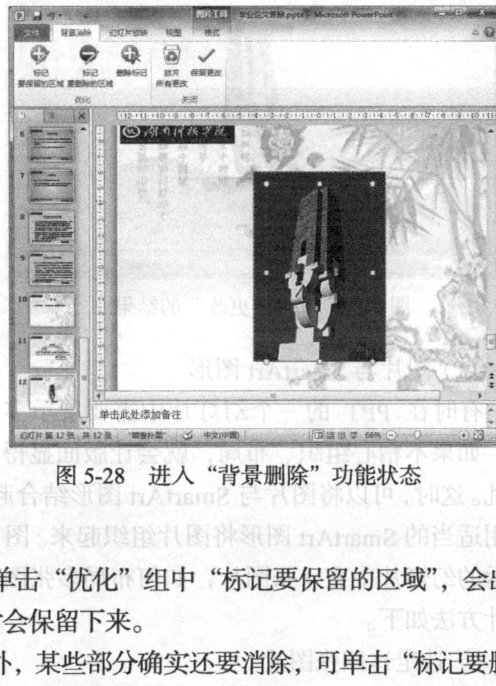

图 5-28 进入“背景删除”功能状态

③ 如有必要，请执行下列一项或两项操作。

- 若要保留不希望自动消除的图片部分，可单击“优化”组中“标记要保留的区域”，会出现一个笔形光标，标记不想删除的部分，在删除背景时会保留下来。
- 若要指出除了自动标记要消除的图片部分外，某些部分确实还要消除，可单击“标记要删除的区域”也会出现一个笔形光标，标记需要删除的部分，在删除背景时会被删除掉。

提示

如果对线条标出的要保留或删除的区域不甚满意，想要更改它，可单击“删除标记”，然后单击线条进行更改。

④ 当调整至检测出的背景和前景符合要求时，可单击“关闭”组中“保留更改”按钮，完成背景删除，如图 5-29 所示。否则，单击“放弃所有更改”按钮，将取消自动背景消除。

（2）图片样式与图片效果

图片样式就是各种图片的外观格式，PowerPoint 2010 提供了一个样式集，包含了 28 种图片样式，用来给用户进行图片美化。图片效果就是对图片进行各种效果处理，包括阴影、映像、发光、柔化边缘、棱台、三维旋转 6 个方面，通过合适的处理产生特定的视觉效果，使图片更加美观。其中，预设效果为系统设计好的一些效果的组合，共有 12 种，可以方便用户直接选用。如图 5-30 所示，左边是应用前图片效果，右边是应用后的图片效果，右边的图片效果设置步骤如下。

① 选择要改变样式和图片效果的图片，单击“图片工具 | 格式”功能选项卡的“图片样式”组的其他按钮，打开图片样式下拉列表，选择“棱台型椭圆，黑色”样式。

② 单击“图片边框”，选择“无轮廓”。

③ 单击“图片效果”，单击“发光”项，在其下拉列表中单击“发光变体”中的“茶色，11pt 发光，强调文字颜色 2”。

④ 在“图片效果”中，单击“阴影”项，在其下拉列表中选择“透视”中“左下对角透视”。

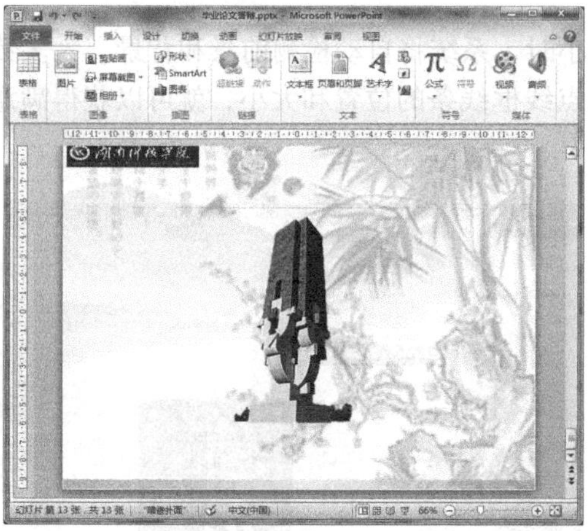

图 5-29 “保留更改”的结果

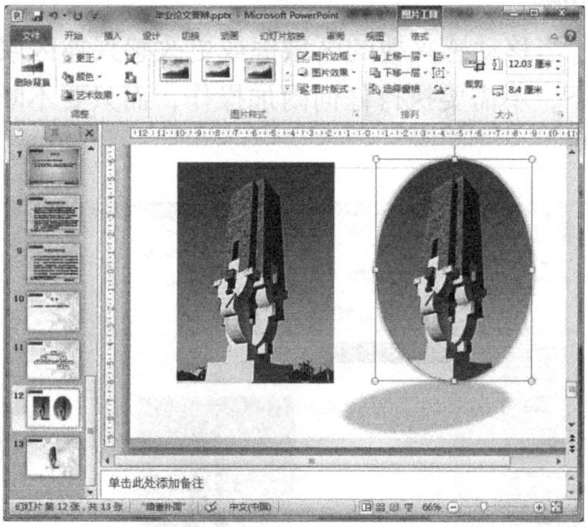

图 5-30 应用“图片样式”与“图片效果”的效果图

（3）图片与 SmartArt 图形

有时在 PPT 的一个幻灯片中需要展示多张照片，如果不精心组织、布局，就会让版面显得非常凌乱。这时，可以将图片与 SmartArt 图形结合起来，应用适当的 SmartArt 图形将图片组织起来。图 5-31 所示的幻灯片中有 4 张图片，如何布局多张图片的设计方法如下。

① 选定这四张图片。

② 单击“图片工具 | 格式”功能选项卡“图片样式”功能组中的“图片版式”下拉按钮，打开图片版式下拉列表框，里面列出了适合整理和组织图片的 SmartArt 图形结构，共有 30 种。将鼠标置于某种结构上，如“六边形群集”，即可预览该结构的效果，如图 5-32 所示，单击可选定所需要的结构。

图 5-31 需要展示多张图片的页面

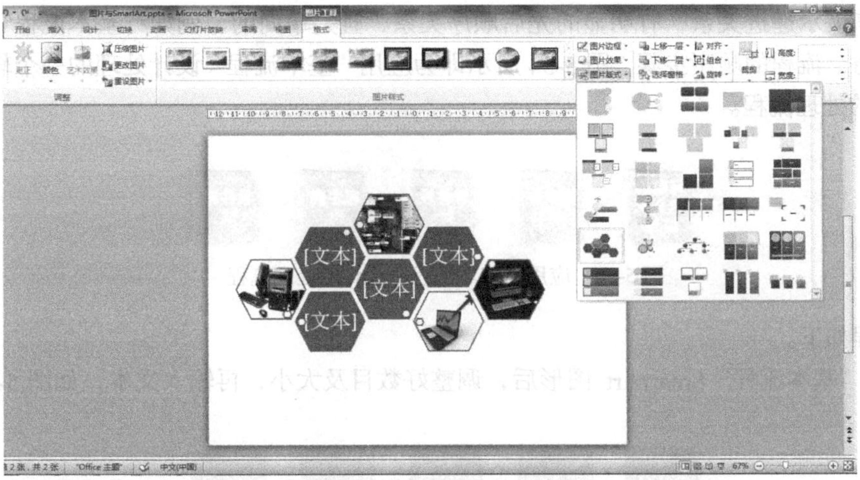

图 5-32 预览“图片版式”效果

③ 在相应的文本框中输入简短的描述对应图片的文字。

④ 可以对整个 SmartArt 图形结构及内部的文本框、图片框进行细节设置，如调整大小、移动位置、设置样式等，效果如图 5-33 所示。

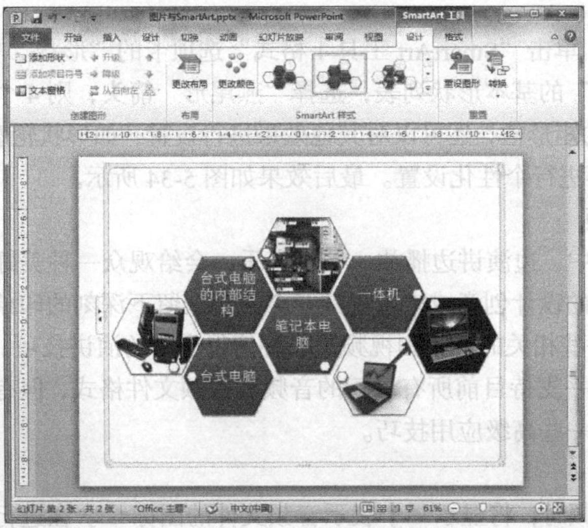

图 5-33 配上文字并调整后的效果

（4）图表与 SmartArt 图形

图表一直是 PPT 设计中不可缺少一个重要元素，图表不仅仅是展示数据及分析结果的本来意义上的数据图表，也包括通过图形及其他元素一起来展示内容间各种关系的概念图表。在 PPT 演示文稿中，数据图表由“插入”选项卡“插图”功能组中的“图表”功能按钮插入并进行设置。概念图表通常应用 SmartArt 图形来设计，PowerPoint 2010 提供了列表、流程等 8 类，共几十种 SmartArt 图形模板，使用起来非常方便。下面给出以“流程”SmartArt 图形功能来展示图表的效果的实例。其他的可以以此类推。

流程用来展示递进关系，有明显的先后顺序关系，且是单向的。例如“基本流程”用于显示行进或者任务、流程的顺序步骤。图 5-34 所示即为应用“基本流程”设计处理的一个软件开发过程五个阶段的处理流程。

图 5-34 应用“基本流程”设计的处理流程

设计过程如下。

① 插入“基本流程”SmartArt 图形后，调整好数目及大小，再输入文本，如图 5-35 所示。

图 5-35 插入“基本流程”

② 选定 5 个项目的矩形框，单击“SmartArt 工具 | 格式”选项卡的“形状”功能组中的“更改形状”下拉按钮，打开“形状”的基本形状列表，选择“对角圆角矩形”形状，则 5 个矩形变成了对角圆角矩形框。

③ 选定 4 个箭头，单击“SmartArt 工具 | 格式”选项卡的“形状”功能组中的“更改形状”下拉按钮，打开“形状”的基本形状列表，选择“燕尾形”箭头，则 4 个箭头变成燕尾形状。

④ 选定 5 个项目的矩形框，还可以对其他效果进行设置，如形状轮廓、形状效果（选择“预设 12”），艺术字样式等进行个性化设置。最后效果如图 5-34 所示。

5. 插入声音和视频

在比较轻松的环境中，边演讲边播放一些轻音乐，会给观众一种美好的享受。在产品推介会上，播放一些关于产品的设计创意或广告视频，会给观众留下深刻的印象。因此，在适当的场合为 PPT 演示文稿插入一些相关的音频和视频是一种值得应用的演讲技巧。

PowerPoint 2010 几乎支持目前所有流行的音频和视频文件格式，但有些格式文件需要相应的播放软件。这里将介绍一些高级应用技巧。

（1）插入音频

在幻灯片上插入音频时，将显示一个表示音频文件的图标。在进行演讲时，可以将音频设置为在显示幻灯片时自动开始播放、在单击鼠标时开始播放或播放演示文稿中的所有幻灯片。甚至可以循环连续播放媒体直至停止播放。

插入音频的具体操作步骤为：单击要添加音频剪辑的幻灯片；在“插入”选项卡的“媒体”组中，单击“音频”；然后单击“文件中的音频”，找到包含所需文件的文件夹，双击要添加的文件；或单击“剪贴画音频”，在“剪贴画”任务窗格中找到所需的音频，然后单击该音频以将其添加到幻灯片中。

在 PPT 演示文稿中插入音频后，会在相应幻灯片页面上显示一个喇叭图标，选中该图标，则在功能选项卡栏中会增加“音频工具”选项卡，包含“格式”和“播放”两个子选项卡，同时会在该图标下方显示一个播放条，如图 5-36 所示。播放条是用来在设计时进行音频试听控制的，在 PPT 放映时不会显示，放映时仅显示喇叭图标。

“音频工具”中的“格式”选项卡的功能主要是设置喇叭这个图标及美化喇叭的外观；“播放”选项卡提供幻灯片放映时音频播放方式的设置功能，其各功能组介绍如下。

① 书签。书签用来指示音频剪辑中关注的时间点。在音频剪辑下的音频控件中，单击“播放”按钮则播放音频内容。“播放”按钮是控制面板最左侧的箭头，播放时播放按钮将变成暂停按钮，进度条会显示播放进程。如果设置了书签，则在播放条的书签位置会显示一个圆点，如图 5-37 所示。播放条上两个圆点表示该音频设置了两个书签，当鼠标置于某个书签上时会显示该书签的位置信息，即时间点，图中为第一个书签的时间点。如果在设计 PPT 时事先在某句歌词的起始位置设置一个书签，则在幻灯片放映时，就可以轻而易举地通过鼠标精确定位该句歌词的起始位置。具体操作是当播放音频时，在“音频工具”下的“播放”选项卡上，单击“书签”组中的“添加书签”即可。如果要删除书签，则在播放条中找到要删除的书签点，单击“播放”选项卡上“书签”组中的“删除书签”即可。

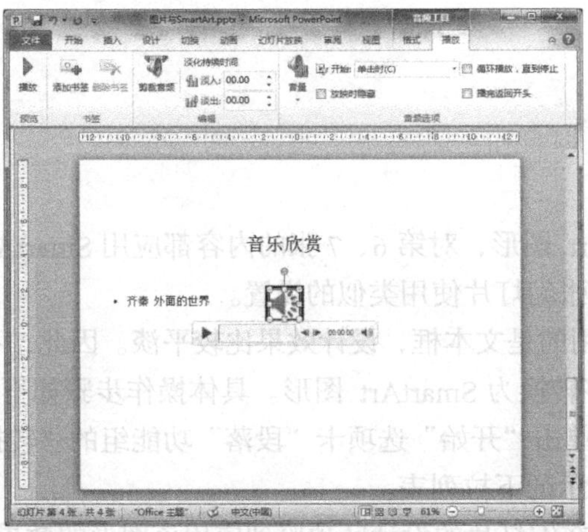

图 5-36 插入音频及“播放”选项卡

图 5-37 幻灯片中显示的播放条

② 编辑。“剪裁音频”功能可以实现对每个音频剪辑的开头和末尾处进行修剪。若要修剪剪辑的开头，单击起点，如图 5-37 中最左侧的绿色标记所示，看到双向箭头时，将箭头拖动到所需的音频剪辑起始位置。若要修剪剪辑的末尾，单击终点，如图 5-38 中右侧的红色标记所示，看到双向箭头时，将箭头拖动到所需的音频剪辑结束位置。

“淡入”功能支持在音频剪辑开始的几秒内使用淡入淡出效果。

“淡出”功能支持在音频剪辑结束的几秒内使用淡入淡出效果。

图 5-38 修剪音频

③ 音频选项。

“音量”功能用来设置播放时音量的大小。

“开始”指音频开始播放的时机，默认是单击鼠标或按空格键时。若要在放映该幻灯片时自动开始播放音频，则在“开始”列表中单击“自动”，但切换到下一张幻灯片时，音频立即停止；若要通过在幻灯片上单击音频来手动播放，则在“开始”列表中单击“单击时”；若要在演示文稿中单击切换到下一张幻灯片时也播放音频，则在“开始”列表中单击“跨幻灯片播放”，此时直到该音频播放完毕（没有设置循环播放）或全部幻灯片放映结束。

选定“循环播放，直到停止”复选框，则音频将在有效范围内一直循环播放直到超出有效范围，然后停止播放。

选定“放映时隐藏”复选框，则幻灯片放映时不会显示喇叭图标，也不能对音频的播放进行干预和控制，则此时一定要设置为“自动”或“跨幻灯片播放”方式，否则该音频将无法启动播放。

选定“播放完返回开头”复选框，则音频播放完后返回开头，而不是停在末尾。

（2）插入视频

视频的插入和音频插入方法基本相同。视频的图标是一个较大的播放区域，称为播放窗口，其初始大小与相应视频的分辨率有关，可调整其大小，画面内容为视频的第一帧内容。因为视频必须进行观看，所以视频有“全屏播放”功能。

5.3.3 案例实现

1. 在 PPT 中插入 SmartArt 图形

对 PPT 中第 2 张幻灯片的目录内容应用 SmartArt 图形，对第 6、7 张的内容都应用 SmartArt 图形。以第 2 张幻灯片为例说明设计步骤，第 6、7 张幻灯片使用类似的设置。

小李的毕业论文答辩 PPT 中有目录页，由于采用的是文本框，设计效果比较平淡。因此，我们可以对其应用 SmartArt 图形，将目录列表的文字转换为 SmartArt 图形。具体操作步骤如下。

① 选定文本框。选择目录内容所在的文本框，单击“开始”选项卡“段落”功能组的“转换为 SmartArt 图形” 下拉按钮，打开如图 5-39 所示的下拉列表。

② 预览效果。将鼠标放置在某种图形上，即可在幻灯片的设计区预览到应用该图形的效果。下拉列表中仅列出常用的 20 种图形，如果不满意或不适合，可以单击“其他 SmartArt 图形”按钮，打开“选择 SmartArt 图形”对话框，对话框中按类别给出了所有的 SmartArt 图形。

③ 确定选择。找到合适的图形，单击确定选择。图 5-39 所示给出了“棱锥形列表”SmartArt 图形后的效果图。

④ 进一步修饰美化。当选定了“SmartArt 图形”对象后，可以利用“SmartArt 工具”选项卡的“设计”和“格式”两个子选项提供的美化修饰工具进一步修饰美化，可以调整 SmartArt 样式、更改颜色、更改形状样式、设置艺术字样式及其他诸如大小、位置的调整等。

在“设计”功能选项卡“SmartArt 样式”功能组中打开样式列表，选择“强烈效果”样式，打开颜色列表，选择“渐变循环—强调文字颜色 1”；在“格式”选项卡“形状”组更改形状为“流程图：资料袋”，“形状样式”组更改形状样式为“细微效果：黑色，深色 1”，形状轮廓线颜色为“黄色”、粗细为“1 磅”，效果如图 5-40 所示。

2. 在 PPT 中插入形状

将小李论文答辩 PPT 中的目录幻灯片中的“目录”应用形状叠加设计出点效果来。具体操作步骤如下。

① 单击“插入”选项卡的“形状”下拉按钮，打开形状列表，在形状列表中选择“基本形状”中的椭圆，在插入“椭圆”形状时，同时按住 Shift 键不动，则插入一个圆。选定该圆，打开“绘

图工具 | 格式”选项卡，在“形状样式”组中设置该圆为无填充颜色，轮廓线为实线，粗细为 2.25 磅，颜色为 RGB（105,95,12），无形状效果。

图 5-39　“棱锥形列表”应用效果

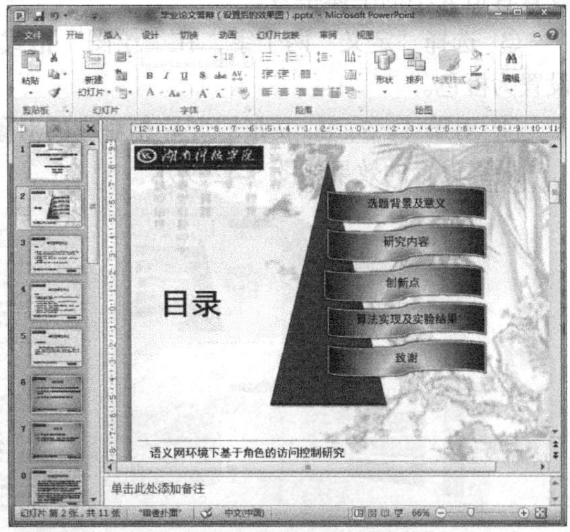

图 5-40　修饰美化后的效果

② 插入一个略小一点的圆，轮廓线为实线，粗细为 1 磅，颜色为 RGB（105,95,12），填充颜色为 RGB（105,95,12），无形状效果。圆心与第一个圆重合，即将两个圆均“上下居中对齐”“左右居中对齐”，然后将两个圆组合。

③ 删去原来的“目录”两个字。插入一个文本框，输入“目录”两个字，文本颜色为白色，字体字号适中，居中对齐，文本框无填充颜色、无轮廓颜色，将其置于顶层，中心与组合圆心重合，然后再与圆组合，将三个形状组合为一个形状。然后，将组合的形状置于合适的位置，最后效果如图 5-41 所示。

3. 在 PPT 中插入图片

对于小李的毕业论文答辩演示文稿来说，图片只需朴实即可，不宜把图片处理得过于精美，以免喧宾夺主。例如，在致谢那一张幻灯片中插入一张图片，具体操作步骤如下。

图 5-41　应用形状叠加设置最终效果

单击“插入”选项卡中“图像”组中的“图片”，打开“插入图片”对话框，找到所需要的图片，单击“插入”按钮插入该图片。

4. 在 PPT 中设置对象的形状样式

将第 3、4、5、8、9 张幻灯片标题文本框形状样式的主题填充设置为“强烈效果-深黄,强调颜色 1”；添加一个“椭圆”形状，形状样式主题填充设置为“强烈效果-茶色,强调颜色 2”，在该形状中输入“语义网”三个字；其他小标题的文本轮廓设置为橙色。以第 3 张幻灯片为例，其他类似设置。具体操作步骤如下。

① 选定标题文本框，单击“绘图 | 格式”中形状样式的其他按钮，打开主题填充下拉列表，在其中选择“强烈效果-深黄,强调颜色 1”的主题填充效果。

② 插入一个“椭圆”形状，形状样式主题填充效果设置为“强烈效果-茶色,强调颜色 2”，右击该形状，打开快捷菜单，单击“编辑文字”，此时在“椭圆”形状中输入“语义网”三个字，设置合适大小的字体字号。

③ 选择“定义”两个字，在“绘图 | 格式”的“艺术字样式”功能组中，将其“文本轮廓”设置为橙色。

④ 对第 4、5、8、9 张幻灯片相对应的对象作类似的设置。

最终设置的效果如图 5-42 所示。

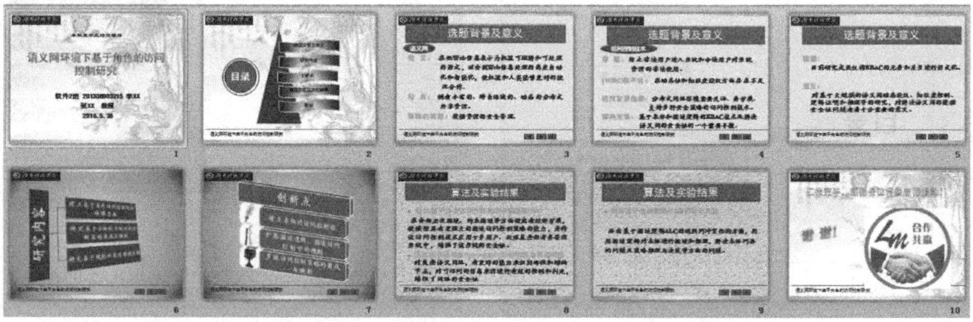

图 5-42　毕业论文答辩演示文稿中幻灯片内容重新设计后的效果图

5.4　演示文稿的放映设计

5.4.1　案例分析

小李为了将他的毕业论文答辩演示文稿内容展示得更加形象逼真，增强动感，增强演示效果，能吸引评委老师的注意力，他决定将 PPT 中某些对象设置动画效果，同时希望在放映演示文稿时，一张幻灯片到下一张幻灯片之间有过渡效果，使放映演示文稿时，幻灯片之间的衔接更加自然、生动有趣，提高演示文稿的观赏性，给评委老师和同学留下深刻的印象。

设计要求：

（1）将 PPT 中的 SmartArt 图形制作成动画；

（2）设置超链接及动作按钮；

（3）设置幻灯片的切换效果。

5.4.2　知识储备

PowerPoint 2010 提供了丰富的放映效果功能，如设置幻灯片中对象的动画、设置幻灯片切换效果、设置幻灯片的链接操作及设置幻灯片的放映。

1．幻灯片中的对象动画

所谓动画就是给文本或对象添加特殊视觉或声音效果，例如，可以使文本项目符号点逐字从左侧飞入，或在显示图片时播放掌声，为幻灯片对象，如文本、图片、形状、表格、SmartArt 图形和其他对象设置动画效果，可以使幻灯片中的对象按一定的规则和顺序运动起来，赋予它们进入、退出、大小或颜色变化甚至移动等视觉效果，既能突出重点，吸引观众的注意力，又使放映过程十分有趣。幻灯片上的每一个对象可以单独设置动画效果，一些组合对象还可以设置分级效果。

值得注意的是，动画使用要适当，过多使用动画也会分散观众的注意力，不利于传达信息，设置动画应遵从适当、简化和创新的原则。

（1）动画类型

PowerPoint 2010 中有以下四种不同类型的动画效果。

① “进入”效果。进入是指对象从外部进入或出现幻灯片播放画面时的展现方式，例如，可以使对象逐渐淡入焦点、从边缘飞入幻灯片或者跳入视图中。

② “退出”效果。退出是指播放画面中的对象离开播放画面时的展现方式，这些效果包括使对象飞出幻灯片、从视图中消失或者从幻灯片旋出。

③ “强调”效果。强调是指在播放动画过程中需要突出显示对象的展现方式，这些效果包括使对象缩小或放大、更改颜色或沿着其中心旋转。

④ “动作路径”。动作路径是指画面中的对象按预先设定的路径进行移动的展现方式，使用这些效果可以使对象上下移动、左右移动或者沿着星形或圆形图案移动（与其他效果一起）。

可以单独使用任何一种动画，也可以将多种效果组合在一起。例如，可以对一行文本应用“飞入”进入效果及“放大/缩小”强调效果，使它在从左侧飞入的同时逐渐放大。

（2）添加动画效果

添加动画的具体操作步骤是：选中幻灯片上某个对象，如一段文本或一幅图片，在“动画”选项卡上的“动画”组中，单击“其他”按钮，弹出四类动画选择列表，如图 5-43 所示。在下拉列表中选择“进入”“强调”“退出”“动作路径”中的某一种动画效果。

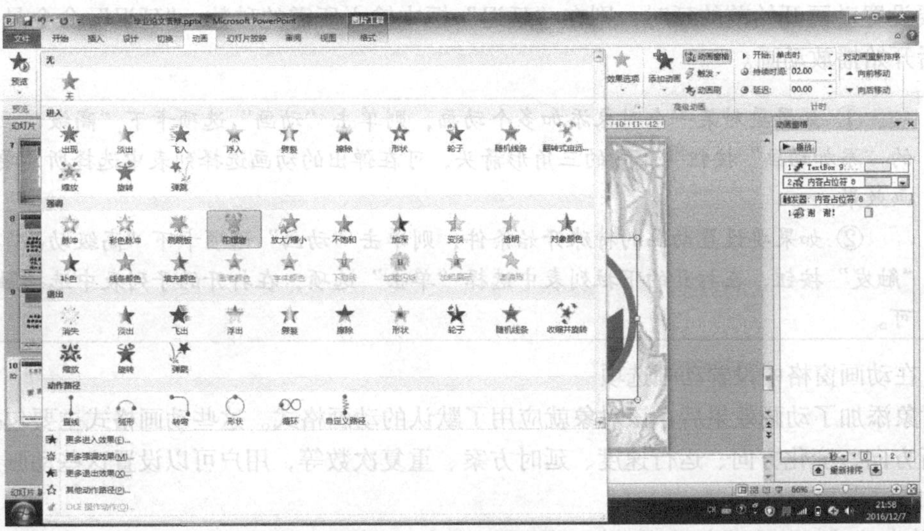

图 5-43　动画效果列表

如果在预设的列表中没有满意的动画效果，可以选择列表下面的“更多进入效果(E)…”“更多强调效果(M)…”“更多退出效果(X)…”“其他动作路径(P)…”命令。将鼠标置于某个动画效果上时，被选中的对象即可预览到该动画效果，选择合适的动画并应用。应用后，幻灯片页面中已应用动画对象的左上角会显示一个动画序号，以标明该页面中各对象的动画播放顺序，此时“效果选项”按钮变成可用状态。

为对象添加动画以后，还可以为动画设置效果选项、选择动画开始播放的时间、调整动画的速度即动画持续的时间、动画延迟时间，具体操作步骤如下。

① 单击“动画”选项卡下的“动画”功能组的“效果选项”按钮，弹出“效果选项”下拉列表，（图 5-44 所示为“陀螺旋”动画效果选项列表）选择合适的效果选项。一般说来，不同的动画，其“效果选项”不同。

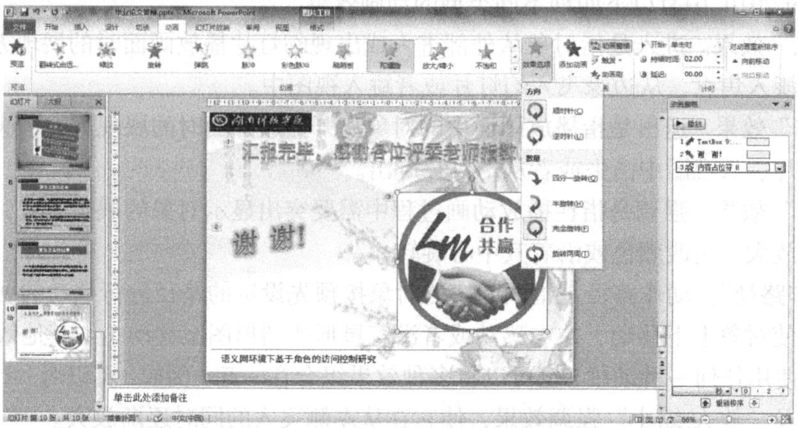

图 5-44　“陀螺旋”动画效果选项列表

② 单击“动画”选项卡下的“计时”功能组，可设置动画播放的开始方式、持续时间、延迟等。“开始”命令中包含“单击时”“与上一动画同时”“上一动画之后”3 个选项，用来设置动画播放的开始方式。在“持续时间”框中输入所需的秒数，“持续时间”越长，动画放映的速度越慢；若要设置动画开始前的延时，则在“延迟”框中输入所需的秒数，“延迟”命令是指经过多少秒之后开始播放动画。

说明

① 如果要对某一个对象添加多个动画，则单击“动画”选项卡下“高级动画”选项组的“添加动画”按钮下方的三角形箭头，可在弹出的动画选择列表中选择所需要的各种动画效果。

② 如果要设置动画的特殊开始条件，则单击“动画”选项卡下“高级动画”选项组的“触发”按钮，在打开的下拉列表中选择“单击”选项，在打开的子列表中选择触发对象即可。

（3）在动画窗格中设置动画选项

为对象添加了动画效果后，该对象就应用了默认的动画格式。这些动画格式主要包括动画开始的运行方向、变化方向、运行速度、延时方案、重复次数等，用户可以设置这些动画选项。操作步骤如下。

① 单击“动画”选项卡下的“高级动画”选项组的“动画窗格”按钮，打开动画窗格，列出了当前幻灯片使用的所有动画，如图 5-44 所示。该窗格中的编号表示动画效果的播放顺序，窗格中的编号与幻灯片上显示的不可打印的编号标记相对应。时间线代表效果的持续时间，图标代表动画效果的类型，在本例中，它代表“强调”效果。

② 在“动画窗格”的列表中单击带编号的对象右侧的下拉箭头，可打开下拉列表，如图 5-45 所示。单击“效果选项”列表项，会弹出如图 5-46 所示的当前动画效果“陀螺旋”对话框。在对话框中选择不同的选项卡对其中的项目进行设置。

③ 在给幻灯片中的多个对象添加动画效果时，添加效果的顺序就是幻灯片放映时的播放次序。可以在动画效果添加完成后，单击窗格底部的上移按钮或下移按钮，对动画的播放次序进行重新调整。

说明　也可以选择“计时”组中“对动画重新排序”中的“向前移动”使动画在列表中另一动画之前发生，或者选择“向后移动”使动画在列表中另一动画之后发生。

④ 在“动画窗格”的列表中单击“播放”按钮来测试动画的效果。

说明　也可以在“动画”选项卡上的“预览”组中，单击“预览”来测试动画的效果。

⑤ 如果要删除某一动画，先选择某一动画并按【Delete】键，将当前动画效果删除。

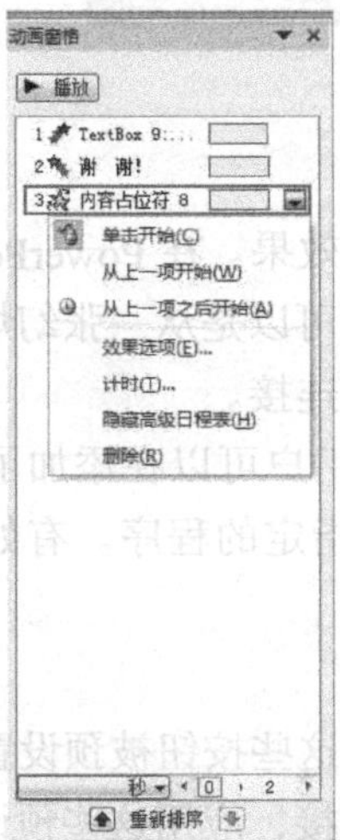

图 5-45　“动画窗格”下拉列表

图 5-46　“陀螺旋”动画对话框

（4）自定义动画路径

如果预设的动画路径不能满足设计要求，我们可以自定义动画路径来规划对象的动画路径。其设置方法如下。

① 首先选中对象，在图 5-43 所示的动画效果下拉列表中选择“自定义路径”选项。

② 将鼠标移到幻灯片上，当鼠标变成“+”字形时，可建立路径的起始点（绿色箭头），当鼠标变成画笔时，可移动鼠标，画出自定义的路径，最后双击鼠标确定终点（红色箭头）。

③ 选中已定义的路径动画，单击鼠标右键，在弹出的快捷菜单中选择“编辑顶点”命令，如图 5-47 所示。在出现的黑色顶点上再单击鼠标右键，在弹出的快捷菜单中选择“平滑曲线”命令，即可修改动画路径。

（5）复制动画

如果需要复制一个对象的动画，并将其应用到另一个对象，则应用“动画”选项卡下的“高级动画”选项组的“动画刷”来完成。其设置方法如下。

首先选择含有要复制的动画的对象，然后单击“动画刷”按钮，则可复制该对象的动画，最后单击要向其中复制动画的对象，则其动画设置就复制应用到了该对象上。如果双击“动画刷”

按钮，则可将同一动画设置复制到多个对象上。

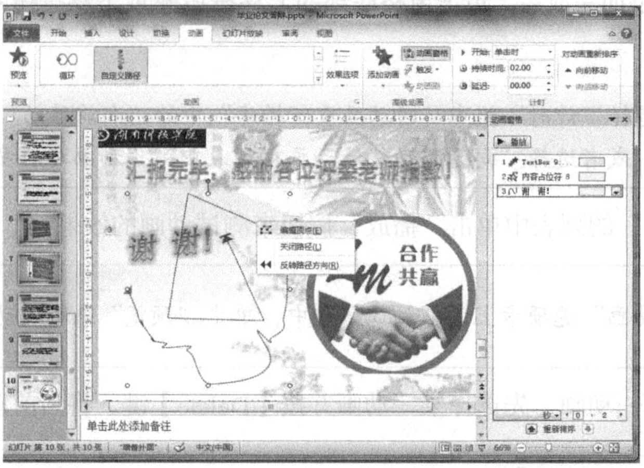

图 5-47　自定义动画路径

2. 幻灯片的超链接操作

幻灯片放映时用户可以使用超链接来增加演示文稿的交互效果。在 PowerPoint 中，超链接可以是从一张幻灯片到同一演示文稿中另一张幻灯片的连接，也可以是从一张幻灯片到不同演示文稿中另一张幻灯片，也可以是到电子邮件地址、网页或文件的连接。

超链接只有在放映幻灯片时才有效。当放映幻灯片时，用户可以在添加了超链接的文本或图形或动作按钮上单击，程序自动跳转到指定幻灯片页面或指定的程序。有如下两种方式插入超链接。

（1）以动作按钮表示的超链接

动作按钮是预先设置好的一组带有特定动作的图形按钮，这些按钮被预设置为指向前一张、后一张、第一张、最后一张幻灯片、播放声音和播放电影等链接，应用这些预设好的按钮，或者自定义的动作按钮可实现在放映幻灯片时跳转的目的。添加动作按钮并设置超链接，具体操作步骤如下。

① 选中需要添加动作按钮的幻灯片，在“插入”选项卡的“插图”选项组单击“形状”按钮，弹出“形状”的下拉列表，最后一行就是“动作按钮”，如图 5-48 所示。

② 选择需要的按钮后，插入到幻灯片中，就会打开“动作设置”对话框，如图 5-49 所示。此时，就可以进行不同的动作设置，完成超链接到某张幻灯片或运行选定的程序。

③ 在插入了超链接之后，若需要对已有的超链接进行修改，选中设置有超链接的对象后，在“插入”选项卡“链接”选项组中单击“超链接”按钮，或“动作”按钮，或者单击鼠标右键，在弹出的快捷菜单中选择“编辑超链接”命令，打开如图 5-49 的“动作设置”的对话框，即可对超链接进行编辑修改。

说明

① 若要使整个演示文稿的每张幻灯片均可通过相应按钮切换到上一张幻灯片、下一张幻灯片、第一张幻灯片，不必对每张幻灯片逐一进行添加按钮，只要在“幻灯片母版”视图对幻灯片母版进行一次设置即可。

② 若要删除超链接，在已添加超链接的对象上单击鼠标右键，在打开的快捷菜单中选择“取消超链接”命令即可。

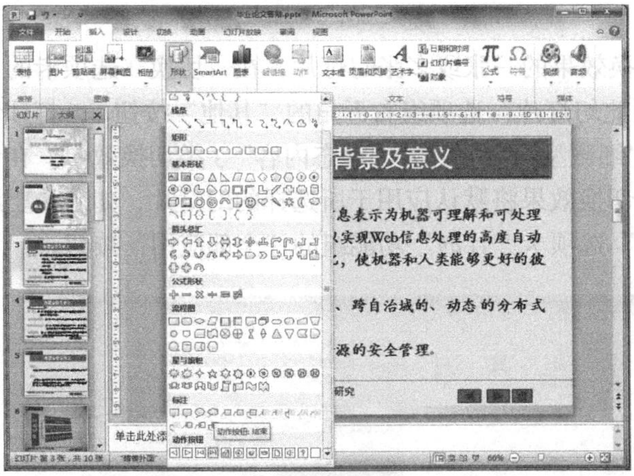

图 5-48　动作按钮菜单

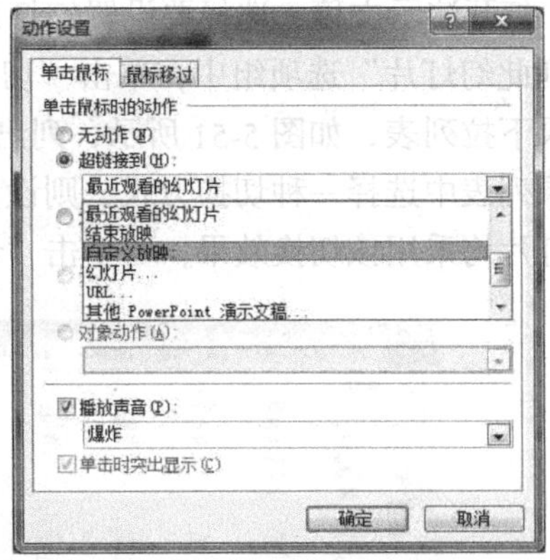

图 5-49　“动作设置”对话框

（2）以带下划线的文本、图片表示的超链接

可以从文本或对象（如图片、图形、形状或艺术字）创建超链接，具体操作步骤如下。

① 在“普通”视图中，选中要创建超链接的文本或图形对象，单击“插入”选项卡“链接”选项组的“超链接”按钮，或者单击鼠标右键，在弹出的快捷菜单中选择“超链接”命令，打开“插入超链接”对话框，如图 5-50 所示。

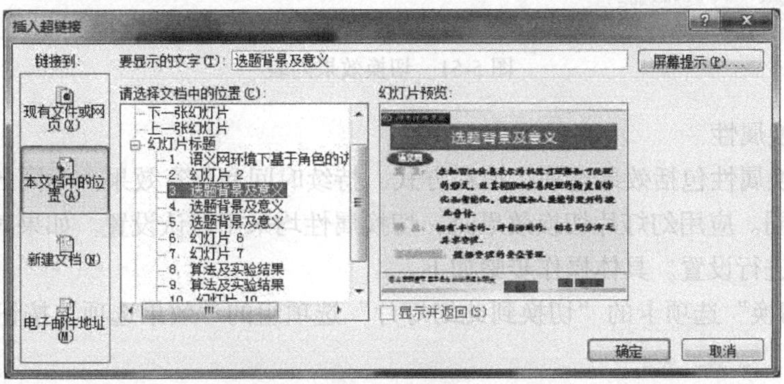

图 5-50　“插入超链接”对话框

② 在“插入超链接”对话框中设置所需要的超链接，设置完成后，作为超链接的文本下有下划线。在播放幻灯片时，鼠标放置到被设置了超链接的文本或对象上时，鼠标的形状变成一个手的形状。

③ 若需要对已有的超链接进行修改，选中设置有超链接的对象，在“插入”选项卡“链接”选项组单击“超链接”按钮，或单击鼠标右键，在弹出的快捷菜单中选择“编辑超链接”命令，打开如图 5-50 的“插入超链接”的对话框，即可对超链接进行编辑修改。

3．幻灯片的切换

幻灯片的切换效果是指演示文稿放映时幻灯片进入和离开播放画面时的整体视觉效果。选择适当的切换效果可以使得幻灯片的过渡更为自然，增强演示效果，给人以赏心悦目的感觉。PowerPoint 提供了多种不同的幻灯片切换方式，可以使演示文稿中幻灯片间的切换呈现不同的效果。

（1）应用切换效果

打开演示文稿，选择要设置幻灯片切换效果的一张或多张幻灯片，在“切换”选项卡的“切换到此幻灯片”选项组中，单击“切换到此幻灯片”选项组右下角的“其他”按钮，打开切换效果下拉列表，如图 5-51 所示，列出了“细微型”“华丽型”“动态内容”3 类切换效果。在切换效果列表中选择一种切换方式，则设置的切换效果将默认应用于所选择的幻灯片，如果希望所有幻灯片均采用该切换效果，可单击“切换”选项卡“计时”功能组的“全部应用”按钮。

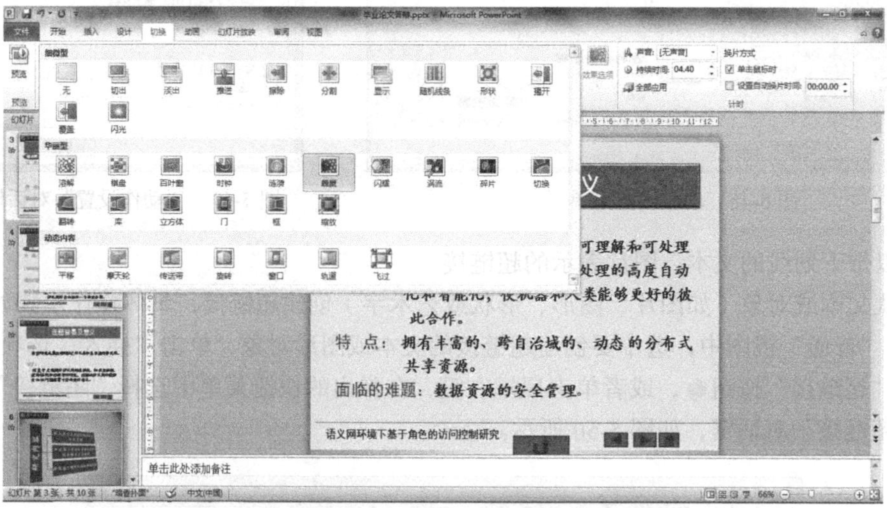

图 5-51　切换效果列表

（2）设置切换属性

幻灯片的切换属性包括效果选项、换片方式、持续时间和声音效果。不同的切换效果，其效果选项也可能不同。应用幻灯片切换效果时，切换属性均采用默认设置。如果对默认切换属性不满意，则可另外进行设置。具体操作步骤如下。

① 单击“切换”选项卡的“切换到此幻灯片”选项组的“效果选项”按钮，可以设置幻灯片切换方向。

② 在“切换”选项卡的“计时”选项组中，单击“全部应用”按钮，可以将切换效果应用到演示文稿的所有幻灯片；单击“声音”栏的下拉箭头，可在下拉列表中选择切换时发出的声音；在“持续时间”栏可设置合适的切换速度；在“换片方式”栏选择合适的换片方式。

4. 幻灯片的放映

设计和制作完成后的演示文稿要放映演示才能达到用户的需求。

（1）启动幻灯片放映

放映幻灯片时，系统默认的设置是播放演示文稿中的所有幻灯片，也可以只播放其中的一部分幻灯片。如果某一演示文稿有很多张幻灯片，例如有 300 张，在某一次播放时只需要播放第 40 ~ 60 张幻灯片，此时，在放映之前先设置放映的范围是很有必要。设置放映范围有以下两种方法。

方法一：打开演示文稿，单击“幻灯片放映”选项卡中的“自定义幻灯片放映”下拉列表中的自定义，打开“自定义放映”对话框，单击“新建”按钮，打开“定义自定义放映”对话框，如图 5-52 所示，添加需要放映的那些幻灯片，然后输入幻灯片放映名称，如“自定义 3”，单击“确定”按钮。在播放演示文稿时单击“自定义幻灯片放映”下拉列表中的的“自定义 3”，就会只播放你所选择的那些幻灯片。

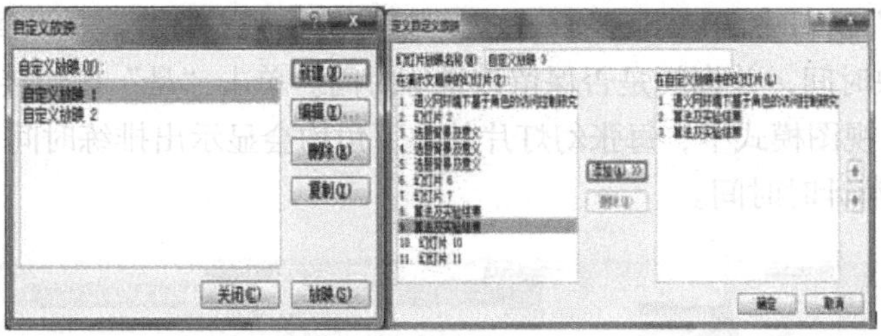

图 5-52　自定义放映

方法二：在“幻灯片放映”选项卡“设置”选项组单击“设置幻灯片放映”按钮，打开“设置放映方式”对话框，如图 5-53 所示。在“放映幻灯片”栏中选择“全部”或在“从”“到”文本框中指定开始到结束的幻灯片编号。如果已定义了某个自定义放映，则也可以选择某个自定义放映来播放。

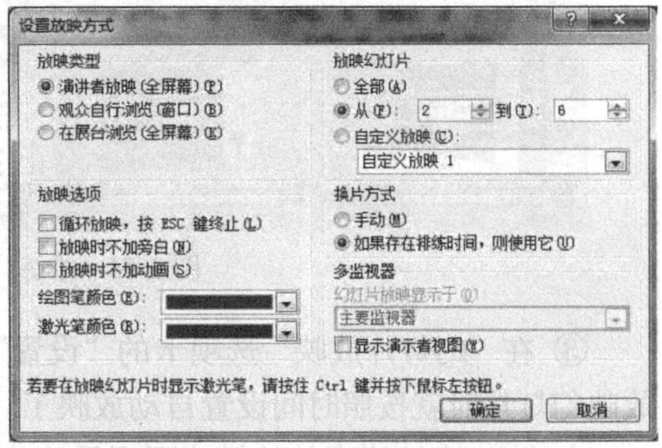

图 5-53　“设置放映方式”对话框

通常情况下可以按【F5】键，或单击状态栏的“幻灯片放映”按钮（从当前幻灯片开始放映），或利用“幻灯片放映”选项卡下的“开始放映幻灯片”选项组中相应按钮进行幻灯片放映，使用鼠标单击一张一张地播放。若要结束幻灯片的放映，可以按【Esc】键来结束放映，或在播放的幻灯片任意位置右击鼠标也会出现“放映控制”快捷菜单，选择“结束放映”菜单项，结束放映。

（2）设置幻灯片放映类型

可以根据需要在三种放映方式类型中选择一种。方法是在“设置放映方式”对话框中，选择不同的放映类型。

① 演讲者放映（全屏幕）。以全屏幕形式显示，演讲者可以控制放映的进程，可用绘图笔进行勾画，适用于大屏幕投影的会议、上课。

② 观众自行浏览（窗口）。以界面形式显示，可浏览、编辑幻灯片，适用于人数少的场合。

③ 在展台放映（全屏幕）。以全屏形式在展台上做演示，按预定的或通过“幻灯片放映”菜单中的“排练计时”命令设置的时间和次序放映，但不允许现场控制放映的进程。

（3）控制幻灯片放映

幻灯片放映时，可以以多种方式控制幻灯片的放映。

方法一：若需要让演示文档按一定的速度连续播放，播放过程中不需要人工干预，则可利用 PowerPoint 提供的“排练计时”功能，可以让每张幻灯片按指定的速度自动播放。具体操作步骤如下。

① 单击“幻灯片放映”选项卡“设置”选项组的“排练计时”按钮，同时进入预演设置状态，会出现如图 5-54 所示的“录制”窗口。

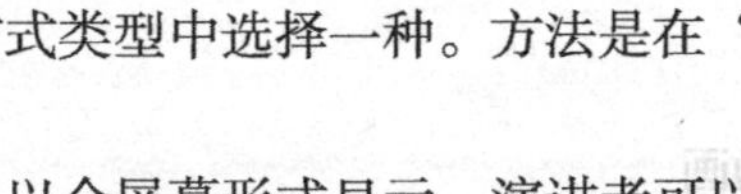

图 5-54　“录制”窗口

② 单击“录制”窗口中的“下一项”按钮可播放下一张幻灯片。放映到最后一张幻灯片时，系统会显示总的放映时间，并询问是否保留该排练时间。单击“是”按钮接受该时间，并自动切换到“幻灯片浏览”视图模式下，每张幻灯片的左下角均会显示出排练时间，如图 5-55 所示。如果单击“否”，则取消计时时间。

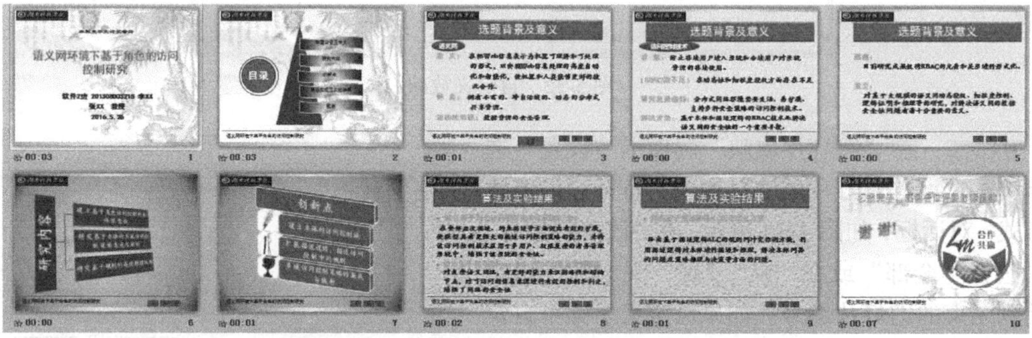

图 5-55　排练计时后的“幻灯片浏览”视图

③ 在“幻灯片放映”选项卡的“设置”选项组中确认选中“使用排练计时”复选框，之后再放映幻灯片时就按照时间设置自动放映了。

方法二：在演讲者放映模式下观看放映时，移动鼠标就在屏幕的左下角出现 4 个按钮，单击⇦是放映上一张幻灯片，单击⇨是放映下一张幻灯片。单击▭可以弹出“放映控制”快捷菜单，用户可以根据需要选择相应的命令。单击／将在屏幕上画出轨迹，可以用于演讲时强调重点部分。

方法三：在播放的幻灯片的任意位置右击鼠标也会出现“放映控制”快捷菜单。

5.4.3　案例实现

1. 将 SmartArt 图形制作成动画

下面以毕业论文答辩 PPT 中的目录页中的 SmartArt 图形设置动画为例，说明将 SmartArt 图形制作成动画的具体操作步骤。

① 单击目录页中要将其制成动画的 SmartArt 图形。

② 在“动画”选项卡上的“动画”组中，单击“其他”▾，然后选择强调动画中的“放大/缩小”动画效果。

③ 设置动画效果选项。选择含有要修改的动画的 SmartArt 图形；在“动画”选项卡上的“高级动画”组中，单击“动画窗格”；在“动画窗格”列表中，单击要修改的动画右侧的箭头，然后选择“效果选项”；打开“放大/缩小”对话框，如图 5-56 所示。单击“SmartArt 动画”选项卡，在“组合图形”列表中，选择某一个选项。其中，“作为一个对象”是将整个 SmartArt 图形当作一个大图片或对象来应用动画；“整批发送”是同时将 SmartArt 图形中的全部形状制成动画；“逐个”是一个接一个地将每个形状单独地制成动画。如果要颠倒动画的顺序，则选择“SmartArt 动画”选项卡中的“倒序”复选框。

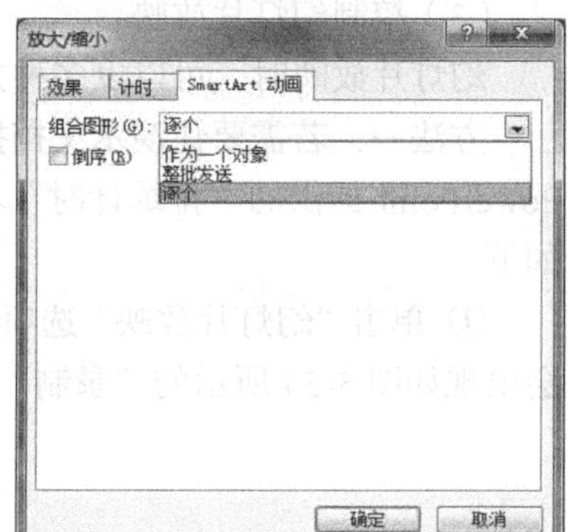

图 5-56　“放大/缩小”对话框

④ 利用动画刷将第 2 张幻灯片中 SmartArt 图形的动画复制到第 5、6 张幻灯片中的 SmartArt 图形上。选择含有要复制的动画的 SmartArt 图形，在“动画”选项卡上的“高级动画”组中，单击“动画刷”，单击要向其中复制动画的 SmartArt 图形。

⑤ 若要将 SmartArt 图形中的个别形状制成动画，在“动画窗格”列表中，单击展开图标来显示 SmartArt 图形中的所有形状。在“动画窗格”列表中，按住【Ctrl】键并依次单击每个形状来选择不希望制成动画的所有形状，在“动画”选项卡上的“动画”组中单击“无动画”，或在“动画窗格”列表中单击要修改的动画右侧的箭头，在列表中选择“删除”命令，这将从形状中删除动画效果，但不会从 SmartArt 图形中删除形状本身。对于其余每个形状，通过选择“动画”列表中的动画效果来分别设置动画。完成选择所需的动画选项后，关闭“动画窗格”。

2. 设置超链接和动作按钮

（1）将毕业论文答辩演示文稿目录页中的各个目录条设置超链接，以“研究内容”这个文本为例来说明，其他的设置类似。将“研究内容”链接到第 6 张幻灯片，具体操作步骤如下。

① 在“普通”视图中，选择要用作超链接的文本“研究内容”。

② 在“插入”选项卡上的“链接”组中，单击“超链接”。

③ 在“插入超链接”对话框中的“链接到”下，单击“本文档中的位置”，在“请选择文档中的位置”中选择“6.幻灯片 6”，单击“屏幕提示”输入超链接屏幕提示信息，如“第 6 张幻灯片”等，如图 5-57 所示。最后单击“确定”按钮，文本“研究内容”将带有下划线。则在播放时，将鼠标悬置于文本“研究内容”上时，鼠标变成手形光标，并显示提示信息“第 6 张幻灯片”。

（2）在第 6 张幻灯片，即“研究内容”所在幻灯片设置一个返回到第 2 张幻灯片的动作按钮，具体操作步骤如下。

① 单击“插入”选项卡中“插图”组的“形状”，打开“形状列表”，在其中单击“动作按钮”中的“自定义”动作按钮，打开“动作设置”对话框，在“单击鼠标”选项卡下单击“超链接到”，在其下拉列表中选择“幻灯片...”，打开“超链接到幻灯片”对话框，选择“2． 幻灯片 2”，如图 5-58 所示。最后单击“确定”按钮。

② 选定该动作按钮，右击，打开快捷菜单，单击“编辑文字”，输入“返回第 2 张幻灯片”的文字信息，用来提示该动作按钮的作用。

图 5-57 为文本插入超链接

图 5-58 设置动作按钮

3. 设置幻灯片的切换效果

具体的操作步骤如下。

① 打开“毕业论文答辩”演示文稿，单击“切换”选项卡，在“切换到此幻灯片”组中打开幻灯片切换方式列表，在列表中选择“细微型”中的“推进”切换方式。

② 在“效果选项”的下拉列表中选择“自右侧”。

③ 在“计时”组中单击“换片方式”的“单击鼠标时”复选框，然后单击“全部应用”。

5.5 演示文稿的保护和输出

5.5.1 案例分析

经过几天的努力，小李终于制作完了毕业论文答辩演示文稿，自己做的演示文稿漂亮美观而又不失庄重，内容详细而又清新整洁。欣喜之余，小李不免又有些担心，自己好不容易做出来的PPT，要是被别人拷走，或随意修改或传播，这是自己不想看到的。同时也希望将自己做出的这个演示文稿以某种方式长久地保存下来。

设计要求：

（1）为演示文稿加密，实现对演示文稿的保护；

（2）将演示文稿以图片的形式保存下来。

5.5.2 知识储备

PowerPoint 2010 对文稿提供了多种保护措施及多种形式输出演示文稿的功能。

1. 文稿保护

随着网络信息时代的到来，信息传播的速度日益加快，文稿资料的安全不容忽视。如果演示文稿涉及一些重要的机密信息而需要防止文稿被恶意盗用或破坏，或者不希望别人查看自己设计方法等细节，或不希望别人修改相关内容而挪作他用等，则要为文稿设置安全保护。PowerPoint 2010 提供了对演示文稿的几种安全保护措施，例如将文稿标置为最终状态、加密、人员限制、使用数字签名等。从实用性考虑，本小节只介绍设置为最终状态和加密两种保护措施。

（1）文稿的最终状态设置

将演示文稿设置为最终状态，将禁用或关闭键入、编辑命令和校对标记，并且演示文稿将变为只读。当其他用户打开该文稿时，只能浏览阅读而无法篡改文稿里面的内容。该命令还可防止审阅者或读者无意中更改演示文稿，具体操作如下。

① 在打开的演示文稿中，单击“文件”选项卡，打开 Backstage 视图，单击“信息”项按钮，则可看到“有关×××的信息”中的“保护演示文稿”按钮，单击“保护演示文稿”按钮，弹出“保护演示文稿”下拉列表，如图 5-59 所示。

② 选择“标记为最终状态”项，打开如图 5-60 所示对话框，单击“确定”按钮即可完成设定。此时可看到图 5-60 中“信息”列表功能界面上的“保护演示文稿”按钮右侧的“权限”两字变成了桔黄色，且提示文字变成了“此演示文稿已标记为最终状态以防止编辑”。

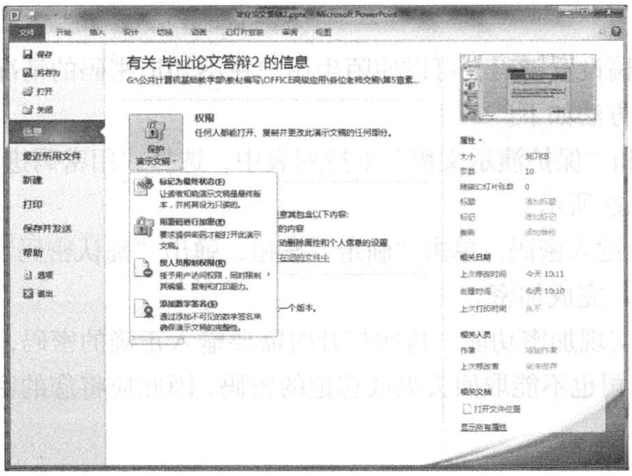

图 5-59　“保护演示文稿”下拉菜单

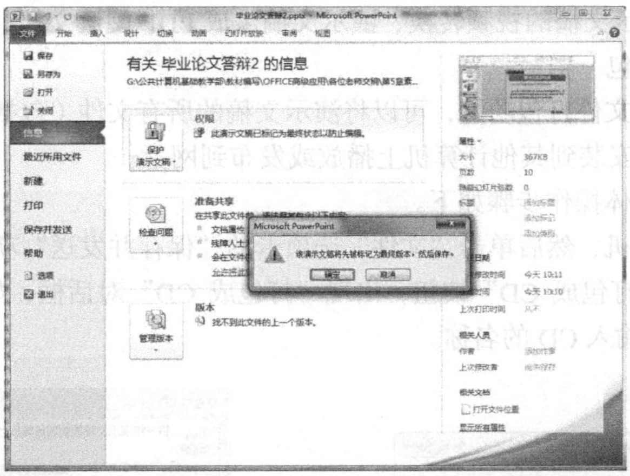

图 5-60　“确定”设定对话框

③ 单击“开始”选项卡或重新打开该演示文稿时，将会弹出一条黄色警告信息，提示用户该演示文稿已经标记为最终状态，并且可以看到“开始”等选项卡中的各个按钮都呈现为未激活状态。但我们发现提示信息中同时提供了一个“仍然编辑”按钮，如图 5-61 所示，单击该按钮后，文稿又可以恢复编辑。这说明这项保护功能有其局限性。

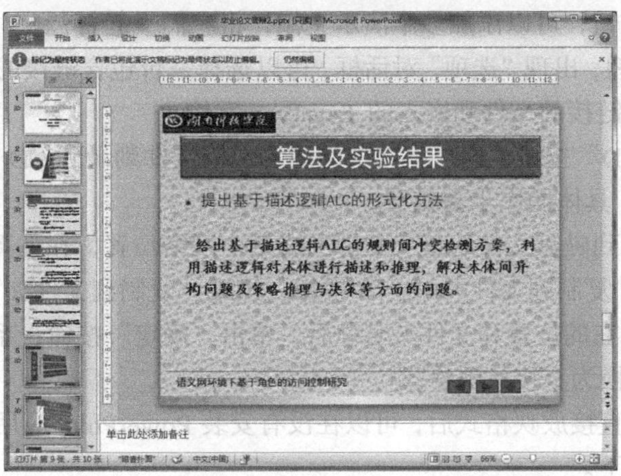

图 5-61　打开已标记为最终状态的演示文稿

（2）加密

对制作好的演示文稿设置密码，可以使陌生用户在不知道密码的情况下无法打开演示文稿进行浏览或篡改。加密的方法如下。

① 在图 5-59 所示和“保护演示文稿”下拉列表中，选择“用密码进行加密”，将显示“加密文档”对话框，如图 5-62 所示。

② 在“密码”框中键入密码，单击“确定”按钮，弹出“确认密码”对话框，输入相同的密码，单击“确定”按钮，完成加密。

则该演示文稿已经实现加密功能，再次打开时需要输入正确的密码，否则将不能打开。值得注意的是：Microsoft 公司也不能取回丢失或忘记的密码，因此应将您的密码和相应文件名的列表存放在安全的地方。

2. 文稿输出

除了放映、打包及打印输出外，PowerPoint 2010 还提供了其他文稿输出功能，例如演示文稿与 Word 文档转换、演示文稿的视频转换、演示文稿生成 PDF 阅读文档、生成图片演示文稿等。

（1）演示文稿的打包

PowerPoint 提供了文件打包功能，可以将演示文稿的所有文件（包括链接文件）压缩并保存在磁盘或 CD 中，以便安装到其他计算机上播放或发布到网上。

① 打包成 CD，具体操作步骤如下。

a. 将 CD 放入刻录机，然后单击“文件”选项卡的“保存并发送”项，选择“将演示文稿打包成 CD”项，单击“打包成 CD”按钮，出现“打包成 CD”对话框，如图 5-63 所示，在“将 CD 命名为”文本框中输入 CD 的名称。

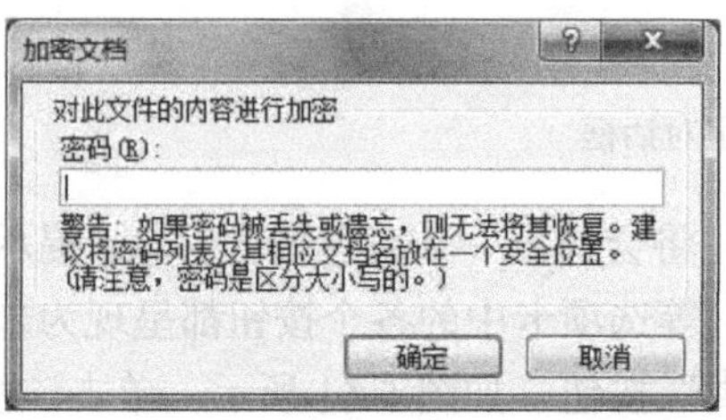

图 5-62 “加密文档”对话框

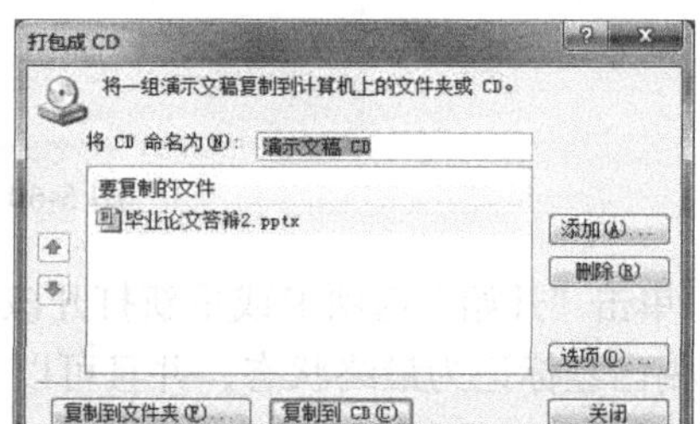

图 5-63 “打包成 CD”对话框

b. 单击“添加”按钮，可以添加多个演示文稿，将它们一起打包。

c. 单击“选项”按钮，出现“选项”对话框，可以选择是否包含链接的文件和嵌入的 TrueType 字体等选项，默认包含链接的文件和嵌入的 TrueType 字体。

d. 单击“复制到 CD”按钮，即可将选中的演示文稿文件刻录到 CD 中。

② 打包到文件夹，具体操作步骤如下。

a. 若要将文件打包到磁盘文件的某个文件夹或某个网络位置，在如图 5-63 所示的“打包成 CD”对话框中，单击“复制到文件夹(F)...”按钮，出现“复制到文件夹”对话框。

b. 选中打包文件所在的位置和文件夹名称后，单击“确定”按钮，系统开始打包。

（2）将演示文稿转换为直接放映格式

将演示文稿转换为直接放映格式后，可以在没有安装 PowerPoint 应用程序的计算机上直接放映。具体的操作步骤如下。

① 打开演示文稿，然后单击“文件”选项卡的“保存并发送”项，在“文件类型”列表中选择“更改文件类型”项，打开“更改文件类型”列表。

② 双击“PowerPoint 放映”按钮，出现“另存为”对话框，其中自动选择保存类型为“PowerPoint 放映（*.ppsx）”，选择存放路径和文件名，然后单击“保存”按钮即可。

说明：双击放映格式（*.ppsx）文件即可放映该演示文稿。

（3）将演示文稿转换成视频

PowerPoint 2010 提供了将演示文稿转换成视频的功能，还可以一并录制背景音乐、旁白。因此，可以生成一个自动播放的演讲，而不需要演讲者本人在场，具体操作步骤如下。

① 打开需要转换的演示文稿，单击“文件”选项卡，选中“保存并发送”项，再单击“创建视频”按钮，出现“创建视频”列表，如图 5-64 所示。

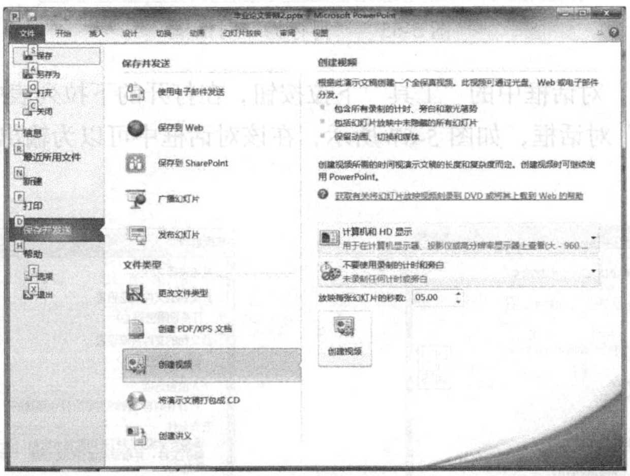

图 5-64　创建视频

② 在列表中单击“不使用录制计时和旁白”下拉按钮，在弹出的快捷菜单中根据需要选择是否录制计时和旁白；

③ 设置完成后，单击下方的“创建视频”按钮，打开“另存为”对话框，选定创建后的视频存放的位置及文件名。创建的视频为“Windows Media 视频（*.wmv）”格式，单击“保存”按钮开始进行转换。如果要将演示文稿中的背景音乐合并到视频中，必须保证该音乐文件是“包含在演示文稿中”的。

（4）将演示文稿转换为 PDF 文件输出

PDF 文件格式是作为全世界可移植电子文档的通用格式，能够正确保存源文件的字体、格式、颜色和图片，使文件的交流可以轻易跨越应用程序和系统平台的限制，是当前流行的一种文档格式。将演示文稿转换为 PDF 文件输出的具体操作如下。

① 单击“文件”选项卡中的“另存为”项，打开“另存为”对话框，在“另存为”对话框中选择“PDF（*.pdf）”选项，如图 5-65 所示。

② 单击“另存为”对话框中的“选项”按钮，打开“选项”对话框，如图 5-66 所示，在该对话框中可以设置幻灯片范围、发布选项、包括非打印信息、PDF 选项等，在设置完成后单击“确定”按钮保存更改。

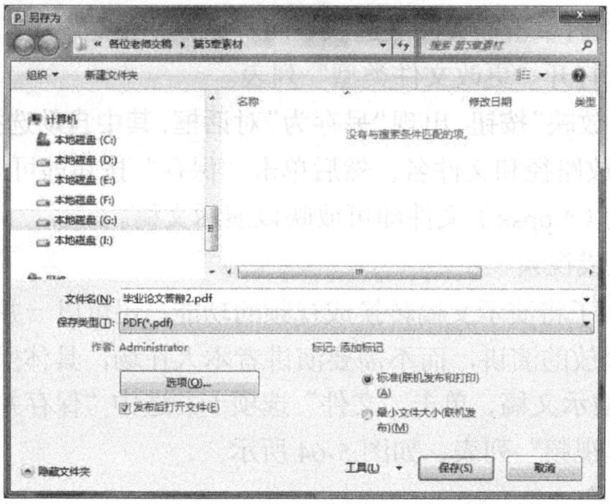

图 5-65 “另存为”对话框

③ 单击“另存为”对话框中的“工具”下拉按钮，在打开的下拉列表中选择“常规选项”命令，打开“常规选项”对话框，如图 5-67 所示，在该对话框中可以为输出得到的 PDF 文件设置密码。

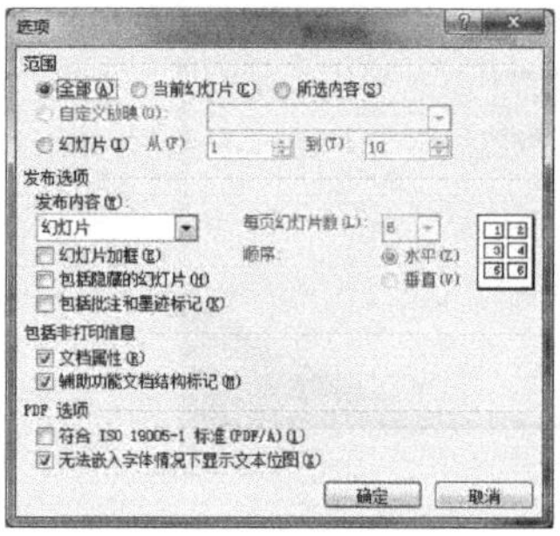

图 5-66 “选项”对话框

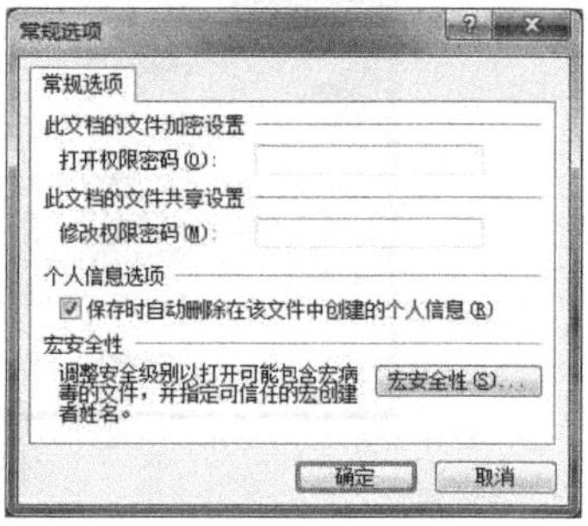

图 5-67 “常规选项”对话框

④ 单击“确定”按钮，返回“另存为”对话框主页面，选定 PDF 文件保存的位置，并输入文件名，最后单击“保存”按钮，完成 PDF 文件的转换输出。

（5）将演示文稿转换为图片输出

演示文稿的图片输出是指将幻灯片转换成图片，生成相应的图片文件。可以仅将当前的幻灯片页面转换为图片，也可以将演示文稿中所有幻灯片转换为多张图片输出，具体操作如下。

① 单击“文件”选项卡，选择“另存为”项，打开“另存为”对话框，在该对话框中选择相应的图片文件格式，如“JPEG 交换文件格式（*.jpg）”或“GIF 可交换的图形格式（*.gif）”或*.png 格式或*.bmp 格式等。

② 选定文件保存的位置，并输入文件名，单击“保存”按钮，打开如图 5-68 所示的对话框，选择希望转换的方式进行转换。其中“每张幻灯片”会将演示文稿中所有幻灯片进行转换，会在选定的目录下创建一个子目录，每张幻灯片都将生成一个图片文件，文件名称为设定的文件名加上自动序号。

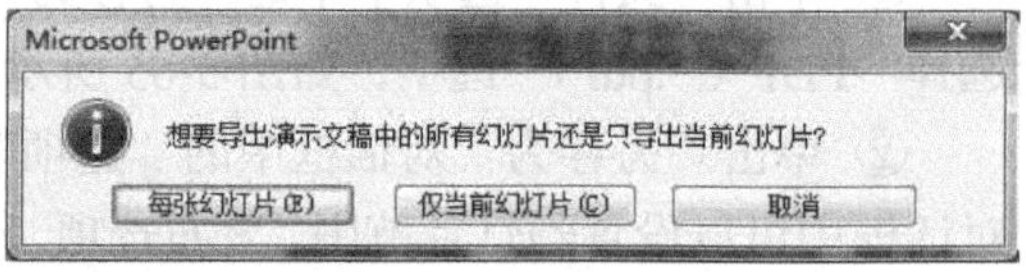

图 5-68 转换对话框

5.5.3　案例实现

1．为小李的毕业论文答辩演示文稿加密

具体操作步骤如下。

① 打开“毕业论文答辩.PPT”演示文稿，单击“文件”选项卡“信息”项，再单击“保护演示文稿”按钮，弹出“保护演示文稿”下拉菜单。

② 单击“用密码进行加密”按钮，打开“加密文档”对话框，在“密码”框中键入密码“123”，单击“确定”按钮，弹出“确认密码”对话框，输入相同的密码“123”，单击“确定”按钮，完成加密。以后要打开此文档必须输入密码“123”才能打开。

2．将小李的毕业论文答辩演示文稿转换为图片输出

具体操作步骤如下。

① 打开“毕业论文答辩.PPT”演示文稿，单击“文件”选项卡，选择“另存为”项，打开“另存为”对话框，在该对话框中选择“JPEG 交换文件格式（*.jpg）”图片文件格式。

② 选定文件保存的位置，并输入文件名“毕业论文答辩 2”，单击“保存”按钮，在打开的对话框中，单击“每张幻灯片”，此时在选定的目录下创建一个子目录名为毕业论文答辩 2，在该子目录中，图片文件依次为“幻灯片 1.jpg”“幻灯片 2.jpg”等。

5.6　综合案例

5.6.1　案例分析

设置一个“学院简介.pptx”演示文稿，设计效果图如图 5-69 所示。

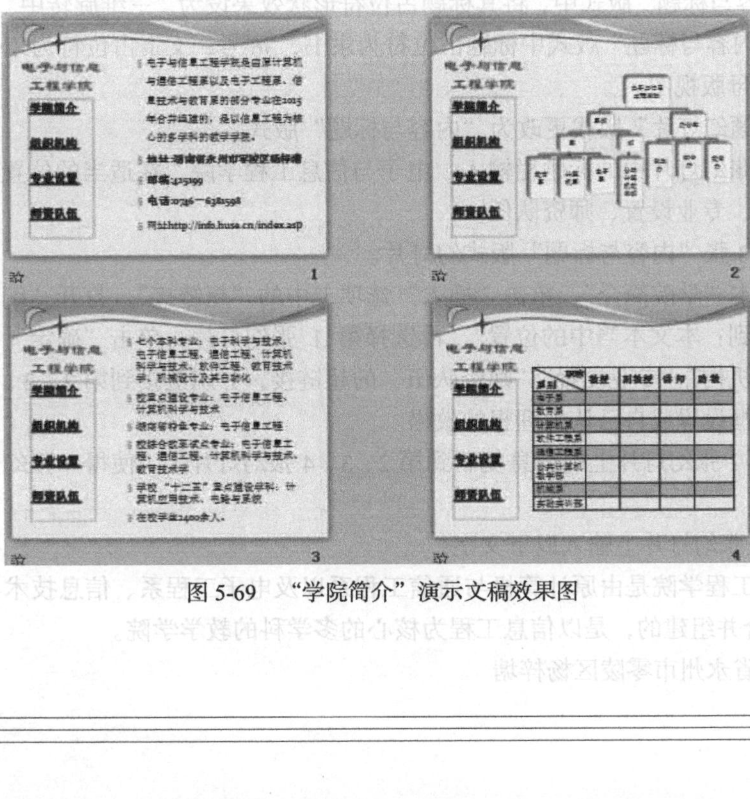

图 5-69　“学院简介”演示文稿效果图

设计要求：

（1）设置幻灯片的主题为“流畅”。配色方案为“文字/背景-深色 1”的颜色定义为黑色，“强调文字颜色 1”的颜色定义为蓝色（15，111，198）。

（2）将所有幻灯片的背景设为“新闻纸”的纹理。

（3）编辑幻灯片母版。在左上角插入自选图形“月亮”和“星星”，适当旋转；在“内容与标题”版式中，将其标题占位符形状效果为“三维旋转中”的“倾斜左上”；设置“内容与标题”版式中标题占位符为隶书，36 号；文本占位符为宋体，28 号，项目符号为 §。

（4）在“标题和内容”版式中输入如图 5-69 所示的文字，第 2 张幻灯片插入 SmartArt 图形，第 4 张幻灯片插入表格。

（5）对第 2 张幻灯片中 SmartArt 图形设置动画。

（6）对左边的文字“学院简介、组织机构、专业设置、师资队伍”分别设置超链接到相对应的幻灯片，网址也设置超链接到对应的网址上。

（7）设置幻灯片的切换方式。

（8）将演示文稿转换为直接放映格式输出。

5.6.2 案例实现

具体操作步骤如下。

（1）新建一个文件名为“电子与信息工程学院.pptx”演示文稿。

（2）单击“设计”选项卡中“背景”组的“背景样式”，打开“背景样式”列表，单击“设置背景格式...”命令，打开“设置背景格式”对话框，单击“图片或纹理填充”单选钮，单击“纹理”打开纹理下拉列表，选定“新闻纸”纹理，单击“全部应用”即可。

（3）单击“视图”选项卡的“幻灯片母版”，在母版视图中，在幻灯片母版的左上角插入自选图形“月亮”和“星星”，适当旋转，“月亮”黄色、“星星”为红色。

（4）在“内容与标题”版式中，将其标题占位符形状效果设为“三维旋转中”的“倾斜左上”。

（5）设置“内容与标题”版式中标题占位符为隶书，36 号；文本占位符为宋体，28 号，项目符号为 §，关闭母版视图。

（6）将“标题幻灯片”版式更改为“内容与标题”版式。

（7）在第 1 张幻灯片中的标题栏输入：电子与信息工程学院，在适当的位置输入文字：学院简介、组织机构、专业设置、师资队伍。

（8）再新建 3 张“内容与标题”版式幻灯片。

（9）选定文本“学院简介”，单击“插入”选项卡中的“超链接”，打开“编辑超链接”对话框，选择“链接到：本文本当中的位置”，再选择第 1 张幻灯片，单击“确定”按钮完成设置。同样设置“组织机构”“专业设置”“师资队伍”的超链接，分别链接到第 2、3、4 张幻灯片。然后对文本及文本框设置成自己认为理想的效果。

（10）再将第 1 张幻灯片上的信息复制到第 2、3、4 张幻灯片上，使得 4 张幻灯片版式及内容完全一样。

（11）在第一张幻灯片上输入以下文字：

电子与信息工程学院是由原计算机与通信工程系以及电子工程系、信息技术与教育系的部分专业在 2015 年合并组建的，是以信息工程为核心的多学科的教学学院。

地址：湖南省永州市零陵区杨梓塘

邮编：425199

电话：0746－6381598

网址：http://info.huse.cn/index.asp

（12）选定网址“http://info.huse.cn/index.asp”单击“插入”选项卡中的“超链接”，打开“编辑超链接”对话框，选择链接到：“现有文件或网页”，在地址栏输入 http://info.huse.cn/index.asp 即可。

（13）在第 2 张幻灯片上插入如图 5-70 所示的 SmartArt 图形，并输入相应的文字。

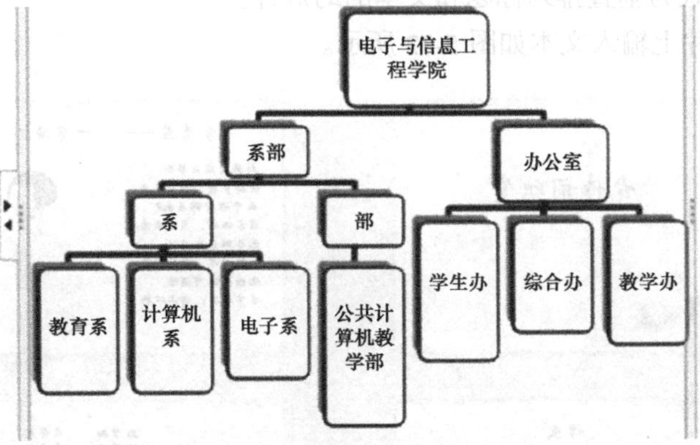

图 5-70　SmartArt 图形

（14）第 3 张幻灯片输入以下文字：

七个本科专业：电子科学与技术、电子信息工程、通信工程、计算机科学与技术、软件工程、教育技术学、机械设计及其自动化。

校重点建设专业：电子信息工程、计算机科学与技术。

湖南省特色专业：电子信息工程。

校综合改革试点专业：电子信息工程、通信工程、计算机科学与技术、教育技术学 。

学校“十二五”重点建设学科：计算机应用技术、电路与系统。

在校学生 2400 余人。

（15）第 4 张幻灯片插入以下的师资队伍表格，如图 5-71 所示的表格。

职称 系别	教授	副教授	讲师	助教
电子系				
教育系				
计算机系				
软件工程系				
通信工程系				
公共计算机教学部				
机械系				
实验实训部				

图 5-71　师资队伍表

（16）选定第 2 张幻灯片中 SmartArt 图形，单击“动画”选项卡，添加“随机线条”动画样式。

（17）单击“切换”选项卡，选择“溶解”的切换方案，然后单击“全部应用”。

（18）单击“文件”选项卡的“保存并发送”项，在“文件类型”列表中选择“更改文件类型”项，打开“更改文件类型”列表，双击“PowerPoint 放映”按钮，出现“另存为”对话框，其中自动选择保存类型为“PowerPoint 放映（*.ppsx）”，选择存放路径和文件名，然后单击“保存”按钮即可。

习　题

【习题一】

制作一个《古诗词欣赏》课件，设计要求如下：

（1）插入第一张版式为标题的幻灯片，第二张版式为两栏内容的幻灯片，第三张为标题和内容幻灯片，第四张版式为垂直排列标题和文本的幻灯片。

（2）在各张幻灯片上输入文本如图 5-72 所示。

图 5-72　《古诗词欣赏》课件示例效果图

（3）在第二张幻灯片上插入图片“李清照”图像文件。其余幻灯片上各插入喜欢的剪贴画。

（4）应用设计模板“暗香扑面”。

（5）将母版文本设为华文行楷，一级文本字号设为 28 号，二级文本字号设为 24 号。

（6）将母版标题文本的动画效果设置为自左侧“擦除”，其他文本动画效果设置为从左上部“飞入”。

（7）重新修改第 1 张幻灯片上字号，标题为 66 号字、副标题为 48 号字。

（8）设置所有幻灯片的切换效果为从左上部“擦除”，换片方式为“单击鼠标时”。

【习题二】

制作一个产品介绍演示文稿，设计要求如下：

（1）设置幻灯片的长为 15cm、宽为 15cm。

（2）将所有幻灯片的背景设为某一图片文件，透明度为 40%。

（3）在幻灯片母版的右上角插入图片为产品所在公司的名称或工司徽标。

（4）插入第一张版式为空白的幻灯片。

（5）在第一张幻灯片上插入该产品图片。

（6）在第一张幻灯片上插入艺术字“2017”，采取“填充-强调文字颜色 2，粗糙棱台”的艺术字样式，字体为 arial black，字号为 60。

（7）将第一张幻灯片的艺术字和图片组合。

（8）在第一张幻灯片上插入音频为某一首歌曲，设置自动播放 3 张幻灯片后停止播放。

（9）对第一张幻灯片自定义动画：从上部飞入。

（10）插入第二张版式为空白的幻灯片，插入该产品图片。再插入文本框，输入产品的名称（隶书、40 号、红色、阴影效果），将文字和图片组合。

（11）对第二张幻灯片自定义动画：动画效果为从右下角飞入。

（12）在第三张幻灯片上插入文本框，输入产品介绍文字（华文行楷、32 号、加粗、阴影、居中），设置文本框填充白色，形状轮廓为红色 3 磅。

（13）设置幻灯片切换的方式为水平百叶窗，每隔 8 秒换页。

（14）设置演示文稿的放映方式为在展台浏览。示例效果图如图 5-73 所示。

图 5-73　产品介绍示例图

【习题三】

现在手机的照相功能越来越强大，每个使用智能手机的用户都可能存放了大量的照片，利用 PowerPoint 2010 的强大功能制作一个电子相册，向亲朋好友展示多姿多彩的生活，并转换成视频输出。

提示 利用“插入”选项卡“图像”组的“相册”可以制作成电子相册，如图 5-74 所示。然后为每个幻灯片中的照片添加文字说明，设置背景、动画效果及切换效果等制作一个精美的相册。

图 5-74　PPT 制作电子相册示例

第6章 网页设计基础

随着互联网的发展，网络已经完全融入了人们的生活，各种类型的网站铺天盖地进入人们的眼球，拥有特色的网站是浏览者所喜欢的。对企业和个人，精美的网站对提升形象起着重要的作用。

6.1 网站与网页概述

6.1.1 网站

网站（WebSite）也称站点，包含多个独立的网页、脚本和数据库等，多个网页按照一定的结构组织在一起就构成一个网站。从资源管理器的角度来说，网页是一个文件，而网站是一个目录，里面有多个Html文件和图片、动画、声音等资源文件。

网站的种类很多，按不同的分类标准可以把网站分为多种类型。根据功能的不同，网站可以分为以下几种类型。

（1）综合信息门户类网站

综合信息门户类网站是指通向某类综合性互联网信息资源的网站，多数网站还提供有关信息服务的应用系统。从现在的情况来看，门户网站主要提供新闻、搜索引擎、电子邮箱、影音资讯、电子商务、网络社区、网络游戏等内容或服务。在我国，典型的门户网站有新浪、网易、搜狐等。

（2）电子商务类网站

电子商务类网站是一种常见的网站形式，也是一种重要的应用形式。电子商务类网站的内容常常有产品介绍、广告、购物、市场推广等。目前，国内电子商务类网站的代表有淘宝、京东、苏宁易购、拍拍、易趣等。电子商务类网站的设计重点是网站的产品管理功能和用户的交互功能，其页面需要制作得美观、大方。

（3）新闻资讯类网站

新闻资讯类网站是一种可以发布大量新闻与图片内容的网站，用户可以方便地查看这些新闻资讯类的内容。这类网站的开发重点是网站的美术设计与网站内容的管理。主要代表有人民网、新华网、央视国际网站等。

（4）企业类网站

企业网站是企业在互联网上进行形象宣传的平台。企业可以利用网站来进行宣传、产品资讯发布、人才招聘等。企业网站相当于一个企业的网络名片，不但对企业的形象是一个良好的宣传，同时可以辅助企业的销售，甚至可以通过网络直接帮助企业实现产品的销售。这类网站的代表有联想企业网站、华为企业网站等。

（5）政府与公益组织类网站

现在越来越多的政府、教育机构及民间组织开发了自己的网站，政府和教育机构及一些民间组织也可以借助网站进行宣传或者开展其他活动。这类网站的代表有中国网、教育部网站、北京大学网站、希望工程网站等。

（6）社交媒体网站

社交媒体网站是指人们彼此之间用来分享意见、见解、经验和观点的网站，现阶段主要有社交网站、博客、微博、论坛、播客等网站形式。这类网站的代表有人人网、新浪博客、新浪微博、百度贴吧等。

（7）内容类网站

内容类网站是以展示某类内容为目的而设计的网站，比如展示音乐、视频、美术、文学、收藏品等内容的网站。常见的有网易直播、2345 影视大全、中华诗词网等，个人网站也是一种重要的内容类网站。

（8）网站导航类网站

网站导航类网站通过将一些常用的网络链接整理到一个网站上，以方便用户使用。现在很多网站都具有一定的网站导航功能。网站导航类网站的开发重点是网站链接与分类的管理。这类网站的代表有网址之家（http://www.hao123.com）、网址大全（http://www.9991.com）、2345 网址导航（http://www.2345.com）等。

（9）搜索引擎类网站

搜索引擎类网站是为用户提供内容搜索功能的网站。在网站开发工作中，常需要开发具有一定搜索功能的网站，通过其搜索功能，可以对网站中的产品、企业数据等内容进行管理，数据库是此类网站的设计重点。这类网站的代表有百度、谷歌、雅虎等。

（10）下载网站

下载网站可以方便地为用户提供各种资料的下载功能，这类网站可以为用户提供软件、歌曲、影视、图书等内容的下载。下载网站的开发重点是资料的管理与分类。比较著名的下载网站有华军软件、驱动之家、多特软件、百度 MP3 下载。

6.1.2　网页

网页是构成网站的基本元素，是承载各种网站应用的平台。通俗地说，如果您只有域名和虚拟主机而没有制作任何网页的话，您的客户仍旧无法访问您的网站。

网页是一个包含 HTML 标签的纯文本文件，它可以存放在世界某个角落的某一台计算机中，是万维网中的一“页”，是超文本标记语言格式（标准通用标记语言的一个应用，文件扩展名为.html 或.htm）。网页要通过网页浏览器来阅读。

一个网站由若干网页组成，在若干网页中，有一个特殊的网页称为主页。主页是网站的起始页，即打开网站后看到的第一个页面，大多数主页文件名是 index、default、main 加上扩展名。主页也被称为首页，首页应该直观地显示该网站能提供的信息，并引导互联网用户浏览网站其他部分的内容。

1. 网页的基本构成元素

网页的基本元素主要包括文本、图像、超链接，其他元素包括导航栏、动画、表格、表单、声音、视频等。

（1）文本

一般情况下，网页中最多的内容是文本，可以根据需要对其字体、大小、颜色、底纹、边框等属性进行设置。建议用于网页正文的文字一般不要太大，也不要使用过多的字体，中文文字一般可使用宋体，大小一般使用 9 磅或 12 像素左右。

（2）图像

丰富多彩的图像是美化网页必不可少的元素，用于网页上的图像一般为 JPG 格式和 GIF 格式。网页中的图像主要有用于点缀标题的小图片、介绍性的图片、代表企业形象或栏目内容的标志性图片、用于宣传广告的图片等。

（3）超链接

超链接是 Web 网页的主要特色，是指从一个网页指向另一个目的端的链接。这个“目的端”通常是另一个网页，也可以是下列情况之一：相同网页上的不同位置、一个下载的文件、一副图片、一个 E-mail 地址等。超链接可以是文本、按钮或图片，鼠标指针指向超链接位置时，会变成小手形状。

（4）导航栏

导航栏是一组超链接，用来方便地浏览站点。导航栏一般由多个按钮或者多个文本超链接组成。

（5）动画

动画是网页中最活跃的元素，创意出众、制作精致的动画是吸引浏览者眼球的最有效方法之一。但是如果网页动画太多，也会使人眼花缭乱，进而产生视觉疲劳。

（6）表格

表格是 HTML 语言中的一种元素，主要用于网页内容的布局，组织整个网页的外观。通过表格可以精确地控制各网页元素在网页中的位置。

（7）表单

表单是用来收集访问者信息或实现一些交互作用的网页，浏览者填写表单的方式是输入文本、选中单选按钮或复选框、从下拉菜单中选择选项等。

（8）声音

声音是多媒体网页重要的组成部分。用户在为网页添加声音效果时应充分考虑其格式、文件大小、品质和用途等因素，另外，不同的浏览器对声音文件的处理方法也有所不同，彼此之间有可能并不兼容。

（9）视频

视频文件的采用使网页效果更加精彩且富有动感，常见的视频文件格式包括 FLV、RM、MPEG、AVI 和 DivX 等。

网页中除了上述这些基本的构成元素外，还包括横幅广告、字幕、悬停按钮、日戳、计算器、Java Applet 等元素。

2. 静态网页和动态网页

网页根据其生成方式主要分为两类：静态网页和动态网页。

（1）静态网页

静态网页是指没有后台数据库、不含程序和不可交互的网页。你编的是什么它显示的就是什么、不会有任何改变。静态网页更新起来比较麻烦，适用于一般更新较少的展示类网站。反之不符合静态网页概念的就属于动态网页。

静态网页使用语言 HTML（超文本标记语言）编写。在网站设计中，一般的静态网页网址都以.htm、.html、.shtml、.xml 等为后缀，但是，并不是说静态网页就没有动态的效果，有的静态网页也会有动态效果，如包含有.GIF 格式的动画、FLASH、滚动字母等。

（2）动态网页

动态网页，是指跟静态网页相对的一种网页编程技术。静态网页，随着 HTML 代码的生成，页面的内容和显示效果就基本上不会发生变化了——除非你修改页面代码。而动态网页则不然，页面代码虽然没有变，但是显示的内容却是可以随着时间、环境或者数据库操作的结果而发生改变的。

动态网页一般以数据库技术为基础，可以大大降低网站维护的工作量；采用动态网页技术的网站可以实现更多的功能，如用户注册、用户登录、在线调查、用户管理、订单管理等。

动态网页实际上并不是独立存在于服务器上的网页文件，只有当用户请求时服务器才返回一个完整的网页。

动态网页中的"?"对搜索引擎检索存在一定的问题，搜索引擎一般不可能从一个网站的数据库中访问全部网页，或者出于技术方面的考虑，搜索时不去抓取网址中"?"后面的内容，因此采用动态网页的网站在进行搜索引擎推广时需要做一定的技术处理才能适应搜索引擎的要求。

（3）常用的 4 种动态网页技术

① PHP

PHP（Hypertext Preprocessor，超文本预处理器）是当今 Internet 上最为火热的脚本语言，其语法借鉴了 C、Java、PERL 等语言，但用户只需要很少的编程知识就能使用 PHP 建立一个真正交互的 Web 站点。

它与 HTML 语言具有非常好的兼容性，使用者可以直接在脚本代码中加入 HTML 标签，或者在 HTML 标签中加入脚本代码从而更好地实现页面控制。PHP 提供了标准的数据库接口，数据库连接方便，兼容性强；扩展性强；可以进行面向对象编程。

② ASP

ASP（Active Server Pages，活跃服务器页）是微软公司开发的一种类似超文本标识语言（HTML）、脚本（Script）与 CGI（公用网关接口）的结合体，它没有提供自己专门的编程语言，而是允许用户使用许多已有的脚本语言编写 ASP 的应用程序。ASP 的程序编写比 HTML 更方便，更有灵活性。它在 Web 服务器端运行，运行后再将运行结果以 HTML 格式传送至客户端的浏览器。因此 ASP 与一般的脚本语言相比，要安全得多。

ASP 的最大好处是可以包含 HTML 标签，也可以直接存取数据库及使用无限扩充的 ActiveX 控件。通过使用 ASP 的组件和对象技术，用户可以直接使用 ActiveX 控件，调用对象方法和属性，以简单的方式实现强大的交互功能。

但 ASP 技术也非完美无缺，由于它的运行局限于微软公司的操作系统平台之上，主要工作环境是微软公司的 IIS 应用程序结构，又因 ActiveX 对象具有平台特性，所以 ASP 技术不能很容易地实现在跨平台 Web 服务器上工作。

ASPX 文件是使用微软公司 ASP.NET 技术开发的在服务器端运行的动态网页文件，通过 IIS 解析执行后可以得到动态页面，是微软公司推出的一种新的网络编程方法，而不是 ASP 的简单升级，因为它的编程方法和 ASP 有很大的不同。ASP 使用脚本语言，每次请求的时候，服务器调用脚本解析引擎来解析执行其中的程序代码，而 ASP.NET 则可以使用多种语言编写，而 ASPX 是在服务器端靠服务器编译执行的程序代码，比 ASP 快，同时还有很多其他的优点。

③ JSP

JSP（Java Server Pages，爪哇服务器页面）是由 Sun Microsystem 公司于 1999 年 6 月推出的技术，是基于 Java Servlet 以及整个 Java（爪哇）体系的 Web 开发技术。

JSP 和 ASP 在技术方面有许多相似之处，不过两者来源于不同的技术规范组织，ASP 一般只应用于微软公司的 Windows NT/XP 等平台，而 JSP 则可以运行在 85%以上的服务器上，而且基于 JSP 技术的应用程序比基于 ASP 的应用程序易于维护和管理，所以被许多人认为是未来最有发展前途的动态网站技术之一。

④ CGI

CGI（Common Gateway Interface，公用网关接口）是较早用来建立动态网页的技术。当客户端向 Web 服务器上指定的 CGI 程序发出请求时，Web 服务器会启动一个新的进程执行某些 CGI 程序，程序执行后将结果以网页的形式再发送回客户端。

CGI 的优点是它可以用很多语言编写，如 C、C++、VB 和 Perl 语言。在语言的选择上有很大的灵活性，最常用的 CGI 开发语言为 Perl。

3. 使用记事本编写静态网页

静态网页是以标记语言代码呈现的文本格式，通常它的扩展名为.htm 或.html，所有的记事本工具都可以作为它的开发环境。将 HTML 源代码输入记事本并保存后，可以在浏览器中打开文档并查看效果。操作步骤如下。

（1）单击 Windows 桌面上的【开始】按钮，选择【所有程序】→【附件】→【记事本】命令，打开一个记事本，在记事本中输入 HTML 代码，如图 6-1 所示。

（2）编辑完 HTML 文档后，选择【文件】→【保存】命令，在弹出的【另存为】对话框中，选择【保存类型】为【所有文件】，然后将扩展名设为.html 或.htm，单击【保存】按钮，保存文件。打开该网页文档，在 IE 浏览器中浏览效果，如图 6-2 所示。

```
<!doctype html>
<html>
<head>
<meta charset="utf-8">
<title>第一个网页</title>
</head>
<body>
这是我编写的第一个网页
</body>
</html>
```

图 6-1 第一个网页的代码

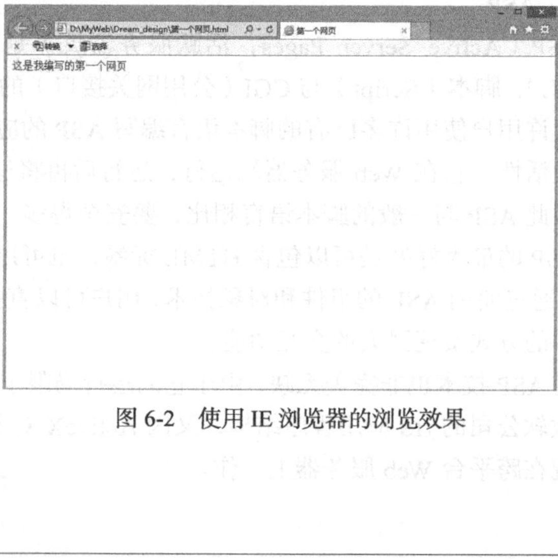

图 6-2 使用 IE 浏览器的浏览效果

6.1.3 浏览器和 Web 服务器

要浏览一个网页，通常的做法是打开浏览器，在地址栏中输入网页的地址，然后按回车键确认，等待浏览器的反应。这个简单的操作过程可以帮助我们理解网页浏览的原理，如图 6-3 所示。

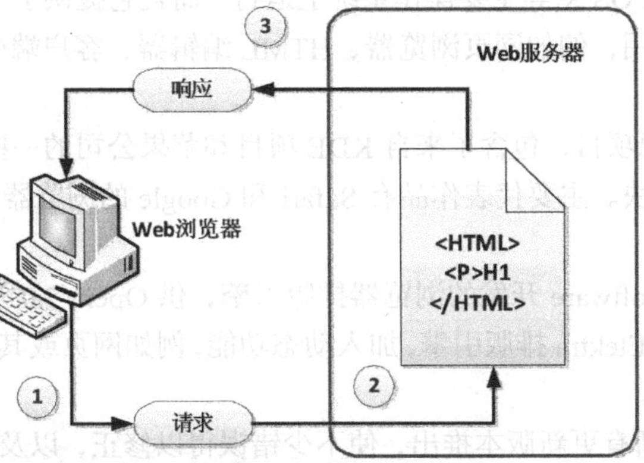

图 6-3　网页浏览器工作过程

首先客户机的 Web 浏览器与 Web 服务器建立连接，然后向 Web 服务器提交信息请求，指明要访问的文件位置和文件名。Web 服务器接到请求后，根据请求进行事务处理，并把处理结果通过网络传送给客户机的 Web 浏览器，从而在 Web 浏览器上显示所请求的页面。

1. Web 浏览器

最早的图形界面 Web 浏览器是蒂姆・贝纳斯・李 1990 年在欧洲开发出来的。1993 年，马克・安德森等人推出了第一款商业化的浏览器 Mosaic，其后，网页浏览成为互联网浏览中最主要的应用。

目前，浏览器的种类，如果按照生产商的品牌分，成百上千种。国内用户使用较多的浏览器是微软公司的 Internet Explorer。其他常见的浏览器还包括谷歌公司的 Chrome、Mozilla 基金会的 Firefox、Apple 公司的 Safari、Opera 公司的 Opera，以及国内的 360 安全浏览器、QQ 浏览器、搜狗浏览器等。

如果按浏览器核心分类，它的种类就会少得多。当今浏览器核心的种类大约为 4 类，它们分别是：Trident、Gecko、WebKit 和 Presto。

（1）Trident 核心

说起 Trident，很多人都会感到陌生，但提起 IE（Internet Explorer）则无人不知，无人不晓，由于其被包含在全世界使用率最高的操作系统 Windows 中，得到了极高的市场占有率，所以我们又经常称其为 IE 核心。

Trident（又称为 MSHTML），是微软公司开发的一种排版引擎。它在 1997 年 10 月与 IE4 一起诞生，至今经历 19 年，最新版本 IE11，虽然它相对其他浏览器核心还比较落后，但 Trident 一直在不断地被更新和完善。而且除 IE 外，许多产品都在使用 Trident 核心，比如 Windows 的 Help 程序、RealPlayer、Windows Media Player、Windows Live Messenger、Outlook Express 等都使用了 Trident 技术。

使用 Trident 引擎的浏览器有很多，比如 Internet Explorer、Maxthon 遨游、世界之窗、腾讯 TT、Netcapter、Avant 等，但 Trident 只能应用于 Windows 平台，且是不开源的。

（2）Gecko 核心

Gecko 是一套开放源代码的、以 C++编写的网页排版引擎，Firefox 浏览器使用这一内核。目前 Gecko 为 Mozilla 家族网页浏览器以及 Netscape 6 以后版本浏览器所使用。这软件原本是由网景通信公司开发的，现在则由 Mozilla 基金会维护。它的最大优势是跨平台，能在 Microsoft Windows、Linux 和 Mac OS X 等主要操作系统上运行，而且它提供了一个丰富的程序界面以供互联网相关的应用程式使用，例如网页浏览器、HTML 编辑器、客户端/服务器等。

（3）WebKit 核心

WebKit 是一个开源项目，包含了来自 KDE 项目和苹果公司的一些组件，它的特点在于源码结构清晰、渲染速度极快。主要代表作品有 Safari 和 Google 的浏览器 Chrome。

（4）Presto 核心

Presto 是由 Opera Software 开发的浏览器排版引擎，供 Opera 7.0 及以上使用。它取代了旧版 Opera 4 ~ 6 版本使用的 Elektra 排版引擎，加入动态功能，例如网页或其部分可随着 DOM 及 Script 语法的事件而重新排版。

Presto 在推出后不断有更新版本推出，使不少错误得以修正，以及阅读 Javascript 效能得以最佳化，它是一款速度很快的引擎，因此，Opera 曾被认为是速度最快的浏览器。

2. Web 服务器

目前世界范围被广泛采用的 Web 服务器包括微软公司的 IIS Web 服务器、Apache 基金会的 Apache Web 服务器等。

（1）IIS 服务器

IIS（Internet Information Server，互联网信息服务），它是微软公司基于 Microsoft Wiindows Server 运行的 Web 服务器，用户能够使用该服务器提供的功能，建立强大，灵活而安全的 Internet 和 Intranet 站点。IIS 支持 HTTP（Hypertext Transfer Protocol，超文本传输协议），FTP（Fele Transfer Protocol，文件传输协议）以及 SMTP 协议，通过使用 CGI 和 ISAPI，IIS 可以得到高度的扩展。

（2）Apache 服务器

Apache 是最流行的 Web 服务器软件之一。它可以运行在几乎所有广泛使用的计算机平台上，由于其跨平台和安全性被广泛使用。它快速、可靠并且可通过简单的 API 扩充。世界上很多著名的网站如 Amazon、Yahoo!、W3 Consortium、Financial Times 等都是 Apache 的产物，它的成功之处主要在于它的源代码开放、有一支开放的开发队伍、支持跨平台的应用（可以运行在几乎所有的 UNIX、Windows、Linux 系统平台上）以及它的可移植性等方面。

6.1.4 网站策划设计

网站是一种新型的公众媒体，具有成本低、信息量大、传递信息快的优势。网站设计就是将自己的信息制作成可以放在网站上浏览的网页的过程。任何一个网站的网页设计都应该按照以下流程进行，如图 6-4 所示。

1. 确定网站主题

网站的主题是指一个网站在建设中需要完成的主要任务和要实现的主要设计思想。例如，一个新闻类的网站需要有着功能强大的新闻发布功能，个人网站可以很好地展示个人风采和相关资料。网站的主题是一个网站的设计理念。设计和确定网站的主题是网站开发的一项重要工作。相关的设计思想需要在这个过程中完成，设计思想需要书写成设计文档。

为了做到主题鲜明突出、要点明确，应该使配色和图片围绕预定的主题，调动一切手段充分表现网站的个性，充分利用已有的信息，如客户手册、公共关系文档、技术手册和数据库等。

2. 收集资料

明确主题以后，就要围绕主题开始收集资料，并且对素材进行分类管理。在网站设计初期，就要规划并创建文件夹，用来进行素材的归类。材料总体上分为文本内容和多媒体素材，收集的文本素材既要丰富，又要便于组织。静态图片、动态图像、音像等多媒体素材能够使网页充满动感和生机，吸引更多访问者。多媒体素材可以从网上获取，也可以利用现成的图片或自己拍摄、自己制作视频等。

3. 规划网站

网站规划包含的内容很多，如网站的结构、栏目的设置、网站的风格、颜色的搭配、版面的布局、文字图片的运用等，只有在制作网页之前把这些方面都考虑好了，才能在制作时驾轻就熟，胸有成竹。也只有如此，制作出来的网页才能有个性、有特色、有吸引力。

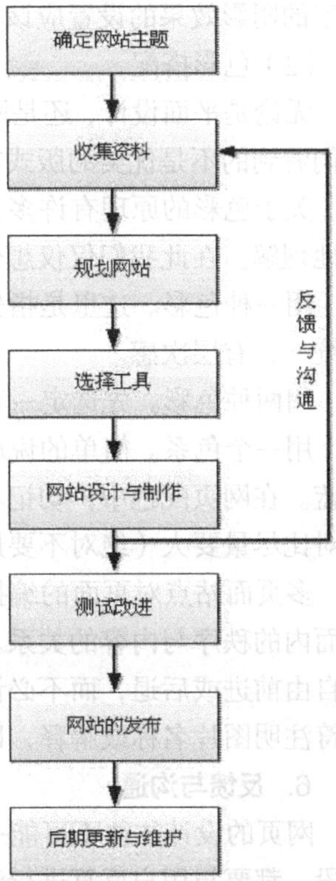

图 6-4 网站设计流程

4. 选择工具

网页设计与制作涉及的工具比较多。一般先要做好网页的设计图，再根据设计图进行网页设计。制作设计图一般使用 Photoshop，它是首选的平面制作工具，或者使用 Fireworks，Fireworks 是一款优秀的专门为制作网页图形而设计的软件。

制作动画经常使用 Flash 软件，它是矢量图形编辑和动画创作的专业软件，常用它将音乐、声效、动画以及富有新意的界面融合在一起，以制作出高品质的网页动态效果。

网页中用到的矢量图标则往往使用 Adobe Illustrator、CorelDRAW、Inkscape 等软件。

从设计图到网页的实现也就是编写 HTML 的过程，如果对 HTML 语言不熟悉，可以借助 Dreamweaver 来完成这份工作，因为 Dreamweaver 是所见即所得的 HTML 编辑软件，它也是 Web 开发人员常用的工具之一。

5. 网站设计与制作

网页设计与制作包括网站布局设计、色彩设计、形式和内容设计等。网页设计作为一种视觉语言，特别讲究编排和布局，虽然网页的设计不等同于平面设计，但它们有许多相近之处。版面设计通过文字图形的空间组合，表达出和谐与美。网页设计有两大要点：整体风格和色彩搭配。

（1）整体风格

网站的整体风格及其创意设计是最难学习的，难就难在没有一个固定的模式可以参照和模仿。给一个主题，任何两人都不可能设计出完全一样的网站。

网站风格（Style）是抽象的，是指站点的整体形象给浏览者的综合感受。这个“整体形象”涉及站点的 CI（标志、色彩、字体、标语）、版面布局、浏览方式、交互性、文字、语气、内容价值、存在意义、站点荣誉等诸多因素。例如，我们觉得网易的网站是平易近人的，迪斯尼的网站是生动活泼的，IBM 的网站是专业严肃的，这些都是网站给人们留下的不同感受。

在这里，一些参考经验：将 Logo 标志，尽可能地放在每个页面最突出的位置。突出标准色彩，总结一句能反映网站精髓的宣传标语。

相同类型的图像采用相同效果，比如说标题字都采用阴影效果，那么在网站中出现的所有标题字的阴影效果的设置应该是完全一致的。

（2）色彩搭配

无论是平面设计，还是网页设计，色彩永远是最重要的一环。当我们距离显示屏较远的时候，我们看到的不是优美的版式或者是美丽的图片，而是网页的色彩。

关于色彩的原理有许多，在此我们不可能一一阐述，大家可以看看相关设计书籍，有利于系统地理解。在此我们仅仅想告诉大家一些网页配色时的小技巧。

用一种色彩。这里是指先选定一种色彩，然后调整透明度或者饱和度，这样的页面看起来色彩统一，有层次感。

用两种色彩。先选定一种色彩，然后选择它的对比色。

用一个色系。简单的说就是用一个感觉的色彩，例如淡蓝、淡黄、淡绿，或者土黄、土灰、土蓝。在网页配色中，切记不要将所有颜色都用到，尽量控制在三至五种色彩以内。背景和前文的对比尽量要大（绝对不要用花纹繁复的图案作背景），以便突出主要文字内容。

多页面站点对页面的编排设计要求把页面之间的联系放映出来，特别要求处理好页面之间和页面内的秩序与内容的关系。网页设计中导航使用超文本链接或图片链接，使访问者能够在网站上自由前进或后退，而不必让他们使用浏览器上的前进或后退。尽量在所有图片上使用“alt”标识符注明图片名称或解释，以便那些不愿意自动加载图片的用户能够了解图片的含义。

6. 反馈与沟通

网页的设计往往不可能一次就达到用户的要求，在网站设计初步完成后，以及其后修改的各阶段，都要与用户反复进行沟通，以便及时修正。

7. 测试改进

测试实际上是模拟用户访问网站的过程，以发现问题并改进网页设计。设计人员应该与用户共同安排网站测试。

8. 网站的发布

网站完成设计与调试以后，需要上传到租用的服务器空间才能被用户访问。发布网站就是把自己计算机中的网站内容发布到网络上服务器空间的过程。可以使用 Dreamweaver 自带的 FTP 功能或者专用的 FTP 软件上传网站文件，专用的 FTP 软件有 LeapFTP、FlashFXP、CuteFTP、8uftp 等。

9. 后期更新与维护

网站完成设计和上传以后，全世界的用户即可通过网站的域名访问这个网站，但陈旧的版面或长期不变的内容并不能给用户带来吸引力。完成后的网站可能存在一些错误和问题，编写完成的网站程序可能运行一段时间会暴露出一些程序上的问题，这需要经常对网站的内容进行更新和维护。在更新网站内容时，需要对网站的内容进行筛选和排序，需要及时地删除质量不高或过时的内容，让网站中最重要的内容放在网站的首页和最容易被浏览到的版面。

6.1.5 网页设计制作工具

在制作网页之前，要选择网页设计软件。虽然用“记事本”工具手工编写源代码也能做出网页，但这需要制作者对编程语言相当熟悉。限于记事本的功能，其编程效率并不高，并不适合广大的网页设计爱好者。事实上，Dreamweaver、Fireworks、Photoshop、Flash 这 4 款软件相辅相成，是适合广大爱好者设计网页的首选工具。

1. Dreamweaver

Dreamweaver 是 Adobe 公司的一款专业的网页设计软件，其强大的功能和易操作的特点使它成为同类开放软件中的佼佼者。Dreamweaver 可以编辑 HTML、CSS、ASP、PHP、ASP.NET、ColdFusion、JSP 等多种不同类型的文件。与普通文本编辑器不同的是，Dreamweaver 能够以代码视图方式或设计视图方式来编写、查看网页，从而能够以类似 Word 软件的“所见即所得”的方式来制作网页。同时，Dreamweaver 还提供站点管理、资源管理、相关文件、连接 FTP 站点、网站测试优化等功能，从而帮助用户更轻松地对网站进行管理。除 Dreamweaver 外，微软公司开发的 SharePoint Designer 也属于“所见即所得”类型的网页编辑工具，它的前身是 FrontPage 这一早期具有广泛影响力的网页编辑工具。

Dreamweaver 因其操作界面友好、人性化、易操作，可快速生成跨平台的网页和网站，拥有强大的管理能力，所有受到广大网页设计师和爱好者的青睐。

2. Fireworks

Fireworks 是 Adobe 公司推出的一款用于网络图形设计的图形编辑软件，可以加速设计与开发，大大简化了网络图形设计的工作难度，是一款创建于优化 Web 图像和快速构建网站与 Web 界面原型的理想工具。使用 Fireworks 不仅可以轻松地制作出十分动感的 GIF 动画，还可以轻易地实现大图切割、动态按钮、动态翻转图等。其界面如图 6-5 所示。

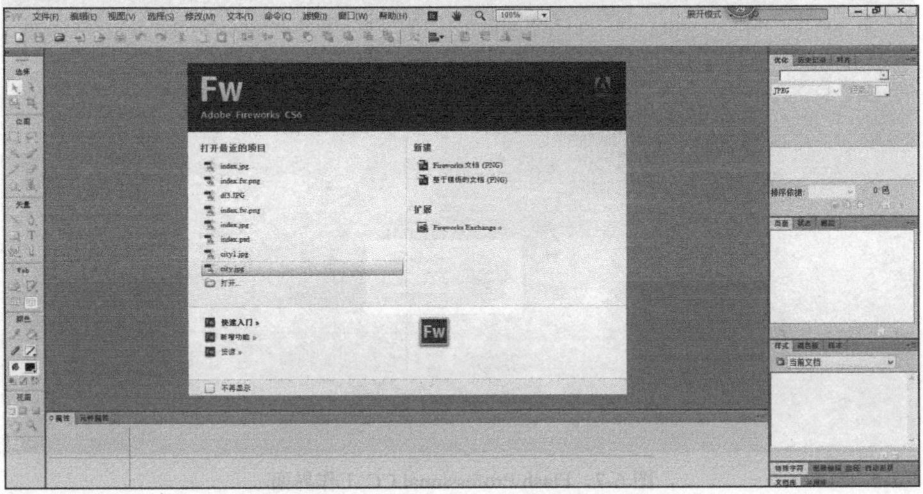

图 6-5　Fireworks CS6 工作界面

3. Photoshop

Photoshop 是 Adobe 公司旗下最为出名的图像处理软件，集图像扫描、编辑修改、制作、输入与输出于一身的图形图像处理软件，深受广大平面设计人员和电脑美术爱好者的喜爱，目前已被广泛应用于平面设计、网页制作和图像处理等领域。随着技术的发展，Photoshop 已历时数次版本更新，其功能越来越强大，其界面如图 6-6 所示。

图 6-6　Photoshop CS6 工作界面

4. Flash

Flash 被大量应用于互联网网页的矢量动画设计。网页设计者使用 Flash 可以创作出既漂亮又可以改变尺寸的导航界面以及其他奇特的效果。Flash 文件中可以包含简单的动画、视频内容、复杂演示文稿和应用程序等，其界面如图 6-7 所示。

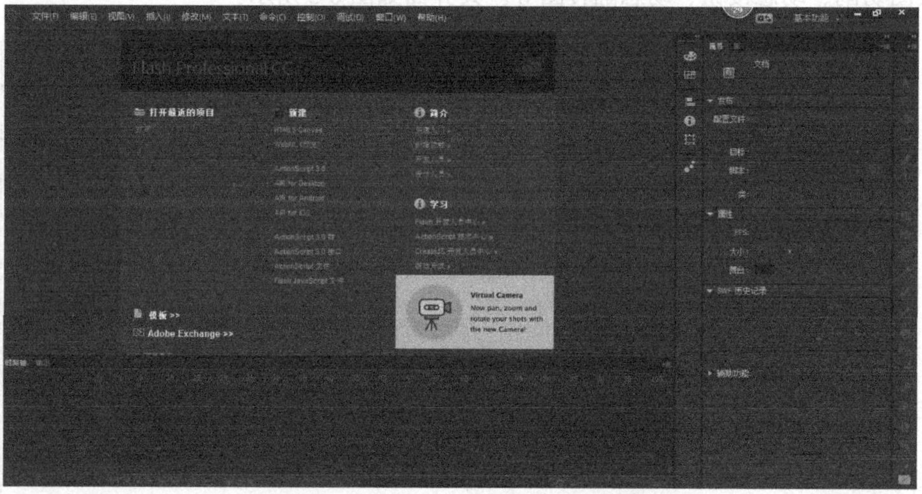

图 6-7　Flash Professional CC 工作界面

6.1.6　使用 Dreamwaver 创建网站站点

在动手制作网站之前，用户应该按照规划，建立一个本地站点，以便对制作网页所需的各种资源进行管理。Dreamweaver CS6 不仅可以创建单独的网页文件，也可以创建完整的 Web 站点。

1. 案例分析

本案例要创建一个“网页设计教学”Web 站点，后期的网页案例文件均在该站点下设计、运行与测试。在本项任务中，首先启动进入 Dreamwaver 软件，实验并熟悉其工作环境和基本操作，再使用 Dreamweaver 站点定义工具，创建一个本地站点，要求正确设置站点的各项参数，管理网站的文件和文件夹。Dreamwaver 提供了一个创建站点的完整流程，只需按照相关步骤设置各项参数即可。

2. 知识储备

（1）进入 Dreamweaver CS6 工作界面

① 启动 Dreamweaver CS6：选择 Windows 操作系统的“开始”→“程序”→“Adobe Dreamweaver CS6”菜单命令或者桌面上的“Adobe Dreamweaver CS6”图标，即可启动 Dreamweaver CS6，欢迎界面如图 6-8 所示。

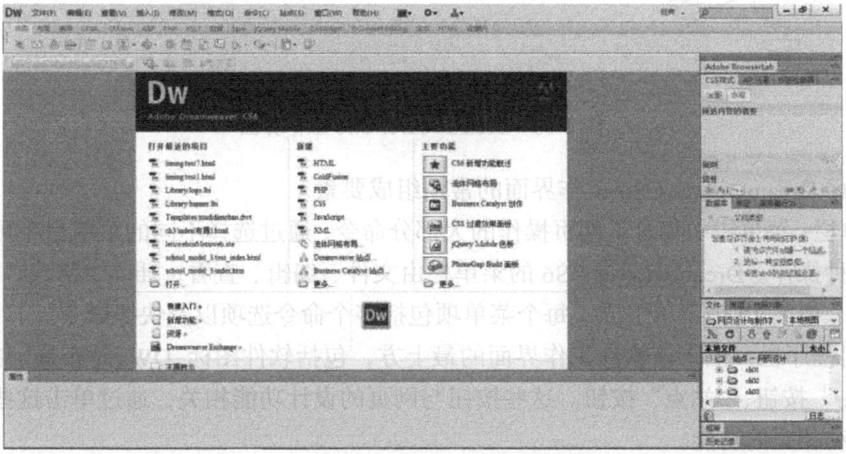

图 6-8 Dreamweaver CS6 欢迎界面

② 在 Dreamweaver CS6“欢迎界面”中，选择“新建”下的“更多”按钮，打开“新建文档”对话框，如图 6-9 所示。

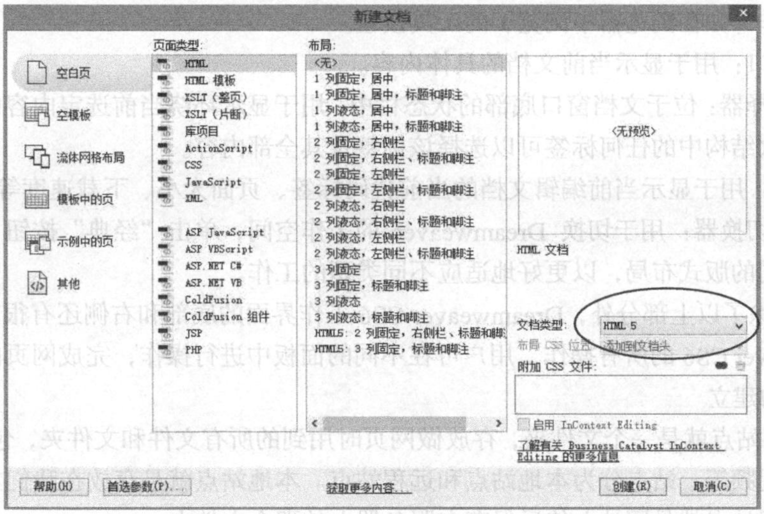

图 6-9 Dreamweaver CS6 新建文档对话框

③ 文档类型选择“HTML 5”，单击“创建”按钮，即可打开工作界面。Dreamweaver CS6 工作界面包括菜单栏、应用程序栏、文档标题、文档工具栏、文档窗口、状态栏等，如图 6-10 所示。

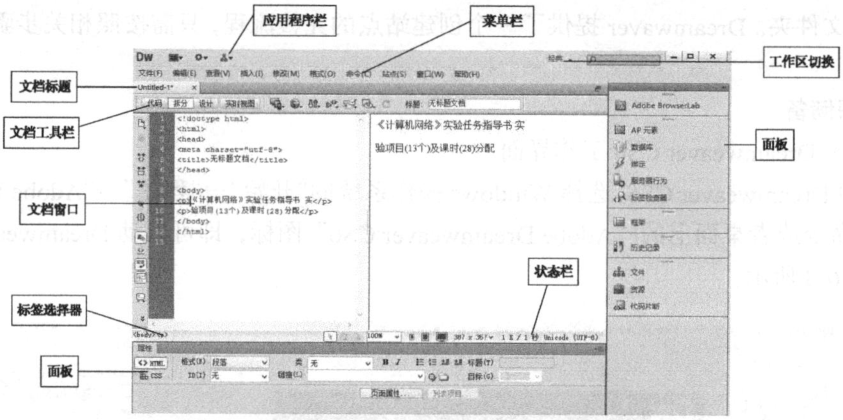

图 6-10　Dreamweaver CS6 工作界面

（2）了解 Dreamweaver CS6 工作界面的常用组成要素

① 菜单栏：菜单栏中集合了网页操作的大部分命令，通过选择不同的菜单命令可以进行文档及窗口的各种操作。Dreamweaver CS6 的菜单栏由文件、编辑、查看、插入、修改、格式、命令、站点、窗口、帮助 10 个菜单组成，每个菜单项包括多个命令选项以及快捷命令。

② 应用程序栏：位于该软件工作界面的最上方，包括软件图标 DW、“布局”按钮、“扩展 Dreamweaver”按钮、“站点”按钮。这些按钮与网页的设计功能相关，通过单击这些按钮，用户可以快速启动相关的功能。

③ 文档标题：用于显示当前打开的网页文档的标题，第一次新建的网页文档默认名称为“Untitled-1”。当打开多个网页文档时，可通过单击文档标题在不同的网页文档间进行切换，以便在不同的文档中进行操作。

④ 文档工具栏：包含各种“文档窗口”视图（代码视图、设计视图、拆分视图、实时视图）、检查或一些操作（如在浏览器中浏览）的工具按钮。

⑤ 文档窗口：用于显示当前文档的具体内容。

⑥ 标签选择器：位于文档窗口底部的状态栏中，用于显示环绕当前选定内容的标签的层次结构，单击该层次结构中的任何标签可以选择该标签及其全部内容。

⑦ 状态栏：用于显示当前编辑文档的当前代码标签、页面大小、下载速度等信息。

⑧ 工作区切换器：用于切换 Dreamweaver 的工作空间，单击“经典”按钮，在打开的下拉列表中选择不同的版式布局，以更好地适应不同类型的工作。

⑨ 面板：除了以上部分外，Dreamweaver CS6 工作界面的底部和右侧还有很多面板，它们包含了 Dreamweaver CS6 的所有操作，用户可在不同的面板中进行操作，完成网页的编辑。

（3）站点的建立

简单地说，站点就是一个文件夹，存放做网页时用到的所有文件和文件夹，包括首页、子页、图片、声音、视频等。站点分为本地站点和远程站点。本地站点就是存放在我们本地机器里的那个文件夹，远程站点就是网站上传后保存在服务器上的那个文件夹。

建站资料准备好后，可以根据网站的栏目建立一个合理的文件结构。对于内容较多，需要经常更新的栏目可以建立独立的子目录。而一些内容简单，不需要经常更新的栏目，可以合并放在一个统一的目录下。网站用到的素材文件，通常也会建立子目录来存放。例如，图片文件通常存放在 images 子文件夹。

站点的设置主要包括四个方面："设置站点基本信息""设置服务器""版本控制""高级设置"，如图 6-11 所示的左侧部分。本节案例主要用到"设置站点基本信息"和"设置服务器"这两个方面相关功能。本书实现的是一个本地站点，后面的章节除 8.2 节外，其余章节的实例均在本节案例所建网站站点中保存。

3. 案例实现

（1）执行"站点"→"新建站点"菜单命令，打开"站点设置对象"对话框。在"站点设置对象"对话框中，输入站点名称"网页设计教学"，并设置本地站点文件夹"D:\MyWeb\Dream_design"，如图 6-11 所示，注意文件夹不要取中文名字。

（2）单击"保存"按钮，在"管理站点"对话框中就会出现刚建好的"网页设计教学"网站，如图 6-12 所示。然后单击 ✎ 按钮，就会弹出"站点设置对象"对话框。

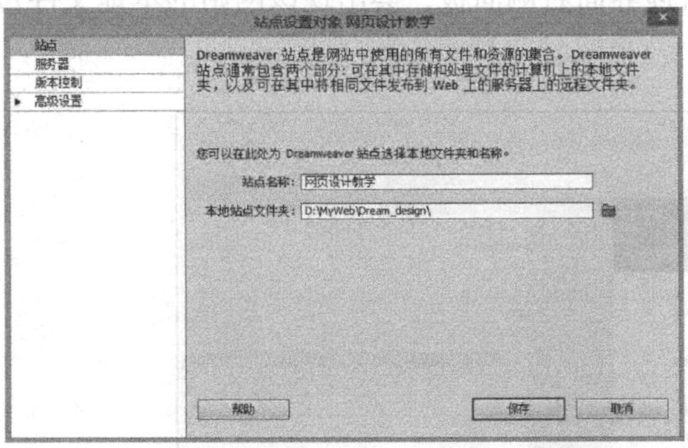

图 6-11　新建站点对话框

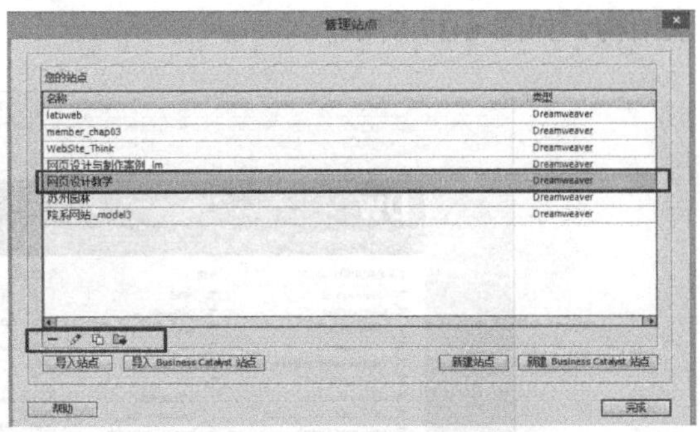

图 6-12　管理站点对话框

（3）在"站点设置对象"对话框中选择"服务器"选项，然后单击"+"按钮，会弹出一个新的对话框，如图 6-13 所示。

（4）在弹出新的对话框中，选择"基本"选项卡，在服务器名称文本框中输入"网页设计基础课服务器"，连接方法选择"本地/网络"，在服务器文件夹文本框中输入" D:\MyWeb\Dream_design"，在 Web URL 文本框中输入"http:/localhost"，如图 6-14 所示。

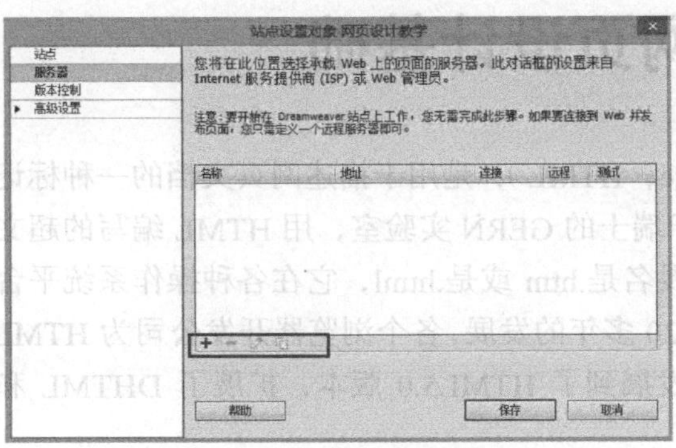

图 6-13　站点设置对象对话框

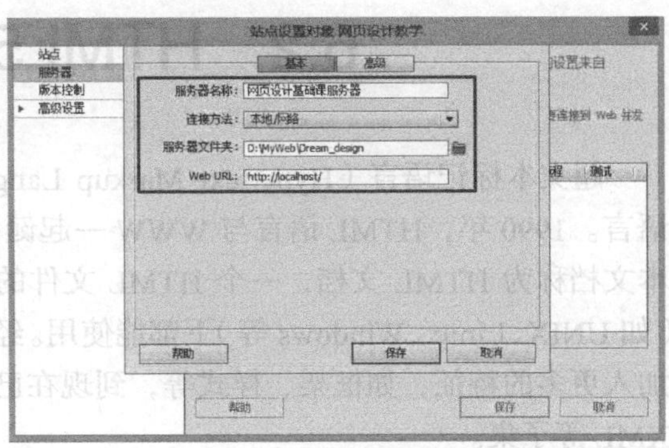

图 6-14　站点设置服务器基本选项卡

（5）然后选择"高级"选项卡，在服务器模型下拉列表框中选择"ASP JavaScript"，单击"保存"按钮即可，如图 6-15 所示。

（6）在"站点设置对象"对话框，会显示方框线内的内容，选中"远程"复选框，如图 6-16 所示。

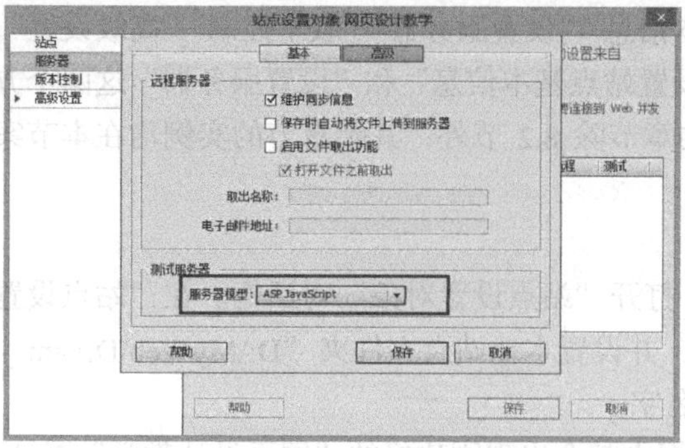

图 6-15　站点设置服务器高级选项卡

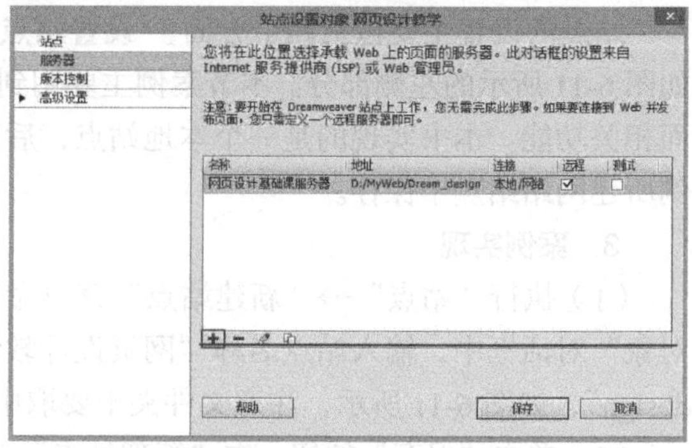

图 6-16　站点设置对象对话框

（7）站点设置完成后，在 Dreamweaver CS6 欢迎界面右侧面板，会出现该网站的本地文件目录结构，如图 6-17 所示。

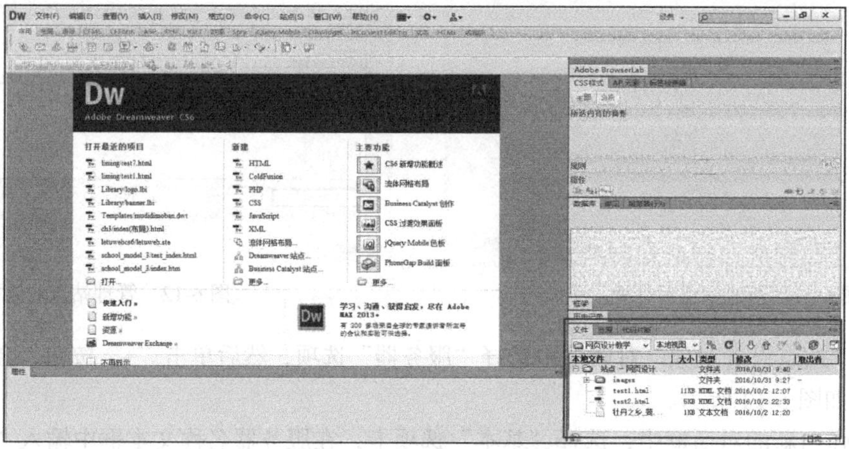

图 6-17　自定义站点设置成功后的文件结构

6.2　HTML5 网页设计基础

超文本标记语言（Hypertext Markup Language，HTML），是用于描述网页文档的一种标记语言。1990 年，HTML 语言与 WWW 一起诞生于瑞士的 GERN 实验室，用 HTML 编写的超文本文档称为 HTML 文档，一个 HTML 文件的扩展名是.htm 或是.html，它在各种操作系统平台（如 UNIX、Linux、Windows 等）下都能使用。经过 20 多年的发展，各个浏览器开发公司为 HTML 加入更多的特征，如框架、样式等，到现在已经发展到了 HTML5.0 版本，扩展了 DHTML 和 XML 等子集。

设计 HTML 语言的目的是为了能把存放在一台计算机中的文本或图形与另一台计算机中的文本或图形方便地联系在一起，形成有机的整体，人们不用考虑具体信息是在当前计算机上还是在网络的其他计算机上。我们只需使用鼠标在某一文档中点取一个图标，Internet 就会马上转到与此图标相关的内容上去，而这些信息可能存放在网络的另一台计算机中。

6.2.1　HTML 文档的基本结构

HTML 只是一个纯文本文件。创建一个 HTML 文档，只需要两个工具，一个是 HTML 编辑器，一个 Web 浏览器。HTML 编辑器是用于生成和保存 HTML 文档的应用程序，如记事本、写字板。Web 浏览器是用来打开 Web 网页文件，提供给我们查看 Web 资源的客户端程序，如 Internet Explorer、Netscape 等。

一个完整的 HTML 文档包括标题、段落、列表、表格等各种嵌入元素。HTML 使用标签来分隔并描述这些元素，即 HTML 由各种 HTML 元素和标签组成。图 6-18 所示为 HTML 文档的基本结构。

```
<!DOCTYPE>    //声明是用 HTML 什么版本编写
<html>        //文件开始标记
<head>        //文件头开始标记
<title>我的第一个网页 </title>    //文件标题
</head>       //文件头结束标记

<body >       //文件主体开始标记
      Hello World!      //文件主体内容
</body>       //文件主体结束标记
</html>       //文件结束标记
```

图 6-18　HTML 文档基本结构

从代码上看，所有标记都是对应的，开始标记为<>，结束标记为</>，并在两个标记之间添加内容。

6.2.2　HTML 常用标记

标记主要用于描述网页结构，在 HTML 中，所有的标记都用尖括号括起来。例如，<html>表示 HTML 开始标记。绝大多数标记都是成对出现的，包括开始标记和结束标记。 如：<html>…< / html> 。HTML 标记是不区分大小写的。

在标记中，可分成单标记和双标记。单标记语法形式为： <标记 /> 。

如<hr />表示画一条水平线，再如最常用的是换行标记
，表示给标记处换行，这些单标记可以在网页中任意嵌套。

双标记与单标记刚好相反，这种标记有头有尾，且前头标记与后面的标记保持一样，但在后面标记前有斜线，所以叫双标记，语法形式为：<标记>内容</标记> 。

属性是用来描述对象特征的特性。在 HTML 中，所有的属性都放置在开始标记的尖括号里，属性与标记之间用空格分隔，属性的值放在相应属性之后，用等号分隔，而不同的属性之间用空格分隔。格式为：

<标记　属性 1=属性值 1　属性 2=属性值 2 …> 受影响的内容 < / 标记>

例如：<body bgcolor="#ccffff" text="#660033">

HTML 定义了多种数据类型的标记内容，常用的有以下几种。

（1）标题标记<hn>

网页中的文章也有标题和副标题等结构，在 HTML 中可通过<hn>标记来实现。其中 *n* 为标题的等级，共 6 个等级，*n* 值越小，表示标题字号越大。如<h3>…</h3>表示三级标题。

（2）换行标记

当网页中需要换行显示时，编者可在其后添加
标记，该标记是一个单标记，即只需一个
就可完成换行需求。

（3）段落标记<p>

语法形式为：<p>内容</p>。段落 p 标签使用说明：我们常常需要对文章进行分段，在内容前加<p>，在内容后加</p>，即可实现文章换段落。<p>标记的属性如表 6-1 所示。

表 6-1　　段落标记属性

属　性	说　明	属　性	说　明
id	文档的识别标示	style	行内样式
class	文本样式控制类的名称	align	段落对齐方式
dir	文字方向	title	额外信息

注意　HTML 早期版本中，与大多数块级元素一致，可以通过设置 P 元素的 align 属性设置段落的对齐方式。但现在此类做法已不推荐使用，建议通过 CSS 的 text-align 属性来设置段落的对齐方式。

（4）字体标记<Font>

在 HTML 中，可以使用 Font 元素及其属性来设置字体的颜色、大小和字体风格，示例代码如下。

```
<font color="#FF0000">设置文本颜色</font>
<br />
<font size="6">设置文本字体大小</font>
<br />
<font face="微软雅黑">微软雅黑字体 设置了文本字体</font>
```

其中，face 属性用于设置字体风格，size 属性用于设置字体大小，color 属性用于设置字体的颜色。字体标记其他属性如表 6-2 所示。

表 6-2　　字体标记属性

属　性	说　明	属　性	说　明
<b>…</b>	粗体	[…]	上标
<u>…</u>	加下划线	<em>…</em>	表示强调，默认斜体
<i>…</i>	斜体	<strong>…</strong>	表示强调，默认加粗

注意　HTML5 的标准中，已经不建议使用 Font 及其属性来设定字体，而是建议用 CSS 来设定字体的颜色、大小、字体风格等。

（5）水平线标记<hr/>

水平线标记也是单标记，用于段落与段落之间的分隔，它的相关属性如表 6-3 所示。

表 6-3　　水平线标记属性

属　性	说　明	属　性	说　明
width	设置水平线的宽度	color	设置水平线颜色
size	设置水平线高度	noshage	设置水平线阴影
align	设置水平线对齐方式		

（6）HTML 头部信息标记<Head>

HTML 的头部信息（Head）里包含关于所在网页的信息，头部信息（Head）里的内容，主要被浏览器所用，不会显示在网页的正文内容里。

几个常用 Head 信息里的 HTML 元素如下所示。

① 标题<title>

标题<title>是最常用的 Head 信息，它不显示在 HTML 网页正文里，显示在浏览器窗口的标题栏里。

② 链接<link>

链接<link>可以建立和外部文件的链接，常用的是对 CSS 外部样式表（external style sheet）的链接，示例代码如下：

```
<link rel="stylesheet" href="topstyles.css" type="text/css">
```

③ 样式<style>

用样式<style>可以设置网页的内部样式表（internal style sheet），示例代码如下：

```
<head>
    <style type="text/css">
    body {background-color:yellow}
    p {color:blue}
</style>
</head>
```

④ 元信息标记<meta>

<meta> 标记提供关于 HTML 文档的元数据。元数据不会显示在页面上，但是对于机器是可读的。典型的情况是，meta 元素被用于规定页面的描述、关键词、文档的作者、最后修改时间以及其他元数据。

<meta> 标记始终位于 head 元素中。元数据可用于浏览器（如何显示内容或重新加载页面），搜索引擎（关键词），或其他 web 服务。

<meta> 标记有一个很重要的作用，即表示当前页面编码，防止浏览器再解析时乱码，其用法为：

```
<meta http-equiv="Content-Type" content="text/html";charset="utf-8">
```

以上代码表示以 utf-8 作为网页的编码格式。

（7）特殊字符标记

在 HTML 中一些特殊的字符无法直接显示出来，如“®”，一些 HTML 文档特殊字符在浏览器解析时会报错，为防止代码混淆，因此采用转义代码来表示，如表 6-4 所示。

表 6-4　特殊字符及其转义代码

特殊字符	转义代码	特殊字符	转义代码
®	®	<	<
©	©	>	>
空格		&	&
“	"	×	×
÷	÷		

（8）其他标记

HTML 标记语言中，还有一些常用的标记元素，如表 6-5 所示。

表 6-5 其他标记元素和说明

元 素	说 明	元 素	说 明
<a href="URL"></a>	超链接	<img>	图像
<!-- -->	注释	<table>…</table>	表格
<ol><li>…</li></ol>	有序列表	<tr><td>…</td></tr>	行列单元格
<ul><li>…</li></ul>	无序列表	<form>…</form>	表单
<div>…</div>	文档中的分区	<script>…<script>	定义客户端脚本

习 题

【习题一】填空题

1．站点一般可以分为本地站点和__________。

2．网页“三剑客”是指__________、__________、__________。

3．Dreamweaver CS6 提供了代码视图__________、__________、__________。

【习题二】选择题

1．站点实质上是一个（　　）。

A．文件　　B．文件夹　　C．网页　　D．图片

2．“文件”面板主要用来对站点的（　　）进行管理。

A．文件　　B．CSS　　C．代码　　D．视图

3．管理站点是在哪个菜单下（　　）

A．修改菜单　　B．窗口菜单　　C．站点菜单　　D．文件菜单

【习题三】简答题

1．在 Dreamweaver 中，如何显示/关闭一个面板。

2．简述站点和网页的关系。

3．本地站点和远端站点的关系是什么？

4．简述 Dreamweaver 中创建站点的流程。

【习题四】操作题

1．创建一个站点，并在站点中分类建立子目录，如 images、sound、files 等。

2．尝试在站点中添加主页 index.html。

第 7 章 静态网页的设计与制作

静态网页是指没有后台数据库、不含程序和不可交互的网页。你编的是什么，它显示的就是什么、不会有任何改变。本章主要介绍使用 Dreamweaver 进行静态网页的设计与制作，包括站点的创建和管理、文本的使用、图像和媒体的插入、表格和链接的创建与使用、交互式表单、CSS 样式表、模板的使用等内容。

7.1 创建和编辑网页元素

在设计网站时，首先设计网页的主要构成元素（文本、图像、多媒体以及网页中大量使用的超链接等）的属性，然后才设计其他内容。网页制作的重点是如何更好地编排段落文本的格式，设计合理的图像，灵活地插入各种精美的多媒体文件，增加浏览者浏览网页的兴趣。

7.1.1 案例分析

【案例 7-1】

文字是网页最基本、最常用的一种元素，也是网页中传递信息的主要元素，各种各样的文字效果给网页增添很多魅力。本实例示范如何编辑网页中的文本，在网页中设置字体、段落格式，以及设置列表等基本操作。设计要求如下：

（1）掌握文本的输入和编辑；

（2）掌握复制文字到网页的方法；

（3）设置文本的格式，包括文本字体、文本大小、文本颜色等；

（4）设置段落格式；

（5）插入换行符和空格；

（6）插入水平线和特殊文本符号；

（7）设置项目符号和列表符号。

【案例 7-2】

在网页中，图像与文本一样也是很重要的元素，适当插入图像可以避免段落文本给人单调的感觉，从而丰富页面信息，增强网页的观赏性。图文混排就是通过将合适的图像与文字有效地排列在一起，丰富版面内容。本案例将使用 Dreamweaver 强大的图文混排功能，制作一个介绍“北京天坛”的网页。设计要求如下：

（1）将文字复制到网页；

（2）输入文本并设置格式；

（3）掌握插入各种图像的方法；

（4）掌握设置图像属性的方法；

（5）使用图像占位符；

（6）使用图像的 HTML 代码。

【案例 7-3】

声音是多媒体网页的重要部分，当前存在着一些不同类型的音频文件，插入音频文件主要有两种方法，一种是链接声音文件，另一种是嵌入声音文件。本实例将示范使用 Dreamweaver 制作一个简单的播放音乐的网页。设计要求如下：

（1）插入表格；

（2）设置表格内字体属性；

（3）插入音频文件；

（4）设置音频对象的宽度、高度等属性；

（5）设置音频对象 autostart 参数；

（6）认识<audio>标签。

【案例 7-4】

视频文件有多种类型，网页对播放的视频文件有一些特殊要求。本实例将示范使用 Dreamweaver 制作一个播放不同视频文件的网页。设计要求如下：

（1）插入 FLV 格式文件并对其设置；

（2）插入 SWF 格式文件并对其设置；

（3）插入 MP4 格式文件并对其设置；

（4）使用<video>标签支持 MP4 文件播放。

【案例 7-5】

超链接是互联网的桥梁，网站与网站之间、网页与网页之间都是通过超链接建立联系。如果没有超链接，那么整个互联网将成为无数个数字孤岛。本实例将示范使用 Dreamweaver 设置各种文本类型和图像热点类型的超链接。设计要求如下：

（1）输入文本标题，设置其格式；

（2）插入正文文本，设置其格式；

（3）插入图像，设置其格式；

（4）设置文本的超链接；

（5）设置地图的超链接。

7.1.2 知识储备

1. 文本的基本操作

文本是网页信息的重要载体，也是网页中必不可缺的内容，它的格式设计是否合理将直接影响到网页的美观程度。

（1）输入文字

在页面中插入文字的方法有三种。第一种是直接输入。在文档窗口中，将光标定位到要输入文本的地方，直接输入文本即可。第二种是粘贴法。先在其他文字编辑工具中复制要输入的文本，然后在文档窗口的插入点右击，在弹出的快捷菜单中选择“粘贴”命令。第三种是导入已有的 Word 文档。在文档窗口中，将光标定位到要导入文本的地方，选择“文件”→“导入”→“Word

文档”命令，弹出“导入 Word 文档”对话框，选择要导入的 Word 文档，即可完成 Word 文档的导入。

（2）设置文本格式

文本的格式就是文本的属性。在设置文本属性时，可以设置文本的大小、字体、颜色、对齐方式、加粗、斜体等格式。在 Dreamweaver CS6 的设计视图中，单击文本，再按住鼠标左键不放拖动，选择需要设置的文本，然后可以在文本的“属性”面板中设置文本的属性。

（3）插入水平线

水平线的使用有助于协调安排页面信息。在页面设计时使用水平线可以非常直观地将页面中不同的内容进行分隔，使得页面的内容更加分明、简洁。

（4）插入特殊字符

在输入文字的时候，有些特殊符号在键盘上找不到，可以通过 Dreamweaver 中输入特殊符号的功能进行输入，在插入工具栏中选择“文本”类别，选择字符按钮即可以插入相应的特殊字符。

其中，“换行符”实际上是插入一个
标记，也可以用 Shift+Enter 组合键输入。“不换行空格”用于在文档中插入一个不会中断两端内容联系的空格（也可以用 Ctrl+Shift+Space 组合键输入），对应的代码是“ ”。插入版权字符，其对应的代码是“&copy”。如果要插入更多的字符，也可以选择“其他字符”或通过“插入”→“HTML”→“特殊字符”→“其他字符”菜单命令。

2. 图像的插入与编辑

在网页中插入恰当的图像元素，会使网页显得更加美观，从而吸引浏览者的眼球，下面叙述网页图像的一些基本知识，以及插入图像的方法。

（1）在 Web 中，通常使用的有 GIF、JPEG/JPG、PNG 三种图像文件格式。

① GIF 格式。GIF 是 Internet 上应用最广泛的图像文件格式之一。它的特点是体积小，支持小型翻页型动画，GIF 图像最多可以使用 256 种颜色，最适合制作徽标、图标、按钮和其他颜色与风格比较单一的图片。

② JPEG/JPG 格式。JPEG/JPG 也是 Internet 上应用最广泛的图像文件格式之一，它可以保存上百万种颜色，采用有损压缩方式，压缩比高，但在压缩的同时也保证了图像的质量，最适合用来保存照片。

③ PNG 格式。PNG 是一种网络图像格式，兼有 GIF 和 JPG 的优点。它的显示速度很快，只需下载 1/64 的图像信息就可以显示出低分辨率的预览图像。

（2）图像的插入。

在制作网页时，为了保证图像文件所在目录的正确性，插入的图像应该和网页位于同一个站点内。如果图像不在当前站点，Dreamweaver 会提示用户将文件复制到当前站点的文件夹中。

在网页中插入图像，具体的操作步骤如下。

① 将光标放置在文档窗口中需要插入图像的位置。

② 执行下列操作之一，插入图像。

- 单击插入面板“常用”类别中的“插入图像”按钮。
- 选择“插入”→“图像”菜单命令。
- 按【Ctrl+Alt+I】组合键。

③ 在“弹出选择图像源文件”对话框中选择需要插入的图像文件，如图 7-1 所示。

④ 单击“确定”按钮，弹出图 7-2 所示的“图像标签辅助功能属性”对话框，该对话框允许为此图定义“替换文本”和“详细说明”。其中，替换文本用于提供对该图像的文本描述。当图像不能正常显示时，该替换文本将显示在图像应该显示的位置。而对于较长的描述，可以在“详细说明”文本框中提供链接，指向提供该图像更多信息的文件。设置完成后单击“确定”按钮，图片就会插入到文档中。

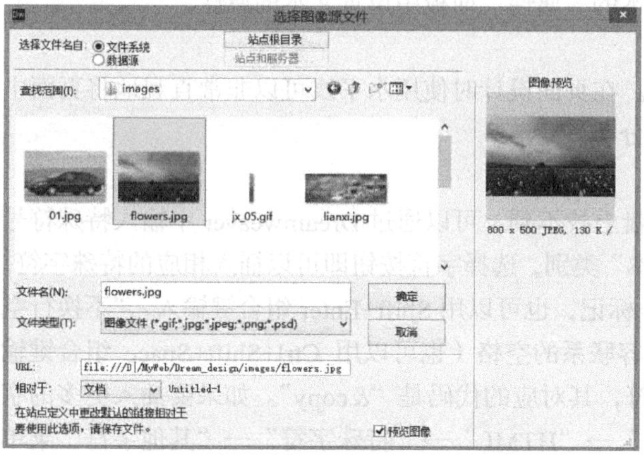

图 7-1 “选择图像源文件”对话框

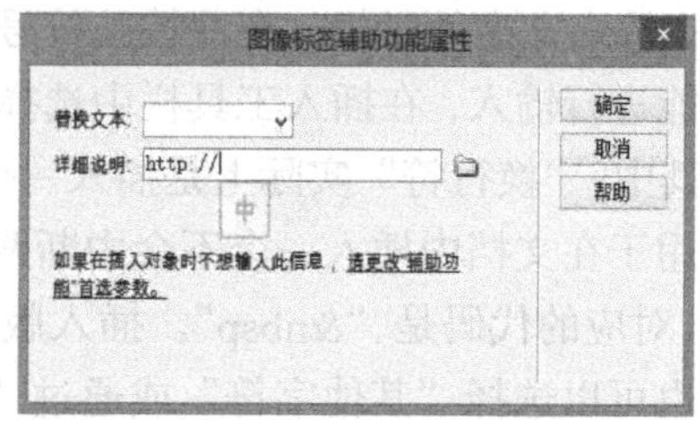

图 7-2 “图像标签辅助功能属性”对话框

如果在插入图片时，没有将图片保存在站点的根目录下，就会弹出如图 7-3 所示的对话框，提醒用户要把图片保存在站点内部，这时单击“是”按钮，然后选择本地站点的路径将图片保存，否则，当发布站点时，图片不能正常显示。

提示

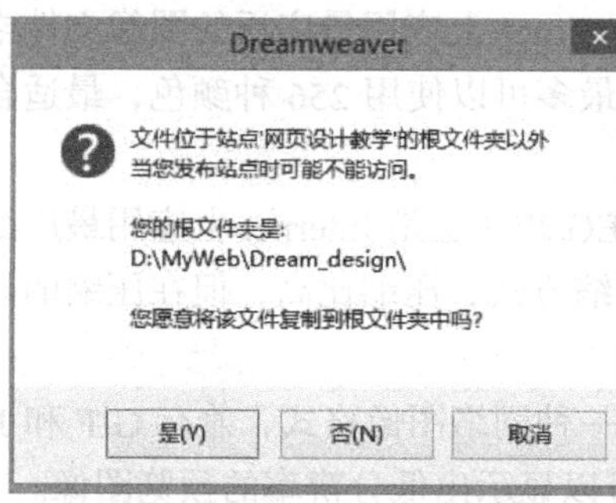

图 7-3 站点外图像 “提示保存”对话框

⑤ 打开“代码”视图，可以查看插入此图像自动生成的 HTML 代码如下：

```
<img src=" /images/flowers.jpg" width="800" height="500">
```

提示

<img>是图像标记的表示方法；src=" /images/flowers.jpg" 指图像的存放路径；width="800" 指图像的宽度，height="500"指图像的高度，单位是像素。

（3）设置图像的属性。

在文档中，单击一个图像即可将其选中，被选中的图像周围会出现选择框和三个控制点。拖动三个控制点可以改变图像的大小。按住 Shift 键，再拖动角上的控制点，可以使图像在拉伸的过程中保持宽高比例不变。选择图像后，在属性面板中显示该图像的属性，如图 7-4 所示。

图 7-4　图像属性面板

下面介绍图像属性面板上各选项的含义。

● 在属性面板的左上角，显示当前图像的缩略图，同时显示该图像文件的大小。在缩略图右侧有一个文本框，在其中可以输入图像的标记名称（ID），在使用 Dreamweaver 的行为（例如交换图像）或编写脚本代码时候可以通过 ID 引用图像。

● 源文件：用于显示当前图像源文件的路径。更改图像源文件可以采用下例操作之一。

■ 将“指向文件”按钮 拖到“站点”面板中的某个图像文件。

■ 单击其后的浏览文件按钮 。

■ 手动输入图像的 URL 地址。

● 宽和高：以像素为单位指定图像的宽度和高度。如果图像大小与原图不一致，宽、高文本框中的数字会用粗体显示；当然也可以通过修改这里的数值对图片进行缩放。单击高度和宽度后面的按钮 可以恢复图像的大小。

● 链接：用于指定图像的链接。

● 替换：用于显示和修改替换文本。

● 编辑按钮 ：启动主菜单“编辑”—“首选参数”下的“外部编辑器”，打开选定的图像，并进行编辑。其中，编辑图像设置按钮 可对图像进行预览和优化。

● 地图：可以利用其下面的热点工具在图像中绘制热点，在文本框中为热点区域命名。

● 垂直边距和水平边距：指定图像上、下、左右空白的像素数。

● 目标：与链接项目相关，为链接目标选择打开方式。

● 边框：用于为图片设置边框宽度，以像素为单位，默认无边框。

● 裁剪按钮：用来修剪图像的大小，从所选的图像中删除不需要的区域。

● 重新取样按钮：用来对已经调整大小的图像进行重新取样，提高图片在新的大小和形状下的品质。

● 亮度和对比度按钮：用来修改图像中像素的亮度和对比度。

● 锐化按钮：用来调整图像的清晰度。

（4）插入图像占位符。

在进行网页布局时，网页设计人员需要先设计出图像在网页中的位置，等待方案确定后，再将插入图像的位置变成具体的图像。在网页中插入图像占位符的操作如下。

① 在文档窗口中，将插入点放置在需插入“图像占位符”的位置。

② 可通过以下几种方法插入“图像占位符”。

● 选择“插入”→“图像对象”→“图像占位符”命令，弹出“图像占位符”对话框，如图 7-5 所示。

● 选择“插入”面板中的“常用”选项卡，单击 （图像）右侧的黑三角，在弹出的下拉列表中选择“图像占位符”命令，也会弹出“图像占位符”对话框。

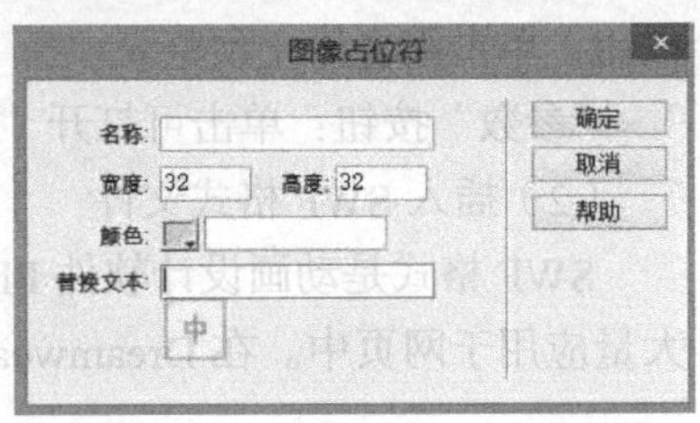

图 7-5　“图像占位符”对话框

③ 在“图像占位符”对话框中设置“图像占位符”的属性，各参数说明如下。

名称（可选）：输入要作为图像占位符标签显示的文本。此选项为可选项，也可以不输入名称，即保留该文本框为空。名称必须以字母开头，并且只能包含字母和数字，不允许用空格和高位ASCII字符。

宽度和高度（必填）：以像素为单位设置图像大小。

颜色（可选）：可用颜色选择器选择颜色或在其后的文本框中直接输入颜色的十六进制值。

替换文本（可选）：为只显示文本的浏览器描述该图像的替换文本。

④ 单击“确定”按钮，即在文档中插入了图像占位符，当在浏览器中查看时，不显示标签文字和文本大小。

3. 插入多媒体元素

（1）插入音频

音频是多媒体网页的重要组成部分，插入音频的方法有嵌入声音文件和链接声音文件两种。嵌入声音文件是将声音直接插入到网页中，但只有浏览器安装了适当插件后才可以播放声音；而链接声音文件是通过添加背景音乐的方式在网页中添加音乐，可在打开页面时自动播放音乐，同时不会占用页面空间。

嵌入声音文件的具体操作如下。

① 将插入点定位到要插入音频的位置。

② 选择【插入】→【媒体】→【插件】菜单命令，或在“插入”面板的“常用”选项卡中单击“媒体”按钮，在打开的下拉列表中选择“插件”选项，打开“选择文件”对话框。

③ 在对话框中选择要插入的音频文件，单击“确定”按钮，此时在Dreamweaver文档编辑区中会出现图标。

④ 选择要插入的插件图标，用户可在“属性”面板中设置插件的相关属性，如图7-6所示。

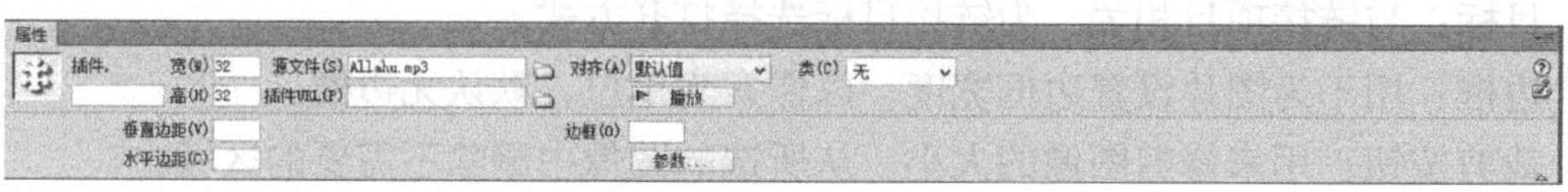

图7-6 音频对象属性面板

插件属性面板相应选项含义如下。

“插件”文本框：可设置插件的名称，以便在脚本中能够引用。

“插件 URL”文本框：可设置包含该插件的地址。如果在网页浏览者的系统中没有该类型的插件，则可以通过该地址下载。否则浏览器将无法显示插件。

“垂直边距”和“水平边距”文本框：设置插件的上、下、左、右与其他元素的距离。

“边框”文本框：可设置插件边框的宽度，可输入像素值。

播放 按钮：单击该按钮可在文本编辑区中浏览插件效果，此时该按钮将变成“停止”按钮，单击则会停止预览。

“参数”按钮：单击可打开“参数”对话框，对ActiveX控件进行初始化设置。

（2）插入SWF格式文件

SWF格式是动画设计软件Flash的专用格式，Flash动画是Internet上最流行的动画格式，被大量应用于网页中。在Dreamweaver中可以很方便地插入SWF文件。

要想插入 SWF 格式文件，可以在“插入”面板中，单击“媒体”按钮，选择“Flash SWF”选项，并按照系统给出的提示信息，一步一步设置下去，即可完成文件的插入。插入完成后，可以通过“属性”面板进行修改，如图 7-7 所示。

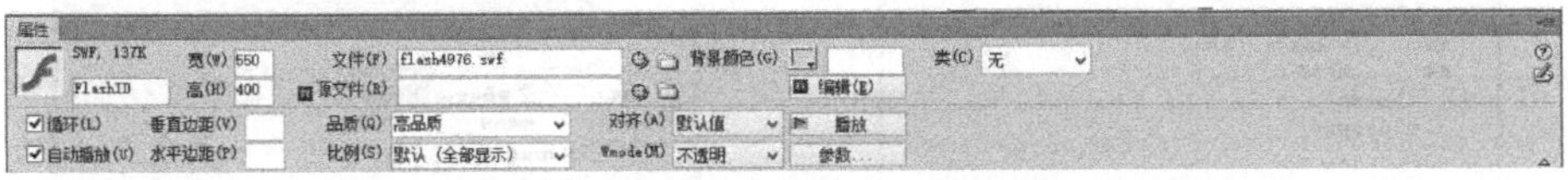

图 7-7　SWF 格式文件的“属性”面板

“属性”面板常用的设置选项说明如下。

ID：为 SWF 文件指定唯一的 ID。在“属性”面板最左侧的、无文字标识的文本框中直接输入 ID 即可。

宽与高：以像素为单位指定影片的宽度和高度。

文件：指定 SWF 文件或 Shockwave 文件的路径。单击文件夹图标可浏览并选择某一文件，或者直接输入文件路径。

背景颜色：指定影片区域的背景颜色。在不播放时（在加载时和在播放后）也显示颜色。

编辑：启动 Flash 软件以更新 FLA 文件（使用 Flash 创作工具创建的文件）。如果计算机上没有安装 Flash，则会禁用该选项。

类：可用于对影片应用 CSS 类。

循环：使影片连续播放。如果没有选择循环，则影片将播放一次，然后停止。

自动播放：在加载页面时自动播放影片。

“垂直边距”和“水平边距”：指定影片上、下、左右空白的像素数。

（3）插入 FLV 格式文件

FLV 流媒体格式是随着 Flash MX 的推出发展而来的视频格式。由于它形成的文件极小、加载速度快，使得从网络看视频文件成为可能。目前各在线视频网站（如新浪博客、优酷、土豆等）均采用此视频格式。在 Dreamweaver 中，FLV 文件有两种视频格式，一种是累进式下载视频格式，另一种是流视频格式。

① 累进式下载视频格式。该视频类型是将 FLV 文件下载到站点访问者的硬盘上，然后进行播放，但是与传统的“下载并播放”视频传送方法不同，累进式下载视频格式允许在下载完成之前就开始播放视频文件。

提示

若要查看 FLV 文件，计算机上必须安装 Flash Player8 或更高版本的软件。

在执行“插入”→“媒体”→“Flash Viedo”命令后，就会打开“插入 FLV”对话框，选择“累进式下载视频”类型，如图 7-8 所示。

② 流视频格式。该视频类型是对视频内容进行流式处理，并在一段可确保流畅播放的很短的缓冲时间后在网页上播放该内容。在“视频类型”下拉列表框中选择“流视频”类型后，“插入 FLV”对话框如图 7-9 所示。

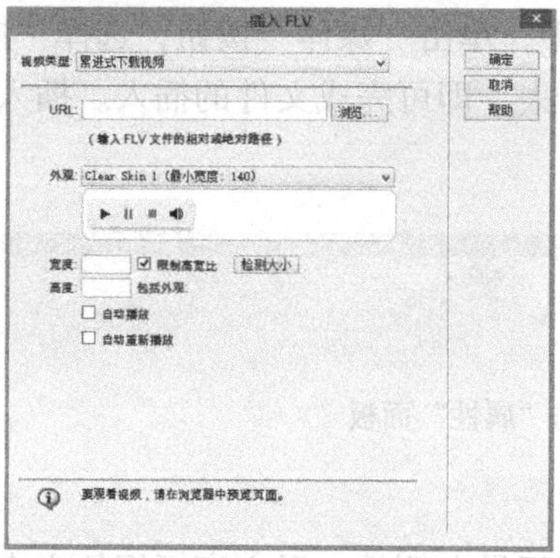

图 7-8　“累进式下载视频”设置

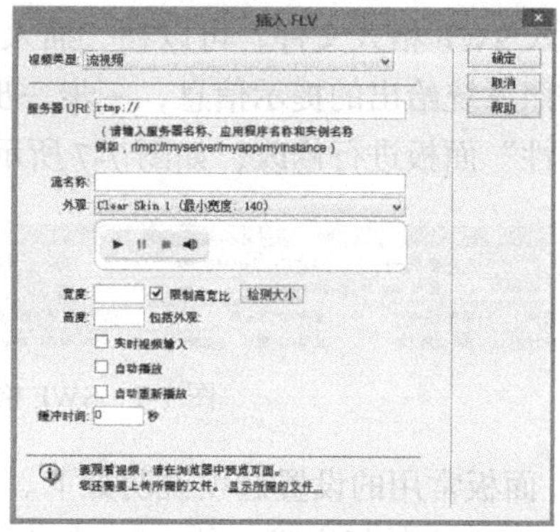

图 7-9　“流视频”设置

（4）代码形式插入视频文件

在 Dreamweaver 代码视图中的插入点位置，插入如下代码。

```
<video controls loop>
        <source src=" viedo/movie.mp4 ">
</video>
```

Viedo 指视频文件所在目录，movie.mp4 指某一个视频文件名。

4. 网页超链接

网页中各个页面间的互相访问和逻辑关系是通过超链接实现的，单击链接以后浏览器会打开链接的页面。网页中有大量的超链接，可以通过文字、图片、按钮等内容实现链接。

（1）认识超链接

① 认识路径。路径包括根路径、相对路径、绝对路径 3 种基本类型。

● 根路径：是指所有路径都开始于当前站点的根目录，以“/”开始，“/”表示站点根文件夹，如“/images/logo.jpg”。在网站内链接文件时一般使用根路径的方法，因为在移动一个包含根相对链接的文件时，不需要更改原有的链接。

● 相对路径：是指以当前文档所在位置为起点到被链接文档经由的路径。如果要链接到同一目录下，则只需输入要链接的文档名称。如果要链接到下一级目录的文件，则先输入目录名，然后加“/”，再输入文件名，例如“images/h2.jpg”。如果要链接到上一级目录的文件，则先输入“../”，再输入目录名和文件命名，例如“../anli_5/index.html”。

● 绝对路径：是指被链接文档的完整 URL（统一资源定位器），如“http://www.163.com/images/h1.jpg”。当创建的超链接需要链接到网站以外的其他某个网站的文件时候，必须使用绝对路径。

② 链接目标。在默认情况下，被链接文件打开在当前窗口或框架中，要使被链接的文件显示在其他地方，需要在“属性”面板的“目标”下拉列表中进行设置，如图 7-10 所示。

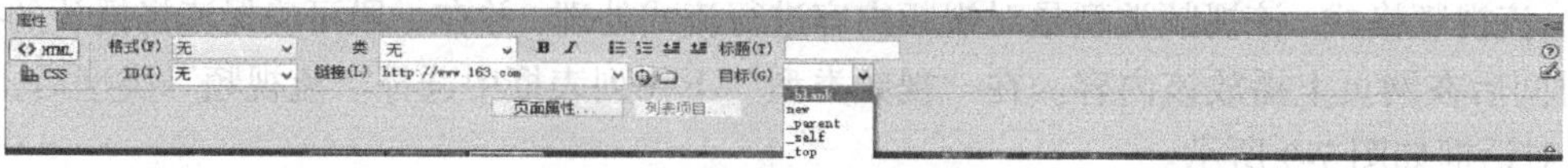

图 7-10　超链接属性面板

_blank：每个链接会链接一个新的窗口。

_new：会在同一刚创建的窗口中打开。

_parent：如果是嵌套的框架，则在父框架中打开。

_self：会在当前网页所在的窗口或框架中打开。

_top：会在完整的浏览器窗口中打开。

（2）超链接的标签

超链接的 HTML 代码很简单，例如，要单击文本“腾讯网”打开“腾讯主页”，可以使用以下代码：<a href="http://www.qq.com/">腾讯网</a>。

这里使用了一个<a>标签创建超链接。使用<a>标签可以创建超链接，也可以创建网页中的锚点。<a>标签的属性如表 7-1 所示。

表 7-1　　<a>标签的属性

属　性	值	说　明
href	URL	链接目标的 URL
name	section_name	规定锚的名称
rel	text	规定当前文档与目标文档 URL 之间的关系
charset	字符集	规定目标 URL 的字符编码
hreflang	ISO 语言代码	规定目标 URL 的基准语言
type	MIME 编码类型	规定目标 URL 的 MIME 类型
rev	text	规定目标文档与当前文档 URL 之间的关系
coords	坐标	规定链接的坐标
target	framename _blank _parent _self _top	在何处打开目标 URL
shape	default rect circle poly	规定链接的形状

<a>标签的属性中，使用比较多的是 href、target、name 三个属性。

（3）创建文字链接

文字链接是网页中最常见的链接。可以通过文字链接的工具实现文字链接。网页中的很多内容都是超链接。像新浪、网易这样的门户网站的首页，几乎所有的内容都是超链接。

在 Dreamweaver 中，创建文本链接可以采用如下方法。

① 新建一个 HTML 网页，保存为 clj_wz.html。

② 选择“插入”→“超级链接”菜单命令，弹出“超级链接”对话框。

③ 在“文本”文本框中输入“百度”，“链接”设置为 http://www.baidu.com，在“目标”下拉列表框中选择_blank 选项，在“标题”文本框中输入“百度”，如图 7-11 所示。

④ 单击“确定”按钮完成设置，用同样的方法再插入两个链接。超链接的设计视图如图 7-12 所示。

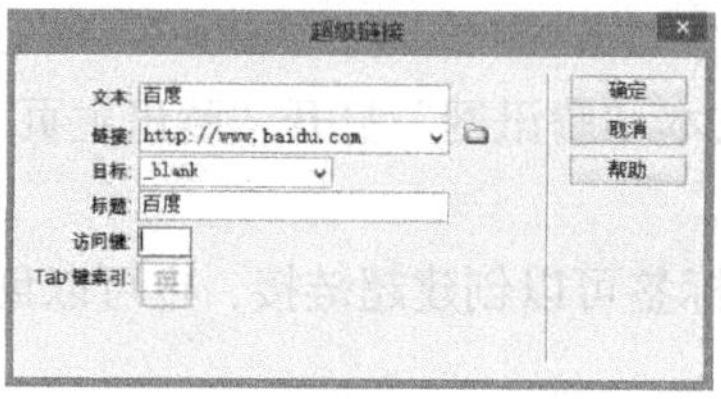

图 7-11　超链接对话框

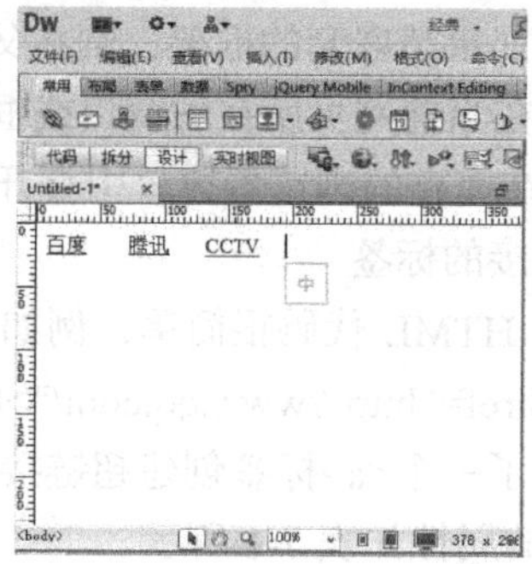

图 7-12　建立普通文本超链接

⑤ 保存文件并浏览网页。单击这个超链接就会新建一个浏览器窗口打开相应的网页。

⑥ Dreamweaver 自动生成的超链接的代码如下：

```
<body>
<a href="http://www.baidu.com" title="百度" target="_blank">百度</a> 
<a href="http://www.qq.com" title="腾讯" target="_blank">腾讯</a> 
<a href="http://www.cctv.cn" title="中央电视台" target="_blank">CCTV</a> 
</body>
```

（4）创建锚点链接

锚点链接是网页中的一个标记，当网页有多屏时，利用锚点链接可以实现在同一网页中指定位置跳转。创建锚点链接首先需要命名锚记，然后在“属性”面板中对锚记的超链接进行设置。

① 将插入点定位到要创建锚点的位置，或选择链接到锚点的文字、图像等对象。

② 选择“插入”→“命名锚记”菜单命令，打开“命名锚记”对话框。

③ 在其中输入锚记名称，其作用相当于 ID 编号，便于超链接的引用，如图 7-13 所示

④ 单击“确定”按钮，即可在选择对象或插入点处插入一个锚记，如图 7-14 所示。

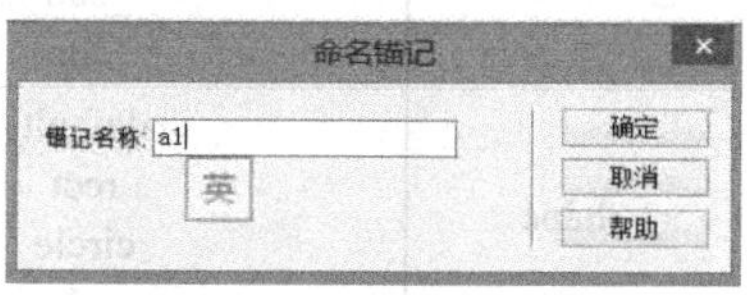

图 7-13　命名锚记对话框

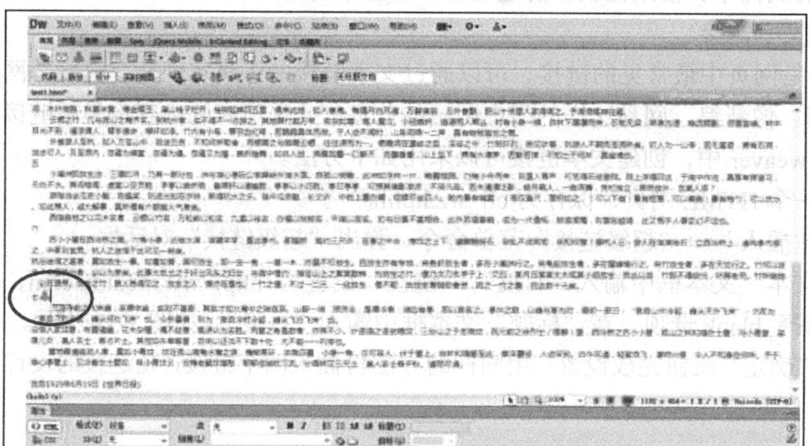

图 7-14　文本中锚记位置

⑤ 选择要链接到的锚点文字、图像等对象。

⑥ 在“属性”面板的“链接”文本框中以“#+锚记名称”的格式进行输入，如输入“#a1”，如图 7-15 所示。

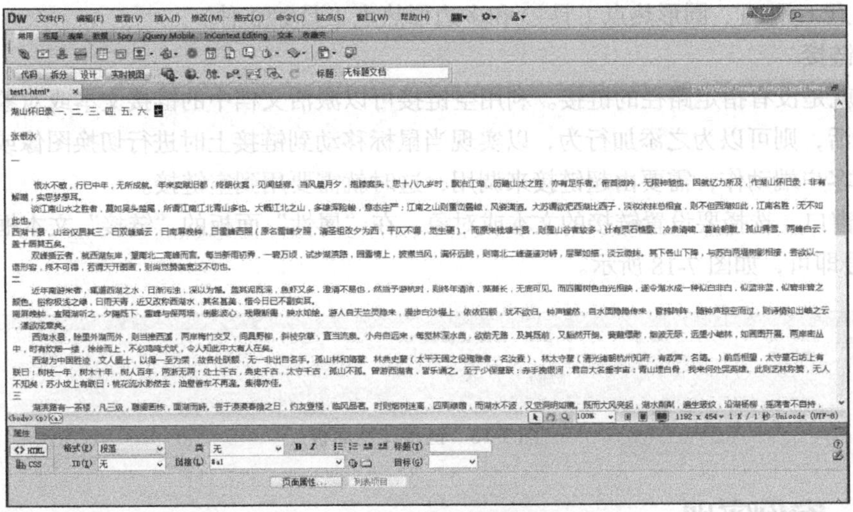

图 7-15　锚点链接

⑦ 保存并预览，单击超链接，则页面会自动跳转到相应的正文内容处。

（5）创建电子邮件链接

网页中的电子邮件链接是一种特殊的链接，单击这个链接以后，浏览器会自动打开邮件发送软件 Outlook Express，并且新建一封邮件，填写好这个链接的邮件地址。电子邮件链接可以方便用户发送邮件。

① 新建一个 HTML 网页，将光标停留在<body>标签后面，选择“插入”→“电子邮件链接”命令，弹出“电子邮件链接”对话框。

② 在“文本”文本框中输入邮件链接的提示文本“站点邮箱”，在“电子邮件”文本框中输入一个电子邮件地址，如图 7-16 所示。

③ 保存文件浏览网页，如图 7-17 所示。

图 7-16　电子邮件对话框

图 7-17　电子邮件链接浏览效果

④ 电子邮件链接的代码是一个以 mailto 开始的电子邮件地址。电子邮件链接的代码如下：

```
<body>
<a href="mailto:liming2016@sina.com">站点邮箱</a>
</body>
```

（6）图像热点链接

图像热点链接是在图像上绘制相应的区域，并将指定的区域设置为超链接对象，从而实现单击图像上的不同的指定区域，跳转到相应页面的功能。图像热点工具位于“属性”面板的左下方，包括矩形热点工具、圆形热点工具和多边形热点工具3种。

（7）空链接

空链接就是没有指定路径的链接。利用空链接可以激活文档中的链接文本或对象。一旦对象或文本被激活，则可以为之添加行为，以实现当鼠标移动到链接上时进行切换图像或显示分层等动作。有些客户端动作，需要由超链接来调用，这时就需要用到空链接。

在编辑窗口，选择要设置链接的文本或对象，在“属性”面板的“链接”文本框中只输入一个“#”符号即可，如图7-18所示。

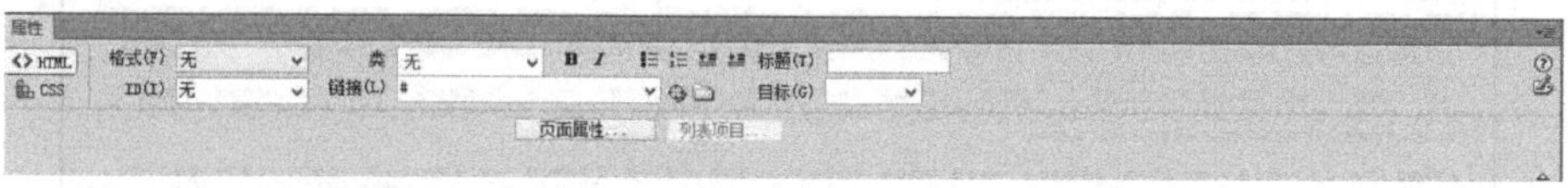

图7-18　链接属性面板

7.1.3　案例实现

【案例7-1实现】

操作步骤如下。

（1）单击“文件”→“新建”命令，弹出“新建文档”对话框，在“页面类型”下选择“HTML”，“文档类型”选择“HTML 5”，单击“创建”按钮。

（2）单击“文件”→“保存”命令，弹出“另存为”对话框，选择保存位置为“D:\MyWeb\Dream_design\anli_2”，文件名为“msgj.html”，单击“保存”按钮。

（3）打开页面的属性对话框，在“外观（CSS）”类别中将页面文字大小设置为“24px”，背景颜色设置为“#FFC”，如图7-18所示。

（4）在“标题/编码”类别中将其标题设置为“中国十大名胜古迹”，单击“确定”按钮。

（5）在设计视图的插入点输入“中国十大名胜古迹”文档标题，回车换行。

（6）仿照步骤（5）依次录入各个段落文本，回车换行，在文本的最后输入一个空段落。

（7）在标题后面插入水平线：将光标放置在第一段的段首，单击“常用”面板中的“水平线”按钮。然后，将光标放置在最后一段的段首，在文本的最后一段插入水平线。

（8）选择文档标题“中国十大名胜古迹”，将其字体设置为“隶书”，大小“24px”，颜色为“#F0F”，对齐方式为“居中对齐”。操作如下：选择“属性”面板的CSS按钮，如图7-19所示，在“字体”下拉列表框中选择“编辑字体列表”命令，打开“编辑字体列表”对话框；从中选择所需的字体，添加到“字体列表”列表框中，单击“确定”按钮，如图7-20所示；添加完成后，该字体将出现在“字体”下拉列表框中。

（9）在“属性”面板的“字体”下拉列表框中选择“隶书”，弹出“新建CSS规则”对话框，在该对话框的“选择器名称”下拉列表框中输入“biaoti”，单击“确定”按钮，如图7-21所示；添加完成后，该字体将出现在“字体”下拉列表框中。

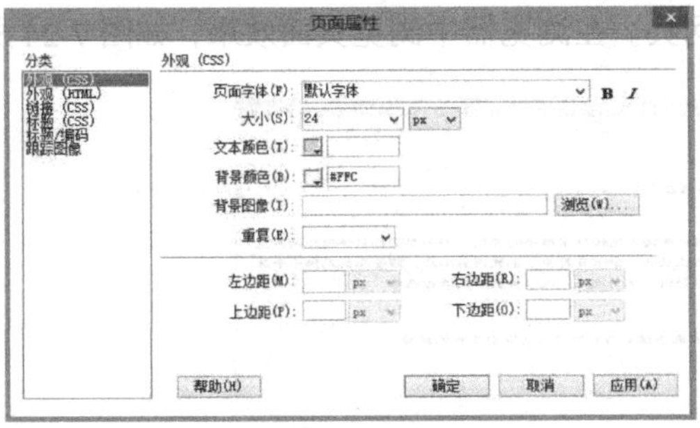

图 7-19　页面属性对话框

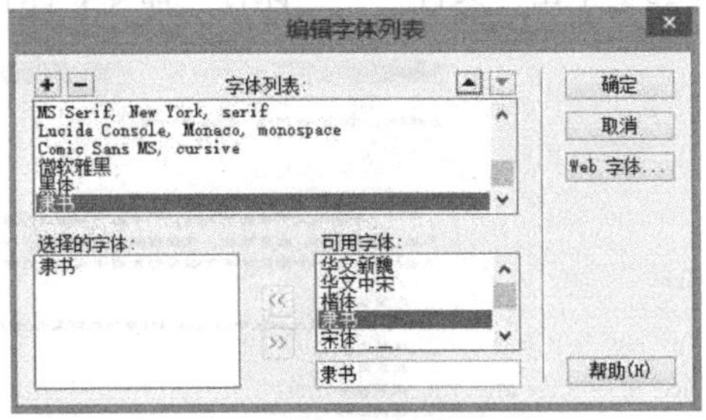

图 7-20　编辑字体列表

（10）将第一段文本设置段落缩进两个汉字，将光标放置到第一段段首，选择“插入”→“HTML”→“特殊字符”→“不换行空格”命令，共插入 8 次。

（11）对正文的第二段至第十二段添加编号列表：选中第二段到第十二段的所有文本，单击“文本”面板中的“ol”编号列表按钮，则在选中的段落文本前面都加上了编号列表。

（12）将第三段缩进，并为其设置项目列表：将光标放到第三段，单击“格式”→“缩进”命令，然后单击“格式”→“列表”→“属性”命令，弹出“列表属性”对话框，在“样式”下拉列表中选择“正方形”，单击“确定”按钮，如图 7-22 所示。

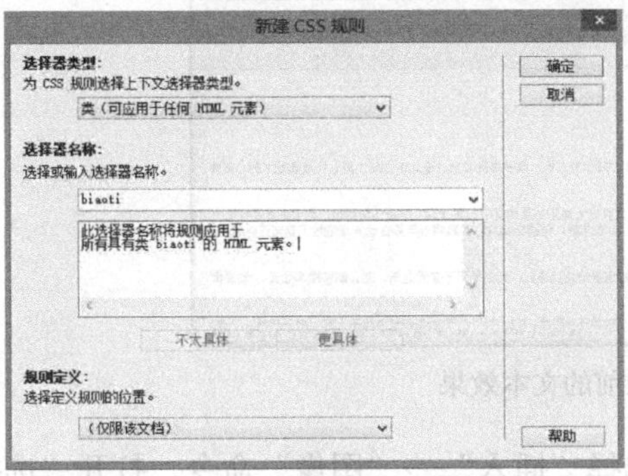

图 7-21　“新建 CSS 规则”对话框

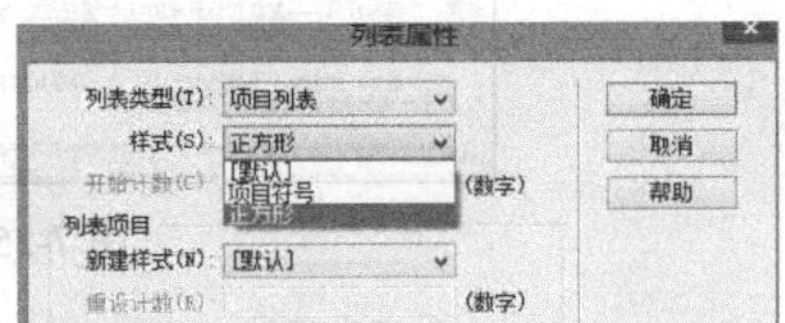

图 7-22　“列表属性”对话框

（13）在第二个水平线后面按 Enter 键，插入一个空段落，然后输入 Copyright。再单击“插入”→“HTML”→“特殊符号”→“版权（C）”命令，即可插入版本符号。随后输入版权区其他文本。

（14）将版权区所有文本居中显示：选中该文本，单击“属性”面板上的“居中对齐”按钮，在弹出“新建 CSS 规则”对话框的“选择器名称”中输入“banquan”，单击“确定”按钮，如图 7-23 所示。

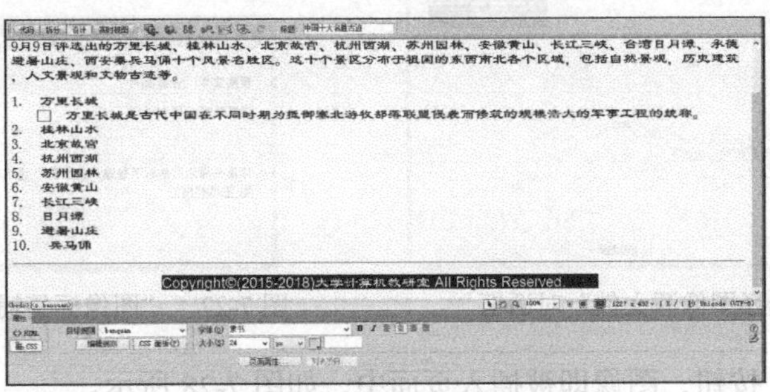

图 7-23　版权区文本设置

（15）单击“文件”→“保存”命令，保存该网页。在浏览器中浏览页面效果，如图 7-24 所示。

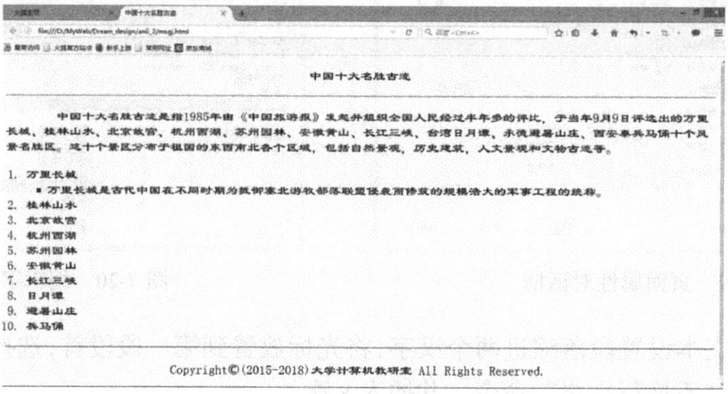

图 7-24　文本案例效果

【案例 7-2 实现】

操作步骤如下。

（1）在 Dreamweaver 中打开准备插入图像的网页素材文件“tiantan.html”，如图 7-25 所示。

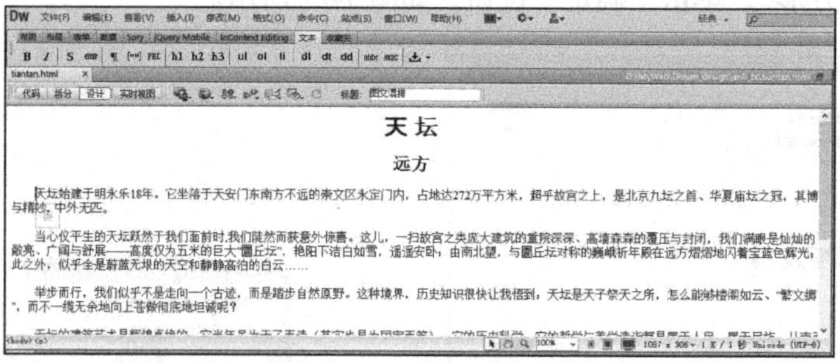

图 7-25　插入图像前的文本效果

（2）将光标定位在要插入图像的位置，然后选择“插入”→“图像”命令，打开“选择图像源文件”对话框，如图 7-26 所示，从中选择图像文件，单击“确定”按钮。

（3）在打开的“图像标签辅助功能属性”对话框中设置“替换文本”选项为“古都图片”，如图 7-27 所示。

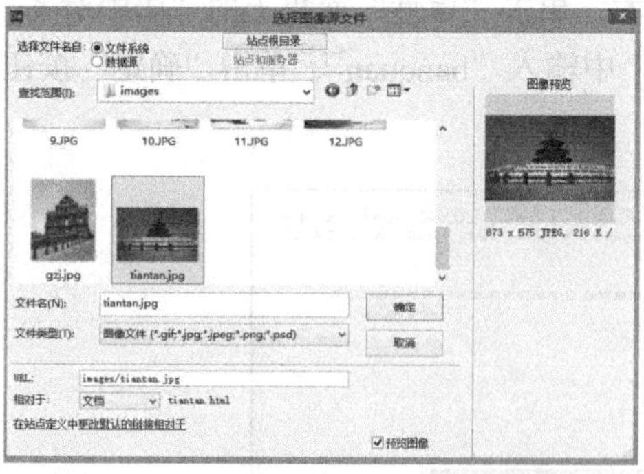

图 7-26　“选择图像源文件”对话框

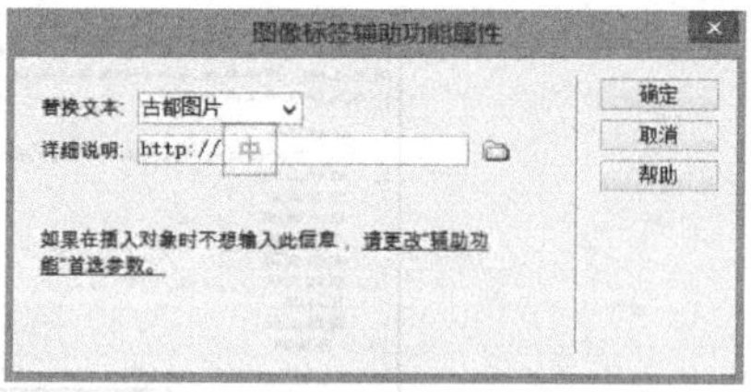

图 7-27　“图像标签辅助功能属性”对话框

（4）单击“确定”按钮，图像即被插入页面中，如图 7-28 所示。

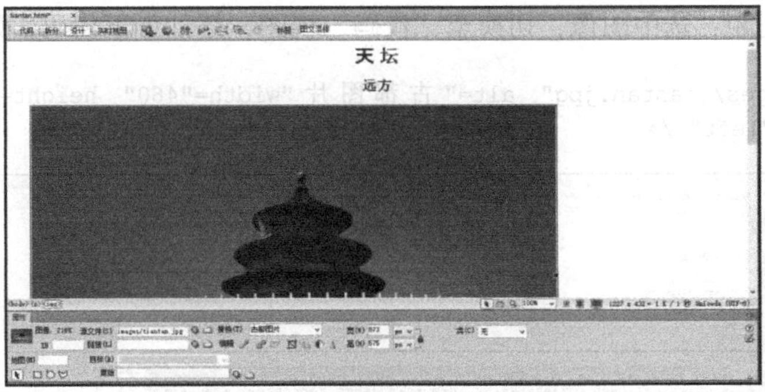

图 7-28　插入图像后的效果

（5）选中图像，单击鼠标右键，弹出快捷菜单，选择“对齐”→“左对齐”，设置图像向左对齐，如图 7-29 所示。

> **提示**
>
> 对齐是图像和文字在垂直方向上的对齐方式，共有以下 10 种对齐方式。

- 浏览器默认值：一般指基线对齐，即文本行沿图片底边排列，默认对齐方式可能会因浏览器不同而不同。
- 基线：将文本行的基线（或其他元素）与选定对象（这里指图像）底部对齐，其效果和“浏览器默认值”相似。
- 对齐上缘：将文本行中最高字符的上部与选定对象的上部对齐。
- 中间：将文本行的基线与选定对象的中部对齐。
- 对齐下缘：将文本行的基线与选定对象的底部对齐。
- 文本顶端：将选定对象的顶端与文本行中最高字符的顶端对齐，其效果和“对齐上缘”相似。
- 绝对中间：将选定对象的中部与文本行中部对齐，与“中间”效果相似。
- 绝对底部：将文本的绝对底部（包括下行字母，如字母 g）与选定对象的底部对齐。
- 左对齐：将选定对象置于左边缘，其旁边的文本绕排到右边。如果一行中左对齐文本先于选定对象，则左对齐文本通常迫使左对齐对象绕排到新的行中。
- 右对齐：将选定对象置于右边缘，其旁边的文本绕排到左边。如果一行中右对齐文本先于选定对象，则右对齐文本通常迫使右对齐对象绕排到新的行中。

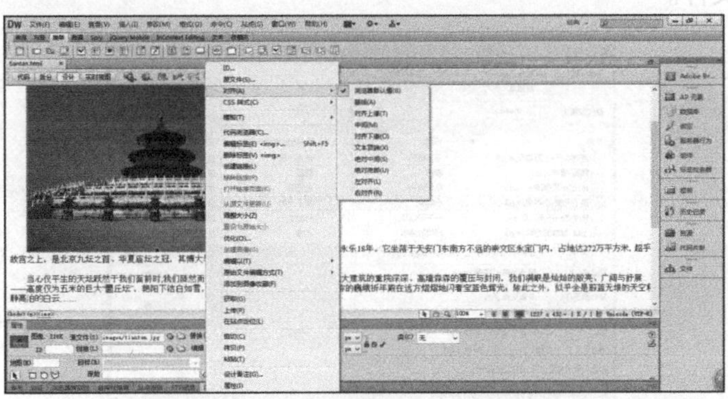

图 7-29　图像对齐方式子菜单

（6）设置图文间距：选中图像，切换至“代码”视图，添加如下代码，如图 7-30 所示。

```
<img src="images/tiantan.jpg" alt="古都图片"width="460" height="305" hspace="10" vspace="10" align="left" />
```

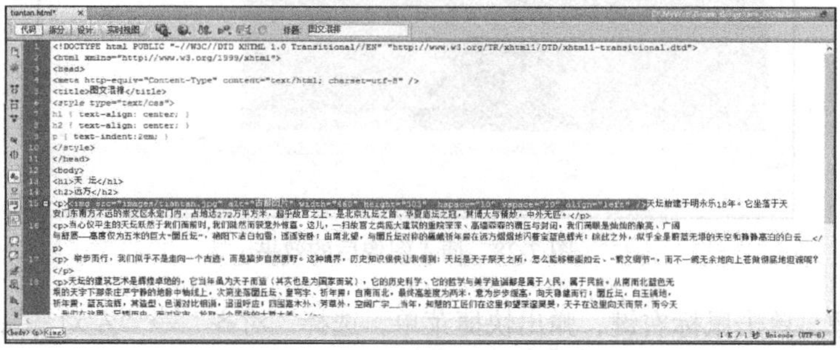

图 7-30　设置图像代码视图

（7）保存网页，在浏览器中效果如图 7-31 所示。

图 7-31　图文混排效果

【案例 7-3 实现】

操作步骤如下。

（1）打开本案例的素材文件 “yinyue.html”，在“设计”视图下，将插入点放置在文档中想要插入声音对象的位置。

（2）选择“插入”→“媒体”→“插件”菜单命令，弹出“选择文件”对话框，如图 7-32 所示，选择一个声音文件。

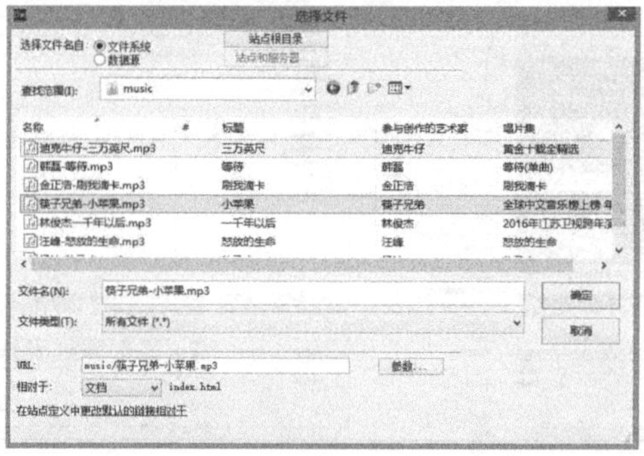

图 7-32　“选择文件”对话框

在插入面板“常用”选项卡中单击“媒体”按钮组中的“插件”按钮，也可以弹出“选择文件”对话框。

（3）单击“确定”按钮，完成音乐文件的插入。此时声音插件对象出现在文档窗口中，如图 7-33 所示。

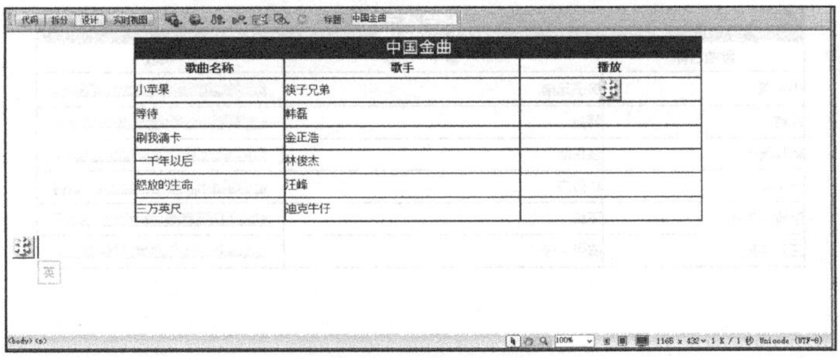

图 7-33 设计视图音频插入效果

（4）选择文档窗口中的声音插件对象，在属性面板中可以设置插件的属性，如图 7-34 所示。可以设置声音插件区域的宽和高、源文件、插件 URL、对齐、边框、边距、参数等。插件默认宽度和高度是 32 像素，可以重新设置插件的宽度为，以方便浏览者使用声音播放文件。

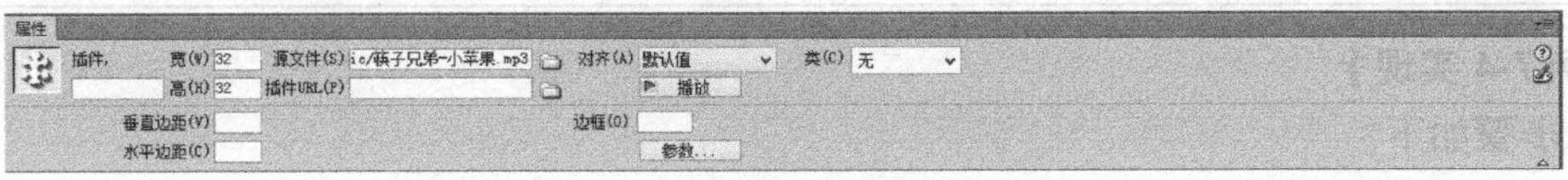

图 7-34 音频对象属性面板

（5）声音文件默认是自动播放的，若要限制自动播放。单击“属性”面板的“参数”按钮，打开“参数”对话框，添加 autostart 参数，值为 false，如图 7-35 所示。设置完成后，单击“确定”按钮。这样，浏览者打开网页时，音乐将不再自动播放。

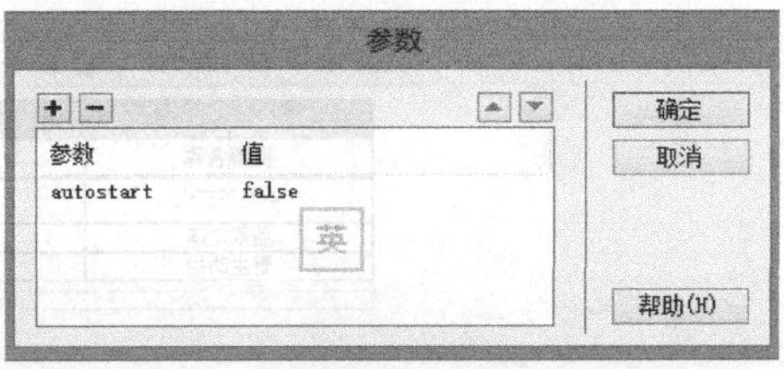

图 7-35 音频文件参数设置对话框

（6）添加好控件之后，查看“代码”视图，如图 7-36 所示。

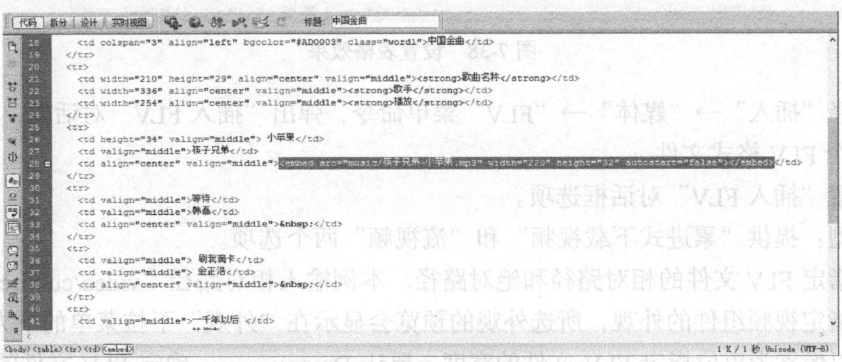

图 7-36 音频文件嵌入后的代码

删除<embed>…</embed>之间的内容，添加如下代码：

```
<source src ="music/筷子兄弟—小苹果.mp3" type="audio/mpeg"/>
```

（7）根据（2）~（6）的步骤完成其他歌曲文件的插入，在浏览器中效果如图 7-37 所示。

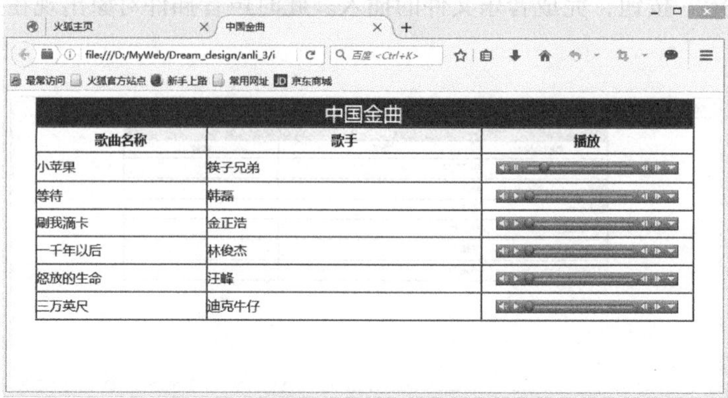

图 7-37　音频文件在浏览器中的播放效果

注意　<audio>标签定义声音，比如音乐或其他音频流。<audio>标签中的 controls 属性向用户显示控件；autoplay 属性：音频在就绪后马上播放；src 属性：要播放的音频的 URL。

【案例 7-4 实现】

操作步骤如下。

（1）打开本案例的素材文件 “shipin.html”，在“设计”视图下，将插入点放置在文档中“播放”单元格下的第一个单元格处，如图 7-38 所示。

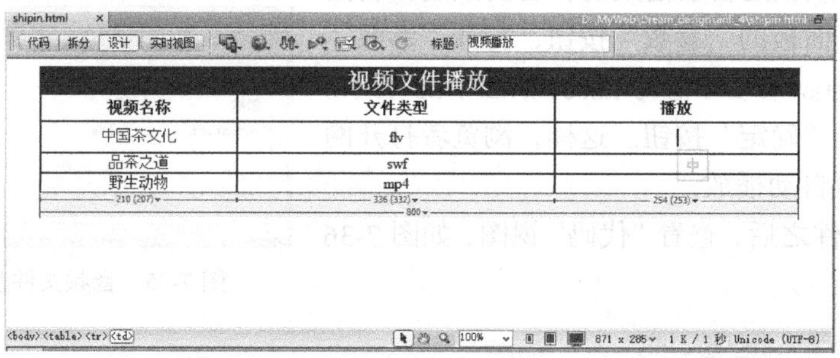

图 7-38　设置表格效果

（2）选择“插入”→“媒体”→“FLV”菜单命令，弹出“插入 FLV”对话框，如图 7-39 所示，选择一个 FLV 格式文件。

（3）设置“插入 FLV”对话框选项。

视频类型：提供“累进式下载视频”和“流视频”两个选项。

URL：指定 FLV 文件的相对路径和绝对路径。本例输入相对路径 “video/culture.flv”。

外观：指定视频组件的外观，所选外观的预览会显示在“外观”下拉菜单的下方。

宽度：以像素为单位指定 FLV 文件的宽度。要让 Dreamweaver 确定 FLV 文件的准确宽度，单击“检测大小”按钮。如果 Dreamweaver 无法确定高度，必须输入高度值。

包括外观：FLV 文件的宽度和高度与所选外观的宽度和高度相加得出的和。

限制高度比：保持视频组件的宽度和高度之间的比例不变。在默认情况下会勾选此选项。

自动播放：指定在网页里打开时是否播放。

自动重新播放：指定播放控件在视频播放完之后是否返回起始位置重新播放。

（4）设置完毕后，单击“确定”按钮，关闭“插入 FLV”对话框并将 FLV 文件添加到网页中，在网页中将显示 FLVPlayer 占位符，如图 7-40 所示。

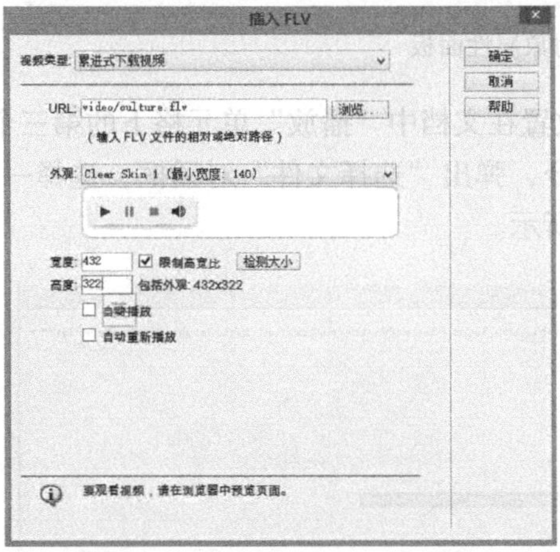

图 7-39　插入 FLV 文件对话框

图 7-40　FLVPlayer 占位符

（5）单击 FLVPlayer 占位符，在属性面板中可以查看 FLV 的属性，如图 7-41 所示，在属性面板可以重新设置 FLV 的一些属性值，如更改 FLV 文件、更改播放外观等。

图 7-41　FLV 对象属性面板

（6）在“设计”视图下插入 SWF 文件，将插入点放置在文档中“播放”单元格下的第二个单元格处，选择“插入”→“媒体”→“SWF”菜单命令，弹出“选择 SWF”对话框，如图 7-42 所示，选择一个 SWF 格式文件。

（7）单击“确定”按钮，关闭“插入 SWF”对话框并将 SWF 文件添加到网页中，在网页中将显示 Flash 占位符，如图 7-43 所示。

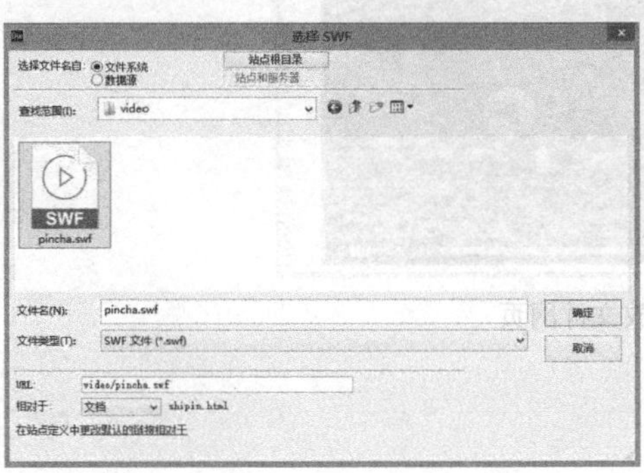

图 7-42　选择 SWF 文件对话框

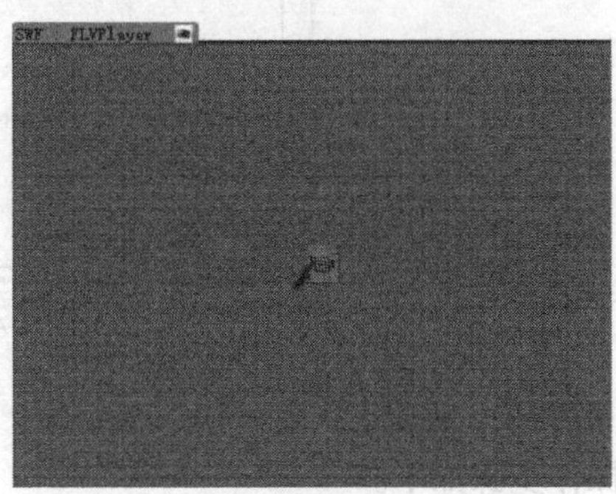

图 7-43　FLVPlayer 占位符

（8）单击 Flash 占位符，在属性面板中可以查看 SWF 的属性，如图 7-44 所示，在属性面板可以设置 SWF 的一些属性值，如 SWF 文件播放区域的宽和高、是否循环播放、是否自动播放，以及播放的品质、比例、背景颜色等。

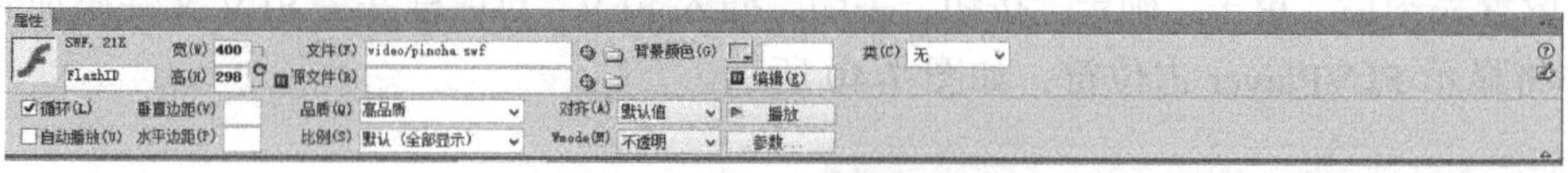

图 7-44　SWF 对象属性面板

（9）在“设计”视图下插入插件，将插入点放置在文档中“播放”单元格下的第三个单元格处，选择“插入”→“媒体”→“插件”菜单命令，弹出“选择文件”对话框，选择一个 MP4 格式文件。然后切换到“代码”视图，如图 7-45 所示。

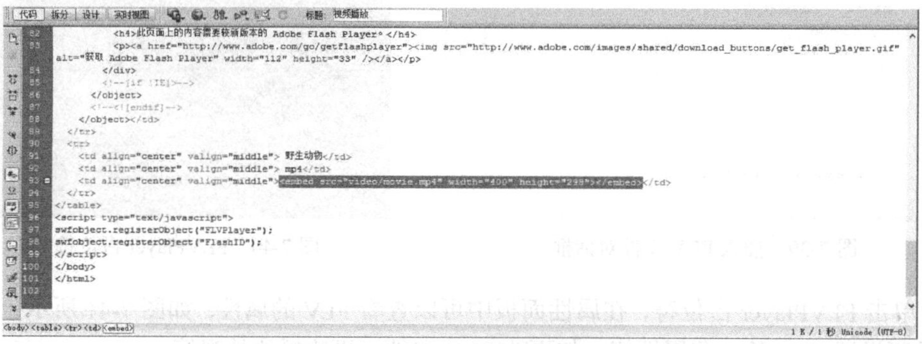

图 7-45　<embed>标签代码

（10）在图 7-45 所示的代码中，把<embed …></embed>标签删掉，在该位置出输入如下代码：

```
<video width="400" height="298" controls src="video/movie.mp4" atuoplay loop >
浏览器是否支持mp4格式文件
</video>
```

然后保存该网页文件，在浏览器中效果如图 7-46 所示。

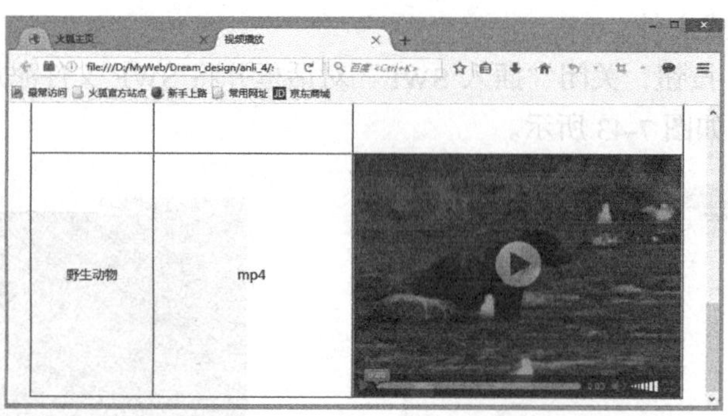

图 7-46　视频播放文件网页

【案例 7-5 实现】

操作步骤如下。

（1）打开本案例的素材文件 “湖南.html”，在“设计”视图下，将插入点放置在文档中，输入标题文字“湖南省行政区划图”，设置为黑体、24 像素大小、红色、粗体。选中“湖南省行政区划图”这几个字，在“属性”面板中选“编辑规则”按钮，如图 7-47 所示。

图 7-47　文本对象属性面板

（2）在弹出的“新建 CSS 规则”对话框中，在“选择器类型”的下拉列表选择“ID（仅用于一个 HTML 元素）”选项，在“选择器名称”下的文本框输入“zt”，如图 7-48 所示。

（3）单击“确定”按钮，弹出“zt 的 CSS 规则定义”对话框，在“Font-family”文本框输入“黑体”，在“Font-size”文本框输入 24，在“Font-weight”文本框 输入“bolder”，在“Color”文本框输入“#F00”，如图 7-49 所示。

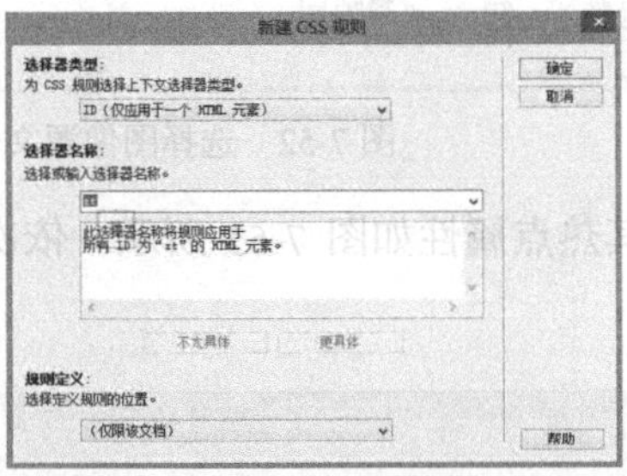

图 7-48　新建 CSS 规则对话框

图 7-49　zt 的 CSS 规则定义对话框

（4）单击“确定”按钮，在设计视图中，按【Enter】键，插入 3 行 2 列表格，在弹出的“表格”对话框中，输入表格宽度 1040，边框粗细 1 像素。合并第 2、3 行的两个单元格，如图 7-50 所示。

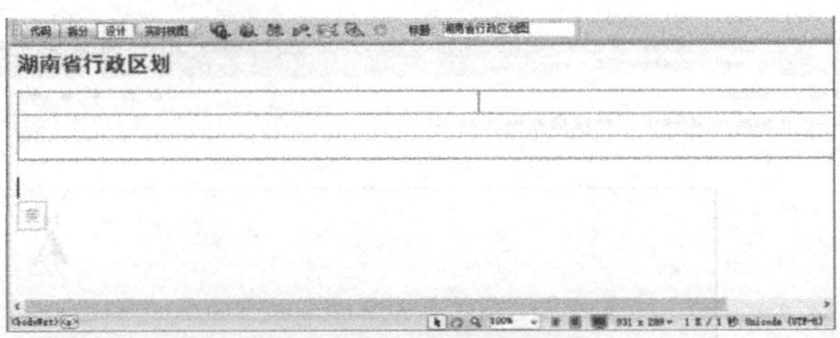

图 7-50　插入表格及合并单元格

（5）在第 1 行 1 列单元格内输入各市州名称，在第 1 行 2 列插入行政区划图，适当调整单元格宽度后，如图 7-51 所示。

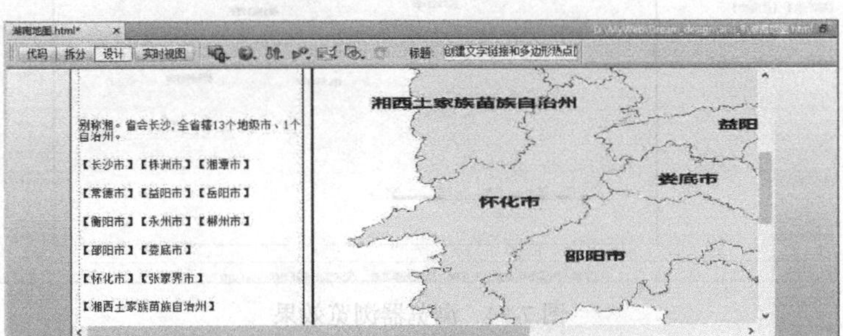

图 7-51　“设计”视图下表格第 1 行输入效果

（6）在第 2 行中选择“插入”→“HTML”→“水平线”命令插入一条水平线，在第 3 行中输入“本站不保证所有内容完全正确，如有错误之处，欢迎来信指正 zj@sina.com”，选择整个表格，在“属性”面板中修改“边框”为 0 像素。

（7）创建湖南省各市州的介绍，相关文字内容可从百度中下载，如创建永州市的情况介绍，然后保存。

（8）分别选中各市州的名字，设定链接到各自的 HTML 文件，并将目标设置为“_blank”。如选择永州市，设定其链接为“yz.html”，在目标下拉列表中选择“_blank”选项。

（9）单击选中图像，单击属性面板中的▽按钮，为图像中的永州市绘制区域，弹出“选择图像源文件”对话框，选择“湖南.jpg”，如图 7-52 所示。

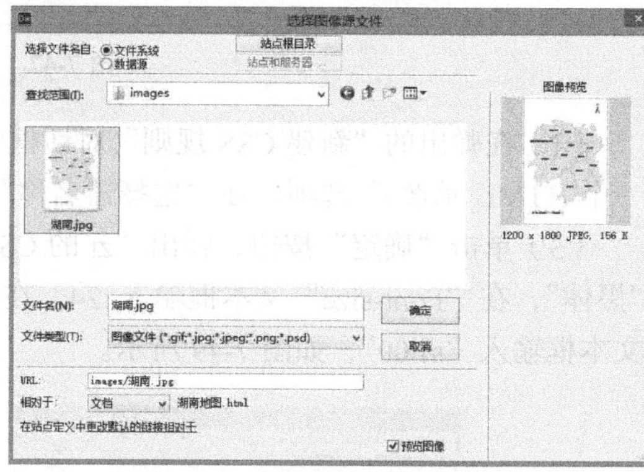

图 7-52　选择图像源文件

（10）单击“确定”按钮，在“属性”面板设置其热点属性如图 7-53 所示。依次描好各市州的区域，并设置热点的链接属性。

图 7-53　热点区域属性

（11）保存网页，在浏览器浏览，网页效果如图 7-54 所示。

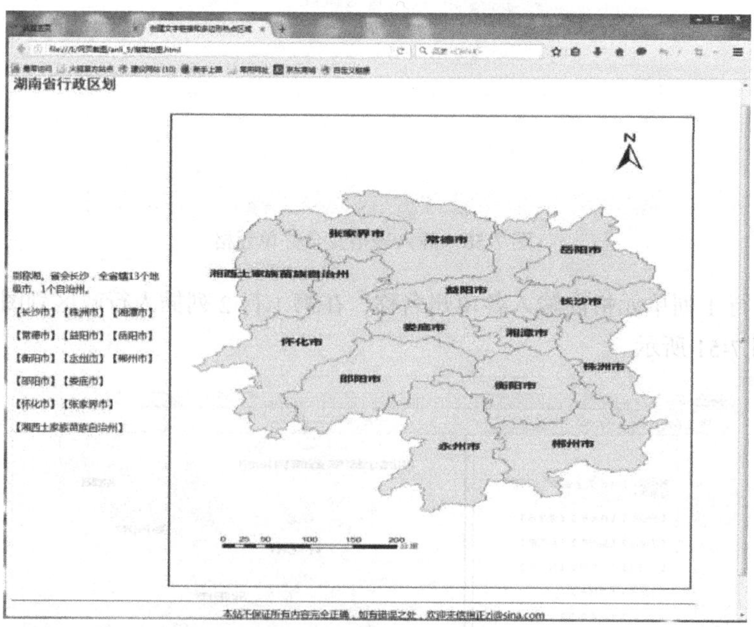

图 7-54　浏览器浏览效果

7.2　使用表格布局网页

表格是网页中用于显示数据和布局的重要元素，用户可以通过表格的创建和嵌套等操作来确定网页的框架和制作思路。表格布局是初学者用于创建网页布局的一种常用的方法，它简化了网页布局的过程。本节将学习在网页中插入表格以及调整表格结构的各种操作。

7.2.1　案例分析

【案例 7-6】

本案例实现从 Excel 表格中导入数据到 Dreamweaver，然后对导入后的表格进行优化设置，熟练设定表格及单元格属性。设计要求如下：

（1）从外部导入表格数据；

（2）表格排序；

（3）设置表格的行、列、边框等属性；

（4）设置表格内的字体、字号；

（5）设置自定义表格的标题样式；

（6）设置页面的背景样式。

【案例 7-7】

根据所给素材，使用表格布局某公司网页，首先确定该网页的整体布局，可划分为：Logo 区、导航按钮区、通幅 Banner 广告区、网页主要内容区、版权栏目区。然后进行层次的划分，比如网页主要内容区包括：关于我们、新闻中心、业务范围三个栏目。通过本案例的学习，读者会使用嵌套表格进行布局，进一步熟悉和运用文字和图片属性对其进行排版。

设计要求如下：

（1）在空白页面中创建一个最外层的表格，6 行 1 列，宽度设置为 960 像素；

（2）在第 4 行嵌入一个表格，包含“关于我们”和“新闻中心”栏目；

（3）在第 5 行也嵌入一个表格，包含“业务范围”和“业务型的展示图片”；

（4）在“新闻中心”栏目嵌入一个表格；

（5）在相应的单元格插入图像和输入文本。

7.2.2　知识储备

表格是网页中的一种重要元素，表格除了用于组织数据以方便显示和浏览外，还常常用于网页其他元素的布局定位。在网页中，只需通过设定表格的宽度，把不同的网页元素放置在单元格中，就可以使页面在形式上丰富多彩。但是，目前网页设计的发展方向是内容与表现分离，在 HTML 中只存放文本信息，将设计部分放在一个独立的 CSS 样式文件中。本章主要介绍表格在网页制作中的应用，包括插入表格、表格的格式设置、表格的基本操作以及表格在布局中的应用。

1. 表格的插入

表格是由若干的行和列组成，行列交叉的区域叫单元格。在文档窗口的“设计视图”中通常使用以下方法插入表格。

（1）在文档窗口中，将插入点定位在要插入表格的位置。

（2）通过以下方法打开“表格”对话框，如图 7-55 所示。

方法一：选择“插入/表格”命令。

方法二：单击插入面板“常用”（或“布局”）选项卡中的“表格”按钮。

方法三：使用【Ctrl+Alt+T】组合键。

方法四：单击并拖动插入面板“常用”（或“布局”）选项卡中的“表格”按钮到文档窗口中。

对话框设置说明如下。

- 行数和列：设置表格行数和列数。
- 表格宽度：设置表格的宽度，其后面的下拉列表可选择表格宽度的单位。可以选择“像素”选项设置表格固定宽度，或者选择“百分比”选项设置表格相对宽度（以浏览器窗口或者表格所在的对象作为参照物）。
- 边框粗细：设置表格的宽度，单位为像素。
- 单位格边距：设置单元格边框和单元格内容之间的距离，单位为像素。
- 单位格间距：设置相邻单元格之间的距离，单位为像素。
- 标题选项区域：选择设置表格标题拥有的行或列。
- 标题文本框：设置一个显示在表格外的表格标题。
- 摘要文本框：设置表格的说明文本，屏幕阅读器可以读取摘要文本，但是该文本不会显示在用户的浏览器中。

（3）在“表格”对话框中设置表格为 3 行 3 列，宽度为 300 像素，边框为 1 像素，则插入表格效果如图 7-56 所示。

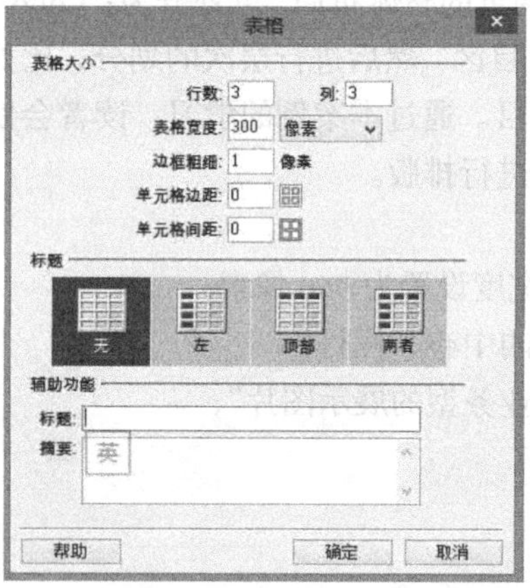

图 7-55 插入表格对话框

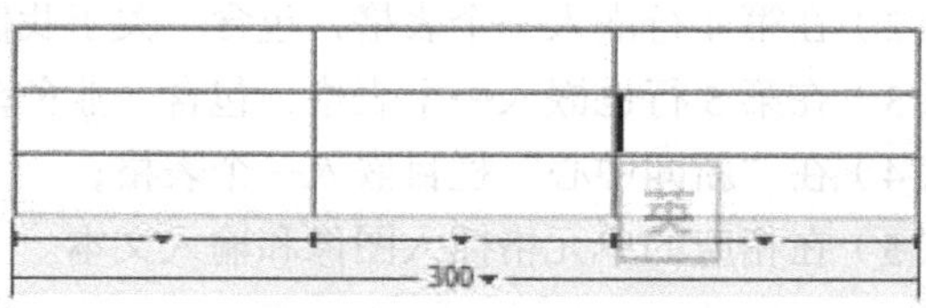

图 7-56 设计视图表格插入后效果

拓展知识：

在设计视图中插入表格后，一般在表格的下面或者上面显示表格宽度菜单，显示表格的宽度和宽度分布，它可以方便设计者排版操作，不会在浏览器中显示。选择“查看”→“可视化助理”→“表格宽度”命令可以显示或者隐藏表格宽度菜单。单击表格宽度菜单中的小三角图标，会打开一个下拉菜单，如图 7-57 所示，可以利用该菜单完成一些基本操作。

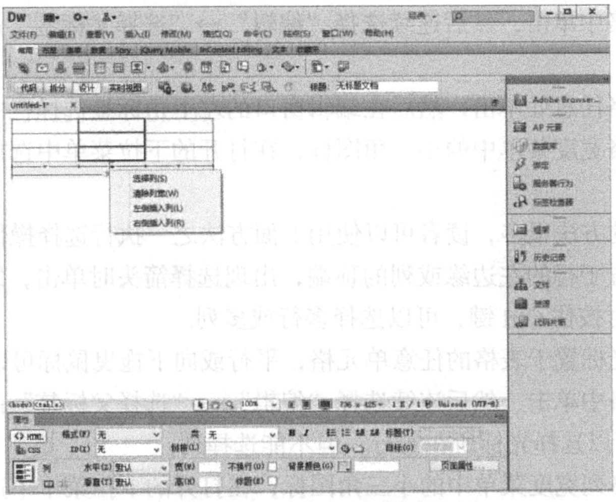

图 7-57　选定表格操作

在没有明确指定边框粗细、单元格边距和单元格间距的情况下，大多数浏览器默认边框粗细和单元格边距为 1 像素、单元格间距为 2 像素。如果要利用表格进行版面布局，不希望看见表格边框，可以设置边框粗细、单元格边距和单元格间距为 0。

（4）切换到“代码”视图，HTML 使用<table>标记来创建表格，代码如图 7-58 所示。

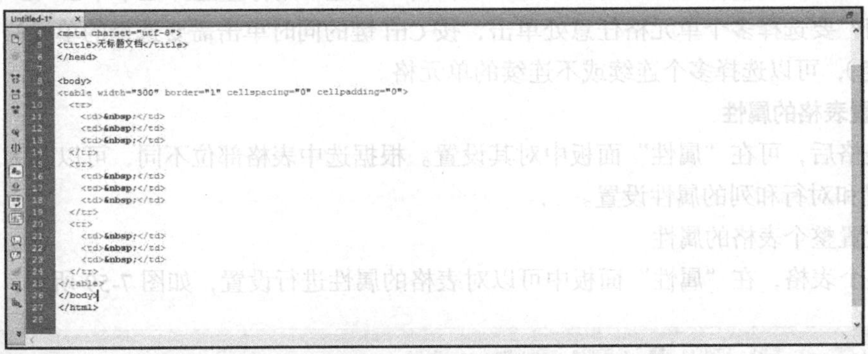

图 7-58　表格标签代码

表格结构包含多个标记，这些标记共同构建完整的表格，说明如下。

<table>：定义表格。

<caption>：定义表格标题。

<th>：定义表格的表头。

<tr>：定义表格的行。

<td>：定义表格单元。

<col>：定义表格列的组。

2. 表格的基本操作

（1）选择完整的表格

方法一：移动鼠标指针到表格的左上角，当鼠标指针右下角附带一表格图形时，单击即可。

方法二：在单元格中单击，然后选择“修改”→“表格”→“选择表格”命令，或者连续按 2 次【Ctrl+A】组合键。

方法三：在单元格中单击，然后连续选择“编辑”→“选择父标签”命令 3 次，或者连续按 3 次 Ctrl+[组合键。

方法四：在单元格任意处单击，然后在编辑窗口的左下角标签选择栏中单击<table>标签。

方法五：单击表格宽度菜单中的小三角图标，在打开的下拉菜单中选择“选择表格”命令。

（2）选择行和列

选择表格行和列的方法很多，读者可以使用下面方法之一执行选择操作。

方法一：将光标置于行的左边缘或列的顶端，出现选择箭头时单击，即可选择该行或列。如果选择行或列时，同时按住 Ctrl 键，可以选择多行或多列。

方法二：将鼠标光标置于表格的任意单元格，平行或向下拖曳鼠标可以选择多行或者多列。

方法三：在单元格中单击，然后连续选择“编辑”→“选择父标签”命令两次，或者连续按两次 Ctrl+[组合键，可以选择光标所在的行，但不能选择列。

方法四：单击表格列宽度菜单中的小三角图标，在打开的下拉菜单中选择“选择列”命令。，该命令可以选择光标所在的列，但不能选择行。

（3）选择单元格

与选择表格行和列的方法类似，读者可以使用下面方法之一执行选择操作。

方法一：在单元格中单击，然后按 Ctrl+A 组合键。

方法二：在单元格中单击，然后选择“编辑”→“选择父标签”命令，或者按 Ctrl+[组合键。

方法三：在单元格任意处单击，然后在编辑窗口的左下角标签选择栏中单击<td>标签。

方法四：要选择多个单元格任意处单击，按 Ctrl 键的同时单击需要选择的单元格（两次单击则取消选定），可以选择多个连续或不连续的单元格。

3. 设置表格的属性

插入表格后，可在“属性”面板中对其设置。根据选中表格部位不同，可以分为对整个表格的属性设置和对行和列的属性设置。

（1）设置整个表格的属性

选中整个表格，在“属性”面板中可以对表格的属性进行设置，如图 7-59 所示。

图 7-59　表格“属性”面板

表格“属性”面板中主要功能项的介绍如下。

“表格”下拉列表框：为表格进行命名，可用于脚本的引用或定义 CSS 样式。

“行”和“列”文本框：设置表格的行数和列数。

“填充”文本框：设置单元格边界和单元格内容之间的距离，与“表格”对话框中的“单元格边距”文本框作用相同。

“间距”文本框：设置相邻单元格之间的距离。

“对齐”下拉列表框：设置表格与文本或图像等网页元素之间的对齐方式，只限于和表格同段落的元素。

“边框”文本框：设置边框的粗细，通常设置为 0，如需要边框，可通过定义 CSS 样式来实现。

“类”下拉列表框：用于选择应用于表格的 CSS 样式。

“清除列宽”按钮：单击该按钮，可取消单元格的宽度设置，使表格宽度随单元格内容自动调整。

“清除行高”按钮：单击该按钮，可取消单元格的高度设置，使表格高度随单元格内容自动调整。

“将表格宽度转换为像素”按钮：单击该按钮，可将表格宽度度量单位从百分比转换为像素。

“将表格宽度转换为百分比”按钮：单击该按钮，可将表格宽度度量单位从像素转换为百分比。

（2）设置行或列的属性

将鼠标光标定位在行或列中，其“属性”面板如图 7-60 所示。

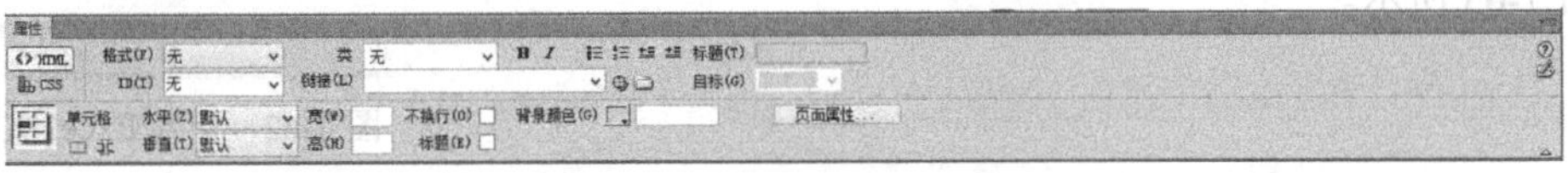

图 7-60　行或列的属性设置

单元格“属性”面板中的主要功能介绍如下。

按钮：单击该按钮合并选择的单元格。

按钮：单击该按钮可进行单元的拆分操作。

“水平”下拉列表框：用于设置单元格中内容在水平方向上的对齐方式，包括“左对齐”“居中对齐”“右对齐”“默认”4 个选项。

“垂直”下拉列表框：用于设置单元格中内容在垂直方向上的对齐方式，包括“顶端”“居中”“底部”“基线”“默认”5 个选项。

“宽”文本框：设置单元格的宽度，如果直接输入数字，则默认度量单位为像素，如果要以百分比作为度量单位，则应该在输入数字的同时输入“%”符号，如“80%”。

“高”文本框：设置单元格的高度，默认单位为像素。

“不换行”复选框：选中它可以防止换行，从而使指定单元格中的所有文本都在一行中。

“标题”复选框：可以将所选的单元格格式设置为表格标题单元格（也可通过“表格”对话框中的“标题”栏进行设置）。默认情况下，表格单元格的内容为粗体且居中。

背景颜色：设置表格的背景颜色。

4. 表格的嵌套

在表格的单元格中再插入表格即构成表格的嵌套。表格的嵌套广泛应用于网页的排版中，通常在网页排版时，在外部需要一个表格来控制总体布局。如果内部排版的细节也通过总表格来实现，容易引起行高列宽等冲突。此外，如果表格不嵌套，表格会非常复杂，浏览者要等很长时间才能看到页面内容。引入嵌套表格，由总表负责整体排版，由嵌套表格负责各个子栏目的排版，并插入到总表格的相应位置，各司其职，互不冲突。插入总表格后，将插入点置于要插入嵌套表格的单元格内，按照插入表格的方法即可完成嵌套表格的创建。嵌套表格的效果如图 7-61 所示。

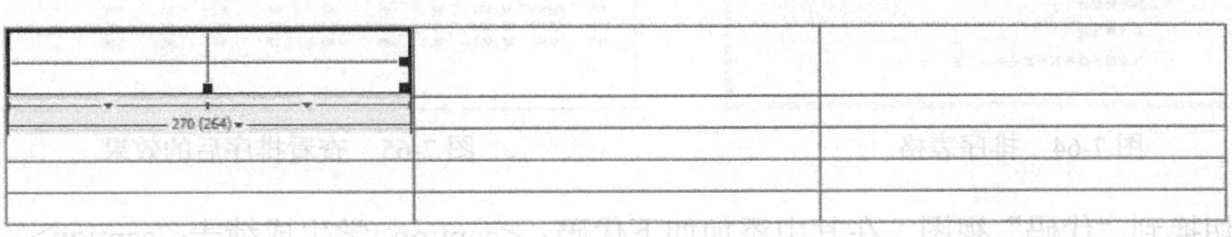

图 7-61　嵌套表格

7.2.3 案例实现

【案例 7-6 实现】

操作步骤如下。

（1）新建一网页文件 student.html，在“设计”视图中，单击“文件”→“导入”→“Excel 文档”，弹出“导入 Excel 文档”对话框，如图 7-62 所示。

（2）单击“打开”按钮，在 Dreamweaver“设计”视图下该表格如图 7-63 所示。

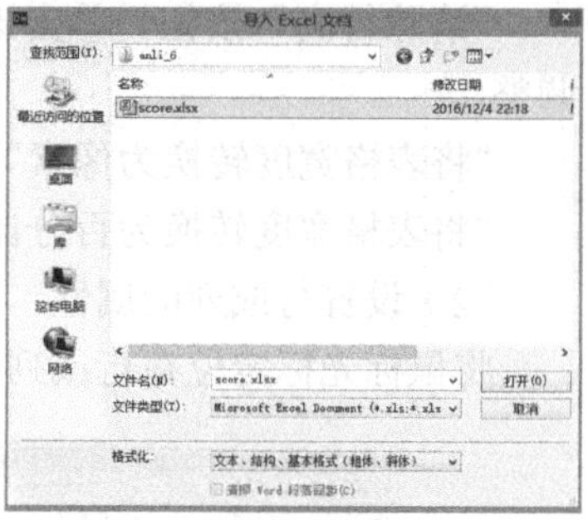

图 7-62 导入 Excel 文档对话框

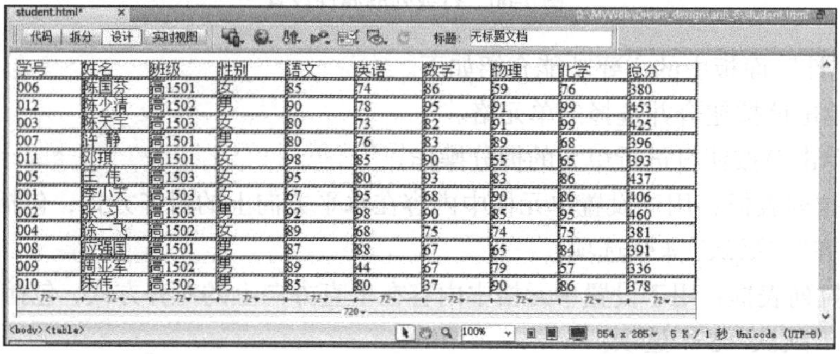

图 7-63 导入后的效果

（3）将鼠标光标定位在表格的任意一个单元格中，选择“命令”→“排序表格”菜单命令，打开“排序表格”对话框。

（4）在“排序按”下拉列表框中选择“列 3”选项，在“排序”栏中选择“按字母排序”和“升序”选项，在“再按”下拉列表框中选择“列 1”选项，在“顺序”栏中选择“按数字排序”和“升序”排序，如图 7-64 所示。

（5）单击“确定”按钮，返回设计视图窗口。选中表格中的所有单元格，在“属性”面板选择“水平”下拉列表框，选“居中对齐”。保存网页，在浏览器中查看排序后的效果，如图 7-65 所示。

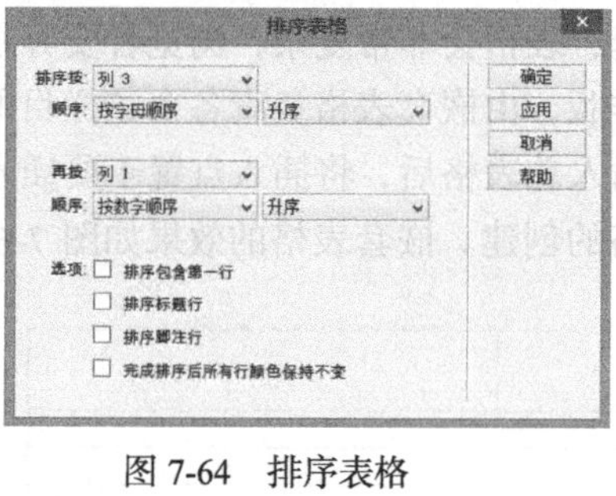

图 7-64 排序表格

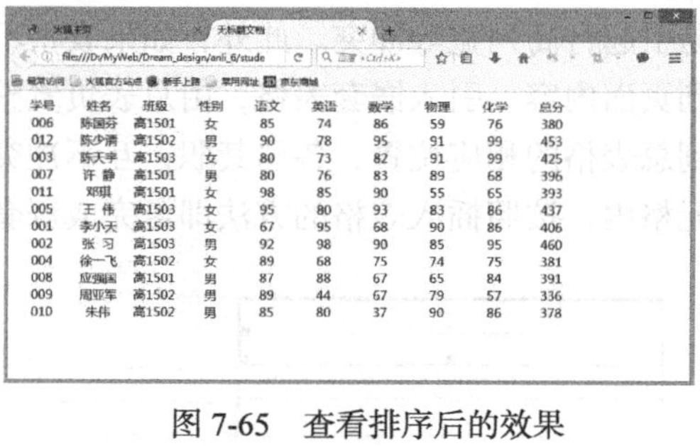

图 7-65 查看排序后的效果

（6）切换到“代码”视图，在其中添加如下代码：<caption>学生成绩表</caption>，如图 7-66 所示。

图 7-66　“学生成绩表”代码视图

（7）切换至“设计”视图，选中表格的第一行，在“属性”面板中选中“标题”复选框。然后选择“学生成绩表”5 个字，在“属性”面板中单击 CSS 按钮，单击 编辑规则 按钮，弹出“新建 CSS 规则”对话框，在选择器类型下拉列表框中选择“标签（重新定义 HTML 元素）”，在“选择或输入选择器名称”文本框中输入“caption”，如图 7-67 所示。

图 7-67　新建“caption”规则

注意　caption 标签用来定义表格的标题，必须紧随 table 标签之后，通常这个标题会居中位于表格之上。

（8）单击“确定”按钮，弹出“caption 的 CSS 规则定义”对话框，在“类型”选项卡中，“Font-family”文本框输入“微软雅黑”，“Font-size”文本框输入“36”，单位选“px”。如图 7-68 所示。

（9）单击“方框”按钮，如图 7-69 所示，在 Padding 的“全部相同”复选框去掉勾，在“Bottom”文本框中输入“15”，单位选“px”。

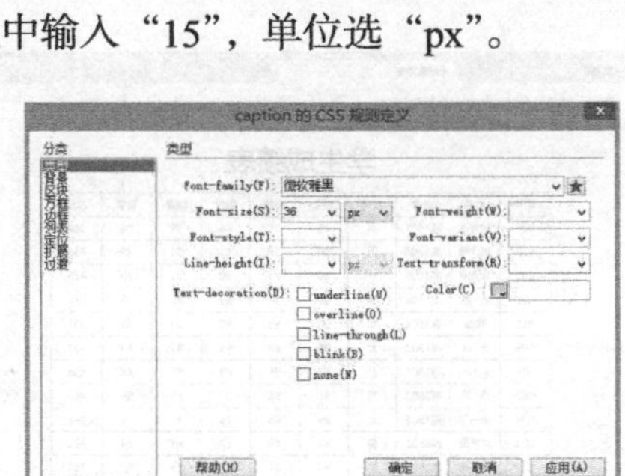

图 7-68　设置“类型”选项卡各元素样式

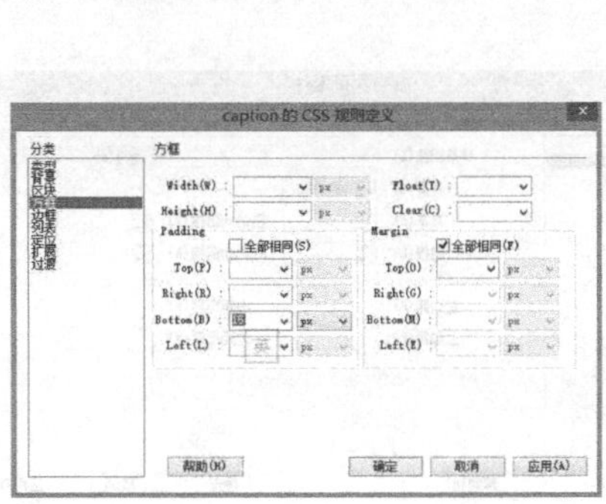

图 7-69　设置“方框”选项卡各元素样式

（10）单击“确定”按钮，在“代码”视图中“caption{…}”之后输入如下代码，如图 7-70 所示。

```
table {
    width: 600px;
    margin-top: 0px;
    margin-right: auto;
    margin-bottom: 0px;
    margin-left: auto;
    text-align: center;
    background-color: #000000;
    font-size: 9pt;
}
td {
    padding: 5px;
    background-color: #FFFFFF;
}
tr{
    font-size: 13px;
    background-color: #cad9ea;
    color: #000000;
}
th{
    padding: 5px;
}
```

图 7-70　表格相关元素的 CSS 代码

（11）在 Dreamweaver“设计”视图，单击表格外的空白区域，在“属性”面板中单击“页面属性”按钮，弹出“页面属性”对话框，在“外观（HTML）”选项卡的“背景”文本框中输入“#FFFFF00”，如图 7-71 所示。

（12）保存该网页文件，在浏览器中效果如图 7-72 所示。

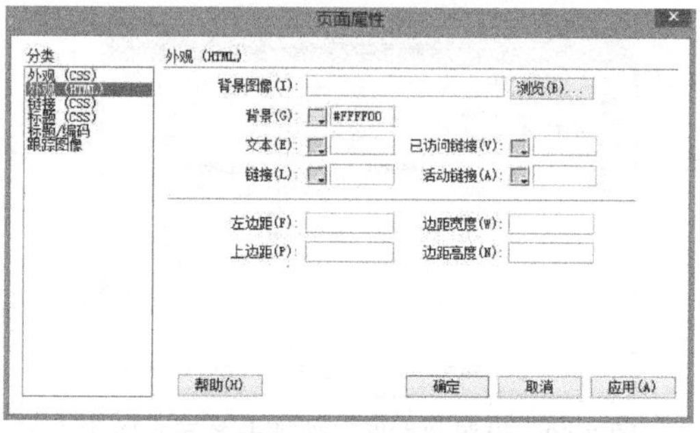

图 7-71　“页面属性”对话框

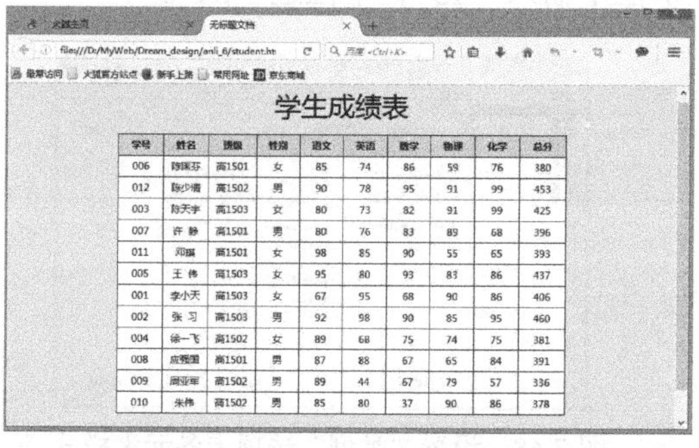

图 7-72　“表格”网页显示最终效果

【案例 7-7 实现】

操作步骤如下。

（1）打开素材网页文件“table_2.html”。

（2）执行“插入”→“表格”命令，打开“表格”对话框，插入 6 行 1 列，宽度为 960 像素的表格，如图 7-73 所示。

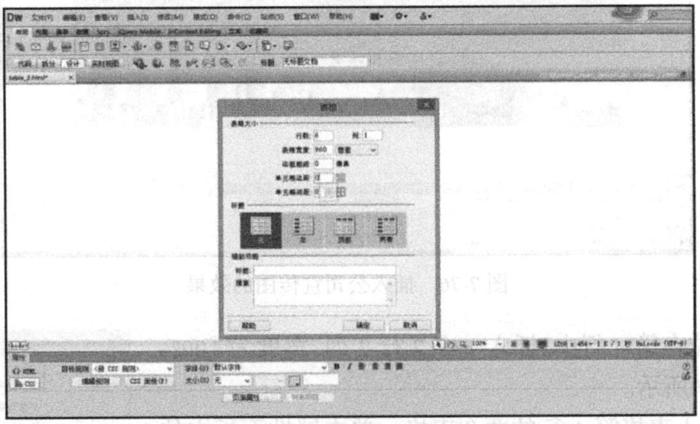

图 7-73　“表格”对话框

（3）选择整个表格，在“属性”面板中设置为居中对齐方式。

（4）将光标定位在第 1 行，执行“插入”→“图像”命令，弹出“选择图像选择源”对话框，选择要插入的图像，如图 7-74 所示。

（5）切换到“拆分”视图，添加代码，用来设置第 2 个单元格的背景图片样式，如图 7-75 所示。

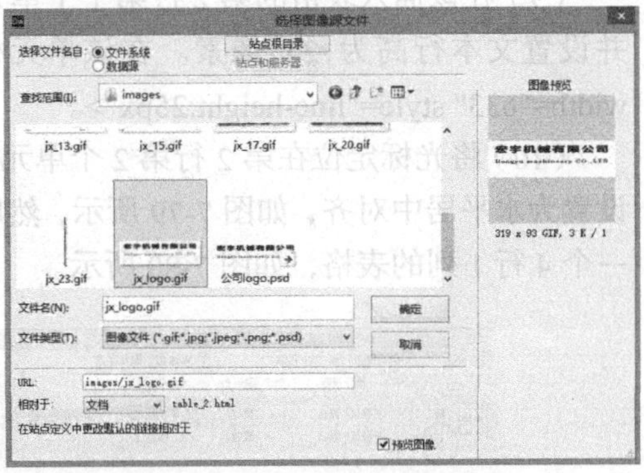

图 7-74　选择图像

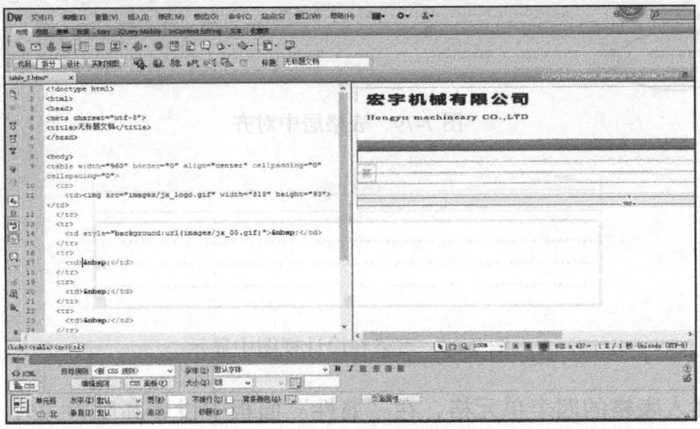

图 7-75　“拆分”视图

（6）切换到“设计”视图，分别在第 2 行、第 3 行插入相应的图像，如图 7-76 所示。

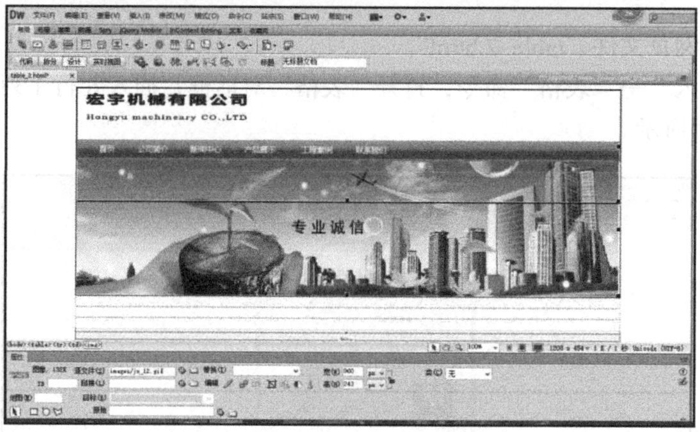

图 7-76　插入公司宣传图的效果

（7）将光标定位在第 4 行中，插入一个 2 行 2 列，宽度为 100% 的表格，如图 7-77 所示。

（8）选中该插入表格第 1 行的两个表格，单击属性面板中的“合并单元格”按钮，如图 7-78 所示，然后插入图像。

（9）在该插入表格的第 2 行第 1 个单元格中输入文本信息，并设置文本行高为 25 像素。在该单元格设置代码如下：<td width="633" style="line-height:25px">。

（10）将光标定位在第 2 行第 2 个单元格，在“属性”面板中设置为水平居中对齐，如图 7-79 所示，然后在该单元格中，插入一个 4 行 1 列的表格，如图 7-80 所示。

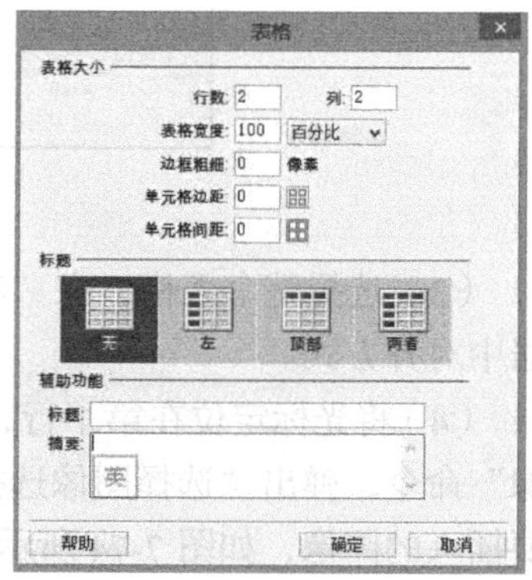

图 7-77　插入表格

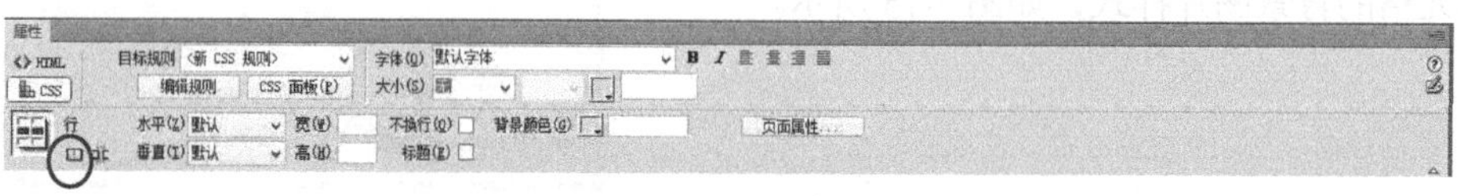

图 7-78　合并表格单元格

图 7-79　表格居中对齐

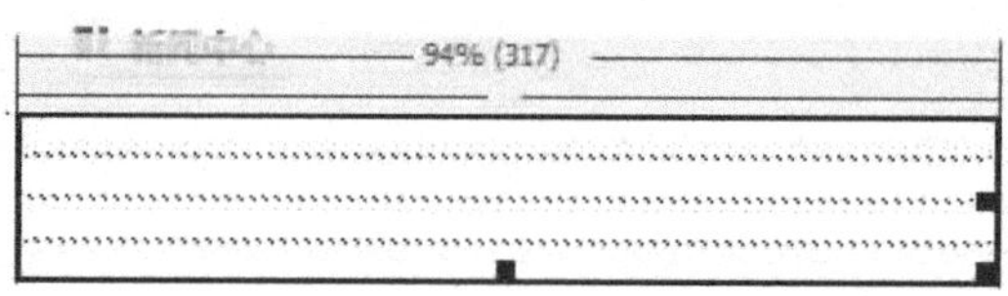

图 7-80　表格在设计视图中显示

（11）选中刚插入表格的四个单元格，在“属性”面板中设置高度为 25，并分别输入文本信息，如图 7-81 所示。

图 7-81　设置选中的表格

（12）在最外层表格的第 5 行插入一个 2 行 5 列的表格，设置表格宽度为 100%。

（13）合并刚插入的表格的第 1 行的 5 个单元格，并插入图像。

（14）在刚插入的表格的第 2 行的 5 个单元格中分别插入相应的图像。

（15）切换到“拆分”视图，添加代码，设置最外层表格最后一个单元格的背景图片样式，如图 7-82 所示。

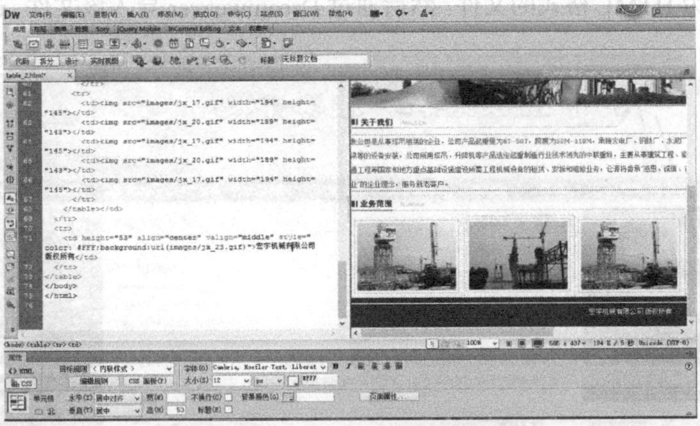

图 7-82　插入版权栏后的效果

（16）保存文件，在 FireFox 浏览器中浏览网页，效果如图 7-83 所示。

图 7-83　浏览效果

7.3 网站首页设计

网站首页涉及网站给浏览者的最初印象，所以设计精美的首页至关重要。网站首页页面设计，是网站开发中最重要的环节之一。网站首页设计是综合性的设计，既包括网页整体布局，也包括页面信息内容的优化及合理的应用。例如：网站 Logo（标识）、导航条、下拉菜单和网页广告动画的设计等。

7.3.1 案例分析

【案例 7-8】

网站首页基本都由网站的 Logo、Banner、导航栏及网页其他内容组成。本案例制作的首页样式如图 7-84 所示，它是一个“国”字型的网页布局。该页面的上部是网站 Logo、Banner、导航栏区域；页面的中部左侧区域是用户注册、购票、余票查询等铁路客服务主要业务的链接；页面的中部右侧区域是货运快递和其他相关链接（国家职能部门等外部链接）；页面的中部区域是新闻动态及余票动态信息发布等的展示区域；页面的下部是页脚部分，主要包括版权等内容。

该案例将使用 Fireworks 对网页整体进行分割。首先进行大区域的划分，然后再分区域分片，分割完成后，导出为 HTML 格式的文件。然后通过 Dreamweaver 导入该文件，进行相关链接设置。

图 7-84　网站首页布局

7.3.2　知识储备

1. 网页首页的重要组成部分

（1）网站 Logo

网站 Logo 是一个站点的象征，也是一个站点是否正规的标志之一。所以一个好的标志可以很好地树立公司形象。而网站标志的位置一般放在网站的左上角上，这样别人一眼就能看到它。

（2）网站 Banner

Banner 是一种网络广告形式，Banner 广告一般是放在网页的顶部位置，在用户浏览网页信息的同时，吸引用户对广告信息的关注。

（3）导航栏

导航栏是网页中的重要部分，同时也是整个网站中一个比较独立的部分。一般来说网站中的导航条位置在各个页面中出现的位置是比较固定的，风格也比较一致。所以导航栏在整个页面中起到举足轻重的作用。

（4）文本

文本能准确地表达信息的内容和含义，它是人们相互交流的工具，在网页中重要信息也是以文本为主，所以一个网站的文本信息要独特且吸引人。

（5）图像

图像在网页中具有提供信息，展示形象，美化网页，表达个人网站独特风格的重要作用。

2. 常见网页布局

（1）“国”字型布局：也称“同”字型，一些大型网站首页常见的类型。网页最上面是网站的标题以及 Banner 广告条，接下来就是网站的主要内容，左右分别列出细条状内容，中间是主要部分，与左右一起罗列到底，最下面是网站的一些基本信息、联系方式、版权声明等，其结构布局如图 7-85 所示，中国铁路客服中心 12306 网站首页也是典型的“国”字型布局，如图 7-86 所示。

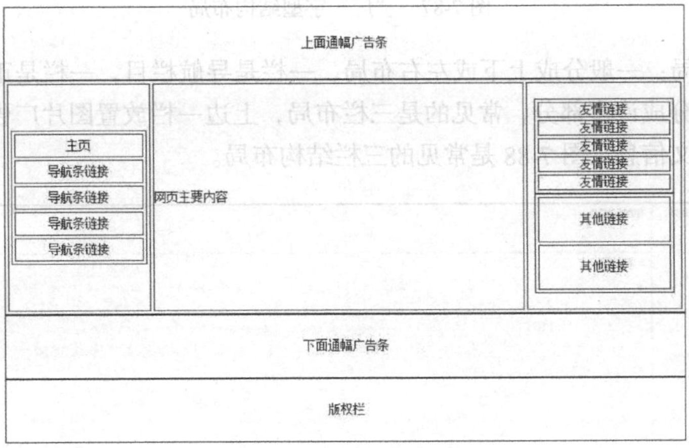

图 7-85　“国”字型结构布局

（2）“厂”字型布局：“厂”字型结构布局，是指页面顶部为 Logo 标志+Banner 广告条，下方左面为主菜单，右面显示正文信息，整体效果类似“厂”字，所以称之为“厂”字型布局。这种布局，一般应用于企业网站中二级页面，如图 7-87 所示。

图 7-86 “国”字型网页布局

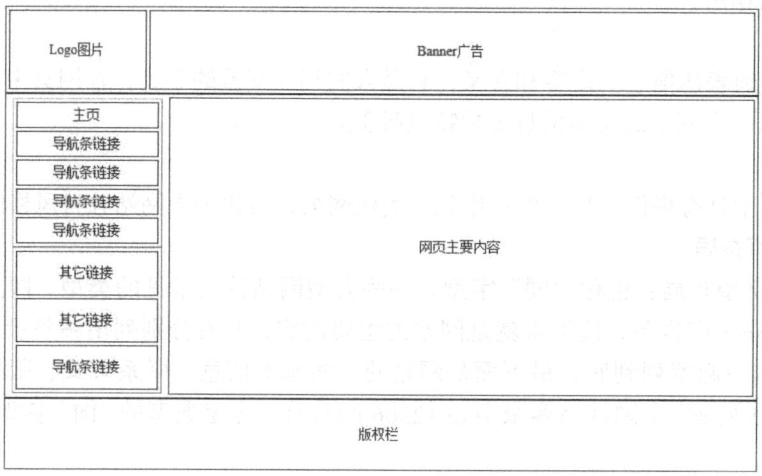

图 7-87 “厂”字型结构布局

（3）框架型布局：一般分成上下或左右布局，一栏是导航栏目，一栏是正文信息。复杂的框架结构可以将页面分成许多部分，常见的是三栏布局，上边一栏放置图片广告，左边一栏显示导航栏，右边显示正文信息。图 7-88 是常见的三栏结构布局。

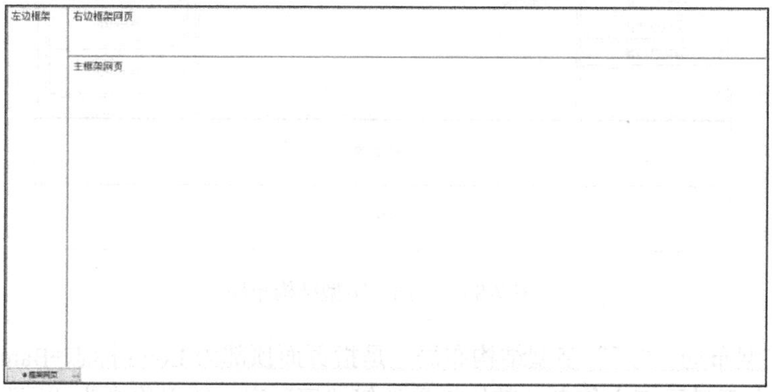

图 7-88 框架型三栏结构布局

（4）封面型布局：封面型布局一般应用在网站的主页或广告宣传页上，为精美的图片加上简单的文字链接，指向网页中的主要栏目，或通过“进入”链接到下一个页面，设计方式多为 Flash 动画，如图 7-89 所示。

图 7-89　封面型网页布局

（5）标题正文型：标题正文型的布局结构一般用于显示文章页面、新闻页面和一些注册页面等，如图 7-90 所示。

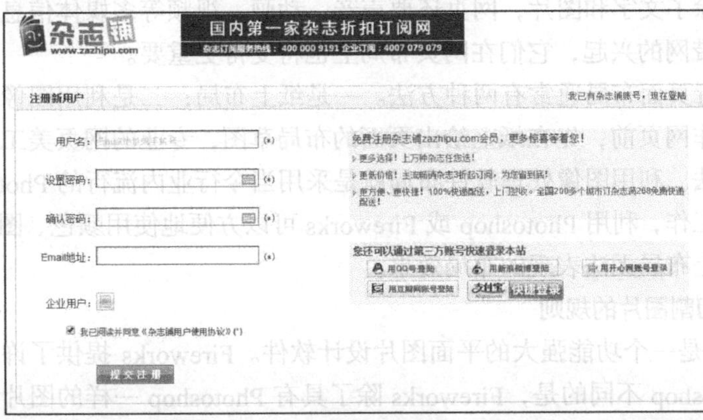

图 7-90　标题正文型网页布局

3. 网页布局设计的原则

（1）重复。在整个站点的某些页面设计中，重复的成分可能是某种字体、标题、Logo、导航菜单、页面的空白边、贯穿页面特定厚度的线条、颜色等。

（2）对比。用对比来吸引浏览者的注意。例如，可以让标题在黑白背景上反白，并且用大的粗体字（比如黑体），这与下面的普通字体（比如宋体）形成对比。另一个方法是在某段文本的背后使用一种背景色。

（3）留白。在文本周围留出空白，以便更容易阅读，布局也更优美。留白是一种好习惯，满屏密密麻麻都是文字会让人感到头昏眼花。适当地留出边距及行距空白，会让阅读变得轻松。

（4）简单。保持简单，避免用户分散注意力。不要期望人们会主动下载插件，很多人会因此转到别的地方去。设计时应该将注意力集中在提供信息方面，而不是使页面看起来令人惊叹而信息却被淹没在动画、闪烁的文本和其他花招的迷雾里。

（5）尽量避免滚动。用户在浏览新页面时，常常大致扫描一眼页面的内容区域而不理会导航菜单条。如果页面看起来和浏览者的需要无关，那么两三秒后浏览者总会单击“后退”按钮。

4. 网页布局设计

（1）页面尺寸。页面尺寸和显示器大小及分辨率有关系，网页的局限性就在于你无法突破显示器的范围，而且因为浏览器也将占去不少空间，留给页面范围变得越来越少。

目前常见的显示器分辨率为1024×768，而页面显示尺寸只有1007×600像素；若是800×600的情况，页面尺寸为780×428像素。分别率越高，页面的尺寸就越大。浏览器的工具栏也是影响页面尺寸的一个因素。在设计页面时唯一给网页增加更多内容（尺寸）的方法是向下拖动页面，一般不要超过三个屏幕。

（2）页眉。它位于页面的顶部，作用是定义页面的主题。页眉包括网站Logo标志、主导航和其他全站链接，甚至搜索框，比如站点的名称多数都显示在页眉里。这样，访问者很快就知道这个站点是什么内容。页眉是整个页面设计的重要部分。

（3）文字。文字在页面中大多以行或者块（段落）的形式出现，其摆放位置决定着整个页面布局的可视性。从技术角度讲，可以按照自己的要求把文字放置到页面的任何位置。

（4）页脚。页脚和页眉相呼应，在页面的底部，它是放置制作者或者公司信息的地方。

（5）图片。图片和文字是网页的两大构成元素，缺一不可。如何摆放好图片和文字，成了整个页面布局的关键。

（6）多媒体。除了文字和图片，网页还要声音、动画、视频等多媒体信息。虽然它们不经常被利用，但随着宽带网的兴起，它们在网页布局上也将变得更重要。

一般来说，进行页面布局通常有两种方法。一是纸上布局；二是利用图像处理软件布局。纸上布局，就是在制作网页前，先在纸上绘出页面的布局草图，专业的网页美工师在网页设计初始阶段大多采用此方法。利用图像处理软件布局就是采用当今行业内流行的Photoshop或Fireworks等软件来完成这项工作，利用Photoshop或Fireworks可以方便地使用颜色、图形，并且可以利用层的功能设计出纸上布局无法表现的布局效果。

5. Fireworks切割图片的规则

Fireworks CS6是一个功能强大的平面图片设计软件。Fireworks提供了许多专门针对网页设计的工具。与Photoshop不同的是，Fireworks除了具有Photoshop一样的图片设计功能以外，还有专门针对网页设计的切片工具和图片优化工具，可以方便地完成图片的网页切片和图片优化。

使用Fireworks切割图片时，不能任意地对图片进行切割，需要考虑网页设计、图片再次编辑、文件大小等因素，合理地切割图片有利于网页在Dreamweaver中的排版制作。切割图片时，一般需要遵从以下原则。

（1）切片不要太小或太大。切片太小会产生太多的图片文件；反之，会产生较少的图片文件。

（2）对于一个文字效果、一张完整图片，最好放在一个切片上。Logo、Banner等内容需要根据要求的大小进行切割。

（3）切割时，尽量切割出一些可以重复使用的内容。在Dreamweaver中使用这些可以重复使用的内容，在浏览网页时可以减少文件的下载。

（4）切片的布局尽量齐整，这样可以方便地在Dreamweaver中进行布局。需要在Dreamweaver中进行布局的内容，则不必切片。

7.3.3　案例实现

【案例 7-8 实现】

首页效果图上有各种功能模块，这些功能模块需要根据版面的内容用 Firework 进行切割。网站首页的 Logo、Banner、导航条、图片等内容都需要切割出来，切割完成后还需要进行优化和输出，然后导入 Dreamweaver 中进行相应修改。操作步骤如下。

（1）打开 Fireworks CS6，选择“文件”→“打开”命令，打开本书的素材文件“铁路客户服务中心.png”，如图 7-91 所示。

图 7-91　打开素材文件

（2）使用切片工具进行网页切片。单击左侧工具栏的“切片工具”，在图片的 Logo 上面按住鼠标左键不放并拖动，切割这个 Logo 图片。切割的图片以较深颜色显示，如图 7-92 所示。

图 7-92　切割 Logo 图片

（3）在下面“属性”面板的切片文本框中填入“Logo”，目标文本框填入“_self”，其他设置如图 7-93 所示。

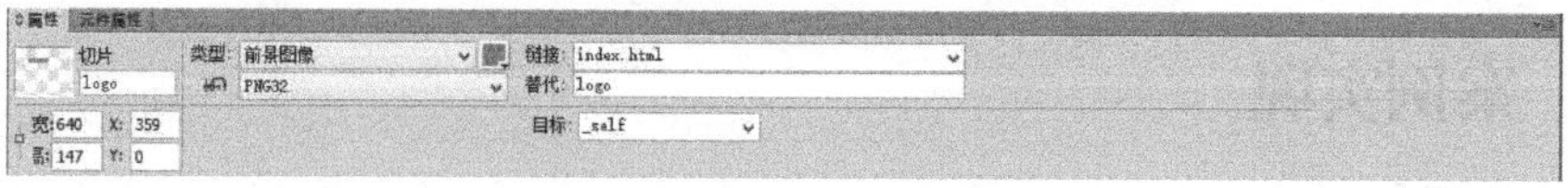

图 7-93　设置 Logo 切片属性

（4）用步骤（2）的方法，将 Banner 图片切割成一个切片。在切片时，需要注意切片高度应与 Logo 图片切片的高度相同，在下面“属性”面板的切片文本框中填入“banner”，目标文本框填入“_self”，其他设置如图 7-94 所示。

图 7-94　设置 Banner 切片属性

（5）用步骤（2）的方法，将网页导航条切割成一个切片。切割完成后，在下面“导航条”切片“属性”面板的切片文本框中填入“navigation”，目标文本框填入“_self”，其他设置如图 7-95 所示。

图 7-95　设置导航条切片属性

（6）继续切割网页布局中的图片内容和版权区内容。在下面“版权区”切片“属性”面板的切片文本框中填入“bottom”，目标文本框填入“_self”，其他设置如图 7-96 所示。

图 7-96　设置“版权区”切片属性

（7）在切割网页效果图时，需要考虑这些切片的大小是否合适、布局是否合理，此外，还要考虑在 Dreamweaver CS6 中是否便于网页的排版。网页最终的切片如图 7-97 所示。

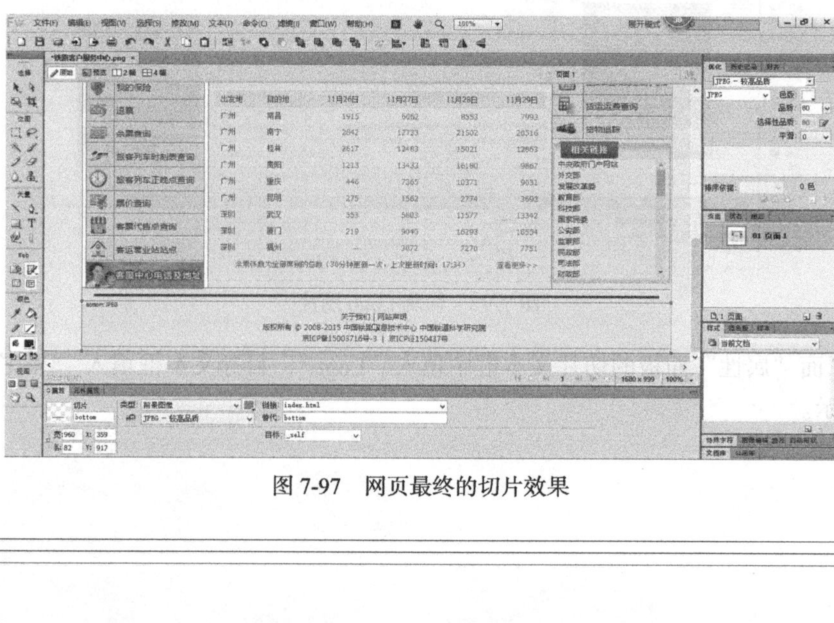

图 7-97　网页最终的切片效果

（8）保存切片以后的图片须为 Fireworks PNG 格式，选择“文件”→“另存为”对话框，在“文件名”文本框中输入文件名“index.fw.png”，单击“保存”按钮，如图 7-98 所示。

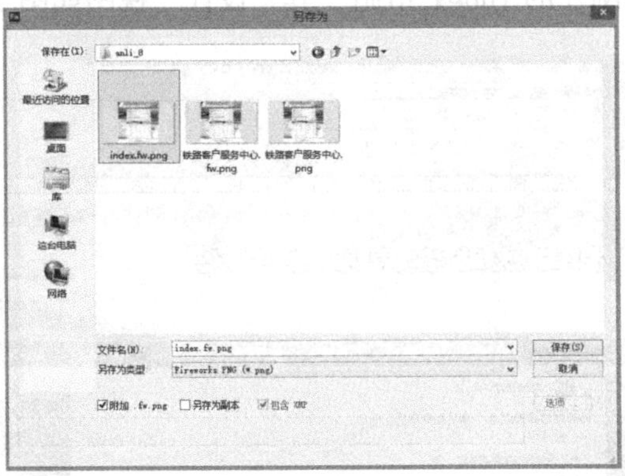

图 7-98　保存切片

（9）图片的优化。图片的优化就是利用 Fireworks 设置图片的分辨率和格式，压缩大的图片，设置图片的颜色，使网页图片在较小文件尺寸下具有较好的效果。在“优化”面板的“导出格式”下拉列表框中选择“JPEG-较高品质”，如图 7-99 所示。

图 7-99　“导出格式”下拉列表框

（10）完成网页图片的切割与优化后，即可导出为网页。选择需要导出的切片，然后选择“文件”→“导出”命令，弹出“导出”对话框，如图 7-100 所示。单击“选项”按钮，弹出“HTML 设置”对话框，在“扩展名”下拉列表中选择“.html”，如图 7-101 所示。

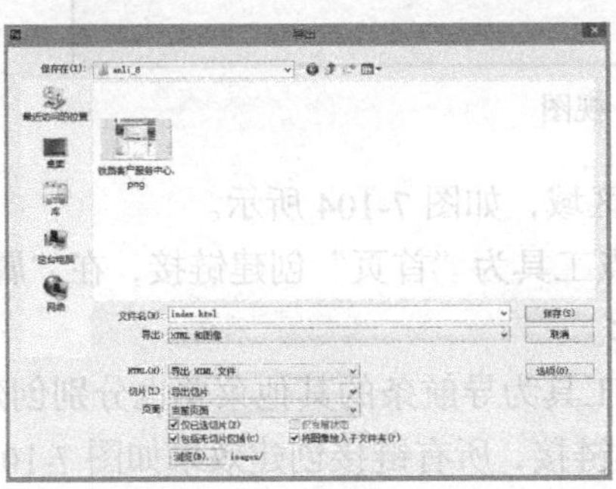

图 7-100　Fireworks 文件“导出”对话框

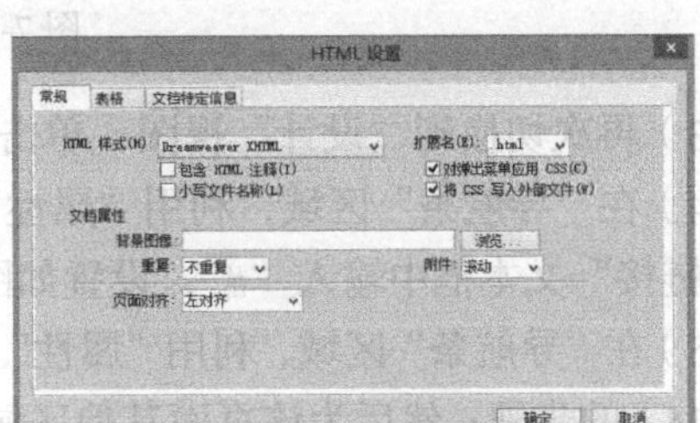

图 7-101　“HTML 设置”对话框

（11）单击“确定”按钮，在“文件名”文本框中输入 index.html，单击“保存”按钮，就完成了网页的输出，也就是将切割的图片导出为一个网页了。然后打开 Dreamweaver CS6 软件，“文件”→“打开”命令，选择刚才的 index.html，其“设计”视图如图 7-102 所示。

图 7-102　用 Dreamweaver 打开网页式切片文件

（12）切换“设计”视图到“代码”视图，效果如图 7-103 所示。

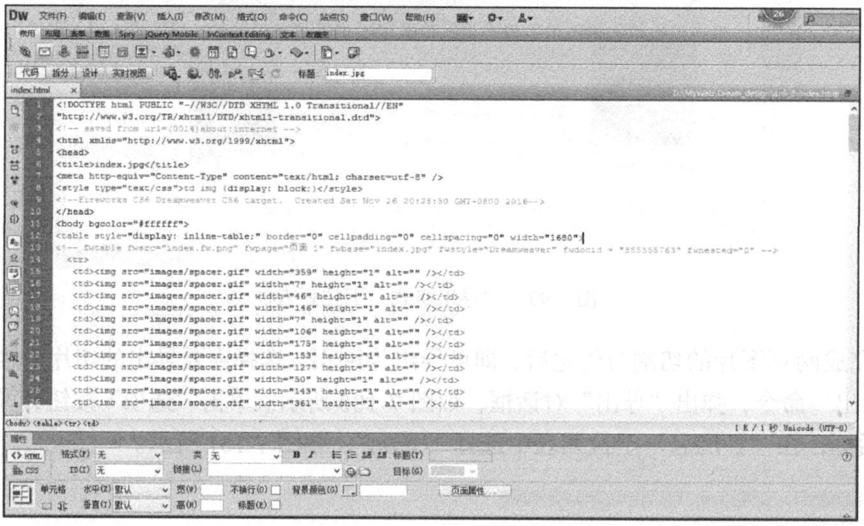

图 7-103　“代码”视图

（13）再次切换到“设计”视图，单击“导航条”区域，如图 7-104 所示。

（14）在“导航条”区域，利用“属性”面板的热点工具为“首页”创建链接，在“属性”面板的“链接”文本框中输入“#”，设置如图 7-105 所示。

（15）在“导航条”区域，利用“属性”面板的热点工具为导航条的其他菜单也分别创建链接，重复（14）的步骤；然后为该页面其他区域的位置创建链接，所有链接创建效果如图 7-106 所示。

图 7-104　选择导航条

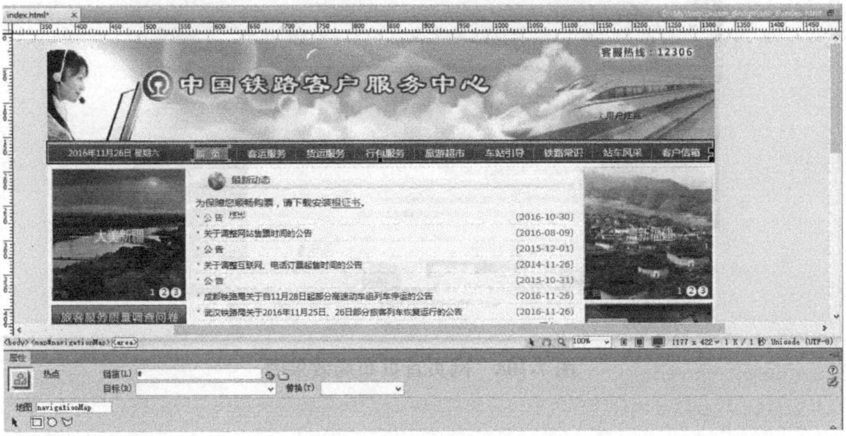

图 7-105　热点工具

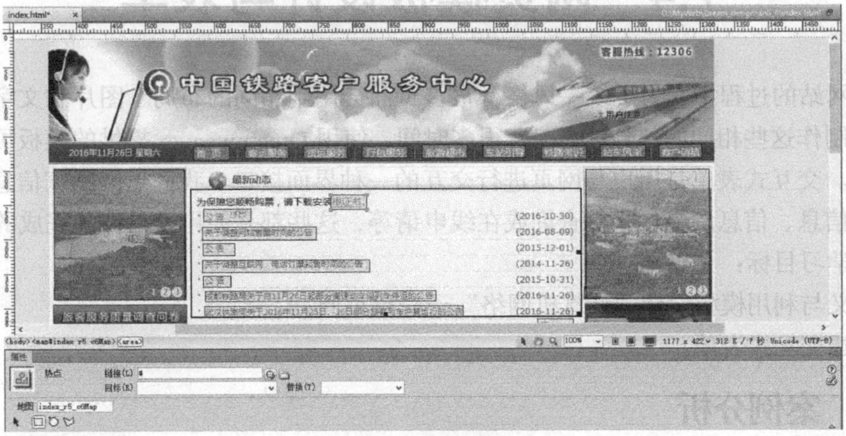

图 7-106　链接创建效果

（16）切换到“代码”视图，所有链接创建的代码如图 7-107 所示。

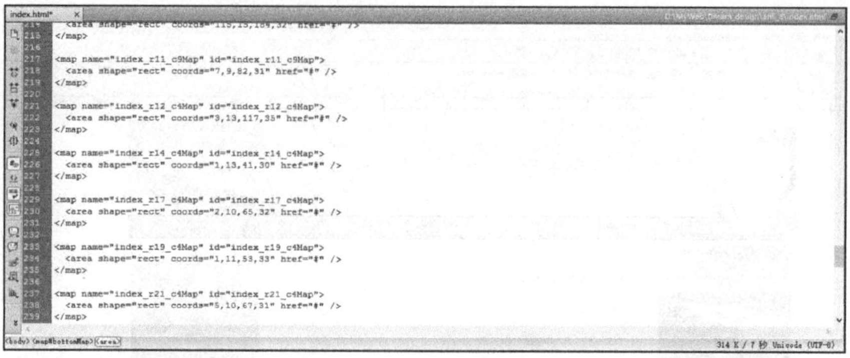

图 7-107　所有链接代码

（17）保存网页文件，然后利用 FireFox 浏览器打开该网页，效果如图 7-108 所示。

图 7-108　网页首页布局效果图

7.4　网页模板设计与表单

在制作网站的过程中，为了统一风格，很多页面会用到相同的布局、图片和文字元素。如果每次都重新制作这些相同的部分，会浪费很多时间，使用 Dreamweaver 提供的模板可以轻松地解决这个问题。交互式表单是用户与网页进行交互的一种界面接口，我们上网浏览信息时，经常遇到用户注册信息、信息调整、联机查询或在线申请等，这些都是使用表单技术完成的。

本节的学习目标：

（1）定义与利用模板设计“计算机网络”子栏目页面；

（2）创建交互式表单。

7.4.1　案例分析

【案例 7-9】

在网站制作过程中，一般说来，各个页面的头部和底部内容是一样的，一个网站可能由十几个、几十个甚至更多的网页文件组成，如果想高效地设计出这些网页，模板是必不可少的。

该案例准备通过一个已有的网页素材创建一个“计算机网络”课程网页模板。设计内容有以下工作：

（1）页面布局的分析；

（2）在模板中建立一个可编辑区域；

（3）新建若干网页，应用该模板；

（4）基于该模板的相关网页，在已有的样式作用下完成超链接功能，并修改超链接样式；

（5）把基于该模板的相关网页与模板分离，自建超链接功能；

（6）基于模板的网页内容更新实现。

【案例 7-10】

在网页中，表单主要负责数据的采集，是网页与用户进行信息交互的主要手段。表单是实现网页上数据传输的基础，可以用于在线调查、在线报名、注册、搜索、订购商品等。一般的表单由两部分组成，一是表单的 HTML 源码，二是客户端的脚本或者服务器用来处理用户填写信息的程序。

使用 Dreamweaver 可以创建各种各样的表单，该案例准备通过 Dreamweaver 的表单功能，利用已有的素材，完成某个网站注册页面的功能。设计内容有以下工作：

（1）页面布局的整体分析；

（2）表单域的创建；

（3）单行文本域的设置；

（4）密码域的创建与设置；

（5）多行文本域的创建与设置；

（6）单选按钮组的创建与设置；

（7）复选框和复选框组的创建与设置；

（8）文件域的创建与设置；

（9）列表框的创建与设置；

（10）按钮的创建与设置。

7.4.2　知识储备

1. 模板的创建

模板是一种特殊类型的文档，也可以说是一种用来制作相同风格网页的“模子”。用户利用模板可以在短时间内制作大量风格相同但内容不同的网页。创建模板有两种方法，一种是将现有文档保存为模板，另一种是基于新文档创建模板。

（1）将现有文档保存为模板

打开要保存为模板的网页文件如 index.html，选择“文件”→“另存为模板”命令，从“站点”下拉列表中，选择一个用来保存模板的站点，然后在“另存为”对话框中为模板输入一个唯一的名字，如图 7-109 所示。单击“保存”按钮，弹出提示框，询问是否需要更新链接，如图 7-110 所示。

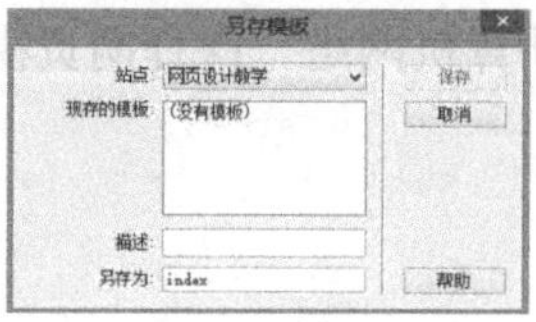

图 7-109 “另存模板”对话框

图 7-110 更新链接提示

若选择“是”，则原文档中的图像、超链接等路径会根据模板文档保存的位置做相应更新。若选择“否”，则不做更新，此时，模板中的图像和超链接依然保持原来的路径，因此，基于该模板建立的新文档，就可能会出现链接出错，图像不能正常显示的现象。如无特殊要求，一般选择“是”。Dreamweaver 模板文件的扩展名为.dwt，默认保存在站点本地根目录的 Templates 文件夹中。如果该 Templates 文件夹在站点中不存在，Dreamweaver 将在保存模板时自动创建该文件夹。

（2）基于新文档创建模板

选择菜单“文件”→“新建”命令，弹出“新建文档”对话框，选择“空模块”及相应的“模块类型”和“布局方法”，单击“创建”按钮即可，如图 7-111 所示。

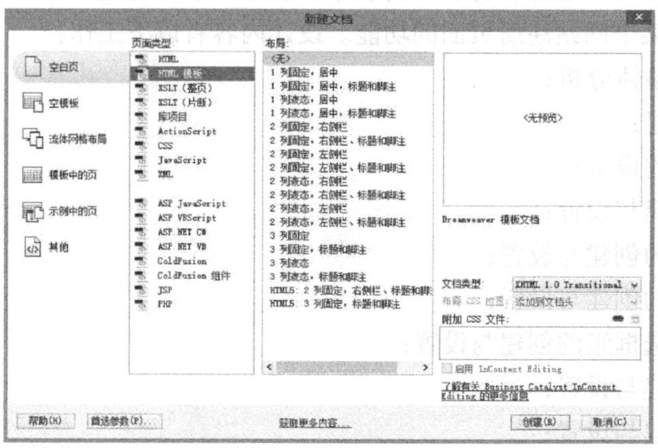

图 7-111 新建模板文件

2. 创建模板的区域

将文档另存为模板后，文档的大部分区域是被锁定的。要使用模板制作新的网页，需要为模板定义可编辑区域或可编辑参数。Dreamweaver 模板共有 4 种类型的模板区域。

（1）可编辑区域

可编辑区域是基于模板的网页中未锁定的区域。与之对应，基于模板的网页中不可以编辑的区域为锁定区域。可以将模板的任何区域指定为可编辑区域。要使模板生效，其中至少应该包含一个可编辑区域，否则基于该模板的页面是不可以编辑的。

在制作模板时，一般将多个网页中相同的部分定义为锁定区域，把各个网页中不同的部分定义为可编辑区域。定义可编辑区域有两种方法：一种方法是选择已有的一部分页面内容将其定为可编辑区域，另一种方法是在当前光标处插入一个空的可编辑区域。

（2）重复区域

重复区域是指在基于模板的网页中可以复制多次的区域。模板中可以插入的重复区域有两种：重复区域和重复表格。重复区域不是可编辑区域，如果要使重复区域中的内容可编辑，必须在重复区域中插入可编辑区域。单独使用重复区域没有实际意义，只有将其与可编辑区域或重复表格一起使用才能发挥其作用。

（3）可选区域

可选区域根据相关设置，在基于模板的网页上可以出现也可以不出现，可选区域默认是不可编辑的，也可以创建可编辑的可选区域。

（4）可编辑标签属性

该属性用于对模板中的标签属性解除锁定，这样可以在基于模板的页面中编辑相应的属性。例如，可以将模板文件中的图像设置为“锁定”，但允许基于模板的网页编辑图像的对齐属性。

3. 应用模板

可以应用模板新建文档，也可以将模板应用于已有文档。将模板应用于现有网页文档时，Dreamweaver 会尝试将现有文档中的内容与模板中的区域进行匹配。如果文档中存在不能自动指定到模板区域的内容，将打开“不一致的区域名称”对话框。

4. 管理模板

（1）重命名模板

在资源面板中，选择要重命名的模板，再次单击模板的名称以便使文本可选，然后输入一个新名称。

（2）将文档与模板分离

要更改基于模板的文档的锁定区域时，需要将文档与模板分离。分离之后，整个文档都将变为可编辑的，而且模板的更新将不会影响到文档。

（3）删除模板

模板删除后，将无法恢复。删除模板后，基于该模板的文档仍保留该模板被删除前所具有的结构和可编辑区域。

（4）编辑模板

可以直接打开一个模板文件进行编辑，也可以通过打开一个基于模板的文档，然后打开该文档附着的模板进行编辑。

（5）利用模板更新网页

修改模板后，Dreamweaver 会自动提示更新基于该模板的文档，也可以根据需要手动更新当前文档或整个站点。

5. 表单基本概念

在上网的过程中，我们经常会遇到用户注册、用户登录、在线调查等需要填写信息的页面。此类交互网页主要使用表单技术制作。表单是实现网页浏览者与服务器之间信息交互的一种页面元素，被广泛用于各种信息的收集和反馈。

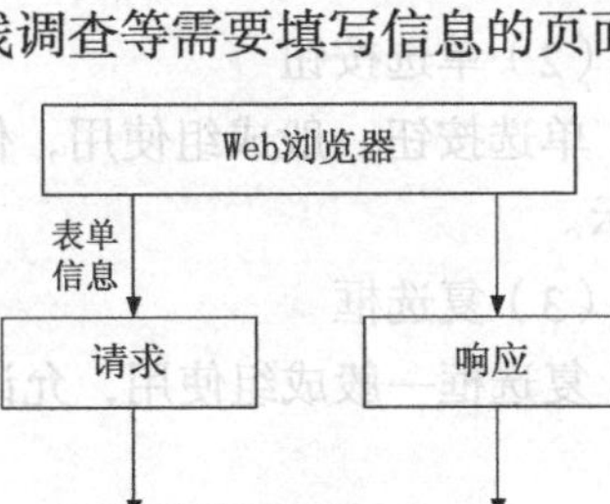

图 7-112　表单的工作流程

表单的工作流程如图 7-112 所示。访问者在浏览有表单的网页时，首先填写必需的信息，然后单击“提交”按钮。用户的请求会自动从客户端浏览器传送到服务器，服务器接收到用户信息以后，由服务器端的脚本或应用程序对这些数据进行处理，最后把服务器端的响应以 HTML 文档的形式发送给客户端的浏览器。

表单就像一个容器，可以容纳各种表单元素，例如，用于输入文本的文本域，用于选择的单选按钮、复选框，用于发送命令的按钮等。

6. 表单元素

要实现用户与服务器之间的交互，必须在表单中添加表单元素。表单元素是允许用户输入数据的机制。常用的表单元素有文本域、单选按钮、复选框、列表/菜单、按钮等。

（1）文本域

文本是常用的表单对象，文本域可以接受任何类型的字母、数字、文本输入内容 。文本域可以分为单行文本域、多行文本域和密码文本域，如图 7-113 所示。

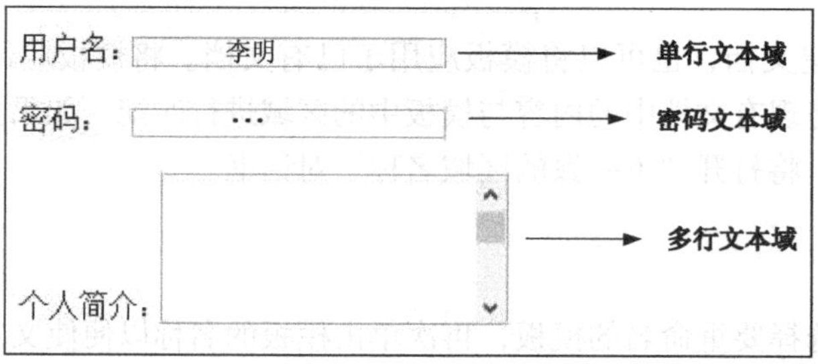

图 7-113　文本域

单行文本域：通常用来输入较简短的信息，如用户名、地址等。主要代码如下：

```
<input type="text" name="username"/>
```

密码文本域：用户在密码中输入的内容，会显示为小黑点或星号，原文不会被显示出来，主要代码如下：

```
<input type="password" name="pwd"/>
```

多行文本域：通常用来输入较长的信息，如个人简介等，主要代码如下：

```
<textarea name="intro" cols="15" rows="6"></textarea>
```

其中，各参数说明如下。

① cols：用于设置多行文本域的列数。

② rows：用于设置多行文本域的行数（用户输入的内容可以多于这个行数，超出可视区的部分可以用滚动条进行控制）。

（2）单选按钮

单选按钮一般成组使用，代表一组互相排斥的选项，一组中只能选择一个选项，如图 7-114 所示。

（3）复选框

复选框一般成组使用，允许在一组中选择多个选项，如图 7-115 所示。

图 7-114　单选按钮

图 7-115　复选框

（4）列表/菜单

列表/菜单也是表单常用的元素之一，它可以用下拉表（菜单）的形式显示。通常，下拉表（菜单）选项在“列表值”对话框中进行添加和删除，如图 7-116 所示。若下拉表只允许选择一个选项，则显示如图 7-117（a）所示；若下拉表允许选择多个选项，可以用列表框的形式显示，则如图 7-117（b）所示。

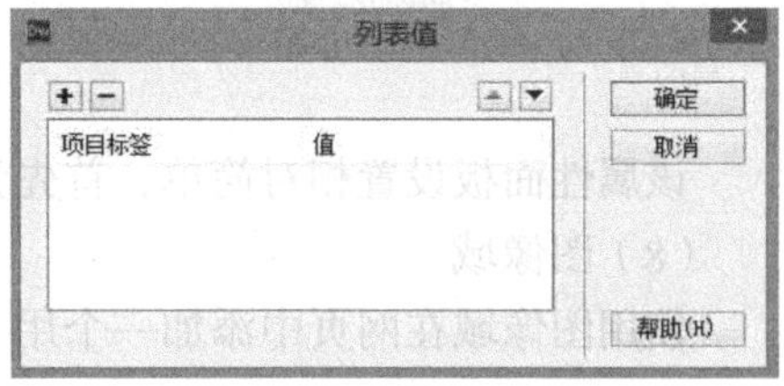

图 7-116　列表值对话框

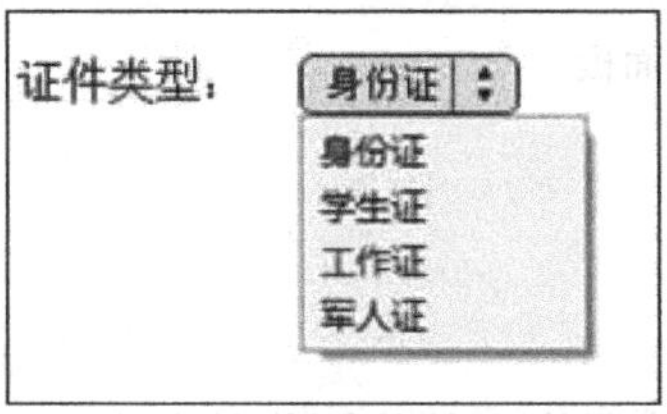

图 7-117　（a）选择一个选项

图 7-117　（b）选择多个选项

（5）按钮

按钮用来发送或复位表单数据，使用户能够在输入信息后，用该命令发送或修改信息，插入按钮后，其属性面板如图 7-118 所示。

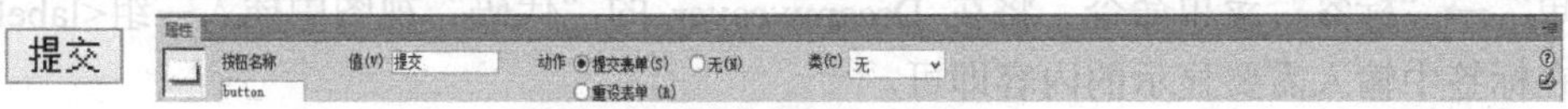

图 7-118　按钮属性面板

属性面板中各个项目的含义如下。

- 按钮名称：为按钮命名。有两个保留名称：submit 和 Reset，前者表示提交表单数据到服务器，后者表示恢复表单数据为初始值。
- 值：设置显示在按钮上的文本。
- 动作：确定当按钮被单击时触发什么样的动作。有 3 个选项：提交表单、重设表单和无。分别对应：提交表单数据到服务器、恢复表单数据为初始值和无任何操作。

（6）文件域

用户可以通过文件域浏览计算机中的某个文件，并将该文件作为表单数据上传。文件域的外观与文本域类似，但是文件域还包含一个“浏览”按钮。用户可以手动输入要上传的文件路径，也可以使用“浏览”按钮定位并选择该文件，如图 7-119 所示。

图 7-119　创建文件域

（7）隐藏域

隐藏域可以在网页中添加一个用来存储用户数据的域，该区域用户不可见。其属性面板如图 7-120 所示。

图 7-120　隐藏域属性面板

该属性面板设置相对简单，首先为隐藏区域命名，然后设置隐藏域的值即可。

（8）图像域

使用图像域在网页中添加一个用于替换提交按钮的图像，其属性面板如图 7-121 所示。

图 7-121　图像域属性面板

属性面板各个选项的含义如下。

图像区域：为图像域命名。

源文件：图像域原始文件所在的路径。

替换：为文本浏览器或者设置为手动下载图像的浏览器指定替代图像的文本。

对齐：设置图像的对齐方式。

编辑图像：单击该按钮打开默认外部编辑器。

（9）标签

标签主要用于进行信息的显示。单击“表单”插入栏中的“标签”按钮，或者选择“插入”→“表单”→“标签”菜单命令，将在 Dreamweaver 的“代码”视图中插入一组<label></label>标签，在标签中输入需要显示的内容即可。

（10）字段集

在表单中添加字段集后，字段集中的表单对象将以圆角矩形的分组方式显示，使表单看起来更具层次感，其操作如下。

- 将插入点定位到要添加字段集的位置。
- 选择“插入”→“表单”→“字段集”菜单命令，在打开的“字段集”对话框“标签”文本框中输入字段集的标签“用户登录”，如图 7-122 所示。
- 单击“确定”按钮，完成字段集的添加。将插入点定位到矩形中，选择“插入”→“表单”→“文本字段”菜单命令，在其中添加“用户名”和“密码”两个文本字段，并设置相应的属性，如图 7-123 所示。

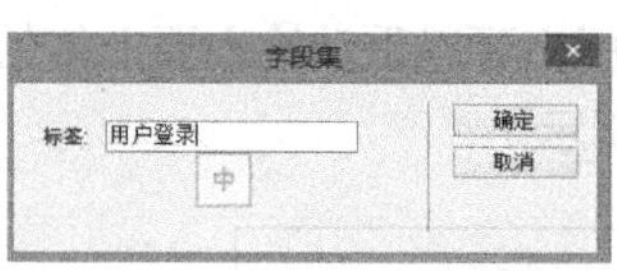

图 7-122　“字段集”对话框

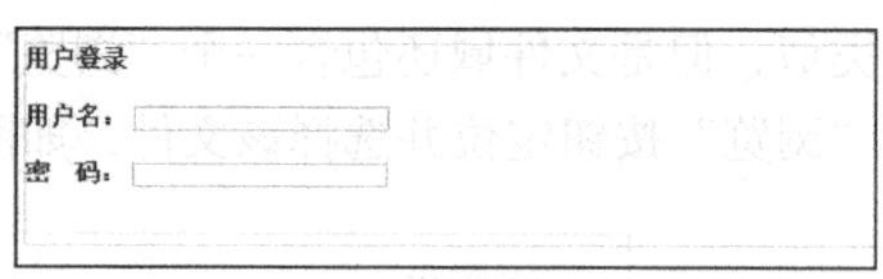

图 7-123　设计视图下的字段集效果

- 将插入点定位到文本字段下方的适合位置，插入一个按钮，并设置其值为“登录”，保存并浏览网页，效果如图 7-124 所示。

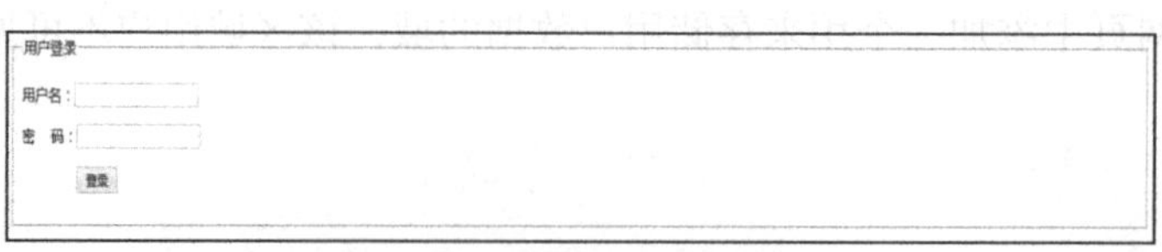

图 7-124　浏览器浏览效果

7.4.3　案例实现

【案例 7-9 实现】

操作步骤如下。

（1）打开一个网页，然后执行“文件”→“另存为模板”命令，如图 7-125 所示。

图 7-125　“另存为模板”命令

（2）弹出“另存模板”对话框，在“另存为”文本框中输入“jxmb”，然后单击“保存”按钮，如图 7-126 所示。

（3）弹出更新链接的提示信息，如图 7-127 所示。

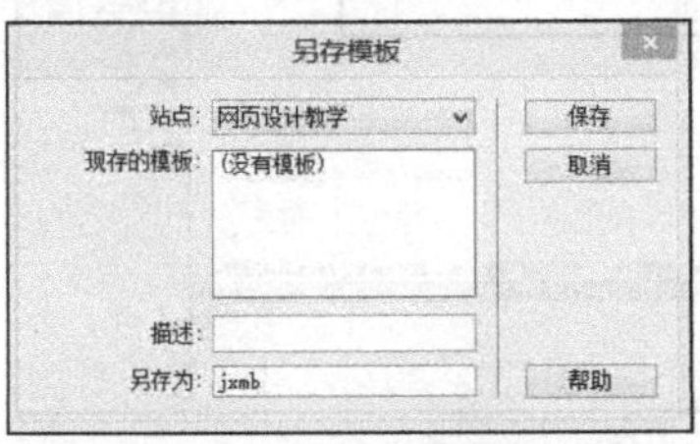

图 7-126　“另存模板”对话框

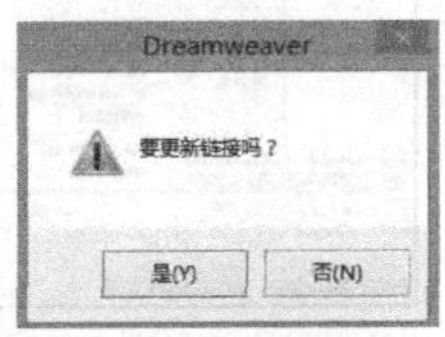

图 7-127　更新链接提示

（4）单击“是”按钮。这时，模板文件创建好了，如图 7-128 所示。

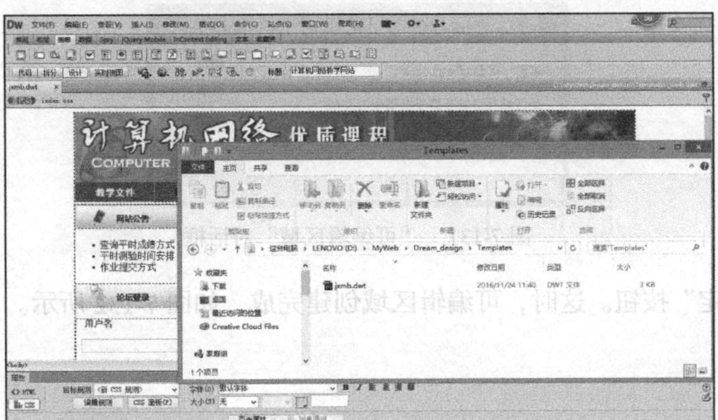

图 7-128　模板文件创建成功

（5）在状态栏中单击名为 right 的 Div 标记，选中该区域，如图 7-129 所示。

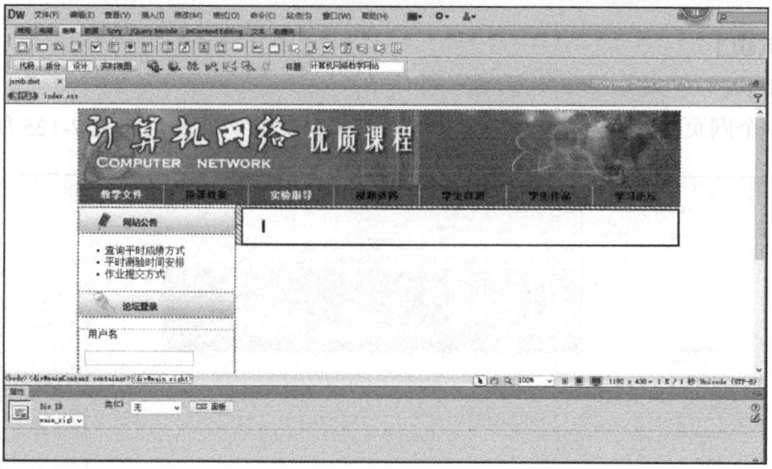

图 7-129　选择 Div 标记

（6）执行“插入”→“模板对象”→“可编辑区域”命令，如图 7-130 所示。

图 7-130　“可编辑区域”命令

（7）弹出“新建可编辑区域”对话框，使用默认的参数设置，如图 7-131 所示。

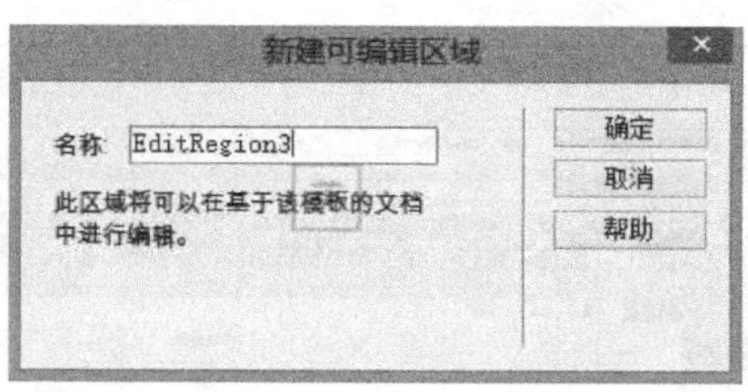

图 7-131　“可编辑区域”对话框

（8）单击“确定”按钮。这时，可编辑区域创建完成，如图 7-132 所示。

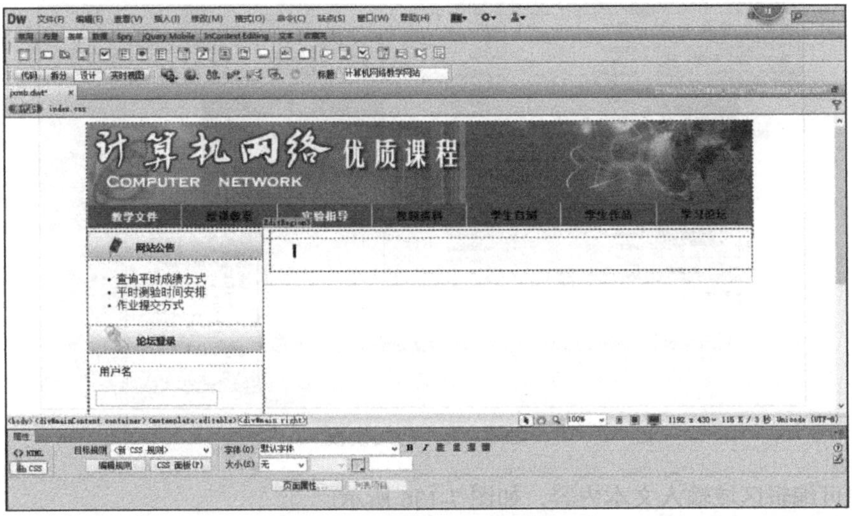

图 7-132　可编辑区域创建成功

（9）在“文件”面板中新建一个 HTML 文件，命名为“jiaoxue1.html”，如图 7-133 所示。

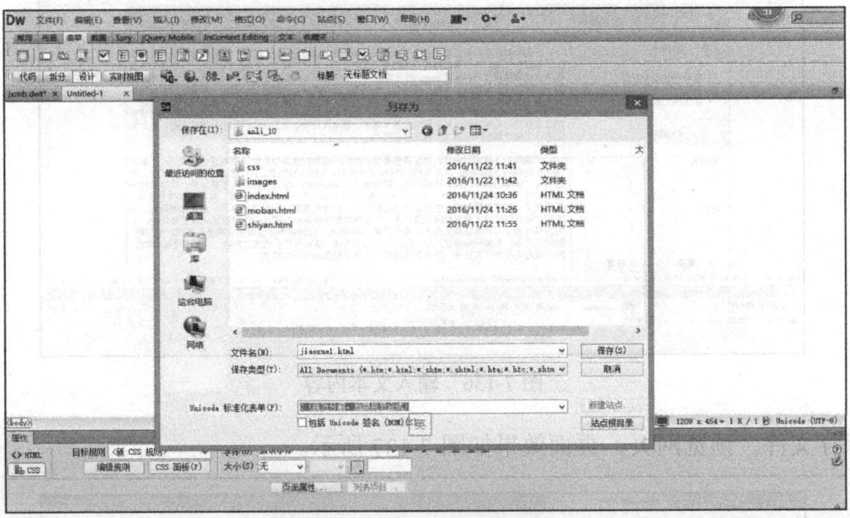

图 7-133　新建网页文件

（10）打开 jiaoxue1.html 文件，在“资源”面板的 的文件列表中，选中该网页文件，单击菜单栏的“修改”→“模板”→“应用模板到页”命令，打开“选择模板”对话框，选择模板文件 jxmb，如图 7-134 所示，单击选定按钮，效果如图 7-135 所示。

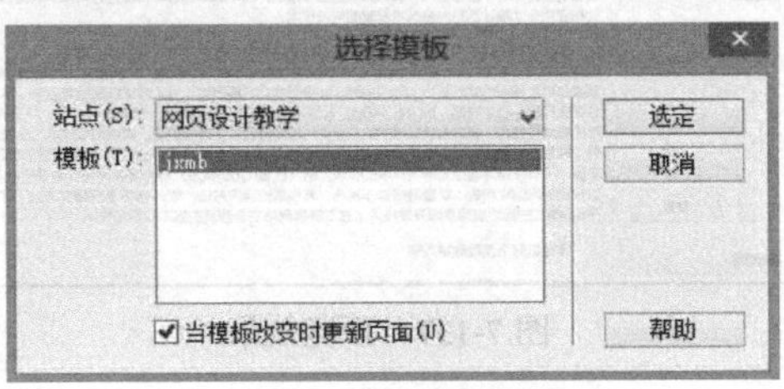

图 7-134　“选择模板”对话框

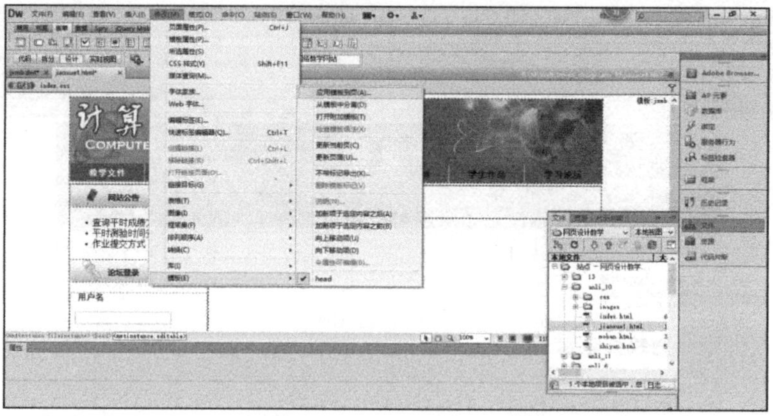

图 7-135　应用模板

（11）在可编辑区域输入文本内容，如图 7-136 所示。

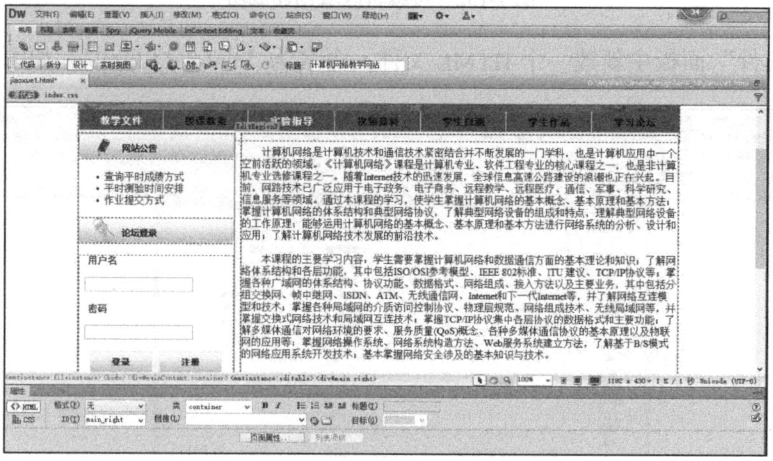

图 7-136　输入文本内容

（12）保存文件，预览网页，页面效果如图 7-137 所示。

图 7-137　预览效果

（13）用同样的方法，新建 jiaoxue2.html 文件，应用模板，并插入图像，如图 7-138 所示。

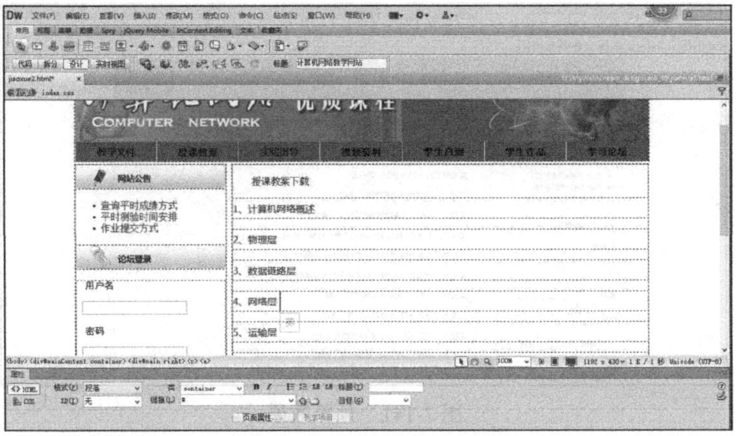

图 7-138　网页文件应用模板

（14）保存文件，预览网页，页面效果如图 7-139 所示。

图 7-139　预览效果

（15）用同样的方法新建 jiaoxue3.html 文件，应用模板，并输入相应的文本内容，如图 7-140 所示。

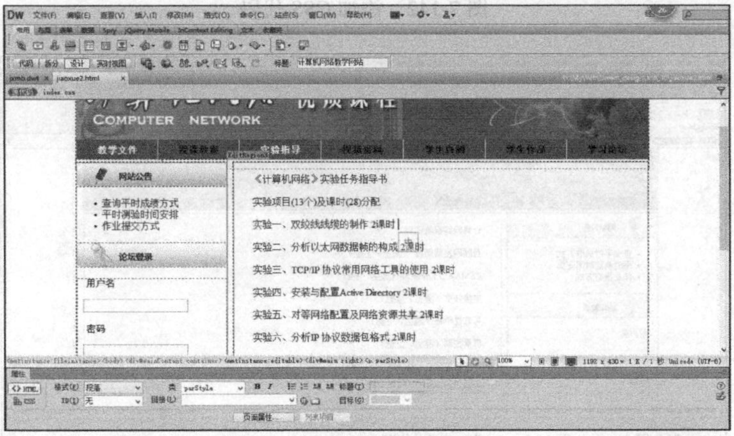

图 7-140　网页文件应用模板

（16）保存文件，预览网页，网页效果如图 7-141 所示。

图 7-141　预览效果

（17）再新建一个 jiaoxue4.html 文件，应用模板，输入文本信息。然后单击菜单栏的“修改”→“模板”→“从模板中分离”命令；打开 index.css 文件，把其中关于超链接 a 和 a:hover 的样式文本块注释, 如图 7-142 所示。选中输入文本中的“演示”与“下载”，分别建立链接，在属性面板的链接（L）后的框中输入“#”，如图 7-143 所示。

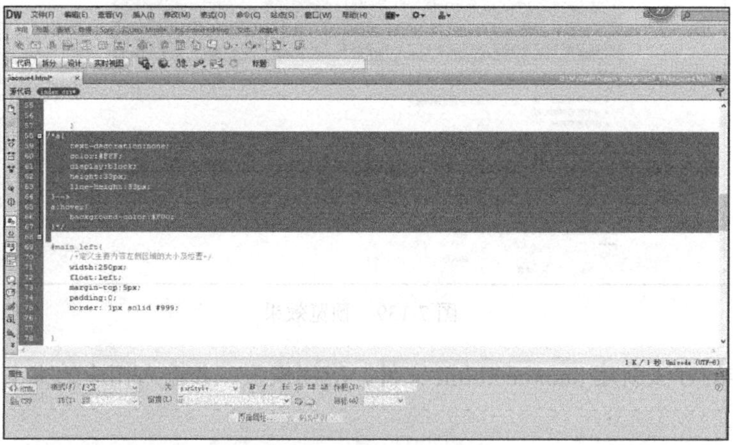

图 7-142　添加 CSS 代码

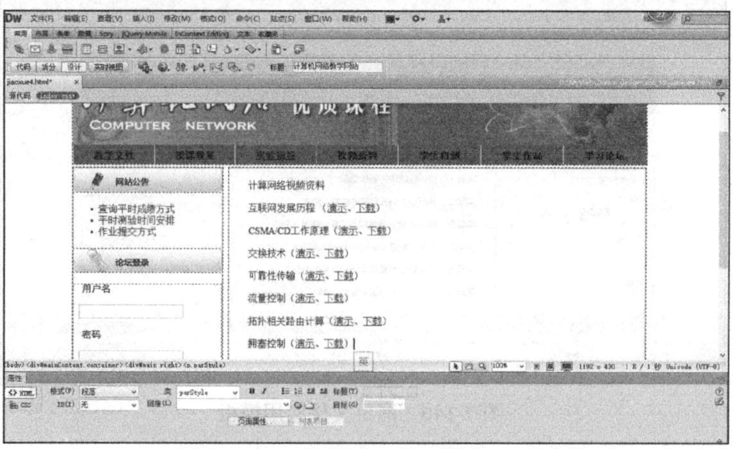

图 7-143　创建链接效果

（18）保存文件，预览网页，页面效果如图 7-144 所示。

图 7-144　浏览器浏览效果

（19）新建一个 jiaoxue5.html 文件，应用模板。对比模板 jxmb 和 jiaoxue5.html 文件，发现在它们的底部区域，“版权所有©某某学院大学计算公共教学部”这一行文字中，均缺少一个“机”；在模板 jxmb 中，加上这个“机”，然后保存文件，会弹出“更新模板文件”对话框，如图 7-145 所示。单击更新，弹出“更新页面”对话框，如图 7-146 所示。

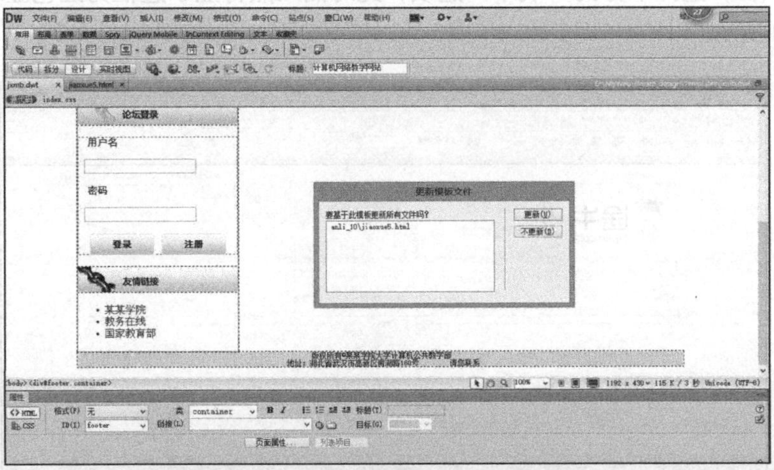

图 7-145　“更新模板文件”对话框

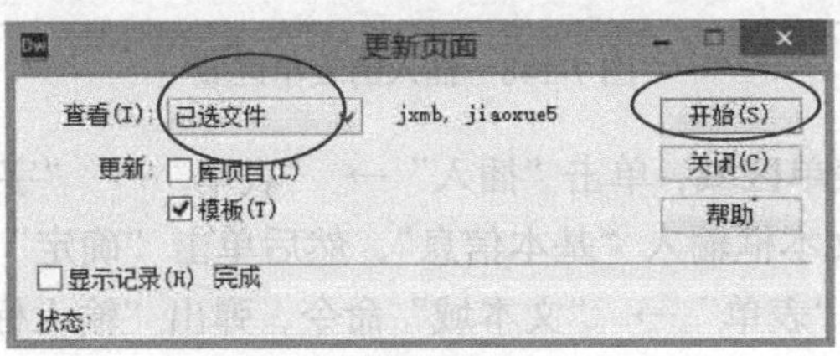

图 7-146　“更新页面”对话框

（20）然后，在下拉列表中选择“已选文件”，单击“开始”按钮，就完成了“版权所有©某某学院大学计算机公共教学部”信息更新的要求。效果如图 7-147 所示。

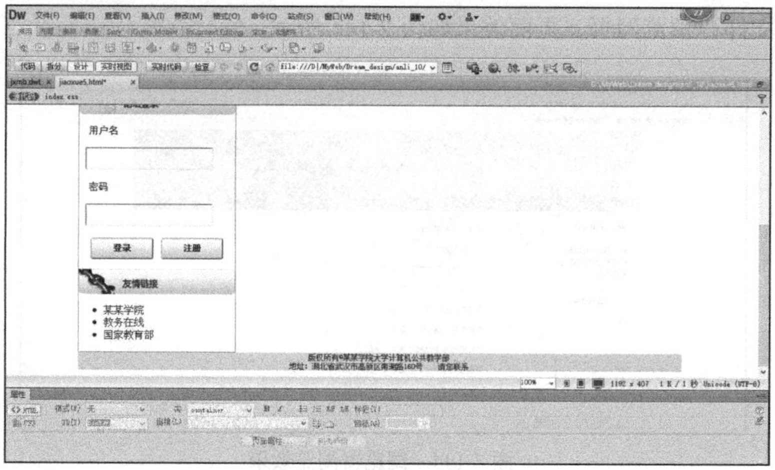

图 7-147　更新后的页面

【案例 7-10 实现】

操作步骤如下。

（1）打开“tuniu_zc.html”网页文件，将插入点定位到空白的地方，打开“插入”面板，切换到“表单”插入栏，选择下方的“表单”选项，此时插入点将显示边框为红色虚线的表单区域，效果如图 7-148 所示。

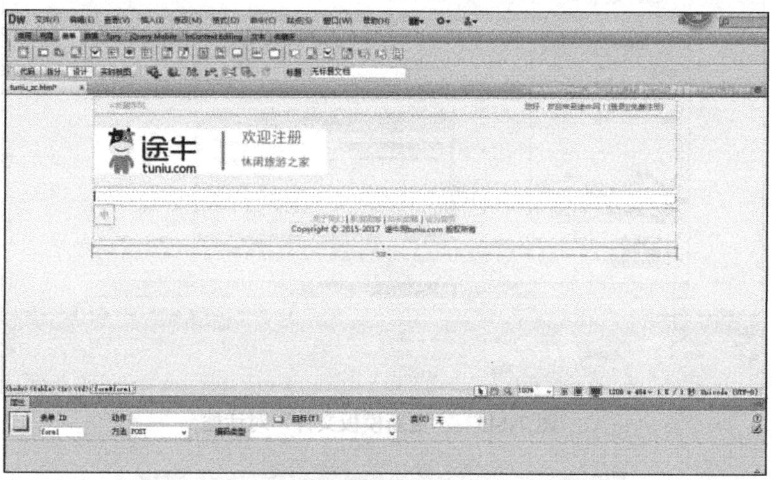

图 7-148　插入的表单区域

（2）将插入点定位到表单区域，单击“插入”→“表单”→“字段集”命令，在弹出的“字段集”对话框的“标签”文本框输入“基本信息”，然后单击“确定”按钮，如图 7-149 所示。

（3）单击“插入”→“表单”→“文本域”命令，弹出“输入标签辅助功能属性”对话框，在“ID”文本框输入“user”，在“标签”文本框输入“用户名:”，如图 7-150 所示。

（4）选择文本字段表单元素，在“属性”面板中将字符宽度和最多字符数均设置为“16”，并将初始值设置为“请输入会员名称”，如图 7-151 所示。

图 7-149　“基本信息”字段集对话框

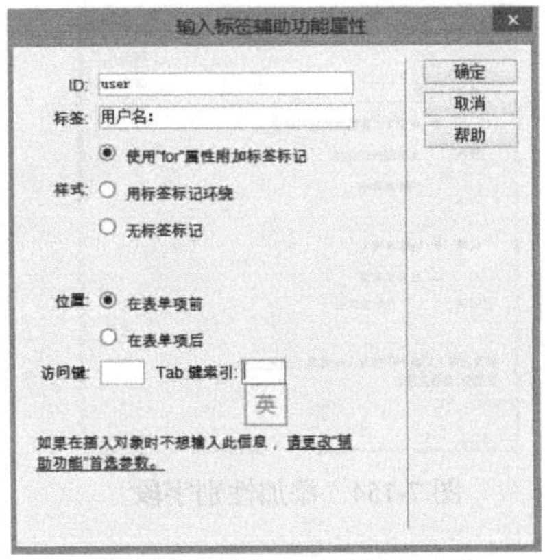

图 7-150　添加用户名字段

图 7-151　设置文本字段

（5）按 Enter 键换行，用（3）、（4）的步骤创建“密码”文本域，在“属性”面板中将字符宽度和最多字符数均设置为“16”，类型选择为“密码”，并将初始值设置为“请设置密码”，如图 7-152 所示。在“设计”视图中用空格调整插入对象的位置，使其与上方的文本字段对齐。

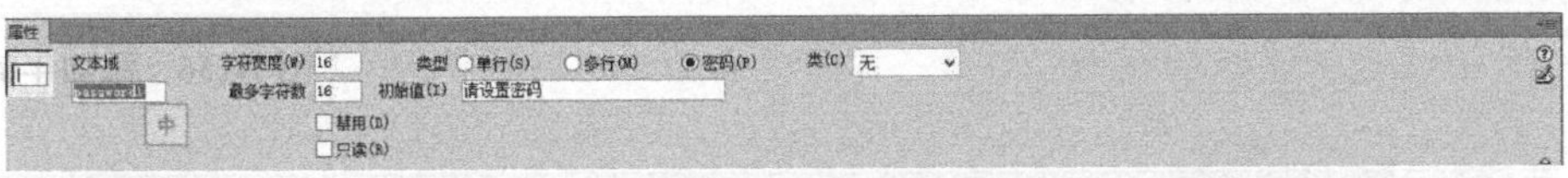

图 7-152　设置密码字段

（6）按 Enter 键换行，用（3）、（4）的步骤创建“确认密码”文本域，在“属性”面板中将字符宽度和最多字符数均设置为“16”，类型选择为“密码”，并将初始值设置为“请确认密码”，如图 7-153 所示。

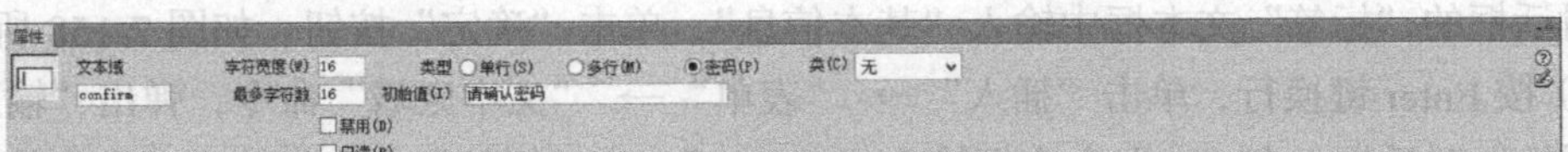

图 7-153　设置确认密码字段

（7）按 Enter 键换行，单击“插入”→“表单”→“选择（列表/菜单）”命令，弹出“输入标签辅助功能属性”对话框，分别在“ID”文本框和“标签”文本框中输入“sex”和“性　别”，单击“确定”按钮，如图 7-154 所示。

（8）利用空格适当调整菜单，使其与上方的文本字段对齐，选择刚插入的菜单表单，在“属性”面板中单击“列表值”按钮，打开“列表值”对话框，利用“添加”按钮添加两个名称为“男”和“女”的项目标签，单击“确定”按钮，如图 7-155 所示。

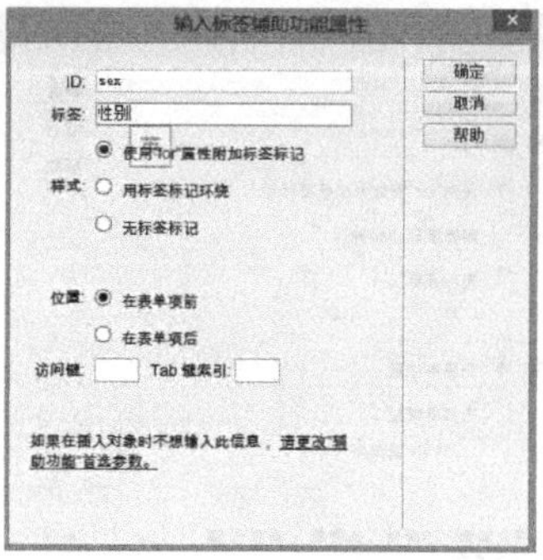

图 7-154　添加性别字段

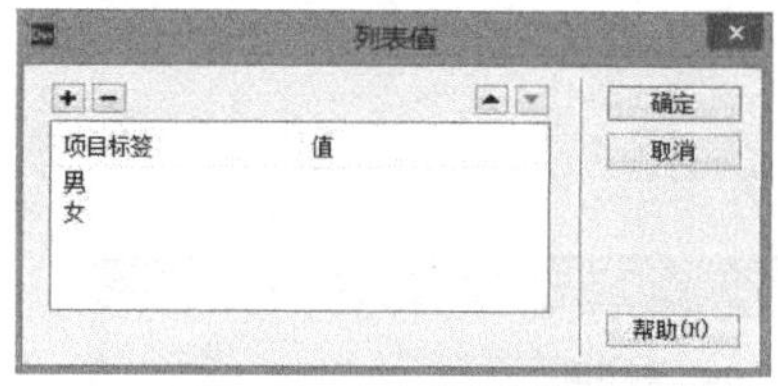

图 7-155　设置列表选项

（9）按 Enter 键换行，单击“插入”→“表单”→“文本域”命令，弹出的“输入标签辅助功能属性”对话框，在“ID”文本框输入“age”，在“标签”文本框输入“年龄”，如图 7-156 所示。

（10）利用空格适当调整菜单，使其与上方的文本字段对齐，选择刚插入的“age”文本域名，在“属性”面板中将字符宽度和最多字符数均设置为“6”，如图 7-157 所示。

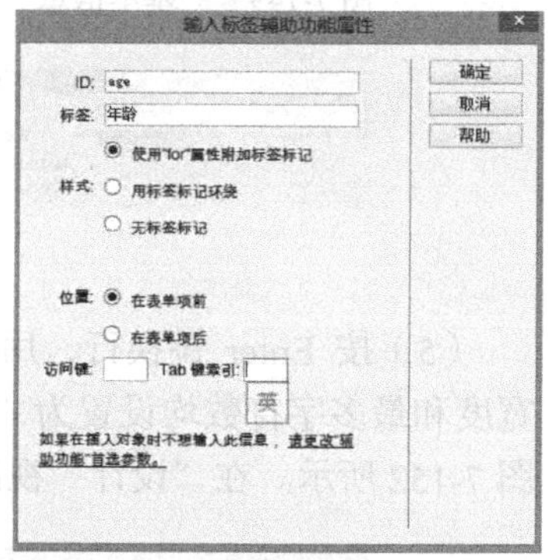

图 7-156　添加年龄字段

图 7-157　“age”文本域属性面板

（11）将插入点定位到表单区域，单击“插入”→“表单”→“字段集”命令，在弹出的“字段集”对话框的“标签”文本框中输入“基本信息”，单击“确定”按钮，如图 7-158 所示。

（12）按 Enter 键换行，单击“插入”→“表单”→“文本区域”命令，弹出“输入标签辅助功能属性”对话框，在“ID”文本框输入“resume”，在“标签”文本框输入“个人简介:”，如图 7-159 所示。

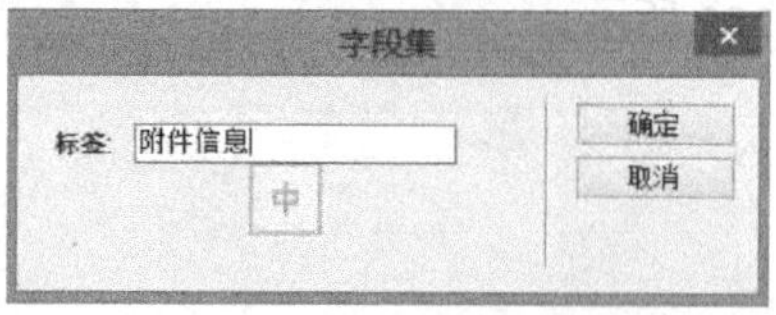

图 7-158　“附加信息”字段集对话框

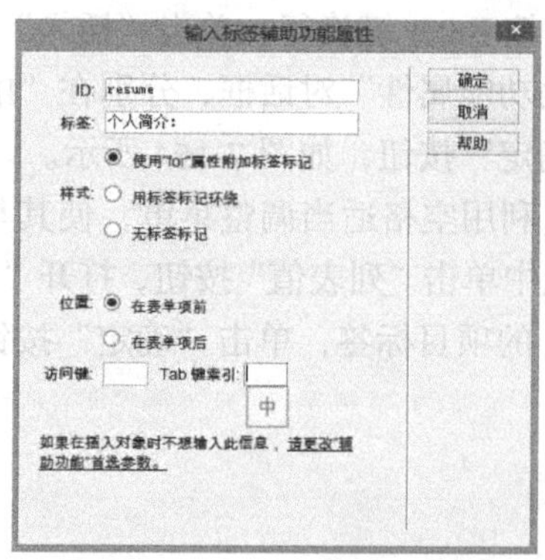

图 7-159　添加文本区域字段

（13）选择插入的文本区域对象，在“属性”面板中将字符宽度和行数设置为“32”和“6”，单击选中“类型”栏中的“多行”单选项，并将初始值设置为“不少于 20 字的描述”，如图 7-160 所示。

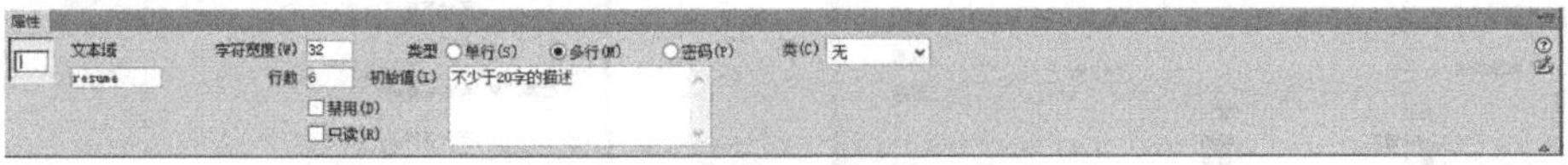

图 7-160　设置文本区域字段格式

（14）按 Enter 键换行，输入“您对本网站哪些旅游产品感兴趣:”，单击“插入”→“表单”→“复选框组”命令，弹出的“复选框组”对话框中，将列表框中“标签”栏下方的选项名称更改为“团体包价旅游”和“散客包价旅游”，如图 7-161 所示。

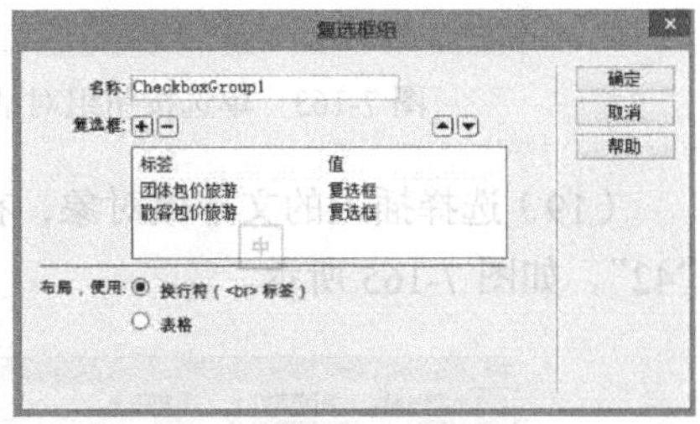

图 7-161　复选框组对话框

（15）然后单击复选框: ⊞按钮，在复选框组中再添加 4 个复选按钮，分别在列表框中“标签”栏下方新增选项名称“半包价旅游”“零包价旅游”“组合旅游”“单项服务”。效果如图 7-162 所示。

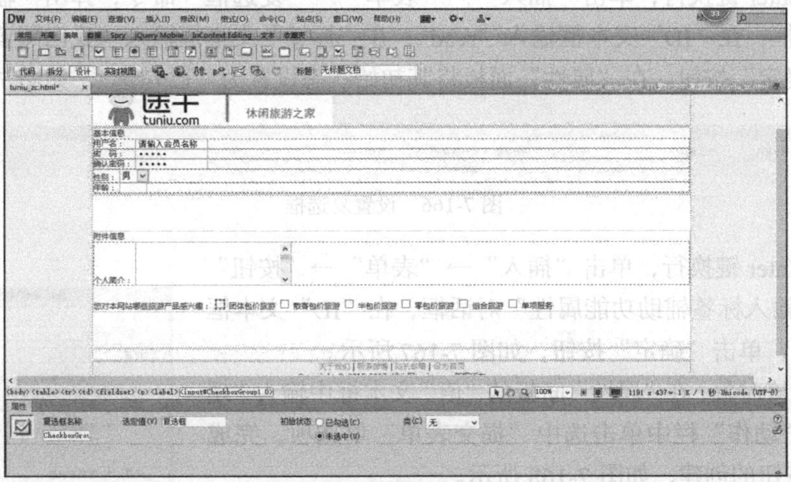

图 7-162　添加复选框效果图

（16）按 Enter 键换行，输入“您从哪里了解到本网站:”，单击“插入”→“表单”→“单选按钮组”命令，在弹出的“单选按钮组”对话框中，将列表框中“标签”栏下方的选项名称更改为“网站推广”和“杂志报刊”，如图 7-163 所示。

（17）然后单击复选框: ⊞按钮，在单选按钮组中再添加 2 个复选按钮，分别在列表框中“标签”栏下方新增选项名称“朋友介绍”“其他”，单击“确定”按钮。

（18）按 Enter 键换行，单击“插入”→“表单”→“文件域”命令，弹出“输入标签辅助功能属性”对话框，在“ID”文本框输入“head”，在“标签”文本框输入“上传头像”，单击“确定”按钮，如图 7-164 所示。

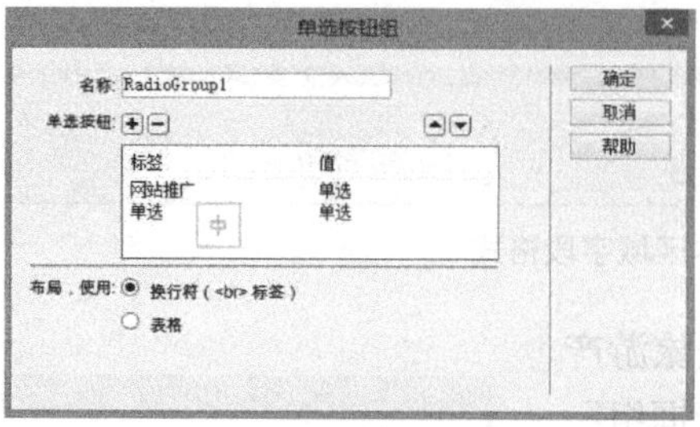

图 7-163　单选按钮组对话框

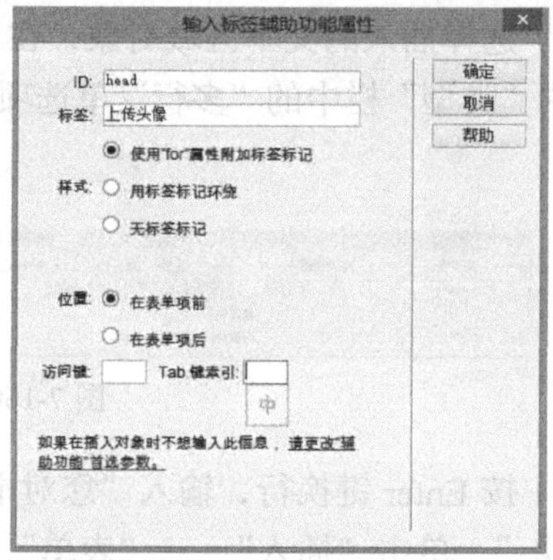

图 7-164　添加文件域

（19）选择插入的文本域对象，在"属性"面板中将字符宽度和最多字符数均设置为"48"和"42"，如图 7-165 所示。

图 7-165　设置文件域字符宽度和字符数

（20）按 Enter 键换行，单击"插入"→"表单"→"复选框"命令，弹出"输入标签辅助功能属性"对话框，在"ID"文本框输入"read"，在"标签"文本框输入"我已阅读并同意全部协议"，单击"确定"按钮。在"属性"面板将其初始状态设置为"已勾选"，如图 7-166 所示。

图 7-166　设置复选框

（21）按 Enter 键换行，单击"插入"→"表单"→"按钮"命令，弹出"输入标签辅助功能属性"对话框，在"ID"文本框输入"submit"，单击"确定"按钮，如图 7-167 所示。

（22）选中该对象，在"属性"面板的"值"文本框中输入"现在注册"，在"动作"栏中单击选中"提交表单"单选项，完成"现在注册"按钮的创建，如图 7-168 所示。

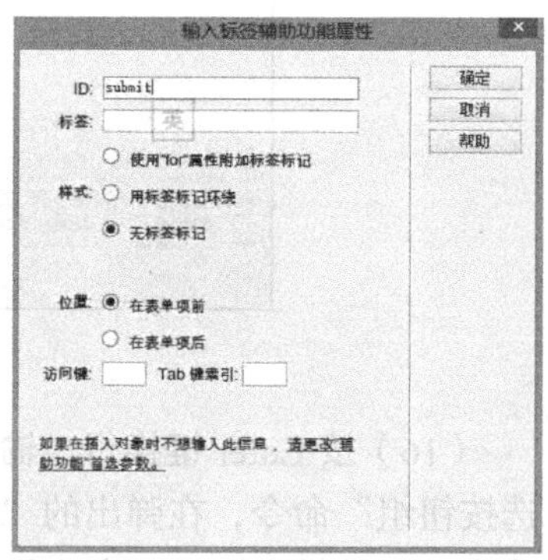

图 7-167　添加 submit 按钮

图 7-168　设置按钮值

（23）利用空格调整插入点位置，单击“插入”→“表单”→“按钮”命令，弹出“输入标签辅助功能属性”对话框，在“ID”文本框输入“reset”，单击“确定”按钮，如图 7-169 所示。

（24）选中该对象，在“属性”面板的“值”文本框中输入“重新填写”，在“动作”栏中单击选中“重设表单”单选项，完成“重新填写”按钮的创建，如图 7-170 所示。

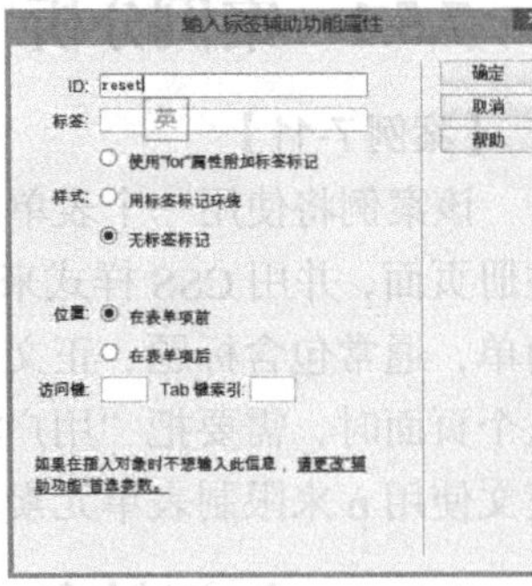

图 7-169　添加“reset”按钮

图 7-170　设置重新填写按钮值

（25）保存网页，在浏览器中浏览效果如图 7-171 所示。

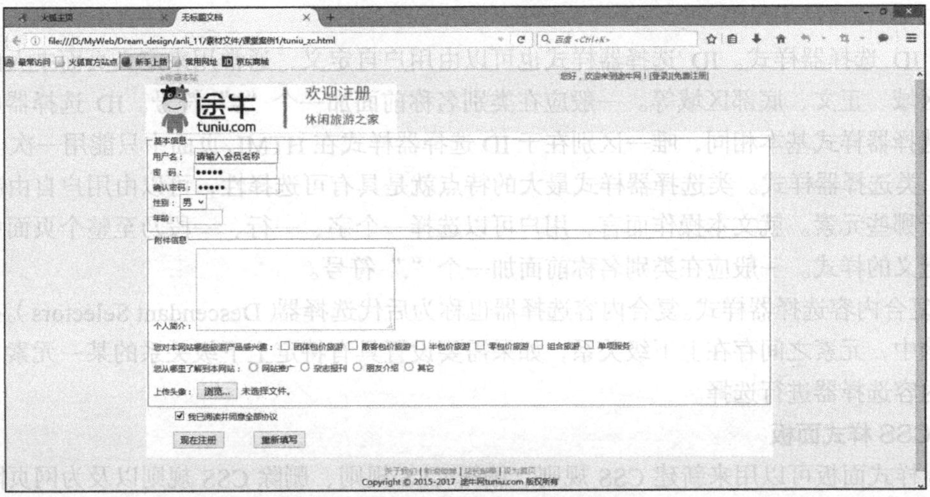

图 7-171　“会员注册”效果图

7.5　网页 CSS 布局及应用

CSS 是 Cascading Style Sheets 短语的缩写，中文译名为层叠样式表，是 W3C 组织制定的一套网页样式设计标准，当前新的版本是 CSS3。CSS 是一系列格式设置规则，它们控制 Web 页面内容的显示方式。使用 CSS 设置页面格式时，可将内容与表现形式分开。用于定义代码表现形式的 CSS 规则通常保存在另一个文件（外部样式表）或 HTML 文档的文件头部分中。CSS 的定义代码由一系列的格式定义组成。

7.5.1 案例分析

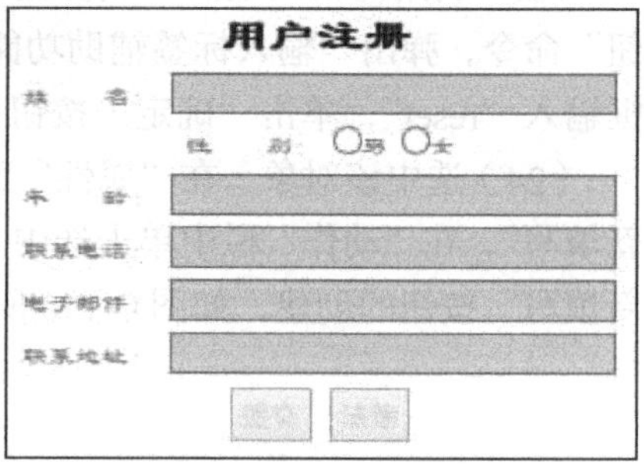

图 7-172 “用户注册”样式

【案例 7-11】

该案例将使用一个表单内的各种元素开发一个网站的注册页面，并用 CSS 样式来美化这个页面。注册表单非常简单，通常包含标题、正文、提交按钮三个部分。在设计这个页面时，需要把“用户注册”标题设置成 h3 大小，正文使用 p 来限制表单元素，设计式样如图 7-172 所示。

7.5.2 知识储备

Dreamweaver 提供了对 CSS 样式的完美支持，利用 Dreamweaver，用户不需要了解 CSS 复杂繁琐的语法，就可以创建出具有专业水准的 CSS 样式。

1. CSS 样式的类型

在 Dreamweaver CS6 中可以创建以下 4 种类型的 CSS 样式。

（1）标签选择器样式。HTML 文档由许多不同标签表示的元素构成。标签选择器定义的样式可以用来控制标签的样式。在创建或更改标签的 CSS 规则后，所有标签对应的元素的样式都会立即更新。

（2）ID 选择器样式。ID 选择器样式也可以由用户自定义，通常用来定义页面中大的样式，如顶部区域、正文、底部区域等。一般应在类别名称前面加一个“#”符号。ID 选择器的使用方法与类选择器样式基本相同，唯一区别在于 ID 选择器样式在 HTML 页面中只能用一次。

（3）类选择器样式。类选择器样式最大的特点就是具有可选择性，可以由用户自由决定该样式应用于哪些元素。就文本操作而言，用户可以选择一个字、一行、一段乃至整个页面中的文本添加自定义的样式。一般应在类别名称前面加一个“.”符号。

（4）复合内容选择器样式。复合内容选择器也称为后代选择器（Descendant Selectors）。在 HTML 网页结构中，元素之间存在上下级关系，如果需要设置具有特定上下级关系的某一元素，可以通过复合内容选择器进行选择。

2. CSS 样式面板

CSS 样式面板可以用来新建 CSS 规则、编辑 CSS 规则、删除 CSS 规则以及为网页附加外部样式表等，如图 7-173 所示。

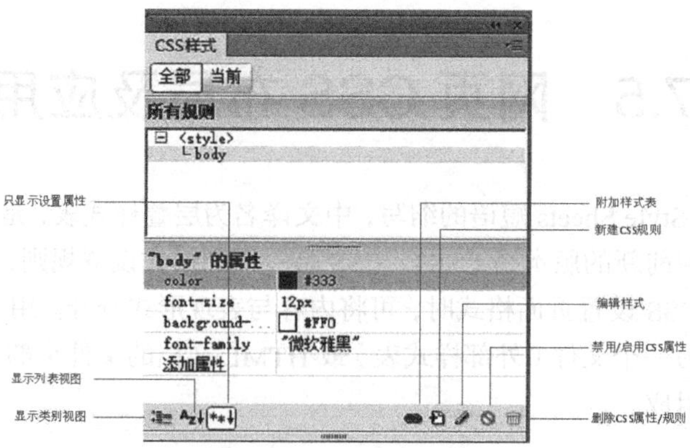

图 7-173 CSS 样式面板

CSS 样式面板分为“全部”和“当前”两个选项卡。

● “全部选项卡”：显示当前网页中使用的全部样式。双击其中的某个样式可以打开“CSS 规则定义”对话框对样式进行编辑。

● “当前选项卡”：显示当前光标所在处网页元素具有的 CSS 属性及属性值。

在 CSS 样式面板下方的左侧，提供了以下的命令按钮来控制 CSS 属性的显示。

● 显示类别视图：按照“字体”“背景”“区块”“边框”等类别显示某一 CSS 规则的各个属性。

● 显示列表视图：按照从 A ~ Z 的顺序显示某一 CSS 规则的各个属性。

● 只显示设置属性：仅显示出进行了属性设置的某一 CSS 规则的各个属性。

在 CSS 样式面板下方的右侧，提供了以下的命令按钮来进行相应 CSS 管理操作。

● 附加样式表：为当前打开的网页附加外部样式文件。

● 编辑样式：如果是在“全部”选项卡中选择了某一 CSS 规则，则对选中的 CSS 规则进行编辑；如果是在“当前”选项卡中，则对网页当前元素的 CSS 规则进行编辑。

● 新建 CSS 规则：创建新的 CSS 规则。

● 禁用/启用 CSS 属性：允许直接从 CSS 样式面板禁用和重新启用 CSS 属性。禁用 CSS 属性只会取消指定属性的注释，而不会实际删除该属性。

● 删除 CSS 规则：选择一个样式后，单击该按钮可删除所选样式，并从应用该样式规则的所有元素中删除格式。

3. 创建样式

使用 CSS 样式美化页面，首先应建立一个样式。新建样式的步骤如下。

（1）将插入点放在文档中，然后在“CSS 样式”面板中单击面板右下侧的“新建 CSS 规则”按钮或选择菜单“格式”→“CSS 样式”→“新建”命令，打开“新建 CSS 规则”对话框，如图 7-174 所示。

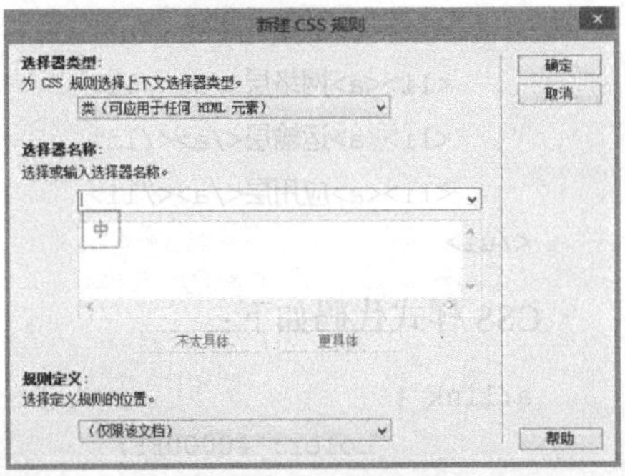

图 7-174　“新建 CSS 规则”对话框

（2）在“新建 CSS 规则”对话框中，根据要创建的 CSS 样式类型选择“类”“标签”“ID”“复合内容”。

（3）为样式命名。对新建“类”样式，可直接在“名称”文本框中输入名称。类名称必须以英文句点开头，其后可以包含任何字母和数字组合（例如，.biaoti）。如果没有输入开头的句点，Dreamweaver 将自动输入。

对新建“ID”样式，可直接在“名称”文本框中输入名称。ID 名称必须以英文状态下的“#”开头，其后可以包含任何字母和数字组合（例如，#menu）。如果没有输入开头的“#”号，Dreamweaver 将自动输入。

对重新定义“标签”样式，则可以在“标签”文本框中输入标签名称或从下拉列表中选择需要重新定义的标签。

选择“复合内容”时，主要是为链接文字设置样式。可以在“选择器”下拉列表中选择一种链接状态。

4. 超链接的 CSS 样式

浏览网页时，经常会发现超链接在不同情况下会发生变化。为了提醒访问者，网页设计者把访问过的超链接与没有访问过的超链接设置为不同的样式，并且当鼠标指针经过超链接时，超链接也会变化。用于设置超链接样式的 CSS 属性有很多种，例如 color、font-family、backgroud 等。

超链接的特殊性在于能够根据它们所处的状态来设置它们的样式。超链接有 4 种状态：普通的未被访问的链接、用户已经访问的链接、鼠标指针经过的链接（鼠标指针位于链接的上方）、鼠标单击的链接（链接被单击的时刻）。CSS 对链接样式的控制是通过伪类来实现的。CSS 提供了 4 个伪类（a:link、a:visited、a:hover、a:active），每个伪类用于控制链接在一种状态下的样式。当使用超链接的伪类设置超链接不同状态的样式时，应按照以下顺序：a:link>a:visited>a:hover>a:active。

（1）a:link

这种伪类链接应用于普通的未被访问的链接样式，但在很多链接应用场合会直接使用 a{}这样的样式。使用 a{}和 a:link{}在功能上有一些区别。

例如，新建“7-5-1.html”网页，其 HTML 代码如下：

```
<ul>
    <li><a href="2.html">物理层</a></li>
    <li><a href="#">数据链路层 </a></li>
    <li><a href="#">网络层</a></li>
    <li><a href="#">运输层</a></li>
    <li><a href="#">应用层</a></li>
</ul>
    //
<ul>
    <li><a>物理层</a></li>
    <li><a>数据链路层 </a></li>
    <li><a>网络层</a></li>
    <li><a>运输层</a></li>
    <li><a>应用层</a></li>
</ul>
```

CSS 样式代码如下：

```
a:link {
        color: #0000FF;                 /*蓝色*/
        text-decoration: none;          /*无下划线*/
}
  a {
        color: #006600;                 /*绿色*/
        text-decoration: underline;     /*有下划线*/
}
```

网页在 Dreamweaver 中预览效果如图 7-175 所示。在预览效果中发现，仅使用<a>标签的内容显示为绿色有下划线，而使用了<a href="#">的内容显示为蓝色无下划线。由分析可知，a:link 只对代码中有 href=""的对象产生影响，即拥有实际链接地址的对象，而对直接使用<a>标签的对象内容的显示效果不会发生实际影响。

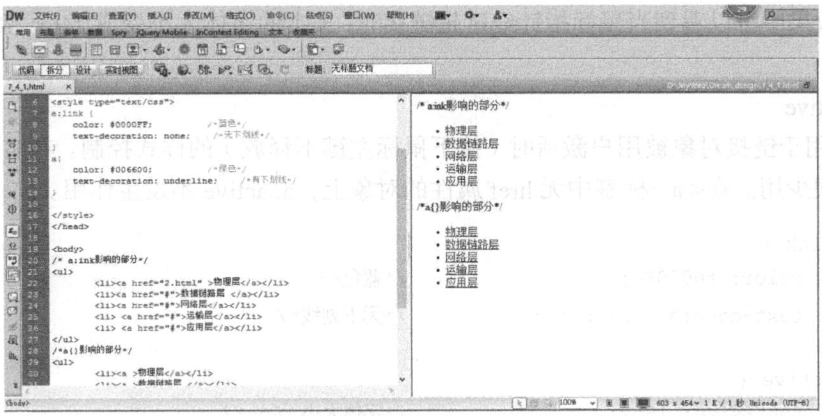

图 7-175　预览效果

（2）a:visited

a:visited 能够设置超链接被访问后的样式。对应浏览器而言，每个链接被访问过后，在浏览器内部会做上特殊的标签。a:visited 能够对已经被访问过的链接进行样式的设置，把访问过的链接设置为不同的颜色或者添加删除线等与未访问的超链接不同的样式，可以明显地提醒访问者，该链接已经被打开过。

以下 CSS 样式可以设置访问后链接呈现为灰色：

```
a:link {
    color: #0000FF;              /*蓝色*/
    text-decoration: none;       /*无下划线*/
}
a:visited{
    color:#999999;               /*灰色*/
}
```

在预览效果中单击超链接，发现访问过的超链接文本颜色都变成灰色。

（3）a:hover

a:hover 用来设置对象在鼠标指针经过或停留时的样式，该状态是非常实用的状态之一。当鼠标指针指向链接对象时，可以改变其颜色或下划线状态，或者改变字体的大小，其目的是使超链接更醒目直观。需要注意：在< a >标签中无 href 属性的对象上，a:hover 不发生作用。

通过超链接 CSS 样式可以设置鼠标经过超链接时，链接文本呈现红色，带下划线，并且字体大小设置为 24px，代码如下：

```
a:link {
    color: #0000FF;              /*蓝色*/
    text-decoration: none;       /*无下划线*/
}
a:hover{
    font-size:24px;              /*字体大小 24px*/
    color:#FF0000;               /*红色*/
    text-decoration: underline; /*有下划线*/
}
```

在预览效果中可以看到当鼠标指针经过超链接时，文本的字体大小变成 24px，颜色变成红色，带下划线。

（4）a:active

a:active 用于链接对象被用户激活时（按下鼠标左键不释放）的样式控制。在实际应用中，这种伪类链接很少用。在< a >标签中无 href 属性的对象上，a: active 不发生作用。

```
a:link {
    color: #0000FF;                    /*蓝色*/
    text-decoration: none;             /*无下划线*/
}
a:active {
    font-size: 18px;                   /*字体大小 18px*/
    color: # FF0;                      /* 黄色*/
    text-decoration:overline;          /*上划线*/
}
```

在预览效果中可以看到在超链接上按下鼠标左键不放时，文本的字体大小变成 18px，颜色变成黄色，带上划线。

5. DIV 标签

随着 CSS+DIV 布局被广泛采用，在 HTML 网站设计标准中，许多设计师不再采用表格定位技术，而是采用 CSS+DIV 结构来布局和定位网页。

DIV 用来为 HTML 文档大块区域内容提供结构和背景。<div>和</div>标签为 DIV 的起始标签和结束标签，该标签中可放置的段落、表格、图片等构成文档的大块内容，其中包含元素的特性可由 DIV 标签的属性或通过设置 CSS 样式来控制。使用 CSS 属性可以精确地设置元素的位置，将元素叠放在一起。这突破了<table>标签布局的局限。

6. 盒模型

盒模型是 CSS+DIV 布局的通俗说法，网页元素定位常使用盒模型来进行定位。CSS 盒模型是 CSS 布局的基础，每个网页元素都被抽象为一个盒子，而网页的排版布局可以看作对组成网页的盒子元素按照一定的规则进行摆放后的结果。CSS 盒模型是网页布局视觉模型中的矩形盒状模型。盒状模型由 margin（边界）、border（边框）、padding（填充）、content（内容）4 部分组成，如图 7-176 所示。

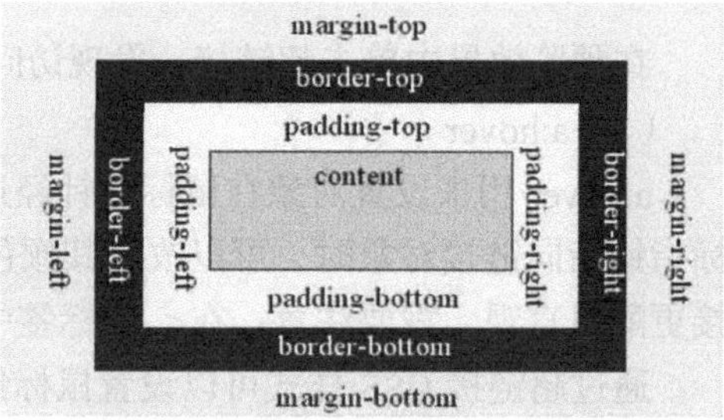

图 7-176　盒模型

（1）margin

margin 也称为外边距，用来设置网页元素和元素之间的距离，即定义元素周围的空间范围。在 CSS 中，margin 属性的语法格式如下：

```
Margin: length[percentage]auto
```

其中，各参数的含义如下。

Length：设置边界为指定的固定值。

Percentage：设置元素的边界为元素所在容器元素宽度的百分比数值。

Auto：由浏览器根据元素内的内容自动调整。

例如，要设置 div 元素的上、下、左、右 4 个方向的边界分别为 10px、10px、20px、20px，则 CSS 代码如下：

```
Div{
      margin-top:10px;
      margin-bottom:10px;
      margin-left:20px;
      margin-right:20px;
}
```

（2）border

border 是盒子的边框，这个区域是可见的，因此可以进行样式、粗细、颜色等属性的设置。在 CSS 中，border 属性的语法格式如下：

```
Border: [<border-width>][<border-style>][<border-color>]|inhert
```

其中，各参数的含义如下。

border-width：用来设置元素边框区域的宽度。

border-style：用来设置边框的样式，它的取值为：none、hiden、dotted、dashed、solid、double、groove、ridge、inset、outset。

border-color：用来设置元素的边框颜色。

Inhert：是指元素的边框属性从父元素继承获得。

border 的简写：可以通过 border 属性控制元素 4 个方向的边框，也可以通过 border-top、border-bottom、border-left、borfer-right 分别控制 4 个方向的边框。

例如，设置 div 元素的上、左、右 3 个方向的边框都为 1px 宽、实线、蓝色，右边框为 25px 宽、实线、蓝色，则 CSS 代码如下：

```
div{
     border:1px solid #00F;       /*元素 3 个方向的边框*/
     border-left:25px solid #00F;   /*左边框*/
}
```

（3）padding

Padding 也称内边距，用来设置元素内容与边框之间的距离。在 CSS 中，padding 属性的语法格式如下：

```
padding:length|percentage
```

length：设置内边距为指定的固定值。

percentage：设置元素的内边距为元素所在容器元素宽度的百分比值。

可以用 padding 属性控制 4 个方向的内边距，也可以通过 padding-top、padding-bottom、padding-left、padding-right 这 4 个属性分别控制 4 个方向的内边距。

例如，要设置 div 元素的上、下、右 3 个方向的内边距都为 10px，单独设置左内边距为 25px，则 CSS 代码如下：

```
div{
  padding:10px;             /*元素 3 个方向的内边距*/
  padding-left:25px;        /*左内边距*/
```

}

（4）content

content 是添加内容的区域，可添加的内容包括文本和图像及动画等。通过 width 属性设置的宽度是盒模型中内容的宽度。

在盒模型中，一个元素的实际宽度的计算方法如下：

元素的实际宽度=左边界+左边框+左内边距+内容宽度+右内边距+右边框+右边界

例如：一个盒子的 margin 为 20px，border 为 1px，padding 为 10px，content 的宽为 200px、高为 50px，那么这个盒子需要占据的位置为：宽 20×2+1×2+10×2+200=262px、高 20×2+1×2×10×2+50=112px，盒子的实际大小为：宽 1×2+10×2+200=222px、高 1×2+10×2+50=72px。

7. 图文混排

（1）设置文字环绕效果

在网页中进行排版时，可以将文字设置成环绕图片的形式，也就是文字环绕。在 CSS3 中，可以使用 float 属性定义该效果。float 属性主要定义元素在哪个方向浮动。一般情况下，这个属性总是应用于图像，使文本围绕在图像周围，有时它也可以定义其他元素。浮动元素会生成一个块级框。Float 属性的语法格式如下：

```
float:none|left|right
```

none：表示默认值，即对象不漂浮。

left：表示文本流向对象的左边。

right：表示文本流向对象的右边。

例如，设置文字环绕效果的代码如下：

```
<!DOCTYPE html>
<html>
<head>
<title>文字环绕</title>
<style>
img{
max-width:120px;
float:left;
}
</style>
</head>
<body>
<p>
```

可爱的向日葵。

```
<img src="7_5.jpg">
```

向日葵，别名太阳花，是菊科向日葵属的植物。因花序随太阳转动而得名。一年生植物，高 1~3 米，茎直立，粗壮，圆形多棱角，被白色粗硬毛，性喜温暖，耐旱，能产果实葵花籽。原产北美洲，主要分布在我国东北、西北和华北地区，世界各地均有栽培!

向日葵，1 年生草本，高 1.0~3.5 米，对于杂交品种也有半米高的。茎直立，粗壮，圆形多棱角，为白色粗硬毛。叶通常互生，心状卵形或卵圆形，先端锐突或渐尖，有基出 3 脉，边缘具粗锯齿，两面粗糙，被毛，有长柄。头状花序，极大，直径 10~30 厘米，单生于茎顶或枝端，常下倾。总苞片多层，叶质，覆瓦状排列，被长硬毛，夏季开花，花序边缘生黄色的舌状花，不结实。花序中部为两性的管状花，棕色或紫色，结实。瘦果，倒卵形或卵状长圆形，稍扁压，果皮木质化，灰色或黑色，俗称葵花籽。性喜温暖，耐旱。

```
</p>
</body>
</html>
```

在 Firefox 浏览器中，网页效果如图 7-177 所示。可以看到，图片在文字的左边显示，并被文字所环绕。

（2）设置图片与文字的间距

如果要设置图片和文字之间的距离，即文字之间存在一定的间距，可以使用 CSS3 中的 padding 属性来设置。例如，设置图片与文字的间距代码如下：

```
<!DOCTYPE html>
<html>
<head>
<title>文字环绕</title>
<style>
img{
max-width:120px;
float:left;
padding-top:10px;
padding-right:50px;
padding-bottom:10px;
}
</style>
</head>
<body>
......              //<body></body>标签之间的内容与上例相同
</body>
</html>
```

在 Firefox 浏览器中，效果如图 7-178 所示。可以看到，图片被文字所环绕，图片与文字的右边间距为 50 像素，上下各为 10 像素。

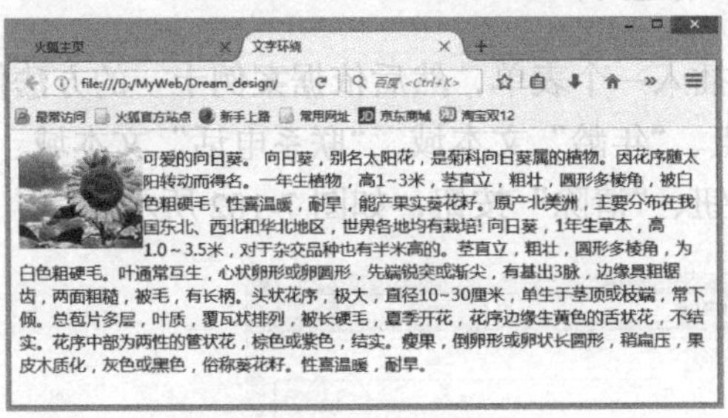

图 7-177　文字环绕的效果

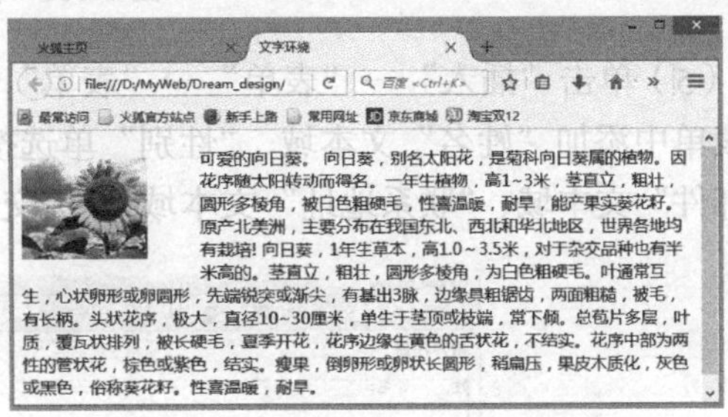

图 7-178　设置图片与文字的间距

7.5.3 案例实现

【案例 7-11 实现】

操作步骤如下。

（1）单击 Dreamweaver 的“文件”→“新建”命令，建立一个名为“biaodan_css.html”的空白网页。

（2）在“设计”视图中，选择“插入”→“布局对象”→“DIV 标签”命令，打开“插入 Div 标签”对话框，在“ID”下拉列表中输入“container”，单击“新建 CSS 规则”按钮，如图 7-179 所示。

（3）弹出“#container 的 CSS 规则定义”对话框，在“类型”列表框的 font-family 文本框输入“宋体”，font-size 文本框输入“14px”，单击“确定”按钮，如图 7-180 所示。

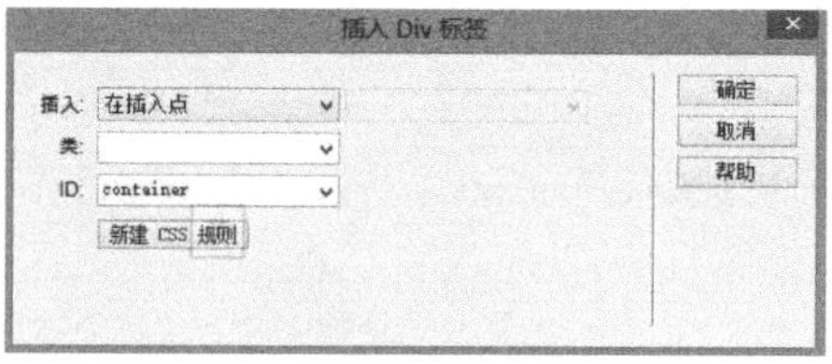

图 7-179 “插入 Div 标签”对话框

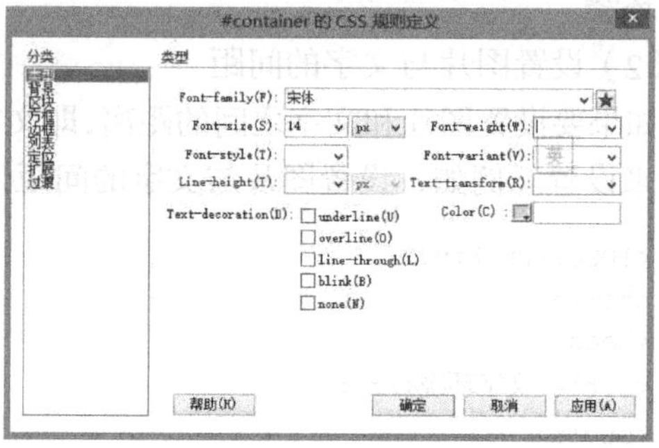

图 7-180 “#container 的 CSS 规则定义”对话框

（4）在插入点位置，选择“文本”工具栏中的“h3”图标，然后输入文本“用户注册”，按 Enter 键换行，如图 7-181 所示。

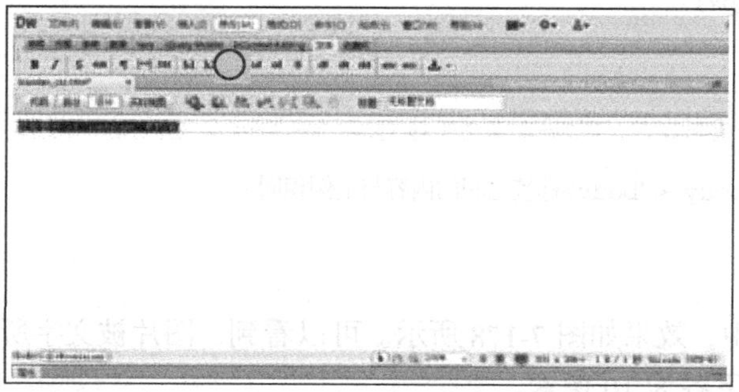

图 7-181 输入 h3 标题文本

（5）单击“插入”→“表单”→“表单”命令插入一个表单，然后依据案例十一的方法依次在表单中添加“姓名”文本域、“性别”单选按钮组、“年龄”文本域、“联系电话”文本域、“电子邮件”文本域、“联系地址”文本域、“提交”按钮、“清除”按钮，如图 7-182 所示。

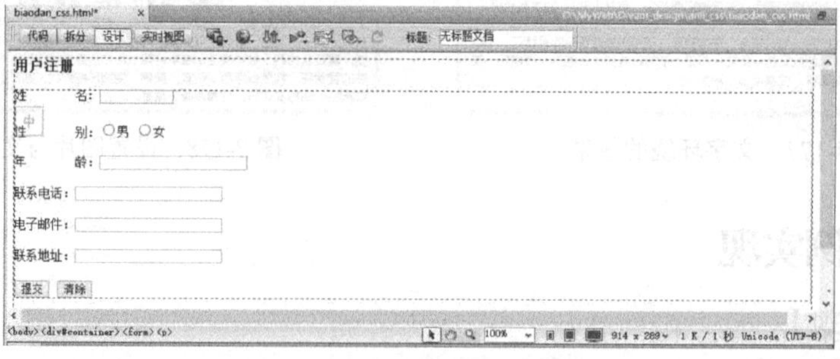

图 7-182 设计视图下注册表单显示

（6）切换到代码视图，添加 CSS 代码，修饰全局样式和表单样式：

```
*{
    padding:0px;
    margin:0px;
    }
body{
    font-family:"微软雅黑"
    font-size:12px;
    }
form{
    width:300px;
    margin:0 auto 0 auto;
    font-size:12px;
    color:#999;
}
```

（7）在代码视图，修改<h3>标签的代码为<h3 align="center">用户注册</h3>，并修改#container 的代码如下，效果如图 7-183 所示。

```
#container {
    font-family:"隶书";
    font-size: 18px;
}
```

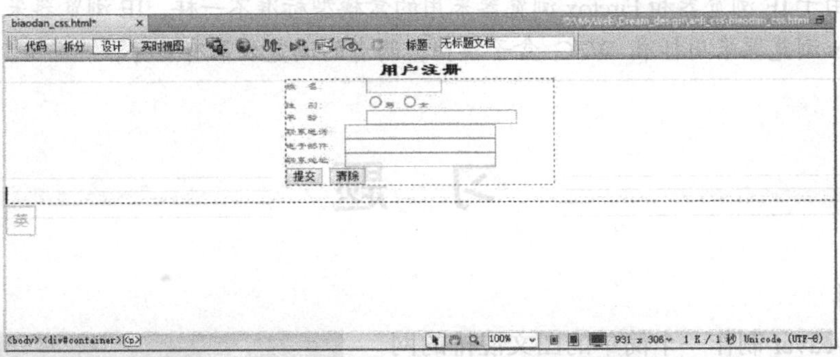

图 7-183　修改# container 和 h3 标签的效果

（8）在代码视图中，添加如下 CSS 代码，修饰段落、输入框和按钮。

```
form p {
        margin:5px 0 0 5px;
        text-align:center;
    }
.txt{
    width:200px;
    background-color:#CCC  CFF;
    border:#6666FF 1px solid;
    color:#0066FF;
    }
.but{
border:0px#93bee2solid;
border-bottom:#93bee21pxsolid;
border-left:#93bee21pxsolid;
border-right:#93bee21pxsolid;
```

```
border-top:#93bee21pxsolid;*/
background-color:#3399CC;
cursor:hand;
font-style:normal;
color:#cad9ea;
}
```

（9）在 Firefox 浏览器中浏览，效果如图 7-184 所示。可以看到，表单元素带有背景色，其输入字体颜色为蓝色，边框颜色为浅蓝色，按钮带有边框，按钮上字体颜色为浅色。

图 7-184　设置输入框和按钮样式

注意　由于 IE 浏览器和 Firefox 浏览器采用的盒模型标准不一样，IE 浏览器采用 IE 盒子模型，Firefox 浏览器采用标准 W3C 盒子模型，两者的浏览效果有差异。

习　题

【习题一】

在 Dreamweaver 制作一个简单的图文混排的网页，如图 7-185 所示。设计要求如下。

（1）网页文案标题为“成长之悄悄话”，网页标题为“烟雨西山”，设置该网页的属性为：网页背景为#060，文本颜色为#FFF，左边距、右边距及上边距为 50 像素。

（2）在网页中输入文字内容，注意在标题下方要插入水平线。

（3）在文字下方插入图像。

图 7-185　习题一效果

【习题二】

在 Dreamweaver 中使用表格布局设计“美食林”页面，如图 7-186 所示。设计要求如下。

（1）规划页面基本结构框架。

（2）插入布局表格，包括外层表格、嵌套表格。

（3）放置 Logo 行和导航栏。

（4）放置日期行。

（5）放置主要内容板块。

（6）放置版权信息行。

【习题三】

完成如图 7-187 所示的首页排版，设计要求如下。

（1）确定网站导航栏每一个链接的名称与链接 URL。

（2）设计首页上链接的内容与链接 URL。

（3）设计链接栏的内容。

（4）设计首页上新闻内容的布局与排版。

（5）设计首页上产品的图片与内容。

（6）设计版权栏的内容。

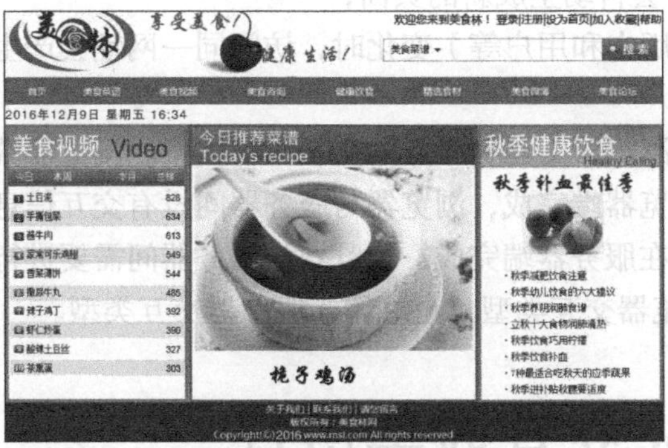

图 7-186　习题二效果

图 7-187　习题三效果

【习题四】

制作一份“在线问卷调查表”，对高铁实施涨价后的满意度调查，如图 7-188 所示。设计要求如下。

（1）表单中包含文本域、单选按钮组、复选按钮组、按钮、下拉列表。

（2）设置页面背景样式。

（3）不采用 CSS+DIV 布局的方式对该调查表进行布局。

（4）采用 CSS+DIV 布局的方式对该调查表进行布局。

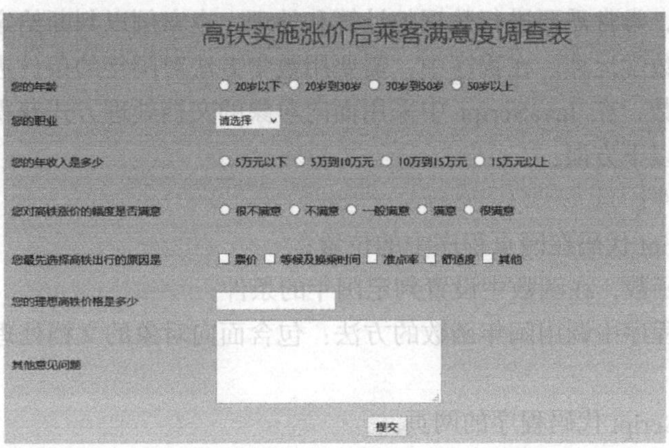

图 7-188　习题四效果

第 8 章 动态网页的设计与制作

“动态网页”是指用户和页面间能够进行信息交流的网页。它一般有如下 3 个特点：

（1）交互性，网页会根据用户的要求与选择动态改变和响应；

（2）自动更新，无需手动更新 HTML 文档，会自动生成新的页面；

（3）随环境而变，当浏览器环境（如时间、版本和用户等）变化时，访问同一网址会产生不同的页面。

根据交互实现的过程，一般将动态网页分为浏览器交互和服务器交互两种类型。浏览器端交互的脚本代码由浏览器解释执行，交互行为在浏览器端完成，浏览器与服务器间没有交互信息的提交和接受过程；服务器端交互的脚本代码主要在服务器端完成，浏览器与服务器间需要进行交互信息的提交和接受。本章的 JavaScript 属于浏览器交互类型，ASP 属于服务器交互类型。

8.1 JavaScript 交互效果设计

JavaScript 是一种网络脚本语言，被广泛用于 Web 应用开发，常用来为网页添加各种动态功能，为用户提供更流畅、美观的浏览效果。JavaScript 语言同其他语言一样，有基本数据类型、表达式和算术运算符及程序的基本框架。本节是对 JavaScript 的入门级讲解，尽量只涉及比较基础的应用。如需深入学习 JavaScript，可以参考其他 JavaScript 书籍。

8.1.1 案例分析

【案例 8-1】

在 JavaScript 中，常常需要进行数据的计算和处理。本案例以判断给定的年份是否为闰年讲解 JavaScript 相关的数学运算。在程序中，需要用数学方法对闰年的条件进行判断，通过自定义一个含有返回值的函数，在 JavaScript 中采用面向对象的文档处理方式获得该返回值实现输出结果。设计时需要考虑以下方面：

（1）创建网页文件；

（2）确定 JavaScript 代码在网页程序中的位置；

（3）自定义闰年函数，在函数中设置判定闰年的条件；

（4）实现在网页程序中调用闰年函数的方法：包含面向对象的文档处理方式、参数的传递、函数值的返回方式；

（5）浏览含 JavaScript 代码程序的网页。

【案例 8-2】

JavaScript 是基于事件模型的程序语言，页面加载、用户单击、移动光标都会产生事件，当产生事件时，JavaScript 可以调用某个函数来响应这个事件。本案例实现往文本框输入数据，调用一个自定义函数来响应用户单击事件，达到输出结果的目的。设计时需要考虑以下方面：

（1）创建网页文件；

（2）确定 JavaScript 代码在网页程序中的位置；

（3）在 Dreamweaver 中创建一个表单，向表单中添加一个文本域和一个按钮；

（4）自定义 showHello 函数，利用循环控制指定输出次数；

（5）修改按钮的代码，设置 onClick 事件，通过调用 showHello 函数来响应该事件；

（6）浏览含 JavaScript 代码程序的网页。

【案例 8-3】

除了网页的内容外，网页的计时、转跳、关闭等功能都是通过 JavaScript 来实现的。本案例实现网页的自动关闭功能，就是在一张网页显示一段时间以后，它能自动关闭该网页。设计时需要考虑以下方面：

（1）创建网页文件；

（2）确定 JavaScript 代码在网页程序中的位置；

（3）自定义 clock 函数，实现计时和时间处理，使用 JavaScript 的 setTimeout 函数实现计时功能；

（4）在 clock 函数中，设置网页标题栏的提示信息，设置 if 条件判断“计时”还是“自动关闭网页”；

（5）在网页程序中调用 clock 函数。

8.1.2　知识储备

1. HTML 引入 JavaScript

JvavScript 与 HTML 结合可以在客户端实现多种效果。任何可以编辑 HTML 文档的文本编辑器或专门的网页编辑器（记事本、Dreamweaver、Sharepoint Designer、EditPlus、UltraEdit 等）均可以用来编辑 JavaScript 程序。在 HTML 页面插入 JavaScript 脚本有以下 3 种方式。

（1）使用 scirpt 标签嵌入脚本程序

使用 script 标签将 JavaScript 的脚本程序包含在 HTML 中，使之成为 HTML 文档的一部分。其格式为：

```
<script language="JavaScript">
    JavaScript代码段;
    ……
    </script>
```

HTML 中的 JvavScript 脚本必须位于<script>与</script>标签之间。脚本可被放置在 HTML 文档的<body>或<head>部分中。通常的做法是，把函数放入<head>部分中，或者放在页面底部。这样就可以把它们放在同一位置，不会干扰页面的内容。

（2）直接引用.js 文件

这种情况多为已经通用的函数或类，将其放在一个文件里，供所有需要的页面使用。

例如，直接引用.js 文件：

```
<script src="js/jquery.min.js"></script>
```

（3）在 HTML 标签内调用 JS

这种情况用于较少代码简单功能的使用，或函数的调用，可以写在 onclick/onload/onkeypress/onkeydown 等事件中。

例如，HTML 标签内调用 JS：

```
<inputtype="checkbox"onclick="this.checked?$( '#reg_port_id').show():$('#reg_port_id')
.hide();
"title="选填项" tabindex="9" id="check_id" />
```

2. 数据类型

JavaScript 中的基本数据类型有：数值型、字符串型、布尔型、null、undefined。

（1）数值型：包括整数和浮点数。例如，35、11.98、6e9、2.5e3。

（2）字符串型：用双引号""或单引号''括起来的任意文本，0 个字符也可以。例如，"123"、"abc123"、'This is a desk'。

（3）布尔型：只有两个值，true 或 false。

（4）null：只有一个值 null，用于表示尚未存在的对象。如果函数或方法要返回的是对象，那么找不到该对象时，返回的通常是 null。

（5）undefined：只有一个值 undefined。当声明的变量未初始化时，该变量的默认值是 undefined。

3. JavaScript 常量和变量

常量是保持不变的量。根据常量的数据类型划分，常量有整型常量、字符串常量、布尔型常量等。例如，12、" 计算机 "、true。

变量是存储信息的容器。对于变量，必须明确变量的命名、变量的类型、变量的声明及变量的作用域。

（1）变量的命名

变量的命名要注意以下几点：

- 变量必须以字母、“$”或下划线“_”符号开头；
- 变量名称对大小写敏感（如 m 和 M 是不同的变量）；
- 不能使用 JavaScript 中的关键字作为变量；
- 变量在所说明的范围内必须是唯一的。

在 JavaScript 中定义了 40 多个保留关键字，这些关键字是供 JavaScript 内部使用的，不能作为变量的名称。例如，var、int、double、true 等不能作为变量的名称。表 8-1 列出了 JavaScript 中的保留关键字。

表 8-1　JavaScript 中的保留关键字

abstract	default	If	private	this
Boolean	do	implements	protected	throw
break	doble	import	public	throws
byte	else	instance of	return	transient
case	extends	int	short	try
catch	final	interface	static	void
char	finally	long	strictfp	volatile
class	float	native	super	while
const	for	new	switch	
continue	goto	package	synchronized	

（2）变量的类型

变量的类型是在变量赋值时根据所赋数据的类型来确定的，变量的类型有数值型、字符型、布尔型。例如：

```
x=100                    （x 为数值型）
y="128"                  （y 为字符串）
result=true              （result 为布尔型）
m=21.5                   （m 为数值型）
```

（3）变量的声明

在 JavaScript 中，变量用关键字 var 声明。其基本格式如下：

```
var 变量名称 1[=初始值 1],变量名称 1[=初始值 2]…;
```

一条语句可以声明多个变量，各变量之间用户“,”分隔。例如：

```
var s,v1,v2,t;
```

上述语句声明了 4 个变量 s、v1、v2、t。

可以先定义变量再赋值，也可以在定义变量的同时赋值。例如：

```
var mytest
```

上述语句定义了一个 mytest 变量，但没有赋值。

```
var mytest= "This is a desk "
```

上述语句定义了一个 mytest 变量，同时赋值。

4. JavaScript 运算符和表达式

运算符是完成操作的一系列符号，也称操作符。JavaScript 中运算符介绍如下。

（1）算术运算符

算术运算符用于执行变量之间或变量与值之间的算术运算，包括：+、-、*、/、%（取模）、++（加 1）、--（减 1）。

（2）字符运算符

字符运算符（+）用于连接两个字符串。

例如：

```
str1="网页";
str2="设计与制作";
str=str1+str2;
document.write(str);
```

上述语句的输出结果是：“网页设计与制作”。

如果把数字与字符串相加，结果将成为字符串：

```
x=5;
y="5";
z=x+y;
document.write(z);
```

（3）比较运算符

比较运算符对操作数进行比较，结果为一个布尔值 true 或 false。比较运算符包括：==（等于）、!=（不等于）、>（大于）、<（小于）、>=（大于等于）、<=（小于等于）。

（4）逻辑运算符

逻辑运算符对操作数进行逻辑运算，结果为一个布尔值 true 或 false。逻辑运算符包括：&&（逻辑与）、||（逻辑或）、!（逻辑非）等。

（5）位运算符

位运算符用来对操作数进行二进制位运算，包括：&（按位与运算）、|（按位或运算）、^（按位异或运算）、~（按位取反）、<<（左移运算）、>>（带符号右移）、>>>（零填充右移）。

（6）条件运算符

格式为：条件?结果 1:结果 2

若条件为真，则表达式的值为“结果 1”，否则为“结果 2”。

例如：x=6,y=2,z=(x>y)?1:0

结果为：z=1。

（7）表达式及运算符的优先级

表达式是变量、常量及运算符的集合。表达式可以分为算术表达式、字符表达式、赋值表达式以及布尔表达式等。例如，2+3、"网页"+"设计与制作"。

运算符的种类非常多，不同的运算符构成了不同的表达式，甚至一个表达式中包含有多种运算符。当一个表达式中同时包含多种运算符时，应按优先级计算。JavaScript 语言规定了各类运算符的运算级别及结合性，如表 8-2 所示。

表 8-2　运算符的优先级

优先级	说　明	运算符	结合性
1	括号	( )	从左至右
2	自加/自减	++/--	从右至左
3	乘、除、取模	*、/、%	从左至右
4	加、减	+、-	从左至右
5	小于、小于等于、大于、大于等于	<、<=、>、>=	从左至右
6	等于、不等于	==、!=	从左至右
7	逻辑与	&&	从左至右
8	逻辑或	||	从左至右
9	赋值运算符、快捷运算符	=、+=、*=、/=、%=、-=	从右至左

在写表达式时，如果无法确定运算符的有效顺序，则尽量采用括号来保证运算的顺序，这样使得程序一目了然。

5. JavaScript 基本语句

JavaScript 基本语法要求如下：

- JavaScript 对大小写敏感；
- 通常在每条可执行的语句结尾加分号（这个分号是可选的）；
- 若需要将几行代码放在一行中，应使用分号将它们分开；

● 在 JavaScript 中，注释标签为“//”（单行注释）或“/**/”（多行注释）。

（1）赋值语句

格式为：变量名=表达式；

功能：把右边的表达式赋值给左边的变量。

例如，m=3;。

（2）注释语句

注释语句不执行，合理的注释有利于提高程序的可读性，并便于程序的维护。用“//”进行单行注释，用“/**/进行多行注释。

（3）输出字符串

在 JavaScript 中常用的输出字符串的方法是利用 document 对象的 write()方法或 windows 对象的 alert()方法。

（4）输入字符串

在 JavaScript 中常用的输入字符串的方法是利用 windows 对象的 prompt()方法或表单的文本域。利用 windows 对象的 prompt()方法输入字符串，其格式为：

```
prompt(提示字符串,默认字符串);
```

如果用户单击提示对话框中的“取消”按钮，则函数返回值为 null；如果单击“确认”按钮，则函数返回值为输入框中显示的文本。

例如，以下是实现求和的网页程序。

```
<!doctype html>
<html>
<head>
<meta charset="utf-8">
<title>文无标题档</title>
<script type="text/javascript">
var numVar1=12
document.write("变量 1 为: " +numVar1);            //输出变量 1 的值
document.write("<br>");
document.write("<br>");
var numVar2=13
document.write("变量 2 为: " +numVar2);            //输出变量 2 的值
document.write("<br>");
document.write("<br>");
var numVar3=numVar1+numVar2;                       //求两个数之和
document.write("变量 3 为: " +numVar3);            //输出和
</script>
</head>
<body>
</body>
</html>
```

6. JavaScript 函数和作用域

（1）函数定义

函数是有事件驱动的代码块，或可重复使用的代码块。函数是包裹在花括号中的代码块，前面使用关键词 function 定义。

```
function 函数名(参数1,参数2…..){
        //函数体
          ……
         return 返回值;  //可选
        }
```

当调用该函数时，会执行函数体代码。

例如，一个链接调用函数的代码如下：

```
<!DOCTYPE html>
<html>
<head>
<meta charset="utf-8">
    <title>通过链接调用函数</title>
    <script language="javascript">
        function test(){
            alert("从零开始学 JavaScript");
        }
    </script>
</head>
<body>
<a href="javascript:test();">学习 JavaScript 的好方法</a>
</body>
</html>
```

（2）函数参数

在调用函数时可以向其传递值，这个值称为参数。函数可以有任意个参数，参数之间用逗号“,”分隔。变量和参数必须以一致的顺序出现。第一个变量就是第一个被传递的参数的给定值，以此类推。

例如，一个函数参数传递程序代码如下。

```
<!DOCTYPE html>
<html>
<head>
<meta charset="utf-8">
<title>函数参数传递</title>
<script language="javascript">
function test(name,job){
                alert("从零开始学 JavaScript"+name+",the"+job);
}
</script>
</head>
<body>
<button onClick="test('John','CEO')">点击这里</button>
</body>
</html>
```

（3）函数的返回值

通过使用 return 语句实现返回值。在使用 return 语句时，函数会停止执行，并返回指定的值。例如，如下函数返回值代码。

```
function myfun(){
    var x=7;
    return x;
```

```
}
```

返回值是 7。

此时，如果声明：

```
Var myvar=myfun();
```

则 myvar=7。

（4）变量的作用域

变量的作用域就是变量在程序中的作用范围。根据作用域，变量可分为全局变量和局部变量。

全局变量是在函数之外声明的变量，网页上的所有脚本和函数都能访问它，在页面关闭以后被删除。

在函数内部声明的变量是局部变量，只能在函数内部访问它，即该变量的作用域是局部的。由于局部变量是定义在函数体内部的变量，因而可以在不同的函数中使用相同名称的局部变量。函数运行完毕，局部变量就会被删除。

7. JavaScript 对象

JavaScript 是一种面向对象（Object）和事件驱动（Event Driven）并具有相对安全性的脚本语言。在 JavaScript 中，对象有属性和方法两个基本元素。属性是对象所具有的基本特征，方法表示对象能做什么。例如，汽车就是现实生活中的对象，汽车的名称、型号、颜色、重量等就是汽车的属性，启动、驾驶、刹车就是汽车的方法。

JvavScript 可以使用的对象有内置对象（如 String、Date、Array 等）、自定义对象、浏览器对象和 HTML DOM 对象。这里主要介绍一下自定义对象和浏览器对象。

（1）自定义对象

① 创建对象。

JavaScript 中的所有事物都是对象，如字符串、数字、数组、日期等。在 JavaScript 中，对象是拥有属性和方法的数据。

例如，创建对象：

```
car=new Object;
car.name="BMW";
car.model="360";
car.color="white";
car.drive();
```

上述代码表明创建了名为 car 的对象，并为其添加了三个属性和一个方法。

② 访问对象的属性。访问对象的属性的语法是：objectName.propertyName。

例如，要访问上例中 car 的 name 属性，就要写成：car.name。

③ 访问对象的方法。访问对象方法的语法是：objectName.methodName(参数)。

例如，要访问上例中 car 的 drive 方法，就要写成：car.drive()。

（2）浏览器对象

一个完整的 JavaScript 实现由核心（ECMAScript）、文档对象模型（DOM）、浏览器对象模型（BOM）3 个不同部分组成。JavaScript 的核心 ECMAScript 描述了该语言的语法和基本对象。DOM 描述处理网页内容的方法和接口。BOM 描述与浏览器进行交互的方法和接口。

在 DOM 类结构中包含一组浏览器对象。这组浏览器对象构成了 BOM。BOM 提供了独立于内容而与浏览器窗口进行交互的对象。通过 BOM，开发者可以移动窗口、改变状态栏中的文本以及执行其他与页面内容不直接相关的动作。在 BOM 模型中，window 对象为最高级别对象，其他对象都直接或间接地从属于 window 对象，如图 8-1 所示。

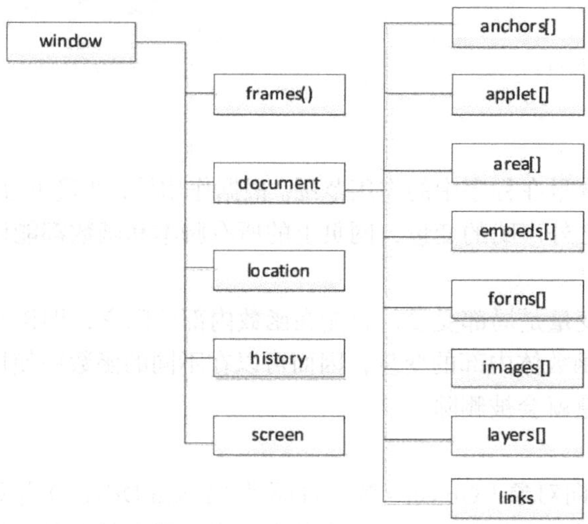

图 8-1　BOM 模型

在从属关系中，window 对象的地位最高，它表示浏览器窗口。window 对象的下级包括 document、location、history、screen、frames 等对象。对任意一个对象的访问，都要加上它的所有上层对象。例如，B 对象的上级对象是 A，则对 B 对象的访问形式为 A.B。

① window 对象。window 对象只打开页面的浏览器窗口（不包含页面的内容），是最高级别的对象，所有 JavaScript 全局对象、函数以及变量均自动成为 window 对象的成员。全局变量是 windows 对象的属性。全局函数是 window 对象的方法。甚至 HTML DOM 的 document 也是 window 对象的属性之一。windows 对象常用的方法如表 8-3 所示。

表 8-3　windows 对象的常用方法

方法名	说　明	参数和返回值
open(URL,name,features,replace)	打开一个新的浏览器窗口或查找一个已命名的窗口	URL：可选，要在新窗口中显示文档 URL name：新窗口的名字，用于查找该子窗口 features：可选，新窗口要显示的标准浏览器的特征 replace：可选，规定了装载到窗口的 URL 是在窗口的浏览历史中创建的一个新条目
close()	关闭当前窗口	
alert(message)	创建一个带有提示消息和确认按钮的警告框	message：提示文本消息
confirm(message)	创建一个带有提示消息及确认按钮和取消按钮的对话框	message：提示文本消息
prompt(message,default Text)	创建一个可提升用户输入的对话框	message：提示文本消息 default Text：默认值

② document 对象。每个载入浏览器的 HTML 文档都会成为 document 对象。document 对象

是 window 对象的一部分，可通过 window.document 属性对其进行访问。window 对象表示浏览器窗口，document 对象表示浏览器窗口中的文档。document 对象的常用属性和常用方法分别如表 8-4 和表 8-5 所示。

表 8-4　document 对象的常用属性

属　性	说　明
cookie	设置或返回与当前文档有关的所有 cookie
lastModified	返回文档被最后修改的日期和时间
referer	返回载入当前文档的 URL
title	返回当前文档的标题
URL	返回当前文档的 URL
anchors[]	anchors 对象的一个数组，该对象保存着代表文档中锚的集合
applets[]	applets 对象的一个数组，该对象保存着代表文档中的 java 小程序
form[]	form 对象的一个数组，该对象代表文档中<form>标记的集合

表 8-5　document 对象的常用方法

方法名	说　明
close()	关闭用 document open()方法打开的输出流，并显示选定的数据
getElementById(ID)	返回指定 ID 的第一个对象的引用
getElementByName(Name)	返回带有指定名称的对象集合
getElementByTagName(Tag)	返回带有指定标签名的对象集合
open()	打开一个流，收集来自任何 document write()或 document writeln()方法的输出
write()	向网页文档中输出内容
writeln()	向网页文档中输出内容，并添加一个换行符

例如，在 JavaScript 中，document.write()方法常用来网页向文档中输出内容。

```
var str="Beijing" ;
document.write(str+""+"hello world");
//在浏览器中输出的结果为：Beijing hello world
```

③ location 对象。用于获得当前页面的地址（URL），并把浏览器重定向到新的页面。

④ history 对象。history 对象记录浏览器的访问历史，并提供一组方法访问历史页面。

⑤ navigation 对象。navigation 对象包含用户浏览器的各种信息，如浏览器的名称、版本号、运行浏览器的操作系统平台等属性。若想获得浏览器版本，则使用代码 browseVer=navigation.appversion。

⑥ screen 对象。screen 对象包含有关客户端显示屏幕的信息。

8. JavaScript 程序控制语句

JavaScript 常用的程序控制流程有顺序结构、条件结构和循环结构。

顺序结构就是按照语句的编写顺序逐步执行每条语句。

条件结构是指根据不同的条件执行不同的语句或语句块。JavaScript 中用来实现条件结构的语句有：if 判断（if、if…else、if…else if…else）和 switch 判断。

循环结构是指满足条件时可以重复多次执行相同的代码或代码块。JavaScript 中用来实现循环结构的语句有：for、while、do while 等。

（1）if 判断

在程序中，常常需要对各种数据进行判断，这就需要使用判断语句。JavaScript 程序中 if 判断的基本格式如下：

```
If(条件)
{执行内容}
```

如果执行判断的条件只有两种，一种情况不成立时，另一种情况一定成立，这时可以使用 if else 语句。if else 判断语句的基本格式如下：

```
If(条件)
{执行内容}
else
{执行内容}
```

例如，判断一个数是奇数还是偶数程序如下：

```
<!doctype html>
<html>
<head>
<meta charset="utf-8">
<title>if 判断</title>
</head>
<body>
<script type="text/javascript">
var i ;
i= 3;
if(i%2==0)
document.write('偶数');
else
document.write('奇数');
</script>
</body>
</html>
```

如果需要判断的情况多，远不只两种，则需要使用判断嵌套。在嵌套的判断语句中，每一个 else 与前面最近的一个 if 条件配对。如下面的嵌套判断语句用来判断一个数的正负情况。

例如，判断一个数的正负程序如下：

```
<!doctype html>
<html>
<head>
< meta charset="utf-8">
<title>if 嵌套</title>
</head>
<body>
<script type="text/javascript">
var i ;
 i= -3;
 if(i<0)
```

```
document.write("负数");
else
    { if(i>0)
        document.write("正数");
        else
        document.write("零");
        }
</script>
```

（2）switch 判断

在判断语句中，如果判断的结果很多，则需要使用 switch 选择执行语句。switch 执行语句会分别列出判断结果的各种情况，执行相应的语句。swithc 语句的基本结构如下：

```
switch()
{
    条件 1:
      执行 1;  break;
    条件 2:
      执行 2;  break;
    条件 3:
      执行 3;  break;
……
}
```

例如，如果需要把一个表示星期的数字转换为相关的字符串，代码如下：

```
<!doctype html>
<html>
<head>
< meta charset="utf-8">
<title>switch 判断</title>
</head>
<body>
<script type="text/javascript">
var weekday;
var weekdaystr;
weekday=3;
switch(weekday)
  {
    case 0 : weekdaystr = "星期日"; break;
    case 1 : weekdaystr = "星期一"; break;
    case 2 : weekdaystr = "星期二"; break;
    case 3 : weekdaystr = "星期三"; break;
    case 4 : weekdaystr = "星期四"; break;
    case 5 : weekdaystr = "星期五"; break;
    case 6 : weekdaystr = "星期六"; break;
  }
document.write(weekdaystr);
</script>
</body>
</html>
```

（3）for 循环

在程序中如果需要多次执行某段程序，则需要使用循环语句。for 循环是 JavaScript 中最常用的循环语句。for 循环的基本格式如下：

```
for(初始条件;循环条件;继续执行的操作)
{循环的内容}
```

下面是一个 for 循环的实例，实现 100 以内所有偶数的求和。

```
<!doctype html>
<html>
<head>
< meta charset="utf-8">
<title>for</title>
</head>
<body>
<script type="text/javascript">
var i;
var sum;
sum = 0;
for(i=0;i<101;i=i+2)
    {sum = sum + i ;}
document.write(sum);
</script>
</body>
</html>
```

（4）while 循环

```
while （条件）
 {
循环的内容
 }
```

while 循环先判断条件，成立才执行循环体。当条件测试结果是假的，循环体将被跳过。

> 提示 如果忘记增加条件中所用变量的值，该循环永远不会结束，这样可能导致浏览器崩溃。

下面是一个 while 循环的实例，实现 100 以内奇数的和。

```
<!doctype html>
<html>
<head>
< meta charset="utf-8">
<title>while</title>
</head>
<body>
<script type="text/javascript">
var i;
var sum;
sum = 0 ;
i = 1;
while(i<101)
```

```
{ sum = sum+i ;
i = i +2;}
document.write(sum);
</script>
</body>
</html>
```

（5）do while 循环

do while 循环是 while 循环的变体。do while 循环的基本格式如下：

```
do
{循环的内容}
while(条件)
```

在检查 while()条件是否为真之前，该循环首先会执行一次 do{}之内的语句，然后在 while()内检查条件是否为真。如果条件为真的话，就会重复 do...while 这个循环，直至 while()为假。

下面是一个 do while 循环的实例，实现 100 以内的整数求和。

```
<!doctype html>
<html>
<head>
< meta charset="utf-8">
<title>do while</title>
</head>
<body>
<script type="text/javascript">
var i;
var sum;
i = 1;
do
{sum = sum +i ;
i++;
}
while(i<101);
document.write(sum);
</script>
</body>
</html>
```

8.1.3　案例实现

【案例 8-1 实现】

操作步骤如下。

（1）打开 Dreamweaver CS6，选择“文件”→“新建”命令，在弹出的“新建文档”对话框中新建一个 HTML 网页。

（2）选择“文件”→“保存”命令，将文件保存在所建的网站文件夹内，文件名命名为 anli_8_1.html，切换至“代码”视图，并输入以下代码。

```
<!DOCTYPE html>
<html>
<head>
<title>在表达式中使用函数</title>
```

```
<script>
//函数 isLeapYear 判断给定的年分是否为闰年，如果是返回指定年份为闰年的字符串，否则返回平年字符串
function isLeapYear(year){
    //判断闰年的条件
     if(year%4==0&&year%100!=0||year%400==0)
     {
         return year+"年是闰年";
     }
     else
     {
         return year+"年是平年";
     }
}
document.write(isLeapYear(2016));
</script>
</head>
<body>
</body>
</html>
```

该案例实现了函数 isLeapYear 的参数传递，以逻辑表达式的方式调用函数，并将返回值返回给 document.write()用于结果输出。

在 FireFox 浏览器中浏览，效果如图 8-2 所示。

图 8-2　闰年判断的结果显示

【案例 8-2 实现】

操作步骤如下。

（1）打开 Dreamweaver CS6，选择“文件”→“新建”命令，在弹出的“新建文档”对话框中新建一个 HTML 网页。

（2）选择“文件”→“保存”命令，将文件保存在所建的网站文件夹内，文件名命名为 anli_8_2.html。

（3）切换至“设计”视图，单击“插入”→“表单”→“表单”命令，新建一表单，在“属性”面板中修改“表单 Id”为“myform”，方法设置为“默认”，如图 8-3 所示。

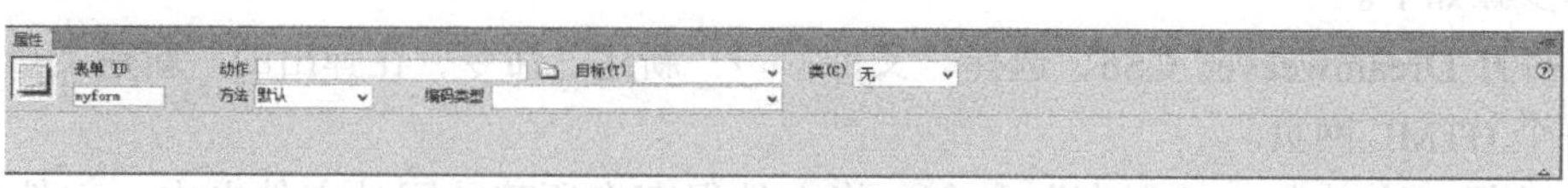

图 8-3　设置表单属性

（4）在表单中插入文本域。单击“插入”→“表单”→“文本域”命令，弹出“输入标签辅助功能属性”对话框，输入 ID 为“txtCount”，如图 8-4（a）所示。

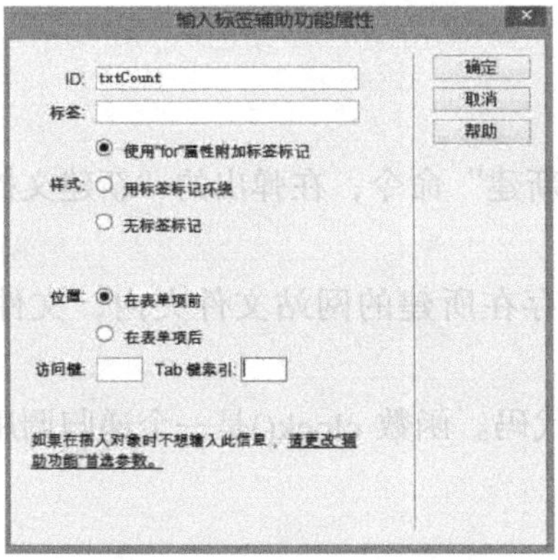

图 8-4（a）　插入“文本域”

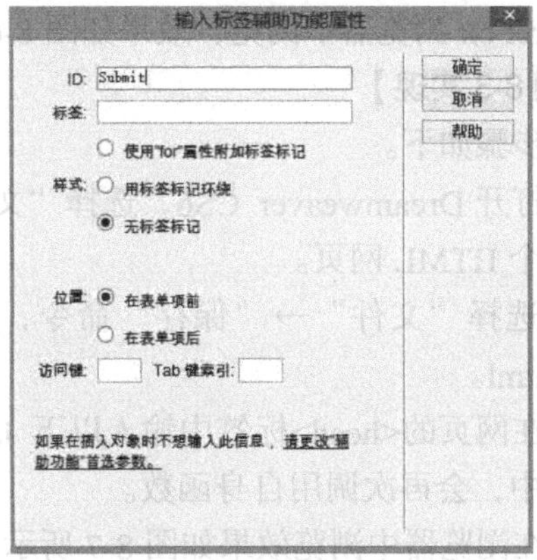

图 8-4（b）　添加 Submit 按钮

（5）在表单中添加按钮。单击“插入”→“表单”→“按钮”命令，弹出“输入标签辅助功能属性”对话框，输入 ID 为“Submit”，如图 8-4（b）所示。在“设计”视图中，选中该按钮，在“属性”面板的“值”文本框中，输入“显示 HelloWorld”，如图 8-5 所示。

图 8-5　设置按钮属性

（6）切换至“代码”视图，将按钮标签的代码修改为：<input type="submit" name="Submit" id="Submit" value="显示 HelloWorld" onClick="showHello()">。

（7）在网页的<head>标签中输入本案例的 JavaScript 代码。

本案例的程序代码如下。

```
<!DOCTYPE html>
<html>
<head>
<title>在事件响应中使用函数</title>
<script>
function showHello()
{
   var count=document.myform.txtCount.value ;            //文档框中输入的显示次数
    for(i=0; i<count; i++){
          document.write("<H2>HelloWorld</H2>");         //按指定次数输出 HelloWorld
    }
}
</script>
</head>
<body>
<form action="" name="myform" id="myform">
<label for="txtCount"></label>
<input type="text" name="txtCount" id="txtCount">
<input type="submit" name="Submit" id="Submit" value="显示 HelloWorld"onClick="showHello()">
</form>
</body>
</html>
```

在 FireFox 浏览器中浏览，效果如图 8-6 所示。

【案例 8-3 实现】

操作步骤如下。

（1）打开 Dreamweaver CS6，选择“文件”→“新建”命令，在弹出的“新建文档”对话框中新建一个 HTML 网页。

（2）选择“文件”→“保存”命令，将文件保存在所建的网站文件夹内，文件名命名为 anli_8_3.html。

（3）在网页的<head>标签中输入以下 JavaScript 代码。函数 clock()是一个递归调用函数，在定时事件中，会再次调用自身函数。

（4）在浏览器中浏览效果如图 8-7 所示。

下面是本案例的程序代码。

```
<!doctype html>
<html>
<head>
<meta charset="utf-8">
<title>自动关闭网页</title>
</head>
<body>
```

自动关闭网页示例：

```
<script language="javascript">
function clock(){                                          //定义一个 clock()函数，实现计时与时间处理
i=i-1;
document.title="本窗口将在"+i+"秒后自动关闭!";            //网页标题栏的提示
if(i>0)
setTimeout("clock();",1000);                               //用 setTimeout()函数实现计时
else
self.close();            //到达设定时间自动关闭网页
}
var i=10;                //设置定时
clock();                 //调用函数
</script>
</body>
</html>
```

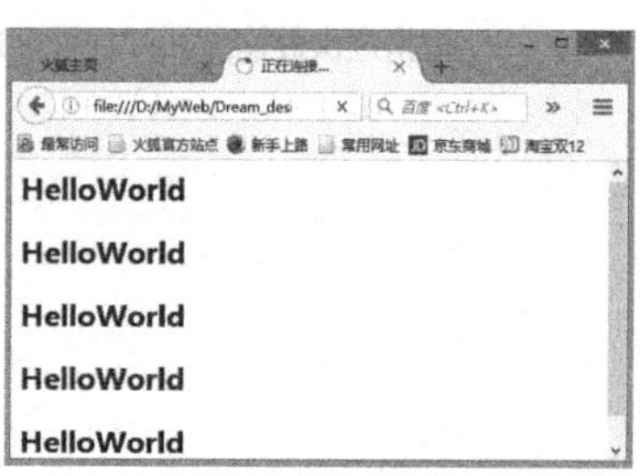

图 8-6　输入“5”显示的结果

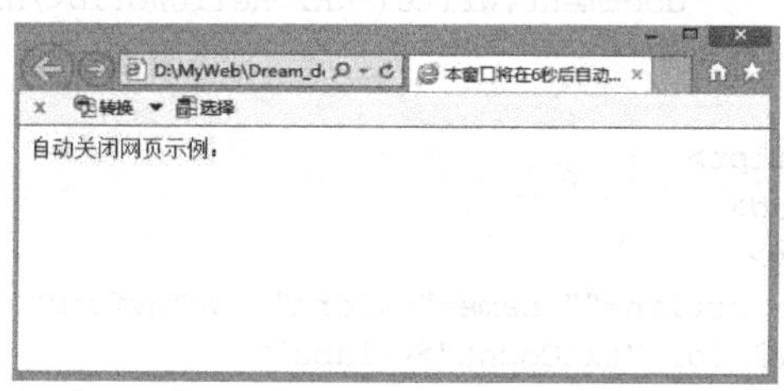

图 8-7　自动计时关闭网页效果图

8.2　ASP 动态网页设计

用户与服务器之间的信息交流是通过交互动态网页实现的。通过交互动态网页，用户可以把个人信息存入服务器数据库，并且能够随时随地取出个人信息。ASP（Active Server Page，动态服务器页面）就是内含于 IIS（Internet Information Server，国际互联网信息服务）中，由 Microsoft 开发的服务器端的脚本环境。通过 ASP，可以结合 HTML、脚本命令来创建动态、交互、高效的 Web 服务器应用程序。

8.2.1　案例分析

【案例 8-4】

本案例是制作一个简单的“用户登录”动态页面，目的在于将用户登录的信息同步收集到数据表中，以便管理员对数据进行管理。设计要求：

（1）在 IIS 中建立命名为“zcdl”的 Web 站点；

（2）在 Access 2010 中创建“testdl.accdb”，并建立一个命名为“zc”的表；

（3）在 Dreamweaver 中配置站点名称、Web URL 地址、服务器模型、访问类型等；

（4）在创建动态网页前，若要实现对数据库的操作，必须建立与数据库的连接。在 Windows 系统中创建数据源（ODBC），数据源名为“zctest”；在 Dreamweaver 中建立一个“登录界面”性质的 ASP 网页文件，通过“添加数据源名称（DSN）”，完成数据源的创建。本案例通过这种设置数据源的方式实现与数据库的连接；

（5）在“登录界面”性质的网页文件中建立一个表单，并添加两个文本域和一个按钮；

（6）创建记录集，通过记录集可以获得合适的数据库查询结果；

（7）利用 Dreamweaver 提供的一组与用户身份验证有关的服务器行为，实现定义用户的登录行为；

（8）分别新建显示“登录成功”和“登录失败”两个 ASP 网页文件。

8.2.2　知识储备

1. ASP 的工作流程

ASP 的工作流程也就是服务器动态网页的数据流程，如图 8-8 所示。

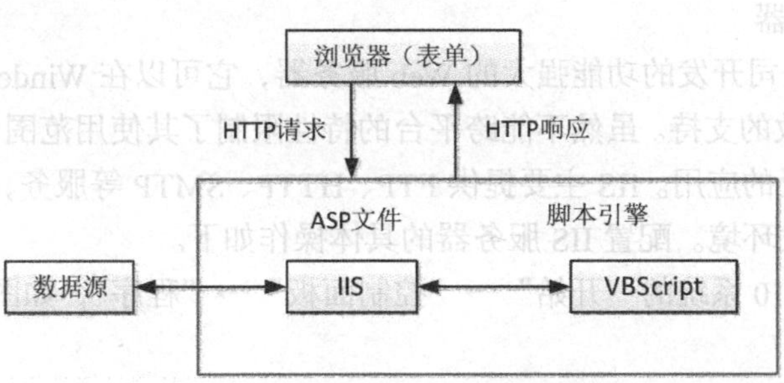

图 8-8　服务器交互的数据流程

由图 8-8 可以看出，用户和服务器之间的数据交互周期由如下的 3 部分组成。

（1）浏览器向 Web 服务器请求执行.asp 文件，Web 服务器上的管理程序（IIS）解释执行 ASP 应用程序。

（2）ASP 应用程序在服务器端对用户数据进行分析和处理。

（3）Web 服务器将执行结果以 HTML 页面的形式传送给浏览器。

通过以上流程不难看出，完成用户和服务器间的数据交换要做以下设计工作。

（1）设计制作浏览器端的交互表单，为用户提供数据交互窗口。

（2）设计编写 ASP 脚本应用程序，在服务端处理用户的请求数据。

（3）设计用户数据库，并完成数据库和 ASP 应用程序间的数据连接。

（4）设计 ASP 程序的运行环境，即在服务器上安装 ASP 程序的脚本引擎（解释程序），而脚本引擎包含在 Web 服务器管理程序（IIS）中。

2. ASP 应用程序

ASP 程序由文本、HTML 标记、脚本语言代码和 ASP 脚本命令组合而成。ASP 程序的扩展名必须为.asp，否则程序不能被执行。在 ASP 程序中，脚本通过分隔符与文本和 HTML 标记区分开。文本和 HTML 标记像在 HTML 文档中一样直接发送到浏览器，脚本代码由脚本引擎解释执行后将结果以 HTML 形式发给浏览器。

ASP 用分隔符<%和%>来包括脚本命令。由分隔符括起来的命令称为主脚本命令，这些命令由主脚本语言进行处理。ASP 中的主脚本语言通常使用 VBScript 和 JavaScript 来实现，默认主脚本语言是 VBScript。在每个 ASP 文件的开头使用<%@language=VBScript%>代码，是用来通知服务器现在使用 VBScript 来编写程序。

VBScript 是 Visual Basic 的一个子集，编程方法和 Visual Basic 基本相同，但是相当多的 Visual Basic 特性在 VBScript 中都被删除了。例如，VBScript 只有一种数据类型，即 Variant 类型。

ASP 本身并不是一种脚本语言，它只是提供了一种嵌入在 HTML 页面中的脚本程序运行环境。ASP 提供了一个在服务端执行指令的环境，它可以区分 HTML 与必须经过服务器翻译才能送往客户端的命令。开发功能强的 ASP 应用程序需要利用 ASP 的内部对象、脚本语言（VBScript 或 JavaScript）、组件技术等。网站中常用的文件上传、绘图、收发电子邮件、站点导航等都可以用组件来完成。ASP 更多内容请读者参阅其他教程。

3. ASP 应用程序开发环境的搭建

创建有后台数据库交互的动态网页，需要先搭建 ASP 应用程序开发环境，主要包括配置 IIS 服务器、定义可以使用脚本语言的站点、提前建好后台数据库。这 3 个环节是建立 ASP 应用程序开发环境的关键步骤。

（1）配置 IIS 服务器

IIS 是 Microsoft 公司开发的功能强大的 Web 服务器，它可以在 Window NT 以上的系统中对 ASP 动态网页提供有效的支持。虽然不能跨平台的特性限制了其使用范围，但 Windows 操作系统的普及使它得到了广泛的应用。IIS 主要提供 FTP、HTTP、SMTP 等服务，它使 Internet 成为了一个正规的应用程序开发环境。配置 IIS 服务器的具体操作如下。

① 选择 Windows 10 系统的“开始”→“控制面板”→“程序”，如图 8-9 所示。

图 8-9　Windows 10 的控制面板

② 选择“程序和功能”→“启用和关闭 Windows 10 功能”，打开“Windows 功能”对话框，如图 8-10 所示。

③ 然后选择“Internet Information Services”，可以勾选“Web 管理工具”和“万维网服务”的全部内容，单击“确定”按钮，Windows 10 系统会自动安装好 IIS 信息管理程序。返回“控制面板”窗口，单击“管理工具”，打开“管理工具”窗口，双击“Internet 信息管理（IIS）管理器”，弹出对应的界面如图 8-11 所示。

图 8-10　“Windows 功能”对话框

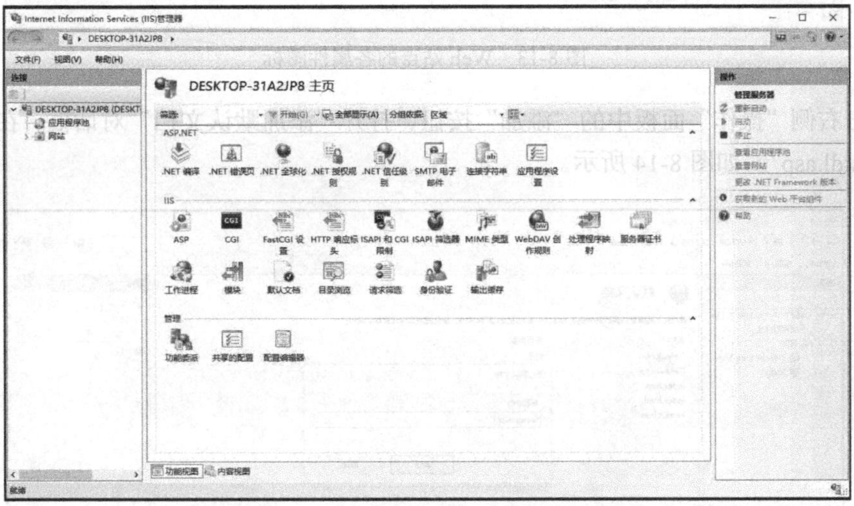

图 8-11　Internet 信息管理（IIS）管理器

④ 选择“网站”，新建“zcdl”站点，单击“确定”按钮，在“网站名称”文本框输入“zcdl”，在“物理路径”文本框输入“D:\MyWeb\userzc”，类型下拉列表框选择“Http”，端口文本框输入“3728”，单击“确定”按钮，如图 8-12 所示。

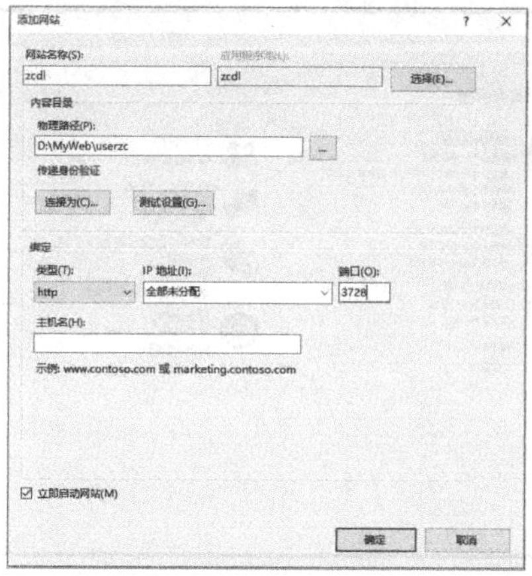

图 8-12　添加网站对话框

⑤ 双击打开“zcdl”站点，在右侧的窗口中，选择“默认文档”图标，如图 8-13 所示。

图 8-13　Web 站点的各属性图标

⑥ 单击右侧“操作”面板中的“添加”按钮，打开“添加默认文档”对话框，在名称文本框中输入“testdl.asp”，如图 8-14 所示。

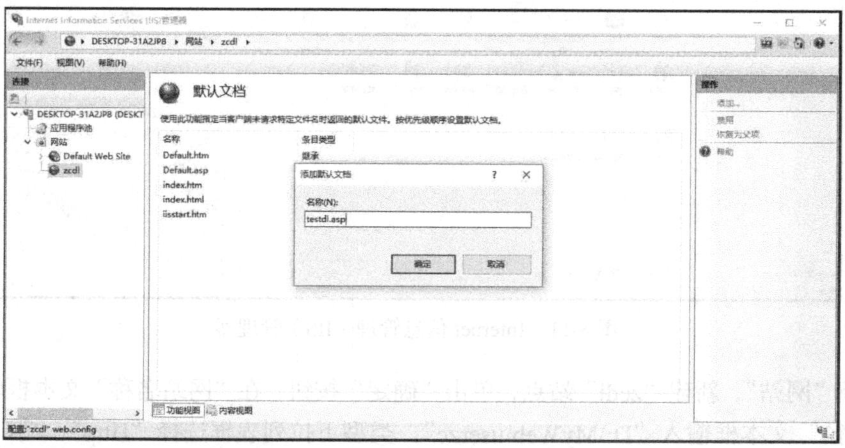

图 8-14　“添加默认文档”对话框

（2）在 Dreamweaver 中配置动态站点

为了让动态网页与数据库文件相关联，需要在 Dreamweaver 中创建并配置动态站点，其操作如下。

① 在 Dreamweaver 工作界面中选择“站点”→“新建站点”菜单命令，在打开对话框的左侧列表中选择“站点”选项，将站点名称设置为“ASP 动态网页教学”，将本地站点文件夹设置为 D 盘下的“D:\MyWeb\userzc\”。

② 在左侧的列表框中选择“服务器”选项，单击右侧界面的“添加”按钮，打开设置服务器的界面，在“服务器名称”文本框中输入“ASP 网页教学”，在“连接方法”下拉列表中选择“本地/网络”选项，在“服务器文件夹”文本框中输入“D:\MyWeb\userzc”，在“Web URL”文本框中输入“http://localhost:3728”，如图 8-15 所示。

③ 单击“高级”选项卡，在测试服务器下方的“服务器模型”下拉列表框中选择“ASP VBScript”选项，单击“保存”按钮，如图 8-16 所示。

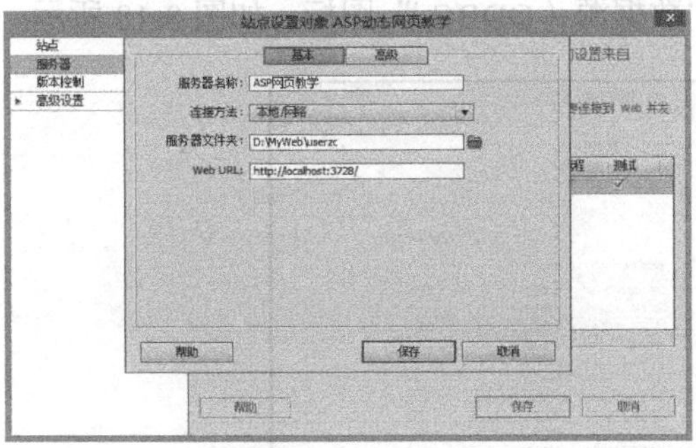

图 8-15　配置服务器“基本”选项卡信息

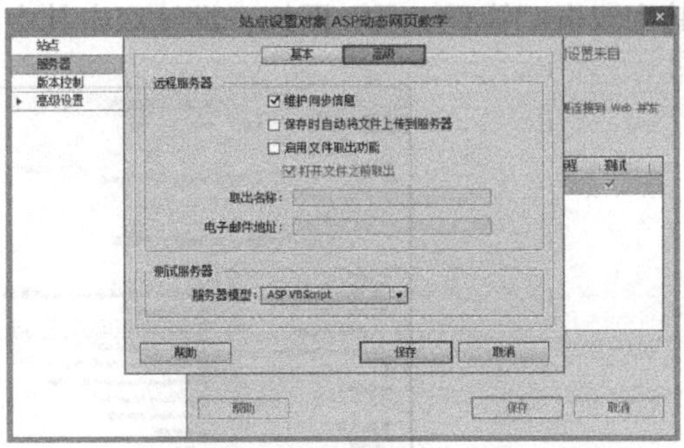

图 8-16　配置服务器“高级”选项卡信息

（3）创建后台数据库

开发动态网站时，除了动态网站编程语言外，数据库也是非常重要的技术之一。数据库文件和一般的文本文件不同，它有自己独有的格式。常用的数据库软件有 Access、DBASE、FoxPro、Paradox、MySQL、SQL Server、Oracle、DB2 等。

一般数据库是由表、视图和查询等文件组成，表中的行称为记录，列称为字段，每一个表由许多记录组成，记录是数据库的构成单元，它由若干字段组成，一个记录是一系列相关数据的集合。视图和查询是利用表的数据建立的新表。一个数据库可以含有多个表，每个表具有唯一的名称，这些表可以相关联，也可以相互独立。Access 是 Office 办公组件之一，也是最常用的数据库管理系统之一。

8.2.3　案例实现

【案例 8-4 实现】

操作步骤如下。

（1）在本书所建的本地网站文件夹“D:\MyWeb\userzc”中，利用 Access 2010 创建空白数据库并命名为“testdl.accdb”，在该数据库中创建一个新表，命名为“zc”，并分别建立三个字段：UserID（数据类型：自动编号）、UserName（数据类型：文本）、UserPWD（数据类型：文本），如图 8-17 所示。

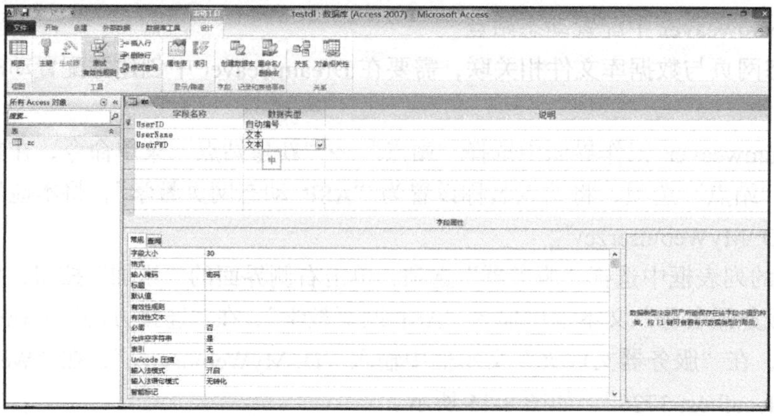

图 8-17　在“zc”表中添加字段

（2）录入几条记录，保存“zc”表，退出 Access 2010。打开 Windows 的“控制面板”窗口，在其中双击“管理工具”图标，继续双击其中的“数据源（ODBC）”图标，如图 8-18 所示。

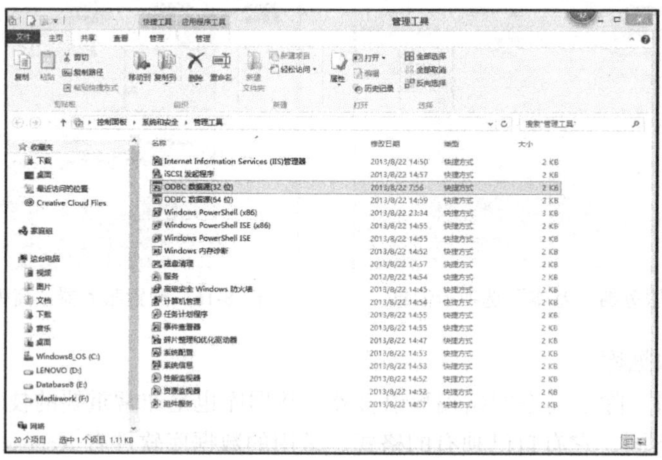

图 8-18　启用数据源工具

（3）打开“ODBC 数据源管理器”对话框，单击“系统 DSN”选项卡，单击其中的“添加”按钮，如图 8-19 所示。

（4）打开“创建新数据源”对话框，在“名称”列表框中选择“Microsoft Access Driver(*.mdb,*.accdb)”选项，如图 8-20 所示。

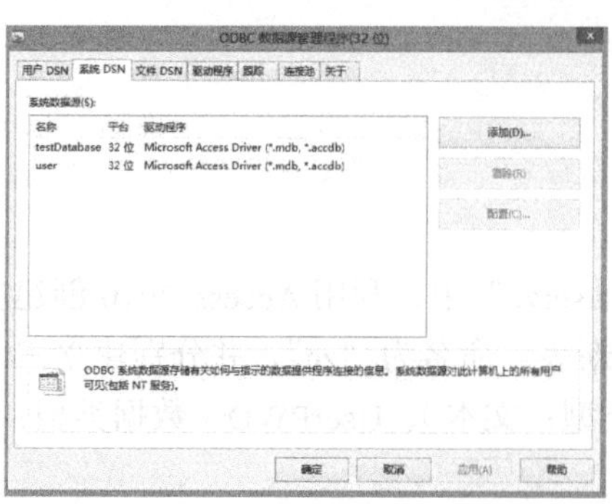

图 8-19　“ODBC 数据源管理器”对话框

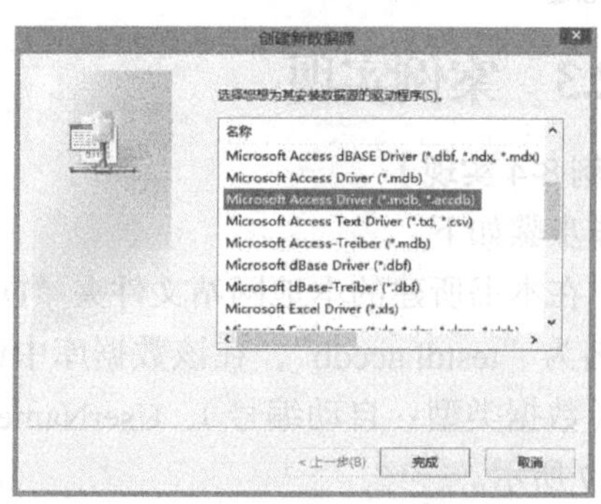

图 8-20　选择数据源驱动程序

（5）单击“完成”按钮，打开“ODBC Microsoft Access 安装”对话框，在“数据源名”文本框中输入“zctest”，在“说明”文本框中输入“注册登录测试”，如图 8-21 所示。

（6）单击“选择”按钮，打开“选择数据库”对话框，在“数据库名（A）”文本框中输入“testdl.accdb”，如图 8-22 所示。

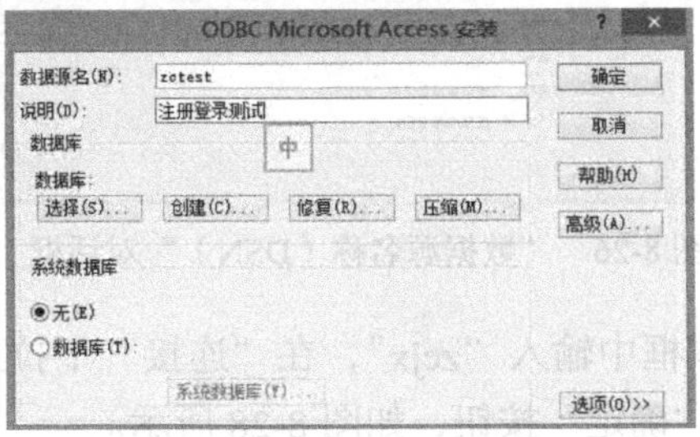

图 8-21　设置数据库

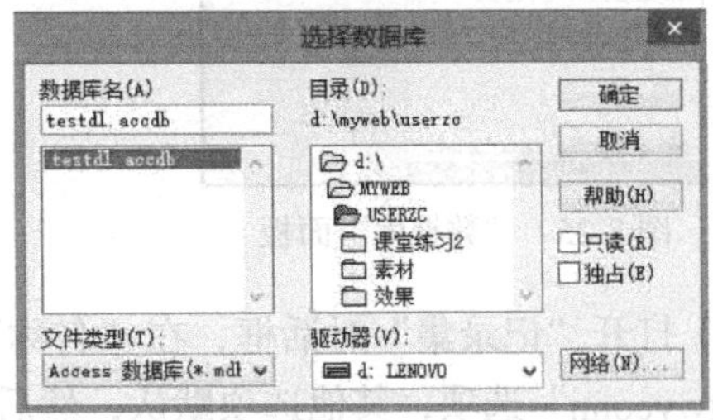

图 8-22　选择数据库文件

（7）单击“确定”按钮，返回“ODBC 数据源管理程序”对话框，刚添加的数据源“zctest”已在“系统数据源”列表中，如图 8-23 所示。

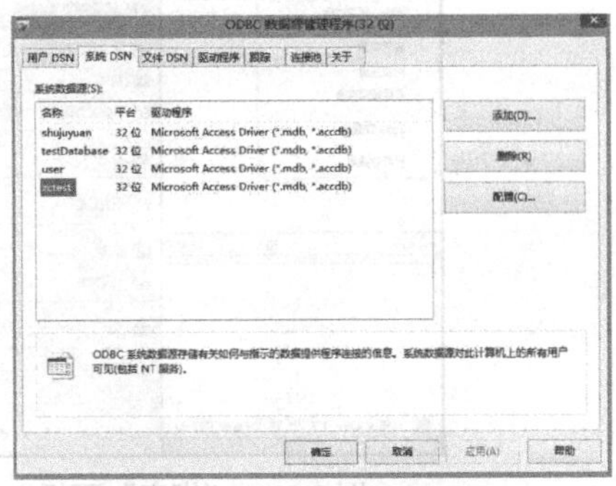

图 8-23　已配置的系统数据源

（8）单击 Dreamweaver 的“文件”→“新建”命令，选择页面类型为“ASP VBScript”，单击“创建”按钮，并“保存”文件，命名为“testdl.asp”。

（9）在 Dreamweaver 设计视图中，首先输入“学生用户信息注册”，回车后，单击“插入”→“表单”→“表单”菜单命令，在表单中插入文字：“用户名：”和“密码：”，以及两个文本框，最后插入一个“提交”按钮，如图 8-24 所示。

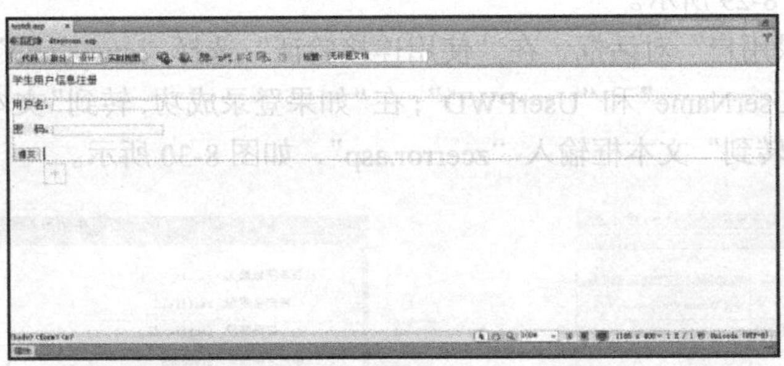

图 8-24　“学生用户信息”注册表单

（10）选择“窗口”→“数据库”菜单命令，单击“数据源”面板中的“+”号按钮，在打开的下拉列表中选择“数据源名称（DSN）”选项，如图 8-25 所示。

（11）打开“数据源名称（DSN）”对话框，在“连接名称”文本框中输入“dtwyconn”，在“数据源名称”下拉列表中选择“zctest”，单击“确定”按钮，如图 8-26 所示。

（12）打开“绑定”面板，单击“+”号按钮，在打开的下拉列表中选择“记录集（查询）”选项，如图 8-27 所示。

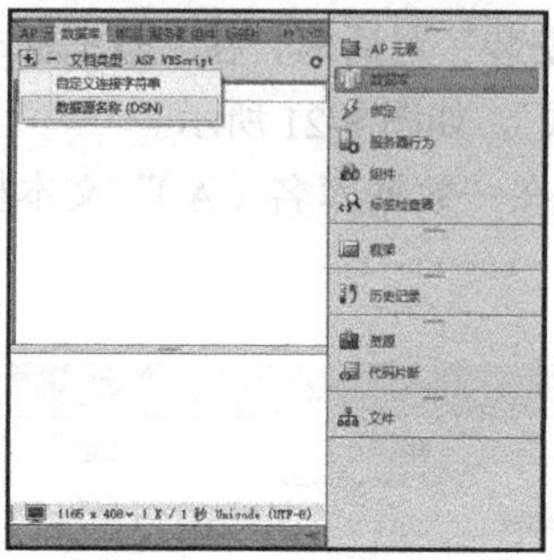

图 8-25 “数据库”面板

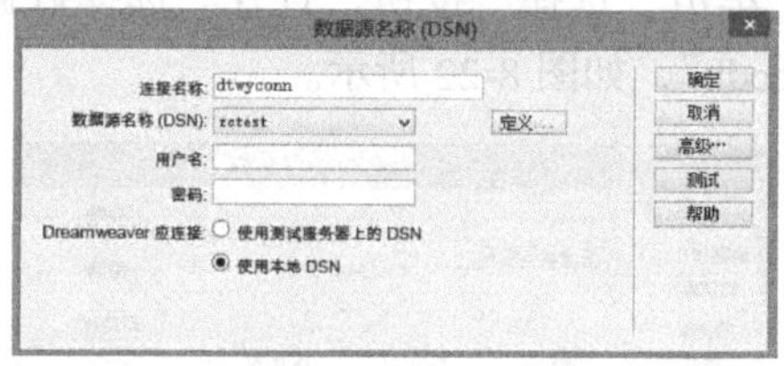

图 8-26 “数据源名称（DSN）”对话框

（13）打开“记录集”对话框，在“名称”文本框中输入“zcjx”，在“连接”下拉列表框中选择“dtwyconn”选项，其他选项默认，然后单击“确定”按钮，如图 8-28 所示。

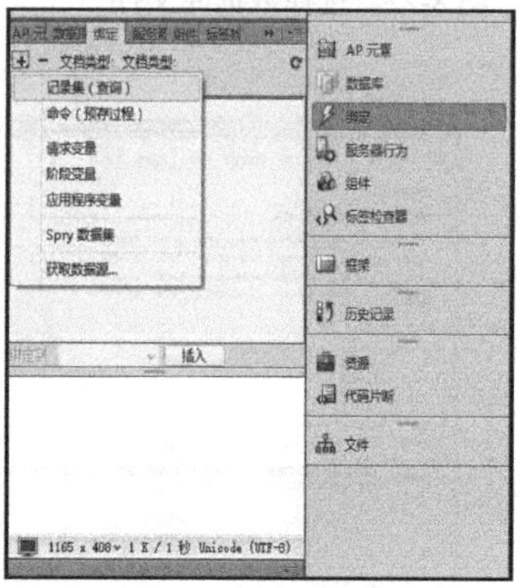

图 8-27 “绑定”面板

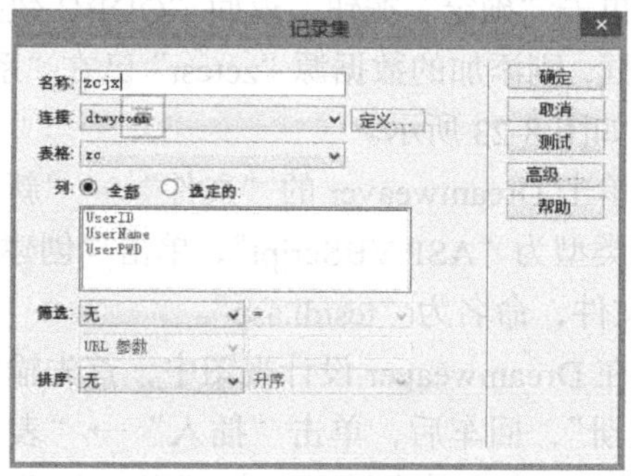

图 8-28 “记录集”对话框

（14）打开“服务器行为”面板，单击“+”号按钮，在弹出的下拉列表中选择：用户身份验证→登录用户，如图 8-29 所示。

（15）打开“登录用户”对话框，在“使用连接验证”选择“dtwyconn”，在“用户名列”和“密码列”分别选择“UserName”和“UserPWD”；在“如果登录成功，转到”文本框输入“zctrue.asp”，在“如果登录失败，转到”文本框输入“zcerror.asp”，如图 8-30 所示。

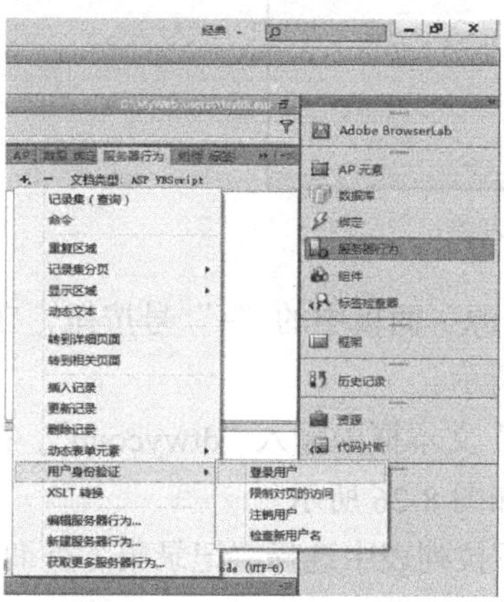

图 8-29 “服务器行为”面板

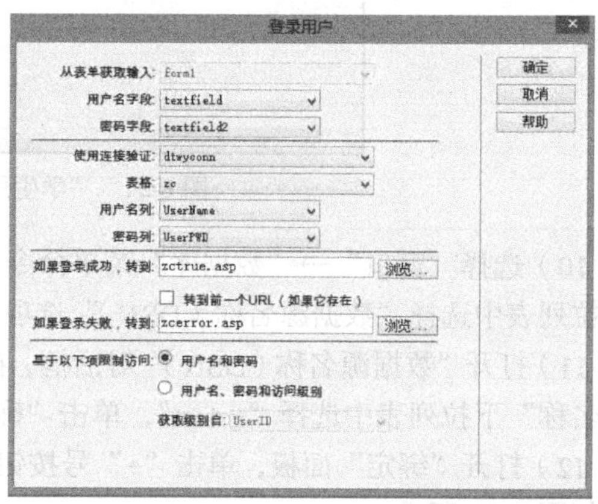

图 8-30 “登录用户”对话框

（16）单击“确定”按钮，保存网页，在浏览中浏览效果如图 8-31 所示。提交正确信息，登录成功界面如图 8-32 所示。

图 8-31　用户注册登录界面

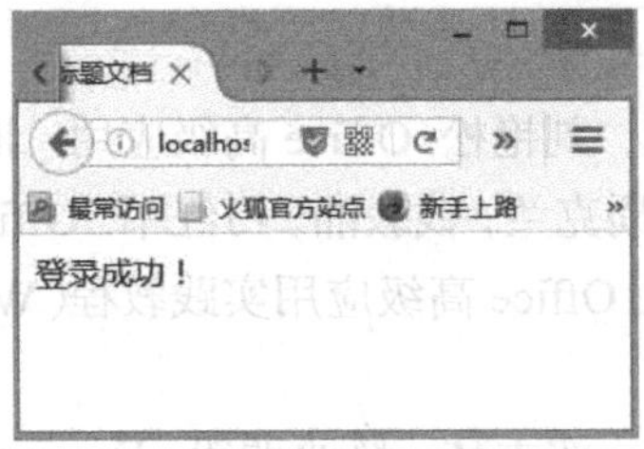

图 8-32　信息提交成功弹出的页面

习　题

【习题一】

利用 JavaScript 求解一元二次方程 $ax^2+bx+c=0$（$a\neq 0$），方程的系数分别是 a、b、c，设计要求如下：

（1）写出根判别式的表达式；

（2）利用 document.write()函数输出方程的系数；

（3）利用 if 判断语句实现无解、一个解、两个解这三种情况的判断；

（4）利用 document.write()函数输出这三种情况的结果。

> **提示**　在这个程序中，可以使用嵌套判断，开发的函数使用系统 JavaScript 本身提供的返回数字的平方根 Math.sqrt()函数。如输出一个解，document.write((0−b−Math.sqrt(s))/(2*a))。

【习题二】

在 Dreamweaver 中创建一个简单的登录 ASP 页面，该页面上有用户名（姓名）、密码、登录三个表单元素（用户登录）；登录成功后转到另一 ASP 页面（学生成绩），该页面显示学生各门成绩信息。设计要求如下：

（1）在登录界面中创建一个表单，在表单中添加用户名（姓名）、密码两个文本域名和一个登录按钮；

（2）在 Access 中创建一个数据库，在数据库中添加一张学生信息表，该表包含如下字段：UserID（自动编号）、xingm（姓名，文本型）、mim（密码，文本型）、xueh（学号，文本型）、xingb（性别，文本型）、yuw（语文，数字型）、shux（数学，数字型）、yingy（英语，数字型）；

（3）登录 ASP 页面可仿照案例 8-4 去完成，学生成绩的 ASP 页面如图 8-33 所示。

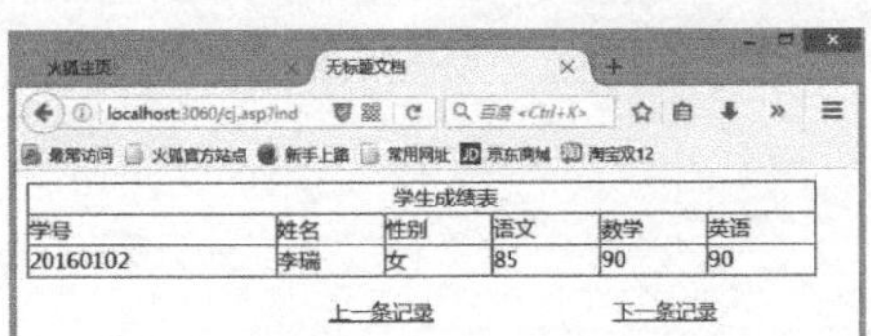

图 8-33　学生成绩页面

参考文献

[1] 刘相滨，刘艳松. Office 高级应用. 北京：电子工业出版社，2016.

[2] 沈玮，周克兰，钱毅湘，刁红军. Office 高级应用案例教程. 北京：人民邮电出版社，2015.

[3] 雷运发. Office 高级应用实践教程(Windows 7+Office 2010). 北京：中国水利水电出版社，2015.

[4] 张晓蕾，沈大林，陈小明等. Dreamweaver CS6 网页设计案例教程. 北京：中国铁道出版社，2013.

[5] 祝红涛，赵喜来. HTML5 和 CSS 3 编程从基础到应用. 北京：清华大学出版社，2014.

[6] 杨学林，陆凯. Office 2010 高级应用教程，北京：人民邮电出版社，2015.

[7] 杨威. 办公自动化实用教程. 北京：人民邮电出版社，2015.

[8] 盖玲，李捷. Excel 2010 数据处理与分析立体化教程. 北京：人民邮电出版社，2015.

[9] 杜德昌.计算机应用基础. 北京：人民教育出版社，2014.

[10] 李东博著. Dreamweaver+Flash+Photoshop 网页设计从入门到精通. 北京：清华大学出版社，2013.

[11] 王冬梅等.大学计算机实验指导与习题集（第 2 版）北京：高等教育出版社，2015.

[12] 神龙工作室，王作鹏，殷慧文. Word/Excel/PowerPoint 2010 办公应用从入门到精通. 北京：人民邮电出版社，2013.

[13] 王荣欣，刘刚，李娟. 办公自动化案例教程（Window 7+Office 2010）. 北京：电子工业出版社，2011.

[14] Excel Home 编著. Word 2010 实战技巧精粹. 北京：人民邮电出版社，2012.

[15] 赛贝尔资讯编. Word/Excel 在文秘与行政日常工作中的应用. 北京：清华大学出版社，2015.

[16] 邓芳主编. Excel 高效办公：数据处理与分析（修订版）. 北京：人民邮电出版社，2012.

[17] 雏志资讯编. Office 2010 高效办公应用技巧(双色精华版). 北京：人民邮电出版社，2015.

[18] 恒盛杰资讯编. Office 办公无忧: PPT 制作应用大全. 北京：机械工业出版社，2014.